THE PENGUIN History of the World

大加速时代

我们世界的历史 Ⅲ

〔英〕J.M. 罗伯茨 — 著
陈恒 黄公夏 — 译

東方出版中心

上海市版权局著作权合同登记：图字 09-2018-314 号

图书在版编目（CIP）数据

我们世界的历史.3，大加速时代／（英）J. M. 罗伯茨著；陈恒，黄公夏译. —上海：东方出版中心，2018.7
ISBN 978-7-5473-1280-3

Ⅰ.①我… Ⅱ.①J… ②陈… ③黄… Ⅲ.①世界史—通俗读物 Ⅳ.①K109

中国版本图书馆 CIP 数据核字（2018）第 086834 号

我们世界的历史 3：大加速时代

出版发行：东方出版中心
地　　址：上海市仙霞路 345 号
邮政编码：200336
电　　话：021-62417400
印　　刷：杭州日报报业集团盛元印务有限公司
开　　本：890 mm×1240 mm　1/32
印　　张：11.75
字　　数：293 千
版　　次：2018 年 7 月第 1 版第 1 次印刷
ISBN 978-7-5473-1280-3
定　　价：49.50 元

目　录

第五版序言

本书第一版发行于 1976 年，到现在已经是第五版了。目前已经有一些译本，它们的内容有时候会根据出版商的要求对英文原稿做一些微小改动。我认为现在不太可能有时间让我为读者提供另一个版本，因为经过全面审查，我发现这会是一项工程浩大的改动。但在一篇新序言里说明我尝试着重新作一些解释，以及为什么这是一个明智之举，可能对大家是有帮助的。至少，我觉得我应该表明，在过去二十五年间发生的事件，是否促使我改变了当初在 20 世纪 60 年代末着手写作这本书时所持的观点和目的。

我最近经常听到人说，2001 年 9 月 11 日让世界史上的一切都发生了改变，或者诸如此类的话。但我认为，根据我下面将简要说明的原因，以及某些从一开始就指引我的观念，这种观点非常有误导性，仅在某种很有限的意义上才是真实的。然而，为何一个新版本看起来是必需的呢？其首要原因就是，超过十年以来，世界历史已通过并且仍在通过最新的例子重演：一个充斥着暴力事件和千变万化的时代。这个混乱而又令人激动的时期的开始，已经成为本书上一版以及第三版的主题，但是假如需要采纳新观点的话，发生在

20 世纪 90 年代后期的事件本身就有值得更进一步思考的必要，这种思考也包含最新的事实。

我担心这会使这本书的内容大大增加，但事实上没有。细节和风格的改变是需要的，但是重新调整和改造的只有本书的最后章节。论述侧重点的改变当然也是需要的。在最新版本中会增加一些内容：关于最近妇女地位的改变、环境问题、新的体系和设想、对旧体系的质疑，以及国际秩序常规和非常规基础的改变（这些主题在近代史中是最醒目的，而我对于这些主题的看法大多已经在我于 1999 年出版的《企鹅 20 世纪世界史》中表明了）。但是这些都不表明我一贯的立场和观点发生了根本改变，这些仍可用我之前和最初常用的观点来加以总结。

或许从一开始，我的主要目标群体就是非专业读者，想呈现并唤起他/她去思考历史的厚重感，和历史惯性在这个世界中的重要性。甚至在今天，我们也常常被鼓舞着去思考我们是否能够掌控历史。然而，塑造了诸如现代美国人、俄罗斯人、中国人、印度人和阿拉伯人的思考及行为方式的历史驱动力，在资本主义和共产主义出现之前就已经作用了数个世纪。遥远的历史仍然在打乱我们的生活，甚至可能一些发生在史前时代的事情也仍在产生影响。然而，在这种驱动力和人类所具有的引发变迁的独特力量之间，始终存在着张力。只是最近(这至多也就是几个世纪)，构成这本书大部分主题的长达六千年的漫长文明，才逐渐帮助我们认识到，人类具有制造变化的力量。而且，对技术进步的热情现在看来是普遍的。即使最近确实有一些条件试图缓和这种热情，但现在普遍存在的看法是，大部分问题能够并将会通过人力来解决。

因为惯性和革新两种现象都将继续操纵着所有人类的发展，所以我仍然认为（就如本书第一版中提到的），我们将会不断发现，发生的事情或多或少都会出乎我们的意料。对当代或最近发生的重要事件做判断时，我们应牢记这个观点。我也仍倾向于相信，这样的判断将一直较多地受到性情的影响，我们天生的乐观或者悲观情绪都将会影响到任何一种预测。即使我们已经掌握了大量历史事实，但根据历史提供的那些事实也只能得出关于未来的很概化的叙述。从这本书的最近一版开始，我已经意识到自己情感上的细微转变。我现在预感到，我的孩子们将来不大可能会生活在我曾经熟悉的、令人愉快的世界里，因为无论在何处，人类生活的重大调整都必然超过我曾经设想的情况。但我不会宣称我先知。历史从来不会被预言。

之前我以大篇幅阐述的内容现在就不需要进一步详细说明了。然而，对于这本书的新读者来说，我再次说明体现本书内容和布局的一般方法还是有用的。我争取从读者能领悟的地方开篇直言。一般的影响因素有着最广泛、最深刻的影响，不仅仅是再次收集传统意义上的重要主题。我希望避免罗列细节，取而代之的是从影响大多数人类的主要历史进程（它们给后世留下了大量遗产）入手，同时展示它们之间的对比和相互关系。我没有试图去写各个主要国家的连续历史或者人类活动的所有领域，我相信，若要事无巨细地记录过去的史实，那应该去编百科全书。

我试图强调这些主要影响的重要性，同时这就意味着在篇幅分配上，年代和地域是不平衡的。虽然我们仍旧需要一定的时间和精力去关注和研究尤卡坦迷人的土地，思考津巴布韦遗址或者遐想复活节岛上的神秘雕像，虽然产生出这些事物的各个社会的知识均具有内在的价值，但它们对于世界历史来说仍旧是边缘问题。即使是拥有如此广大区域的非洲，或哥伦布发现之前的美洲的早期历史，在本书的描绘中都是轻轻带过的，因为在这些地方，从远古时期直至欧洲人到来，在这之间所发生的一切，对世界的影响不大，远不及产生了佛陀、希伯来先知和基督教、柏拉图和孔子等的那些文化传统具有的世界影响力。这些传统存活了许多个世纪，并且给数以百万计的人们造成了巨大的影响，而这种影响力还会继续下去。

我也试着不去多写那些材料特别丰富的主题。在任何情况下，我们都不可能掌握关于世界历史的所有相关文献材料。我力图强调那些看起来重要的事情，而不是我们大家熟知的事情。因此，不论路易十四是法国和欧洲历史上多么杰出的人物，他都可以比中国的辛亥革命更简略地跳过。在我们这个时代，努力识别有用的东西显得更加重要，而不要因为一些事件出现在当天的新闻里就认为它们才重要。

我们总能获得对事件意义的新解释。例如，许多人最近常听到文明之间的冲突，认定它们将要进行或者正在进程中。显然，最近几十年人们重新认识到伊斯兰世界的独特性，而它制造出的新兴奋点也大大影响了这种断言。我已按我的逻辑提出了拒绝这种观点（至少是它们大多数不合格的表述）的理由，它们的论据不够充分恰当，而且显得过分悲观。但显然没人能够否认，在被我们泛泛称作“西方”的国家和很多伊斯兰国家之间的关系十分紧张。在最近的几个世纪，出于自觉或者不自觉的意图，有时候甚至是意外的，来自西方干扰影响的长远作用已经妨碍和困扰了许多传统，伊斯兰只不过是这些传统中的一个（全球化的概念并不是近年来仅仅在措辞上被强调的）。当然，这个进程开始于欧洲人的活动，这就是为什么我会给予欧洲的演变，以及直到 1945 年它在世界上的中心地位以足够的论述空间。

毫无疑问，这样的强调体现了我自己的历史传承和文化背景产生的最根本冲动。我不应但却势必以一个年长的英国中产阶级白人男性身份来书写。如果那被看成一个需要克服的严重缺点的话，就应该寻找其他途径。但读者在做出评价之前也应该用相同的尺度来衡量自已。我仍然希望我的努力能把一些也许我太容易想当然的东西传达出来，帮助人们理解博学的历史学家阿克顿勋爵提出的历史是“不同于所有国家的组合历史”的观点，同时表明决定它结构的伟大文化传统的丰富和多样性。

在前几版前言里，我已经对很多曾在早期工作阶段给予我多方面帮助的朋友和同事们提出感谢。我将永远感激他们，但因为他们的名字已经被记录下来，所以我不想在此再重复他们的名字。但我必须再增加上巴里·坎利夫教授（Barry Cunliffe）的名字，在这版中他给予了我巨大的帮助，我向他致以最诚挚的感谢。我也要感谢这些年持续给我来信的读者们，他们给我提供了具体的意见、建议、责问和鼓励。由于人数众多，我无法在这里一一留下他们的名字。但这些朋友和评论家都不需要对听从其建议而做出的修改承担任何责任，任何人都不应该为任何我所书写的事情受指责，因为这完全是我自己的责任。

最后，虽然这个问题有些私人，但我觉得必须予以指出。我修订工作的最后阶段是从去年 9 月份开始实行的，但当时突如其来的健康问题迫使我必须频繁出入医院，计划和安排被打破。相当明显的是，这对其他人造成的巨大压力远大于对我本人。很明显，这其中最受累的是我在企鹅出版社的编辑西蒙·温德（Simon Winder）。在一个非常困难的时期，他继续表现出极大的耐心，并且一如既往地给予我鼓励。在此我难以用言语来感激他给予的信任和帮助，我向他表示特别的感谢。

但是，在这几个月里，我最应该感谢的是我的家人，他们给我照顾、关爱和支持，我的孩子有时会越洋飞来看望我。在我的家人中，我必须首先提到我的妻子，她一直致力于本书的早期编辑工作。此时我比在任何时候都更需要她。除了她给我的鼓励和意见，以及对我的决定和品位的影响，我现在还必须认识到将近四十年来她对我的事业和我们的孩子的奉献。现在她又为自己增加了一项全职护士的工作。我欠她的最多，我希望她能在本书中找到我已充分认识到这一点的证据。

2002 年 3 月于提姆伍德（Timwood）

自约翰·罗伯茨去世后，我在得到企鹅出版社作者之家的认同之后，尝试着根据 2001 年以来的事件更新这本书。我通过修订和扩展出本书的第八卷来实现这个目的，因此它既包含了长期趋势，又包含了从新千年开始对于历史学家们来说变得显而易见的特殊进程。本书第五版的其他部分仍然是约翰·罗伯茨生前完成的。

维斯塔德教授（O. A. Westad），2007 年 7 月

作者介绍

罗伯茨（J. M. Roberts）生于英国巴斯市（Bath），并先后在陶顿中学（Taunton School）和牛津大学基布尔学院（Keble College）学习。服完兵役之后，他于 1950 年回到牛津大学，并在 1951 年成为莫德林学院（Magdalen）的一员。1953 年，罗伯茨以联邦基金研究员的身份前往美国，这是他担任这一职务期间第一次访问美国，此后他还将多次造访这个国家。在美期间，他先后担任过普林斯顿高级研究所的研究员（1960），以及南卡罗莱纳大学和纽约哥伦比亚大学的客座教授等多个职务。罗伯茨从 1953 至 1979 年是牛津大学默顿学院的研究员和导师。从 1979 至 1985 年，他担任英国南安普顿大学副校长。后来，在 1985 年，他回到默顿学院担任院长，直到 1994 年退休。1996 年，他因“在教育与历史领域的贡献”而荣膺大英帝国司令勋章。

罗伯茨编撰了畅销丛书《珀内尔二十世纪历史》。从 1967 至 1976 年，他一直是《英国历史评论》的合作编辑。他也是《1880—1945 年的欧洲史》《秘密社会中的神话》《右派巴黎公社》《革命时代和改良》《法国大革命》等书的作者，“新牛津英国史”“简明牛津现代史”丛书的主编。1985 年，BBC 二台播放了罗伯茨创作与朗诵的 13 个历史系列节目《西方的胜利》；几年后，出版了同名著作。罗伯茨也是最近BBC制作非常成功的电视节目《人民的世纪》的历史顾问。

罗伯茨也是《企鹅欧洲史》和《企鹅20世纪世界史》的作者，他于2003年5月去世。

欧德·阿尼尔·维斯塔德（Odd Arne Westad）是伦敦经济学院国际关系史教授。他最新出版的一本书是《全球冷战史》。该书获得班克罗夫特奖。

卷五

欧洲时代的形成

导　论

公元 1500 年左右，有很多标志表明世界史正进入一个新的时代。 547
前文已经提到了一部分，其中包括在美洲的新发现和欧洲冒险家在亚洲的初步尝试。从一开始，这些标志就暗示了新时代的两个彼此矛盾的本质——这一时代越来越具备真正的世界史特征；而同时，虽然世上存在大量文明，却独独被一个文明的惊世成功所主宰，那就是欧洲。这两面属于同一进程；所有国家的事件形成了愈发持续和有机的相互关联，但事件的成因大多与欧洲人的所作所为有关。他们最终成为全球的主人，并运用其掌控权（有时是无心插柳）把世界打造成一个整体。趋同性和统一性的不断强化由此成为世界史最近两到三个世纪的主旋律。

在一段著名的文字中，英国历史学家麦考利（Macaulay）曾指出，五大湖沿岸的红种人彼此剥下对方的头皮，为一名觊觎其邻国某个省份的欧洲国王的劫掠行径大开方便之门。这就是我们现在必须正视的一段历史中的惊人一面——整个世界逐渐卷入各民族和国家之间一场又一场不断升级的战争中，但政治、帝国构建和军事扩张只是这段历史中的一小部分，全球经济整合是该进程的另一部分；而更重要的是共同的理念和思想的传播。若以我们发明的某个虚伪的短语来表达，其结果是——所谓的“同一个世界”。各文明独立或接近独立的时代已经走到尽头。

我们的世界拥有极为丰富的多样性，想到这一点，前文的描述给人的第一印象似有误导和夸大之嫌。民族、文化和种族差异所造成和引发的骇人冲突依然没有消停；公元 1500 年以后数百年的主要历史可以写成一系列战争和暴力斗争史（史书也往往是这般模样），与几个世纪前的祖先相比，生活在不同国家的人们显然不觉得彼此的相似性有多少提高。然而他们确实比前人（例如 10 世纪的）更不分彼此，
548 并有数以百计的方式来表现这一点，从外观服饰到谋生手段和社会组织形式莫不如是。下文要讲述的历史，主要由这一变化的起源、范围和局限构成。这一结果来自某个在很多地区依然持续着的进程，我们有时称之为现代化。数百年间，现代化逐步磨去了不同文化间的差异，是世界史走向统一趋势最深刻、最根本的表现。另一种描述这一进程的方式是称之为世界的欧洲化，因为与现代化关莫大焉的观念和技术都源自欧洲。不过，“现代化”是否等同于“欧洲化”（或是现在经常使用的“西方化”）可以留待他人探讨；有时这不过是措辞偏好的问题。一目了然的是，从年代学角度来看，世界史的整合是随着欧洲的现代化开始的。一场欧洲的伟大变革是近现代史的起点。

第 1 章　新型社会：早期近代欧洲

“近（现）代史”是一个耳熟能详的术语，但并非总是指代同一 549
种对象。过去，近代史曾经包括“古代”史以来发生的一切，犹太人、希腊人和罗马人是其研究的主题。以笔者所处的时代为例，这一概念被用来定义牛津大学的课程，其中包括了中世纪。然后，它又脱离“中世纪”史自成一系。现在往往采用进一步的细分，因为史学家们已经开始发掘其内部的区别，“早期近代”史的说法不时出现。通过这一方式，他们真真切切地让我们注意到一段进程的存在，因为“早期近代”是指一个崭新的大西洋世界从传统主导的、农业的、迷信的和局限于西方基督文明的中世纪崛起的时代。这一进程在不同国家的不同时段上演，在英国非常迅速，在西班牙直到公元 1800 年还远未完成，而东欧大片地区甚至在一个世纪后依然未受影响。尽管表现出极大的无序性，但该进程显然是真实的，其重要性也确实无疑，因为它打下了欧洲世界霸权的地基。

如欲思考其中所涉及的方方面面，以一个简单和明显的真相作为起点不无裨益：在人类历史的大部分阶段，大多数人的生活方式都受一个残酷现实的深刻影响——对于如何满足自己和家人的遮风避雨和果腹之需，他们几乎没有选择的余地。直到历史近期，世上才有极少数人产生了并非必然如此的念想。而从设想成为数量可观的人生活中的现实，则又不离开欧洲近代早期的经济变迁，这一变化大部分发生于易北河以西。中世纪欧洲与当时世界上大多数地区一样，依然由某种形态的社会构成，其中，从生产者（农民）手中获取大部分超出消

费需求的那部分产出，是通过社会或法律体制，而非市场机制。当我
550 们能够辨识出“近代”欧洲的存在时，这一状况已经改变；榨取和动员那些剩余产能已成为变化无常的“资本主义”（这是我们经常给它贴上的标签）的任务之一，其运作大多通过日趋复杂的市场中的现金交易进行。

由于第一次具备了相当充分且连贯的量化数据，我们可以更好地把握这些变化的轨迹，而这在之前的历史阶段是做不到的。在一个重要的领域，最后四五百年间的历史证据的参考价值大为改观，其统计性大大增强，因此定量分析也更为容易。这些新统计材料往往来源于政府。出于很多理由，政府越来越想要了解他们掌控的资源或潜在资源。但公元 1500 年后的私人记录也给我们带来大量额外的数据资料，尤其是业务记录。随着纸张和印刷的不断普及，这些资料的复本也大大增多，意味着保存下来的概率极大提高。商业的出现导致了对集合数据资料合集出版物的需求，例如船只动向或价格报告。此外，历史学者也精进了研究技巧，可以从哪怕贫乏或零碎的史料中取得极大突破，这在仅仅数年前都是不可想象的。

这一切都大大提升了我们对早期近代欧洲变化规模和形态的了解水平，但必须保持谨慎，既不能夸大这类史料的精确程度，也不能随意以此得出结论。搜集高质量的统计数据长期以来都十分困难。就连相当基本的问题也很难得到准确的答案，例如某特定地区有哪些居民。这一状况直到历史近期才有所改观。准确列出国内的土地明细——这一工作被他们称为地籍测量（cadastral survey），甚或弄清究竟有多少臣民，都被 18 世纪推行改革的君主们视为一项了不起的目标。大不列颠直到 1801 年方才进行第一次人口普查——比《末日审判书》晚了将近八个世纪。法国的首次官方普查到 1876 年才进行，俄罗斯帝国的唯一一次普查也要等到 1897 年。如此姗姗来迟其实算

不上真正的意外。进行一次普查或调查需要复杂且可靠的行政机器，而且可能招致强烈的反对（政府获取新信息后，新的税收往往随之而来）。使这些困难雪上加霜的是，欧洲在近代史大半时期都有大量的文盲人口。

新的统计资料能够解决很多历史问题，同时也能提出很多新问题。它可以揭示出当时使人困惑不解、也更难加以概括的包罗万象的现象，对于18世纪的法国农民，自从研究揭示了隐藏在这一单纯名词背后的多样性以来，想作出任何整体性的论述都变得更加困难。也 551
许根本没有法国农民一说，只有若干各异的阶层。最后，对于那些完全看不出前因后果的事实，统计资料也能揭示出其背后的成因。无论如何，从1500年起，我们越来越深入一个测算统计的时代，其总体效应在于，比之较早的年代和其他地区，对于当时的欧洲发生了什么，我们更易于得出可论证的观点。

人口发展史是最明显的例子。15世纪末，欧洲人口即将迈入一段一直延续至今的增长期。公元1500年以后的人口发展史可以粗略地划分为两个阶段。以大约18世纪中期为界，此前的人口增长相对平缓而稳定（除了暂时和地区性的波动），是“近代早期”史的特征之一，该时段也与“近代早期”史基本重合。第二阶段的增长速度大大加快，重大的变化随之产生。只有第一阶段是本章所关注的对象，因为它确立了近代欧洲的成型方式。该阶段的普遍事实和趋势也足够明朗。虽然严重依赖于估算，但这些数值的依据比以往的估测要牢靠得多，部分是因为自17世纪早期开始，对人口问题的关注就几乎从未间断。这份关注对17世纪末统计学科的奠基（当时称为“政治算术”）有所贡献，英格兰是该学科的主要发源地。政治算术确实完成了一些突出的工作，但这就好比是汪洋大海中的一座孤岛，被大量猜测和推导所包围，只有一丁点相对而言比较精确严谨的内容。尽管如此，统计得出的大体布局还是清楚的。公元1500年的欧洲有大约8 000万居民，两个世纪后为1.5亿不到，到1800年达近2亿。公元1750年以前，欧洲的人口增长率相当稳定，一直到1700年前后，其人口在世界总人口中的比例始终保持在五分之一左右，但到了1800年，这一比例已经接近四分之一。

因此，显然有很长一段时期，欧洲和其余地区的人口增长率并不存在后来所出现的惊人差距。从中作出以下推断似乎不无合理之处——相比1800年以后的状况，欧洲和其他地区在人口问题其他方面上的差别也较小。例如，欧洲人的死亡年龄当时依然普遍较低。公元1800年以前的人普遍早夭，因此平均死亡年龄比今日低得多。18世纪法国农民家庭的新生儿有大约22年的预期寿命，只有大约四分之一可以活过婴儿期。这与1950年的印度农民或罗马帝国时期的意
552 大利人相差无几。超过40岁的人屈指可数，因为饮食比不上现代人，他们在同一年龄下比我们更显老，体型可能更小，气色也更差。和中世纪一样，女性的寿命依然比男性短。也就是说，很多男子再婚甚至三婚并非如今日那样因为离异，而是早年丧偶。欧洲夫妇婚后生活的平均时间相当短暂。以波罗的海到亚得里亚海的连线为大致的分界，西部的婚姻寿命比东部更短，而且西部有晚婚的习俗，往往要到二十好几才首婚，这长期以来都是东西欧人口构成存在差异的成因之一。不过总体而言，家境较好的欧洲人可以供养的家庭规模也较大，穷苦家庭的人口数则较少。以下两点可以通过推论得到强有力的证明，在17世纪，一些地区已经出现了某种限制家庭规模的做法，除了堕胎和杀婴之外，还有其他实现这一限制的手段。要解释这一难以理解的现象，就需要了解更多的文化和经济现实。在一个大多由文盲组成的社会中，有些领域的历史几乎不可能完全搞清，这就是其中之一。关于早期的生育控制状况，我们几乎没有可以确信的资料来源，而至于

这一控制手段有没有引发早期近代欧洲人对自身及决定同类生命的做法的反思、又引发了什么样的反思，我们的所知则更少。

就总体而言，人口还反映了农业在经济中的持续主导地位。长期以来，农业产量只比需求略高，只能养活缓慢增长的人口。1500 年的欧洲大陆依然以农村为主体，人们的物质生活水平相当低下。以现代眼光来看，当时那片大陆的人丁非常稀少。英格兰和大陆其他地区相比人口密度较高，但在 1800 年也只有大约今日六分之一的人口；东欧的不少统治者用尽一切手段鼓励移民，急于填补那里巨大的人口空缺。不过城镇规模和人口依然得以增长，其中有几座城镇的发展速度显著高于人口总体增长速度。阿姆斯特丹的居民数量在 18 世纪达到 20 万左右，巴黎的城市规模在公元 1500 至 1700 年间可能扩大了一倍，有将近 50 万人口。这两百年间，伦敦人口从 12 万左右增长到接近 70 万，比巴黎更胜一筹；当然，鉴于英国人口总数比法国少得多，这意味着该国的城市化规模也大得多。一个意义重大的英语新词开始被人使用：城郊（suburbs）。但中等及以下规模城镇的情况并不容易概括，大部分都很小，到 1700 年依然不足两万人，人口超过十万的欧洲城市在 1500 年只有九座，而两个世纪后至少有 12 座。这几个世纪中，欧洲的城市化进程并不像后来那样傲视群侪，其他大陆也 553
有很多宏伟的名城。例如，16 世纪的墨西哥城以 30 万的庞大人口居于所有欧洲城市之上。

城市化和人口增长的分布都不均衡。那些年间，法国依然是西欧最大的国家，1700 年有大约 2 100 万居民，同期的英格兰和威尔士只有 600 万上下。但要进行对比分析并不容易，因为有些区域的人口估算远不如其他区域可靠，边境线的变动时常使人难以确定同一个地名在不同时期究竟指代哪个区域。可以肯定的是，在 17 世纪的一波天灾人祸下，一些地区的人口增长一度受制，也有可能出现负增长。西班牙、意大利和德意志都在17世纪30年代经受了严重的传染病爆发，还有其他广为人知的地方灾难，例如1665年的伦敦大瘟疫。饥荒是另一个偶尔出现的地区性影响因素；17世纪中期，德意志甚至有人吃人的传闻。农业歉收有可能导致经济萧条，加上营养不良和由此导致的抵抗力低下，很快会酿成灾祸。如果再碰上战争，就会导致十分可怕的后果。而战争在中欧始终随处可见。饥荒和疾病跟随着军队的脚步，可以迅速使一小片地区尸骨累累。这一状况部分反映了经济生活依然高度地方化的事实，据说未被攻打或沦陷的城镇即便处于会战区也可能毫发无伤，而仅仅几英里外的另一个镇子却被夷为平地。在生产力提高的速度超越人口增长之前，欧洲的人口增长始终极不稳定。

在这方面，就和其他很多方面一样，不同的国家有不同的历史。15世纪中期，农业有恢复元气、重新扩大规模的迹象。其标志之一是14世纪因人口凋零而遭废弃的土地又成为农田。然而在大约公元1550年以前，这一进展十分有限，也只有少数地区受益。农业发展的影响力长期局限于这些地区，不过，当时已经有了重大的技术改良，通过对劳动力的妥善运用，也就是集约耕作方式，土地的生产力提高了。在没有受此影响的乡村地区，中世纪的往日气息长期萦绕不散。甚至连货币的出现也不能很快打破某些社群近乎自给自足的状态。农奴制在别处走向消亡的同时，却在东欧扩大了规模。不过到1800年，将欧洲作为一个整体来看，农业是进步最为明显的两大经济领域之一（另一个是商业），若干发达国家表现得尤为突出。总体
554 而言，农业提供了足以维持人口持续增长的产量，起初只能支持极为缓慢的增长，但此后不断加快。

市场针对性的逐步提高和技术创新使农业缓慢地发生了变化。农业和人口相互关联，有大量人口的地区往往会形成集市，从而刺激农

业发展。甚至早在15世纪，低地国家的居民就已经在集约耕作的技术方面领先一步。排水系统的改良也出现在佛兰德斯，带来了更好的牧场和更高的畜牧业产量。另一个城镇人口相对较多的地区是意大利北部的波河流域，而那里有从亚洲引入欧洲的新作物。例如，作为欧洲人饮食的一种重要补充，稻米就出现于15世纪的阿尔诺（Arno）河与波河流域。另一方面，并非所有的作物都能立刻获得成功。尽管营养价值明显，还有很多民俗故事吹嘘马铃薯有催情的功效，是治疗肉疣的良药，但直到大约两个世纪后，这种从美洲传入欧洲的作物才成为英格兰、德意志和法国的寻常菜色。

低地国家的农业改良于16世纪传播到英格兰东部，并在那里缓慢地得到进一步完善。17世纪，伦敦成为玉米出口港，下个世纪，大陆本土的欧洲人来到英格兰学习这种作物的种植方法。18世纪还见证了畜牧和养殖业的进步。此类改进使人们对之前不可想象的高产作物和优质家畜习以为常。农村的景致和农民的外表都发生了转变。农业是科学（哪怕只是初级科学）力量最早的展示，表明通过实验、观察、记录和再次实验的方法，能够比习俗的选择作用更迅速地提高人类对环境的控制力。这些改良使得人们青睐于土地重组、形成更大的农场，减少小农数量（只有特别有利于小农式种植的土地例外），采用有偿劳力，为建筑、排水和机械投入高额资金。但我们决不能夸大变化的速度。英格兰变化速度的标志之一是“圈地”的进展情况，即传统英式村庄的开阔地和公用土地被兼并作私用的现象。直到18世纪末和19世纪初，才开始频繁而大量地出现授权此类行为的议会法案。农业完全融入市场经济、土地被当作和其他商品别无不同的单纯商品来对待，这一切要等到19世纪才发生，哪怕在大洋彼岸的玉米田投产之前一直领跑全球农业的英格兰也一样。不过，通往前方的道路在18世纪已经浮现端倪。

555 更高的农业生产力最终消除了物资匮乏的积弊，这种匮乏长久以来都具有毁灭人口发展的力量。16 世纪末也许是欧洲人口最后一次表现出对资源的压力、乃至于让 14 世纪那样的大灾难仿佛近在眼前的时刻。在下个世纪中期的战乱中，英格兰和尼德兰都避免了最糟糕的情况。此后，虽然必须承认，饥荒和物资不足依然能够在欧洲某地或某国造成大规模的人口损失，但谷物进口量的不断增多还是使其逐渐却步。前文提到，歉收令 1708 至 1709 年的法国成为“一家大医院”，但当时是战争期间。同一世纪后期，一些地中海国家开始依靠波罗的海地区提供面粉和玉米。不过事实上，进口成为一种可靠的物资来源还要等很久；这一手段往往不能很快奏效，特别是需要走陆地运输的情况下。甚至到 19 世纪，法国和德国部分地区依然受物资匮乏的折磨，18 世纪的法国人口增长速度快于生产，因此当时很多法国人的生活标准实际上有所跌落。不过，对英国农村劳动者而言，有几个世纪堪称后世回忆中的黄金时代，餐桌上总有够饱的小麦面包甚至肉类。

16 世纪晚期，可以隐约感受到日益扩大的人口规模对增长缓慢的资源所形成的压力，鼓励移民是应对这种压力的手段之一。截至 1800 年，为了向海外土地输送人力，欧洲人做了大量的工作。1751 年，一名北美人认为这片大陆有 100 万英国血统的人；现代计算得出，17 世纪有大约 25 万英国移民前往新大陆，下个世纪又增加了 150 万。当时还有大约 20 万德国人和一些法国人在加拿大生活。我们有理由认为，到 1800 年，差不多有 200 万欧洲人抵达美洲格兰德河以北地区，还有大约 10 万西班牙人和葡萄牙人在该河以南。

对家乡粮食不足的恐惧推动了这场大移民潮的形成，反映了农业始终是经济生活中占首位的考虑对象。三个世纪中，欧洲经济所有主要领域的结构和规模都发生了重大改变，但在 1800 年，就连法国和英国也依然被农业所主导，尽管这两个西方最大的国家在商业和制造业领域取得了长足的进步。这一事实，就像1500年时一样千真万确。而且，完全脱离农业的工业人口无论在什么地方都少之又少。酿酒工、织布工和印染工都依赖农业，同时，很多耕地务农的人也纺纱、556
织布或从事市场上的买卖。除了农业，只有贸易领域向我们展现了决定性的变化。从15世纪后半叶以来，该行业的运转节奏开始明显加快。欧洲当时重新获得某种始现于13世纪的商业活力，并表现在规模、技术和动向上。而这再一次与城镇的发展有关。城镇需要专业人才，也为他们提供了生计。中世纪的大型展销会和市集延续下来，中世纪高利贷法和行会的限制性措施也一样。然而，一个全新的贸易世界在公元1800年以前已经成为现实。

在16世纪就已经可以察觉到贸易领域的新气象，当时，世界贸易刚刚步入漫长的扩张阶段，除了短暂的战争时期，实质上这一扩张从未中断，一直持续到20世纪30年代的世界大战爆发，然后又重新恢复发展。贸易扩张的开端始于经济重心进一步从欧洲南部向西北部、从地中海向大西洋区域转移，这一点前文已有评述。其推动因素之一是政治动荡和战争，例如16世纪早期使意大利生灵涂炭的战乱；① 其他因素包括小而短暂但起到关键作用的压力，例如同一时期葡萄牙人对犹太人的迫害，导致大量身怀商业技术的犹太人离开该国前往低地国家。16世纪的安特卫普写下了一段伟大的商业传奇，不过在数十年后的政治和经济灾难中走向崩溃。阿姆斯特丹和伦敦于17世纪后来居上。贸易对这三座城市的崛起都起到重要的作用，这些贸易依托于人丁兴旺的内陆，提供了使制造业、服务业和银行业实

① 1494—1559年间的数起发生在意大利的战争，统称大意大利战争，又称哈布斯堡—瓦卢瓦王朝战争。——译者注

现多样化的利润。佛兰德斯首先取代了中世纪意大利诸城在银行业中的古老统治地位，然后是16世纪的德意志银行家，最后是荷兰和伦敦。阿姆斯特丹银行，甚至直到1694年才成立的英格兰银行，都很快成为国际经济中一股不容小觑的势力。以它们为中心，还聚集起一批从事信贷及金融业务的其他银行和商会。利率开始走低，中世纪问世的汇票获得极大普及，成为国际贸易中的主要金融票据。

从那时开始，纸币逐渐进入流通领域，取代了金银。18世纪出现了欧洲最早的纸质货币，支票也于同一时期问世。股份公司造就了另一种可流转证券，即公司的股票。伦敦证券交易所成立，取代了17世纪提供股票报价的伦敦咖啡馆。到1800年，很多其他国家也有了类似的机构。
557 新的资本筹措和配置项目在伦敦、巴黎和阿姆斯特丹如雨后春笋般涌现。彩票和养老储金会一度风靡；一些风险投机项目也大行其道，其中最臭名昭著的是英国南海“泡沫”。① 但世界无时无刻不在朝更商业化的方向发展，更习惯于以财生财的观念，并以现代资本主义武装自己。

这一趋势的效应很快出现在17世纪后期的外交谈判中，各国不仅对贸易问题投入了极大的关注，更不惜为之一战。英国和荷兰在1652年因贸易纠纷开启战端，拉开一个漫长时代的序幕。这两国以及法国和西班牙一再发生摩擦，贸易问题往往是争议的重中之重，至少也具有重要地位。

政府不仅以战争的方式维护商人的利益，而且还以其他方式干涉贸易经济的运作。有时政府本身就是企业和雇主，威尼斯的军火工厂据说在16世纪一度是全世界最大的制造企业。政府还以特许状的方式为公司提供垄断特权，这使得后者的利润更有保障，筹集资金也因

① 这一事件的始作俑者是英国南海公司，成立于1711年，从事南美奴隶贸易，后认购英格兰战争国债，从而引发民众对其股票的投机热潮，最终导致18世纪20年代的经济泡沫，使很多人破产。——译者注

此更为容易。最后，人们开始觉得特许公司也许并非是确保经济优势的最佳手段，这些公司因而失宠（在 19 世纪末又经历了短暂的回光返照）。无论如何，此类活动得到政府的密切参与，所以商人的利益诉求开始影响政策及法律的成型。

贸易发展和社会的相互作用可以间或揭示出意义极为深远的变化趋势。17 世纪的一名英国金融家首次向公众提供人寿保险就是其中一例。当时，以人身寿命为对象的年金买卖早已有之，而将精算学和“政治算术”所提供的新统计资料应用于该行业是此前所没有的。死亡这一话题，过去总是存在使人望而却步的无常和变数，而现在，用合理的计算取代赌博式的猜测已成为可能。随着该技术的不断完善，人们可以为范围愈加宽泛的天灾人祸提供有偿的保护。这一过程无意中还创造了另一种非常重要的工具，可以用来筹集大额财富，以作进一步投资。但其意义还不仅如此，因为人寿保险问世于一个特别的年代——在初期，它有时被称作“理性时代”。这一事实告诉我们，经济变化的影响力有时确实非常深远。这是一个小小的引证，表明去宗教化的世界正在向我们走来。

从 17 世纪后半叶开始，海外贸易对欧洲商人的重要性突增，这 558
是欧洲商业最显著的结构性发展，也是经济活动从地中海向欧洲北部转移的部分表现，不到公元 1500 年，这一转移已能为人感受得到，也使未来世界的经济初现雏形。不过，直到 1580 年左右，这幅蓝图的绘制者主要还是伊比利亚半岛的人。他们不仅统治了南大西洋和加勒比海的贸易，而且公元 1564 年后，还有“马尼拉大帆船队”定期从阿卡普尔科（Acapulco）① 驶向菲律宾；葡萄牙人自西方远道而来，

① 墨西哥南部格雷罗州的港口城市，1531 年被西班牙殖民者发现，1550 年建立居民点。该市是在墨西哥与东方之间往来的西班牙殖民舰队的主要补给点。——译者注

在中国立足，此后远东的中国也与欧洲人展开了商业接触。全球贸易开始令古老的地中海贸易黯然失色。17 世纪晚期，西班牙、葡萄牙与大洋彼岸的殖民地之间的封闭式贸易依然不失其重要性，但海外贸易被荷兰人和其日趋壮大的对手——英国人所统治。荷兰人的成功源于过去向欧洲市场供应咸鲱鱼的收益，也和拥有特别适合大宗运输的“快速平底船”（flute）有关。凭借这一工具，他们首先主宰了波罗的海的贸易，并进一步成为欧洲船运的掌舵人。虽然到 17 世纪后期经常被英国人取而代之，但他们维持着远达四海的殖民地和贸易枢纽网络，尤其在远东地区，其地位更在葡萄牙人之上。但英国以大西洋为成就霸业的基础。渔业对英国也相当重要；他们在纽芬兰沿海一带捕捞营养丰富的鳕鱼，到岸上晒干腌制，然后到地中海各国贩卖。因为有周五斋戒的习俗，这些国家对鱼类的需求极大。越过海岸旅游区进入内陆后，至今依然可以在那里的葡萄牙和西班牙南部居民的餐桌上看到这道被当地人称作巴卡劳（*Bacalao*）的鳕鱼菜肴。荷兰人和英国人都逐步拓宽船运范围、增加船运种类，也都亲自参与贸易交换。法国人同样不甘寂寞，在 17 世纪前半叶将海外贸易规模扩大了一倍。

人口的增长和一定程度上的运输保障（水路始终比陆路便宜）使国际谷物贸易逐步成型。造船业本身促进了沥青、亚麻、木材、食品等货物的流动，这首先影响到波罗的海的贸易，然后成为北美经济的重要组成部分。这不仅涉及欧洲的消费，一切活动的背后还有一个个不断扩张的殖民帝国。到了 18 世纪，人类已身处于一个海洋经济体和国际贸易社会之中，他们在全球范围从事业务，并为此明争暗斗。

559 在这一经济体中，奴隶扮演着愈发重要的角色。大部分奴隶是非洲黑人，其中最早的一批 1444 年被带到欧洲的里斯本出售。奴役现象在欧洲本土已完全消失（不过依然有欧洲人被阿拉伯人和土耳其人捉拿为奴贩卖）。现在，这种现象开始向其他大陆大规模扩张。不到

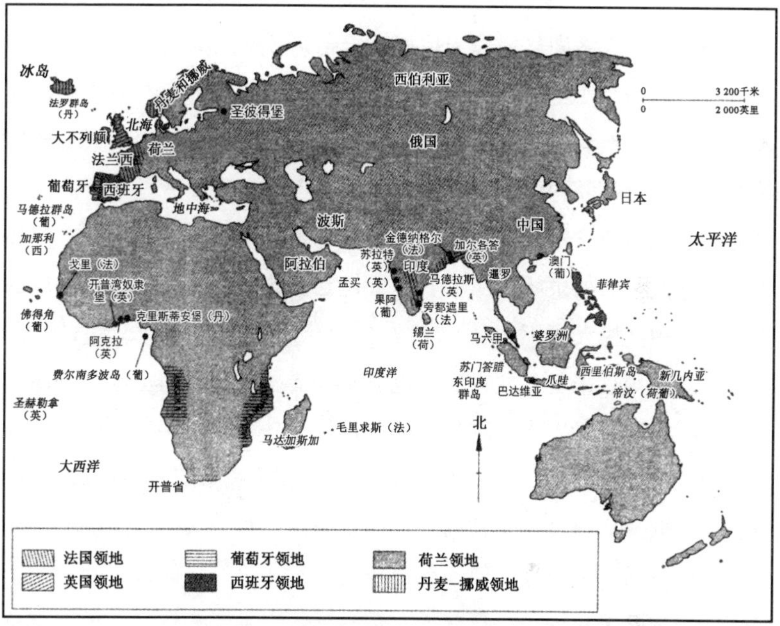

非洲和亚洲的欧属商栈和领地（约 1750 年）

两三年，葡萄牙人已经贩卖了超过 1 000 名黑人，并很快在西非设立永久性的奴隶贸易点。这些数据表明，欧洲人很快就发现这一新的行当有利可图，但并不能揭示此后事态将发展到何等规模。一目了然的是，这一行当残忍野蛮（葡萄牙人很快发觉，只要抓住孩子通常就能让其父母乖乖就范），还有非洲人与他们沆瀣一气，当奴隶贩子深入内陆寻找奴隶时，地方上的统治者会包办一切，囤积黑奴向他们批量出售。

有很长一段时期，来自西非的奴隶几乎全部被欧洲和大西洋岛屿上的葡萄牙及西班牙殖民地所吸收。改变随后发生。从 16 世纪中期开始，非洲奴隶乘船横越大西洋，前往巴西、加勒比诸岛和北美大陆。于是，该贸易步入一段长期而惊人的增长阶段，我们的生活中至今仍留有其人口、经济和政治后果的痕迹。非洲黑奴绝非唯一在近代

史中占据重要地位的奴隶，欧洲人也不是唯一的奴隶贩子。尽管如
560 此，少数非洲人将同族人作为黑奴卖给葡萄牙人、英国人、荷兰人和法国人，又转手卖给美洲的其他欧洲人，这一现象的影响力比奥斯曼人奴役欧洲人或阿拉伯人奴役非洲人要深远得多。黑奴的人数也较容易估计，虽然只是约值。美洲殖民地群得以建立和发展，其所需的大量劳力来自黑奴，不过由于气候原因，各殖民地的奴隶人口分布存在差异。绝大多数奴隶始终从事农业或担当家仆，在工匠或后来出现的工厂工人中，黑人并不常见。

从商业角度来看，奴隶贸易也非常重要。巨额利润在这一行并不多见——把这些活人当货物处理的奴隶船拥挤不堪、疾病丛生是导致这一现象的部分原因。每次航行的奴隶死亡率很少低于10%，有时更会达到骇人的程度。正常的资本回报率被严重夸大，这一行当在人们心目中依然利润丰厚，使人趋之若鹜、竞相争夺。两百年间，一个又一个国家希望从中分一杯羹或实现垄断，引发了一场又一场外交争执乃至战争。这印证了贸易在政客心目中的重要地位，无论是否具有充分的经济价值。

人们一度广泛认为，奴隶贸易的利润为欧洲工业化提供了资本，但这一论调不再令人信服。工业化是一个漫长的过程。公元1800年以前，虽然可以在若干欧洲国家找到工业集中的实例，但制造业和采掘业依然以小规模作坊生产为主，只存在量变和技术完善，工艺和体制上均没有翻天覆地的革新。1500年的欧洲已积聚了巨大的财富，吸引大批熟练工匠前来，他们对于研究新工艺流程和探索新技术已习以为常。采矿和冶金业在火炮发明后的两个世纪间发展到顶峰。科学仪器和机械钟表的出现证明制作精密商品的技术已非常普及。这类优势确定了工业化时代的早期模式，并很快开始扭转欧洲与亚洲的传统关系。千百年来，东方的能工巧匠一直以其鬼斧神工的技术和精美的

创作令欧洲人大开眼界。亚洲织布和瓷器至高无上的地位一直保留在我们的日常语言之中：代表中国的“China”又指瓷器，从“Muslim”衍生出指平纹细布的“muslin”，从“Calicut”衍生出指素白棉布的“calico”，指中国山东的词“shantung”又可指柞蚕丝绸。然而到14和15世纪，部分手工行业的领先地位已被欧洲取得，尤其是机械和工程技术。亚洲的统治者们开始向欧洲人寻求指导，学习如何制造有 561
效的火器，甚至把欧洲市集上随处可见的机械玩具当作奇珍收藏。欧洲在传统行业的技术积累以及对新技术领域的拓展是扭转双方角色关系的基础。这一进程通常发生在城镇，工匠们时常随着需求的变化在不同城市间游历。但显而易见的也仅此而已。难以说清究竟是什么想法驱使欧洲工匠不断进步，也激起社会上层的兴趣，令痴迷机械工程成为文艺复兴时代的重要断面，与建筑艺术和金器加工不遑多让。毕竟，这种状况并没有出现在欧洲以外的地区。

早期工业区以逐步外扩的方式发展，不仅在和农业关系密切的欧洲传统制造中心（例如纺织或酿造）周围蔓延，而且也在乡间不断扩大。这一状况延续了很长时间。旧时代的贸易活动创造出了支持产业的聚集区。安特卫普曾是英国纺织品进入欧洲的重要港口，因此，制衣和印染业也在那里扎根，对途经该港的商品作进一步加工。同时，英国乡间的羊毛商人建立了工业增长的早期模式，向纺纱和织布的农民“预售”他们所需的原料。矿石的出现是另一个界定时代的元素；独立于农业之外的工业活动中，采矿和冶金最为重要，分布范围也颇为广泛。但工业可能停滞不前，有时甚至还会崩溃。意大利似乎就发生过这种情况，其在中世纪的工业领导地位于16世纪消失无踪，而佛兰德斯低地国家和德意志西部及南部地区（古代加洛林王朝的心脏地带）的制造业领导地位又持续了一个世纪左右，直到英国、荷兰和瑞典获得显而易见的领先地位。待到18世纪，俄国也凭借采掘工业跻身工业国之列。到那时，其他因素也开始发挥作用：有组织的科学研究被用于工业技术开发，国家政策开始有意无意地成为工业的指导力量。

对工业扩张和增长的长期图景进行整体描述显然需要大量限定条件。哪怕 19 世纪也很容易发生大幅波动，歉收能够引发银行提款狂潮以及制造业产品需求的紧缩，其规模之大足以被称作一场萧条。这反映了经济的不断发展和一体化也可以导致新的苦难。例如，公元 1500 年后不久，人们开始注意到物价以史无前例的速度飞涨。这一趋势在某些地区势头极猛，一年就能翻倍。虽然如此涨幅并不能在所
562 有地区长期维持，但总体效应依然强烈，大体相当于欧洲一个世纪内的物价翻了 4 倍。与 20 世纪的通货膨胀相比，这不算很令人震惊，但在当时却颇为新鲜，也带来了巨大和深远的影响。一些业主得益，另一些则因此落魄。部分地主的应对措施是提高租金，尽一切可能利用其封建权力增加产出。而部分地主不得不出售地产。就此意义而言，通胀导致了社会流动，这也是通胀经常导致的后果。穷人受到的影响通常更残酷，因为农产品价格飙升，而薪酬的涨幅则要滞后，实际工资因此下跌。有时，地区因素还会使情况雪上加霜。例如，英格兰高昂的羊毛价格诱使地主圈占公共土地用于牧羊，从而剥夺了其公共用途。可怜的牧人食不果腹，正如当时一句著名的评语所言，这是“羊吃人”的社会。该世纪中期的 30 年间，民众起义和持续混乱无处不在，揭示了当时局势的严重性和不可理喻。无论何处，受通胀折磨最深的总是社会两极：穷人因此忍饥挨饿，而国王则比任何人开销更大。

历史学者们为解释长达一个世纪的物价上涨着实费了大量笔墨。他们不再满足于最早由当代观察家提出的解释，即根本原因是西班牙人开始挖掘新大陆的矿产，带来了新的黄金供应；通胀早在美洲的贵金属输出量达到可观程度之前就已经开始，哪怕后来这些黄金确实加重了通胀的程度。归根结底，也许压力始终来自人口的不断增长，而

生产力的飞跃依然没有到来。物价上涨一直持续到17世纪初，随后开始放缓，甚至偶有跌势，至1700年又恢复了缓慢的增长。

在如今的时代，不用别人提醒，我们都很清楚经济变化可以很快导致社会变化。我们相信，所谓亘古不变的社会形态和体制只是无稽之谈。但在三百年前，很多人相信这些体制形态都是神赐的，于是，虽然通货膨胀后出现了社会变化（必须指出还有很多其他原因），却被顽固的老一套所掩盖和噤声。大致在公元1500至1800年间，从表面和名义上讲，很多欧洲社会始终没有什么改变。但经济现实基础发生了翻天覆地的变化。表象是具有欺骗性的。

公元1500年以前，某些国家的农村已经开始显现出这一点。由
于农业变得越来越像生意（但这绝非唯一原因），传统农村社会必须 563
随之作出改变。但生活方式通常得到保留，于是导致了越来越大的不协调。虽然18世纪80年代的法国依然存在封建领主，但其经济作用已经比社会职能更加突出。这些“显贵”也许从未见过自己的佃户，也许没有高贵的血统，也许领主身份只能给他们带来钱，象征着获取佃户劳力、时间和产出的权力。更往东的地区，封建关系的实际意义保留得更多。这部分反映了统治阶级和贵族之间存在联盟关系，他们利用欧洲西部和南部人口不断增长所形成的新的谷物和木材市场牟利，将农民束缚在土地上，榨取日益沉重的劳役。农奴制在俄国成了社会最根本的基石。

另一方面，早在公元1800年以前的英格兰，就连商业化“封建主义”也已经消失，而在法国尚且保留。除了能应召出席议会（在其他方面，他们的法律地位与乔治三世国王的大部分臣民类似，不具备议会成员的选举权）之外，贵族身份不再提供法定特权。英国贵族数量稀少；即便在苏格兰同侪加入之后，18世纪末的上议院也只有不到两百名世袭成员，他们的法定地位只能传给一名继承人。大不列颠

不再有贵族阶级，其他民众和他们享有同样广泛的法律权利，而在欧洲其余地区，这些权利几乎总是贵族的特权。工业革命前夕，法国可能有25万贵族，所有人都具备重要的法律和形式权利；而牛津大学的一间大厅就可以绰绰有余地容纳同级别的英国法定社会等级成员，他们的权利与人数一样逊色许多。

另一方面，英国地主阶级的财富和社会影响力则十分巨大。贵族之下是定义模糊的英国绅士阶级，其最顶层是贵族家族成员，最底层是事业有成、极受尊重但不属于“上流社会”的农场主和商人。阶级之间的可渗透性对于促进社会凝聚力和流动性具有极大的价值。通过财富积累、杰出的职业地位或个人美德都能获得绅士身份。绅士的本质为共同的行为守则，依然反映着贵族式的荣辱观，但涤除了排外和野蛮的不开化属性，也失去了法定权利的支持。17和18世纪的绅士观念是构成英国历史的文化影响因素之一。

564 事实上，每个国家的统治阶层都不一样。这种反差在欧洲各地都能找到。简明扼要的结论是无法作出的。尽管如此，至1700年，依旧看得出社会变化是很多国家的总体趋势，使旧的社会形态陷入挣扎。在进步幅度最大的国家，对于决定身份的因素和认同身份的方式，这一变化带来了新的理念。虽然并不完全，但当时发生了两种转型，一是确定权利和期望的因素从个人纽带转为市场关系，二是看待社会的视角从集体主义转为个人主义。在七省联合王国荷兰——该时期兴起于尼德兰的共和国，这两种转型最为明显。这个国家实质上由商人统治，尤其是阿姆斯特丹的商人，该城位于荷兰省中心，而荷兰省又是该国最富有的省份①。在该国，拥有土地的贵族从未像商人和城市寡头那样位高权重。

① 荷兰的国名因此而来。——译者注

在1789年，欧洲任何地区的社会变化都不如英国和荷兰那般深远。对传统地位的质疑在其他地方几乎还没有出现。一部18世纪法国喜剧中的主角、身为男仆的费加罗讥笑他的贵族主子没有干出任何与其特权身份相称的事来，只有一桩除外——大费周章地降生到世上。这在当时是一种危险和颠覆性的思想，但几乎没有引发任何警惕。欧洲依然充斥着自大狂妄的贵族（这还会持续到公元1800年以后许久）。排外的程度不一而足，但贵族和非贵族之间依然存在决定性的分野。虽然怀有戒心的贵族指责国王与平民联手对付自己，但任何国王都不会这么做，哪怕走投无路。按其中一人的说法，国王也是贵族，这是贵族之间的问题。直到法国大革命爆发才使事态发生了重大改变，但在那个世纪末之前，其影响力也仅限于该国。当历史走进19世纪，大部分欧洲人似乎依然尊重贵族的血统。有所改变之处，不过是不假思索地认为这种差别应当得到法律保障的人略少了一些。

一些人开始感到，用具有不同法定权利和义务的等级团体来描述社会已不能反映现实，同样，也有人开始对宗教支撑的特殊社会等级体系产生怀疑。但哪怕在很多年以后，如下说辞依然有人相信：

富者居城郭，
贫者栖门前，
上帝造化，高低有别，
使贵者贵、贱者贱。

不过，这段来自19世纪北爱尔兰阿尔斯特女诗人[①]的诗句并不完全 565

① 指塞西尔·弗朗西斯·亚历山大（Cecil Frances Alexander），语出其诗作《一切光明和美好的事物》。——译者注

表示一成不变的等级秩序是来自上帝的旨意。早在 1800 年就有人开始认为，富人自力更生而没有继承父辈的地位，这表现了上帝的智慧，因此得到上帝的喜爱。“政府是人类智慧所发明的工具，用以满足人类的需求。”一名保守的 18 世纪爱尔兰人①如是说。在先进国家，广义的功利主义成为越来越多的人评判体制和风俗的标准，其中包括社会体制和风俗。

旧有的正式等级体系遭受的最大压力来自经济变化——流动性增加、城镇规模扩大、市场经济崛起、新商机出现——的挤压，但也有压力来自教育普及和社会意识觉醒。总体来说，当时的状况大致可以分为三种。在东方的俄国，新的社会发展对农业社会的撼动力微乎其微，所以至 18 世纪末，传统的社会模式不仅完整无缺，而且几乎毫无改变，波兰或东普鲁士和匈牙利的情况也大致一样。这些内陆国家远离欧洲沿海地区的商业发展对既有体制与生俱来的威胁，其传统统治阶级不仅能保住地位，还往往能切实扩大特权。第二类中，经济与社会的碰撞足够激烈，这成为社会现实，并促使既有体制产生改良的需求。当政治环境允许，这些需求会引发要求实现的呼声，但会被抑制一段时间。法国就是喧嚷的一例，但一些德意志国家、比利时和意大利部分地区也显示出同样的张力。第三类相对更为开放，例如英国、荷兰和大洋彼岸的英属北美，在这些地方，身份已经不如财富（甚至才能）来得重要，法定权利广泛普及，人们普遍能感受到经济带来的机遇，对薪金的依赖也非常明显。早在 16 世纪，英国社会就比大陆国家更具流动性，而北美人更在 18 世纪自创的新宪法中禁止了授予世袭头衔的行为。在这些地方，个人主义几乎不受法律束缚，不管现实中是否受习俗的限制、是否有得不到的机会。

---

① 指埃德蒙·伯克，语出其《对法国革命的反思》。——译者注

像本书这样的概要式描述，稍不留意就会因分类过度而失当。即便上文采用的三分法也模糊了太多的细节。如果将属于同一类的国家和地区视为同然，那我们就谬之千里，完全忽视了其内部存在的惊人反差。在发展程度更高的第三类中，依然有大量会让我们觉得奇怪乃 566
至陈腐的东西。英国、法国和德国的城镇大多如同小小的巴彻斯特(Barchester)①，在乡土观念和气息的包围下怡然自得，由屈指可数的商人寡头、事业有成的行会成员或大教堂的修士们统治。然而，一方面，沙特尔（Chartres）是一个心满意足地保持中世纪乡村风貌和中世纪生活方式的小镇，18 世纪的人口依然和五百年前一样，另一方面，与其同属一个国家的南特或波尔多则是欣欣向荣、喧嚷繁华的港口，而且缔造了法国贸易经济活跃局面的港口城市也不仅仅是这两个。就连 19 世纪的人也会觉得他们的上一代故步自封；因此，我们远不能断言当时存在成熟的、定义明确的，和今天任何欧洲国家一样拥有完全的自我认识的个人主义及资本主义社会。我们姑且可以将“先进”作为这些国家的标签，即比其余世界的大部分地区更快、更进一步地迈向那种状态。

有时，它们因此而赢得未来改革家的钦佩。对现状发起质疑的伟人伏尔泰因一个事实深感震撼：早在 18 世纪早期，英国的大商人就可以得到与贵族同等的敬仰和尊重。他或许略有夸大，也无疑混淆了一些细枝末节上的重要差异，但依然道出了一个不寻常的事实——也是大不列颠崛起为世界强国的原因之一，换言之，统治 18 世纪英格兰的政治阶级所依赖的是土地，这也体现出极强的土地取向价值观，然而他们却长期为守护国家的商业利益操心，并接受伦敦中心区议院

① 虚构的城市，出自安东尼·特罗洛普（Anthony Trollope）的系列小说《巴塞特郡纪事》（*Chronicles of Barsetshire*）。——译者注

通过集体智慧施加的领导和指引。虽然“有钱”和“有地”群体之间存在政治分歧始终是人们谈论的话题，尽管政治长期以来都是充满争议的是非之地，有地阶级内部也有钩心斗角的传统，然而在其他国家导致冲突的利益焦点却没有令英国的商人和贵族彼此疏远，反而为双方带来了共同的繁荣。其解释必然相当复杂，有些原因可追溯至上一世纪，例如英国农业的商业化；有些距当时要近得多，例如加大力度促进政府和商业领域私人投资的举措。

伴随经济尤其是商业的成功，荷兰和大不列颠都向着更先进的社会进化，其过程具有惊人的相似性。这与它们的宗教一度大有关联：由于基督教世界的一场大动荡，天主教会在两国都失去了主导地位。18 世纪的反教权主义者和 20 世纪的社会主义者力求探索和挖掘这一相似性背后的机理；有人将新教称作资本主义道德观的源泉，现在看
567 来，这不再具有说服力。反例之一是天主教资本家为数众多，也往往能获得成功。在 18 世纪，法国和西班牙依然是重要的贸易国家，前者的增长速度可以和大不列颠相提并论，不过随后落了下风。两国都有大西洋入海口，拥有这一条件的国家自 16 世纪以来往往都有表现出经济增长的倾向。但这一解释的适用范围也不算很广，苏格兰——位于北部、信仰新教、濒临大西洋——就长期保持落后、贫穷和封建状态。欧洲的地中海地区和东部地区与北部及南部的差异，要大于单纯的地理位置不同，能解释现代化速率存在差距的因素也不止一种。例如，促成英国和荷兰农业进步的最大原因可能是两国的耕地相对而言都较为稀少。

欧洲东部依然比较落后。其社会和经济结构基础直到 19 世纪才发生改变。深层次的解释前文已经提过——例如，与西部相比，东部的作物生长季节较短，肥沃的土壤较少，种植业从起步阶段就更为艰难，因此其经济潜力在农业发展至关重要的早期阶段就受到阻碍。那

里也存在人为的障碍。东欧定居点长期处于中亚游牧民族的骚扰之下，不仅如此，其南侧的巴尔干地区和与土耳其人接壤的边境地带千百年来都是战火和匪寇肆虐之地。在某些区域（如匈牙利），土耳其统治带来非常恶劣的后果，使国家人口大减。欧洲人夺回该地后又想方设法将农民束缚在土地上。同一时期，在从莫斯科大公国演变而成的俄国，农奴人口也有所增加，占总人口的比重变得更大。法律更加严酷，使国家强制力成为地主控制农民的依靠。在其他东部国家（普鲁士是其一），地主相对于佃户的权力有所强化。这不仅仅是王室出于安抚和纵容贵族、以免王权遭到对抗的目的而采取的措施，而且也是经济发展的工具之一。经济进步与社会不公相伴相随，这既非空前、亦非绝后；农奴制是一种手段，可以带来让土地发挥生产力所需的资源，正如强制劳役在很多其他国家和时期的作用一样。

有一结果的某些痕迹至今仍能看到：欧洲可大致沿易北河为界划分。河西各国向着更开放的社会形态缓慢进化至 1800 年。河东是掌管着农业社会的极权主义政府，少数地主大权在握，农民背负着沉重枷锁。几百年间，西部城镇往往能走向繁荣，而在东部却较为少见。
它们往往成为负税过重、被农村所包围的孤岛，因为农奴制的铁腕， 568
也无法从乡间吸引所需劳力。在波兰和俄国的大片地带，甚至连货币经济都几乎不存在。欧洲史后来的很多篇章都可以从这一东西部差异中窥得一斑。

在非正式层面也能看出这种差异，例如对待女性的方式，不过在这方面，欧洲的地中海地区与北部地区之间又存在区别，并随着时间的流逝映射成拉美和北美之间的不同。在形式和法律意义上，女性受到的对待几个世纪以来几乎都毫无改变，不管哪里都一样；女性的法律地位依然和过去一样，这一状况持续到这一时期接近尾声时才遭质疑。不过，在发达程度更高的国家，真正独立的女性确实比以往更多见，特别在上层社会中。早在 15 世纪，异邦人就提及英国妇女享有非同一般的自由。它们一直保持着领先地位，但进入 18 世纪后，别处（至少是法国）也有迹象表明，出身良好的女士能享有充分且真正的独立。

其部分原因是 18 世纪的上流社会出现了一种新形态的生活方式，在宫廷之外提供了另一种社交聚会的场所，并逐渐独立于宗教和家庭仪式之外。如我们所知，17 世纪末的伦敦人会到咖啡店聚首，这成了首批俱乐部的雏形。很快又出现沙龙，即朋友和旧识在女士家中的会客室举办的社交聚会，法国人对此创举贡献尤多；一些 18 世纪沙龙是知识界的重要中心，表明女性抛头露面、对宗教以外的思想问题表现出兴趣不仅合宜，更被视为时尚。为路易十五的情妇蓬巴杜夫人（Mme de Pompadour）绘制肖像时，她选了一本书作为画中的布景之一——孟德斯鸠的社会学论著《论法的精神》。不过，就算是无心追求文学修养和学识的女性，由于出现了沙龙和独立于宫廷之外的社会，她们也得到一个逃离家庭禁锢的去处，即使有限，但真实存在；这一社交圈、再加上宗教和职业团体，至当时为止是寻求社会多样性和消遣的唯一寄托，哪怕对男性也是如此。

到 18 世纪末，我们进入一个属于女性艺术家和小说家的时代，这也是接受事实、承认待字闺中并非未婚女子唯一生活方式的时代。要看清这类改变源自何处并不容易。该世纪早期，英国《观察家》（*Spectator*）杂志已经认为，值得将女性读者视为和男性一样的受众
569 群体，这提醒我们应该到过去寻找答案。也许有所助益的是，18 世纪产生了万众瞩目、具有重大政治影响力的女性典范——一名英国女王和四名女皇（奥地利一位，俄国三位）都凭自身的实力统治国家，也常常取得斐然的成就。但我们无法充满自信地加以断言，因为女性解放肇端的历史有很多方面依然有待研究。

最后，哪怕在近代早期欧洲最发达的社会，这一切都没有触及占压倒多数的大众群体的生活。工业岗位尚未大量涌现，后来这将成为第一股强大的力量，打破大部分人牢不可破的传统生活方式，无论是男是女。虽然女性的从属地位和被社会排斥的状态在波兰或西班牙南部——摩尔化影响加剧了这一趋势——的原始村庄中特别明显，但在1800年的任何其他地区，这也依然是社会主流状况的写照。

第 2 章　当权者和挑战者

570 1800 年，很多欧洲人依然秉持着四百年前为众人所理解和接受的社会及政治体制理念。就此而言，“中世纪”和众多其他事物一样，并非戛然而止。能合理划归为“中世纪”的、关于社会和政府的看法，在广大区域中作为一种具有实效的观念力量长期保持着生命力，这数百年间，可以找到越来越多的契合这些观念的社会事实。大体而言，被称作“共同体”——人们组成不同的团体，各自以相应的法律特权作为保护成员的手段和定义身份的方式——的社会组织形式依然是 18 世纪欧洲大陆的主导形态。如前文所述，农奴制在欧洲中部和东部大片地区变得更为普遍和牢固。政治体制在很多方面都表现出明显的持续性。1800 年，神圣罗马帝国和 1500 年时一样，依然健在；教皇的世俗权力同然。法国国王依然是卡佩王朝的后裔（不过他与 1500 年的统治家族并非同一分支，而且事实上处于流亡状态）。即便在英格兰，哪怕到了 1820 年，国王乔治四世的加冕宴上，护驾斗士(king's champion)① 依然会穿戴全身盔甲策马进入威斯敏斯特宫，在所有来宾面前守护君主的头衔。政府是供人告解的实体、宗教和社会彼此交织、教会的权威受法律保障，这些观念在大部分国家都被视为理所当然。虽然遭到诸多质疑，在某些国家还经受了严重挫折，但在 1800 年，这些观念以及很多事物依然具有历史积淀下来的、极为沉

① 英国加冕仪式上的传统职务，代表被加冕的国王，起初其使命是向任何质疑新君主统治权的人提出你死我活的决斗邀请。——译者注

重的分量，而仅仅十年前甚至更为沉重。

这些事实都应当得到承认，但在 1500 至 1800 年的三个世纪间，中世纪政府所特有的旧社会和政治关系的消解或削弱依然是欧洲的总体趋势。权力和权威逐渐脱离“封建”式的私人依附体系，流向国家所缔造的中央集权制（事实上，“封建”这一概念本身是 17 世纪作为 571 法律术语被发明出来的，对“封建”加以定义的需要，恰恰暗示了当时其存在感正在逐渐淡化）。这一时期，基督教世界的概念，尽管在情感上甚至在潜意识中依然重要，但已失去了一切实质上的政治现实意义。在大分裂时代，教廷权威开始受到民族情感的打压，神圣罗马帝国皇帝自 14 世纪以来就是无足轻重的小角色。新的、可对欧洲加以整合的大义名分也没有出现。奥斯曼威胁是一块试金石，暴露在穆斯林锋芒之下的基督教王公或许会向拥有同样信仰的基督徒求援，教皇或许还会发表宣扬十字军东征的冠冕之辞，但土耳其人对真相心知肚明，基督教国家只会依据自身的利益来行动，如有必要，还会与异教徒结盟。这是功利政治（*Realpolitik*）[1] 的时代，是大义和荣誉屈服于算计和国家利益的时代。有趣的是，在那样一个时代，欧洲人虽然越来越认同巨大的文化差异（这种差异是欧洲的骄傲和价值所在，对此他们毫不怀疑）是使他们与其他文明产生隔阂的主因，可他们却对如何保障自身内部根本性的团结毫不关心。只有难得一现的远见卓识之士倡议构筑某种超国家的体制，但是究其原因，也许只是对欧洲的文化优越性产生了新的认识而已。欧洲正迈向一个不可一世的扩张时代，无需一个共同的体制来告诉它该怎么做。与此相反，国家的权威在这几百年间逐渐式微，政府的实力也随之弱化。不被外在形式所误导是理解其过程的关键。关于谁应当行使国家权力，无论争论多么

① 以务实而非理念或道德为首要出发点的政治和外交。——译者注

激烈，也不管汗牛充栋的政治学著述提出了多少种权力限制的方法，总体趋势还是朝着接受国家最高权力拥有合法地位的方向发展——换言之，欧洲人开始觉得，只要国家权力在正确的人手中，就不应对其立法权加以限制。

即便考虑到种种局限，人们的思维还是在过去的基础上有了极大的突破。对中世纪的欧洲人来说，某些理念不仅从社会和司法角度来看实属荒诞，更是对神明的亵渎。例如，高于人类范畴的权利和法则也许并不存在，法律豁免权和特许自由权不得被后来的立法者剥夺，基本法应永远得到尊重，或者人类的法律永远不能和上帝的律法相抵触。17 世纪的英国法学界人士为究竟该如何制定土地基本法争得焦头烂额，但就某种基本法必然存在这一点，所有人都没有争议。一个世纪后，法国的法学界主流也产生了同样的想法。然而到最后，两国都接受了主权——合法的、不受限制的立法权是国之为国的标志这一
572 理念。但这一过程耗费了很长时间。早期近代欧洲的大部分时期，近现代主权国家的兴起被一个事实所掩盖，即君主制是广泛占据主导地位的统治形式。统治者的争权夺利构成了这些世纪中欧洲史的主旋律，而且有时难以把他们争夺的焦点看得分明。总体上，王室统治者的主张会遭到两种立场截然不同的挑战：一种质疑所依据的原则是某些君主所要求的权力本质上不可容忍，任何政府都不该获得如此权力（这可以称为中世纪或保守主义的捍卫自由原则），而另一种反对的理由是此类权力可以存在，但落在了错误的人手里（这可以称为近现代或自由主义的捍卫自由原则）。就实际状况而言，两种立场往往相互混淆、不分彼此，但这种混淆本身也是显著的标志，说明人们的思想正在发生转变。

抛开法学原理不论，国家地位的强化表现为君主得偿所愿的能力不断提高。16 和 17 世纪，曾在中世纪晚期的很多国家出现的代议制

体系几乎全面衰落，是为上述趋势的表征之一。1789 年的大部分西欧国家（暂且不提东欧和中欧）都由君主统治，且几乎不受代议制团体的掣肘；大不列颠是其中的一大例外，国王们从 16 世纪开始享有的权力会让中世纪的贵族和市民感到吃惊，该现象有时被描述为极权君主制的兴起。如果我们不夸大君主实际上能够按自己意愿行动的可能性（因为其权力要面对很多现实层面的障碍，就如中世纪的豁免权或议会一样难缠），那这种说法是可以接受的。自 16 世纪起，所有（或者几乎所有）地区的统治者相对于其对手的实力都大大增强。新的财政来源使他们拥有常备军和火炮，可用来对付负担不起这些军力的大贵族。有时，君主能够将缓慢成型的民族国家意识化为己用，共同约束实力过大的割据王侯。在 15 世纪晚期，很多国家都对王室政府产生了新的认同，只要他们能确保秩序与安宁。所有个案基本都有其本身的特定原因，但君主几乎无一例外地凌驾于最强大的贵族之上，用枪炮和税收维持着前所未有的尊贵地位和权威。寡头与高等臣民分享权力，凭身份获得实质上的官僚地位，有时还能得到名义上的头衔，也不再对国王构成沉重的压力。英国都铎时期的枢密院精英云集，有时几乎清一色全是门阀贵族。

在这一局面下，16 和 17 世纪早期出现了有些人所谓的“复兴国 573
家”（Renaissance State）。这一称谓颇为华而不实，臃肿的官僚机构才是背后的真相，充斥着王室雇员，以中央集权化的野心为行动纲领，但如果我们还记得与这种国家相对的中世纪王国——其大量政府职能往往被委托给封建诸侯和私人的依附者或某种团体（教会是其中最大的），则其含义还是足够清楚。当然，这两种政治组织模式在历史中都没有纯粹的模型可循。王室官员中总有出身寒微的“新人”，直到今日，政府依然会向非政府团体委派工作。近代“国家”并不是突然出现的：其转变过程经历了数百年，新体制也往往沿用旧的外在形式。英国都铎王朝沿用既有的王室治安官制度，将地方乡绅融入王室政府的体制之内。这是削弱领主权威的漫长过程中的阶段之一，别处的领主制还将延续几百年的生命力。但即便在英国，王室长久以来都要小心谨慎地对待贵族，除非与他们成为你死我活的对手。叛乱并不罕见，而是 16 世纪的政治家长期面对的现实。王室军队也许能最终得胜，但没有君主想陷入不得不依赖武力的境地。如一句著名的箴言所述，枪炮是国王最后的论据。一直延续到 17 世纪中期的法国贵族兴风作乱的历史，同一时期英国地方与中央的利益冲突，以及哈布斯堡王室打压地方贵族、意图统一领土的企图，都表明了这一点。英国最后一次诸侯叛乱发生于 1745 年，其他国家还要晚一些。

税收问题也得不到非常充分的解决，因为既要顾忌叛乱的危险，又没有充分的行政能力进行征收，但薪俸和军饷都是必需的开支。解决方式之一是允许官员在需要他们服务的地区征收钱款或享受特权。基于显而易见的理由，这并不能完全解决问题。因此，统治者必须想办法征到更多的税。挖掘王室领地的资源依然可以起到一定效果。但或早或晚，所有的君主都会被迫寻求新的税收来源，能找到充足税源的人则寥寥无几。其中存在直到 19 世纪甚至更晚才得以解决的技术困难，但在这三个世纪间，君主们为创建新的税收名目展现出极为丰富的想象力。泛泛而言，收税官只能对消费行为（通过关税、消费税或营业税等间接税种，或通过必须付费才能获取贸易许可和授权的形式）或不动产课税。通常，最贫困的底层所承受的税收负担大得不成
574 比例，在他们少得可怜的可支配收入中，用来购买生活必需品的比例比富人更高。要制止领主将其税收负担转嫁给金字塔底层的穷苦大众也从来不是件容易的事。另外，法律豁免权这一中世纪思想的残余对税收的阻碍作用尤其明显。1500 年时，人们普遍接受，某些地区、人物和行动受特别条文的保护，不应遭到侵犯。受保护的依据可以是

以前王室作出的不可撤销的许诺，例如很多城市的特权，可以是某种协议，例如英国大宪章，可以是源头无法考据的习俗，也可以是某条神律。其中最突出的例子是教会。教廷以外的权威一般不能对其财产课税，教会内部事务由自己的司法体系管辖，王室治安官不能插手，他们还掌控着重要的社会和经济制度——例如婚姻。但通常在司法或税收方面，某个省份、行业或家族也能享有豁免权。王室的地位在各处也不一致。尊贵如法国国王，在布列塔尼也不过是一介大公，其权限会受到影响。诸如此类的事实是“复兴国家”必须面对的现实。即便未来掌控在王室官僚及其同伴手中，这些国家也只能和当时的现状共存。

16世纪早期，一场深重的危机令西方基督教世界大为震动。它永久性地破坏了旧有的中世纪信仰统一，加快了王权的整合。这场危机被过分简单地称作新教改革运动，揭开了又一场关于宗教权威的争执，呼吁质疑教皇所掌控的权威——其形式和理论体系曾成功经受住一场又一场挑战。仅此而言，这完全是属于中世纪的现象。但这还不是历史的全部，也远未尽述改革运动的重大政治意义。鉴于这场运动同样点燃了文化改革的火种，我们没有理由去质疑它作为近代史发端的传统地位。

要求教会改革的呼声中并没有什么新东西。在1500年，人们有充分的理由认为教皇和库里亚教廷未必关心所有基督徒的福祉。一些城市已经发展到对教义提出异见的程度。15世纪影响深远、规模日益膨胀的宗教崇拜活动，表达了人们想为灵魂问题寻找新答案的诉求，也表明他们愿意到教会权威所设置的界限之外去寻找。异端从未被杜绝，只是受到限制。反教皇至上运动大行其道是一种古老而普遍的现象。长久以来，这种运动都在促进对福音派教士的需求。15世纪的宗教生活中还显现出另一股潮流，其颠覆力也许比异端更为深

575 刻，因为这股势力与异端不同，它包含的力量有可能最终斩断传统宗教观的根基。这场运动拥有学术、人文、理性、思辨式怀疑的特征，在缺乏一个更贴切的术语之时，我们不妨称之为伊拉斯谟运动，其命名源自当时人们认为最清晰地体现了该运动精神的人物，他也是首位在欧洲历史中扮演领导角色的荷兰人。他对自己的信仰坚贞不贰，明白自己是基督徒，也知道这毫无疑问地表明他是教会的一分子。但他持有一份理念，酝酿着对这个教会实行某种改革的可能性。他希望能简化崇拜方式、净化教士的职能。虽然他没有挑战教会或教皇的权威，但以某种更隐晦的方式挑战了理论的权威性，因为其学术著作蕴含着非常深刻的颠覆力。他与遍及欧洲各地的同仁往来的书信也有同样的论调。这些同仁从他那里学习如何摆脱学术界生搬硬套亚里士多德哲学所创造出的逻辑体系，从而也摆脱了这套逻辑下的信仰说教。在一个希腊研究再度盛行的时期，他所编译的希腊文《新约全书》为教义之争提供了坚实的基础。而且，伊拉斯谟还揭露了怪异而死板的文体所具备的虚伪本质。

但无论是他、还是那些持有同样观点的人，都没有直接攻讦宗教权威，也没有将教会的问题公之于众。他们都是称职的天主教徒。16世纪之初的欧洲孕育着人文主义——譬如异端、对教士行径和王室贪婪的不满——的情怀，等待——就像很多经历了漫长等待的事物一样——某个人物和事件降临，将这股氛围转变为一场宗教革命。除了革命，没有任何其他词汇足以描述那位德意志修士的无心之举所招致的后果。他名叫马丁·路德，在1517年释放出社会中蛰伏的能量，自阿里乌斯派消失以来一直保持完整的基督教统一局面被敲得四分五裂。

与胸怀世界的伊拉斯谟不同，路德的一生基本都在易北河畔的德意志小镇维滕贝格（Wittenberg）度过，那里几乎是一个被世人遗忘的角落。他是一名笃信奥古斯丁学说的僧侣，对神学钻研极深，也因而多少承受着灵魂的苦痛，他后来得出结论，必须用新的论调来布道《圣经》，将上帝阐释为宽恕之神，而非惩戒之神。他在与教皇起争执之前从未怀疑过其正统性，没有必要为这一论点走上革命的道路。但去过罗马之后，他对所见所闻感到不快，因为梵蒂冈城显出种种世俗的迹象，教会统治者的行为也配不上他们的身份。这份感受也没有令他对一名在萨克森地区四处游荡、出售赎罪券的多明我会修士产生好感。修士号称赎罪券是教廷颁发的凭证，并向持有者保证，只要付出 576
一定的金钱，就可以免除他们所犯罪孽的一部分来世惩罚。当时，这笔进账被用来兴建宏伟的罗马圣彼得大教堂。一些听他布道的农夫将此人的言论和他们所购买的赎罪券带到路德面前。经过研究，一切真相大白，他们所听取的布道不仅具有误导性，更是无耻之极；此人所宣扬的交易俗不可耐，展现了中世纪天主教最令人不悦的面目之一。关于人必须在一生中经过何种转变才能确保获得救赎，路德报以无可复加的严肃和较真，几乎为此食不知味，因此自然会勃然大怒。他撰写九十五条，不仅声讨这一恶行，也无疑针砭教廷的其他做法，以此表达自己毫不动摇的观点。按学术辩论的传统，他于 1517 年 10 月 21 日将用拉丁文写成的辩文张贴在维滕贝格教会城堡的门口，还寄给美因茨大主教暨全德主教长，后者将文书呈交罗马，并提出让路德所属修道院禁止他传播此类思想。当时，路德的论文已有了德文版，而且局势因新的信息技术而发生转变；这些文章被大量印刷，出现在德意志的每个角落。于是路德获得了他想要的辩论舞台。若非路德所在地区的统治者、萨克森大公弗雷德里克给予保护，拒绝交出路德，他的性命可能早已不保。没有及时将异端扼杀在萌芽状态的后果是致命的。路德被修道院抛弃，但他的大学没有这么做。教廷很快面临一场席卷全德的大运动，不满的矛头直指罗马，路德突然意识到自己拥有惊人的文学才能，语言流畅、思如泉涌。作为挖掘印刷手册载体的巨大潜力的第一人，他使运动得以持续且愈演愈烈，而当地大公的个人野心也起到一定作用。

不到两年，路德开始被人称作胡斯派异端。宗教改革已经与德意志的政治纠缠到一起。早在中世纪，未来的改革家们就会寻求世俗统治者的帮助。这未必超出信仰的范畴，伟大的西班牙教士西梅内斯（Ximenes）① 就曾意图利用天主教国王的权威来解决西班牙教会所面临的问题。统治者无意保护异端，支持真正的信仰是他们的职责所在。然而，向教会外的权威寻求帮助可能导致始料未及的后续变化，而这看起来正是路德所遇到的情况。他的观点十分激进，使他的立场和追求超出了对实践进行改革的范畴，质疑的矛头先是直指教廷的权威，后又发展至对教义的怀疑。他初期批判的核心并不涉及神学。尽
577 管如此，他后来发展到驳斥化质说的地步（用一种甚至更难领会的圣体论来取代），并宣扬人的称义——也就是成为能获得救赎的一方——并非单纯来自圣礼的履行（即所谓的“事功”），而是来自信仰。这显然是极为个人主义的立场，并撼动了传统教习的根基，因为传统观念认为教会之外没有任何获得救赎的可能（不过，或许值得一提的是，伊拉斯谟被问及自己的看法时并没有对路德加以谴责；而且他觉得路德的言论中有不少可取之处）。1520 年，路德被教会绝罚。在围观者好奇的注视下，他用一把火将绝罚诏书和有关教会法的书籍一起焚烧殆尽。他继续布道和著述，受帝政议会传唤出庭为自己辩护，并拒绝收回自己的观点。德意志内战似乎一触即发。带着一份通行许可证离开议会后，他消失于人们的视野，被某个同情他的王公带

① 西梅内斯·德西斯内罗斯（1436—1517），1495 年担任托莱多大主教，从此开始着手整顿西班牙天主教会。——译者注

走，以确保他的人身安全。1521 年，罗马帝国皇帝查理五世对他施以帝禁（Imperial Ban）①，使路德成为流亡之徒。

路德的教义进一步扩展，对忏悔、告解以及教士独身制也发起谴责，这吸引了很多德意志人。其追随者通过布道和分发他翻译的德文版新约来传播这些观念。路德宗也是一股政治力量，同德意志诸王侯与皇帝错综复杂的关系纠缠在一起，再加上皇帝的权威很不明确，从而确保了改革派在政治舞台上的地位。战争接踵而至，人们开始使用“新教徒”一词。到 1555 年，德意志天主教和新教公国彼此分裂的状况已无法逆转。这一状况得到奥格斯堡议会协议的承认，该协议规定，每个公国的主导教派应为其统治者所信仰的教派，这是欧洲首次确立的宗教多元化体制。对于一名自视为天主教大一统捍卫者的皇帝而言，此等妥协着实令人好奇。但如果他想维持德意志诸王的忠诚心，这么做却是必需的。在一个不同教派彼此竞争的世界中，无论是德意志的天主教公国还是新教公国，宗教都前所未有地仰仗政治权威的支持。

但宗教改革中的任何现象都不单纯；动荡不安的福音派浪潮中也出现了新教的其他变种派别。其中有一部分靠社会动荡维持生命力。路德马上在其教义与农民起义的主张之间划清界限，起义者以他的名义作为对主子发动叛乱的立场。其中有一个名为再洗礼派（Anabaptist）的激进团体，同时遭到天主教和新教君主的迫害。1534 年，再洗礼派的领导者在明斯特推行财产共有和多妻制②，这应验了其反对者的恐惧，引发一场残酷的镇压行动。但其他新教派别中，只有加尔文派可以在本书这样笼统的叙述中占有一席之地。虽然其创建者是法国人约翰·加尔

① 被施以帝禁的人将失去一切法律权利和保护，任何人均可随意伤害其生命、剥夺其财产而无须承担法律后果。——译者注

② 该事件史称闵斯特暴乱，但该地区现在一般译作明斯特。——译者注

文（John Calvin），但该派系是瑞士对宗教改革最重大的贡献。加尔
578 文是一名神学家，在年轻时就构筑了其教义的基本核心：亚当堕落后，人类全然败坏，除少数被上帝预先拣选之人，其余都不可能获得救赎。如果说路德这名奥古斯丁派僧侣以保罗的口吻传教，那么加尔文则援引奥古斯丁的论调。要理解这一悲观主义的派系为何能取得成功并不容易。但不光是日内瓦的历史，就连法国、英格兰、苏格兰、荷兰和英属北美的历史都见证了加尔文派所引发的效应。其教习的关键步骤是确认被拣选的资格。由于其外在标志与上帝的戒律和圣礼的参与一致，要获得这种确认并没有想象中那么困难。

由于加尔文的存在，日内瓦注定将成为是非之地。他以神权统治下的国家体制为依靠，这一体制为加尔文派实行高度自治的管理提供了框架。渎神和巫术要受死刑，但当时的人不会对这套规则感到惊讶。通奸在大部分欧洲国家也是犯罪，要接受宗教法庭的判罚。但加尔文所在的日内瓦将这种不正当行为看得更为严重，并以死刑作为惩罚；通奸的女子会被溺死，男子则被斩首（与男性主导的欧洲社会中通常的惩罚方式相比，这显然是一个反例——一般而言，女性被视为精神和智力上更弱的存在，因此更受宽容，所受到的惩罚通常较男性为轻）。异端也会遭到严刑峻法的处置。

以日内瓦为根据地——加尔文派的牧师在这里接受训导，这一新宗派在法国打下根基，至1561年已有超过2000名同道，并在贵族中赢得皈依者；在荷兰、英格兰和苏格兰也对路德宗形成挑战，这一状况最后还发展到德意志。该派信仰也传播至波兰、波希米亚和匈牙利。加尔文主义早期的活跃程度超过路德宗，除了斯堪的纳维亚地区和最早接纳其主张的德意志以外，后者从未在其他土地上牢牢扎根。

由于多样化的特征，我们对新教改革同样无法进行概括和简述。这场错综复杂的改革深深扎根于其源头，也深受环境左右，具有丰

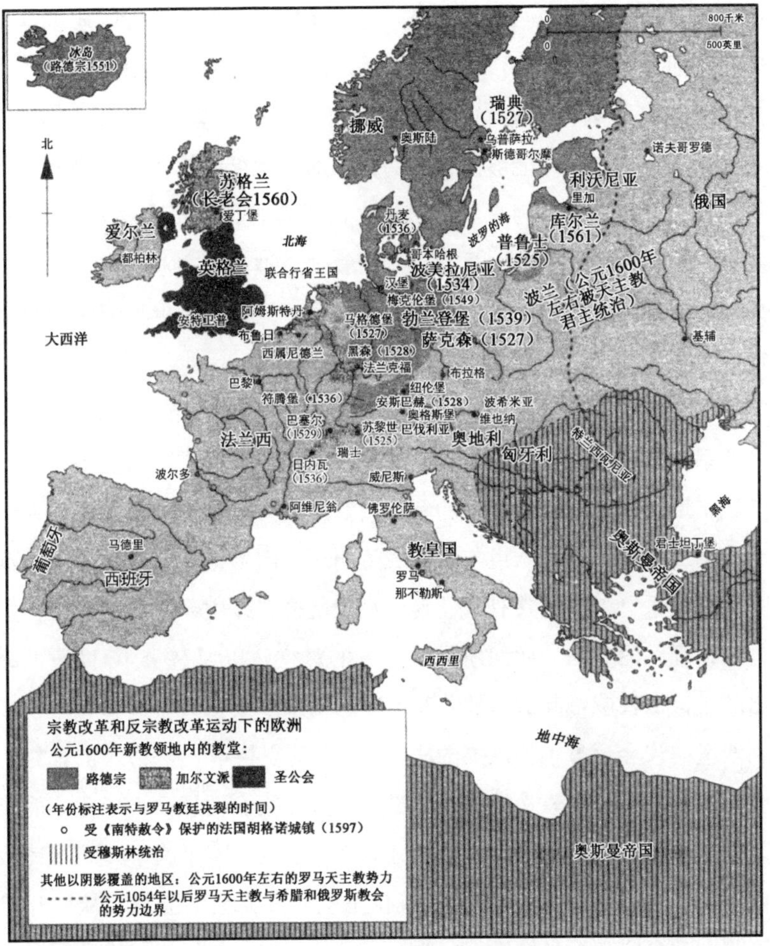

宗教改革和反宗教改革运动下的欧洲

富、深远而多样的效应和表现。如果当真要把“新教主义”这一名称作为其纷繁无序的表现载体背后的基本定义，那么该定义可以从它的影响及效应中找到：也就是颠覆性。在欧洲和美洲，新教创造出以《圣经》研究和布道为基础的新型教会文化，而且令这份文化具备了有时能够超越圣礼的重要意义。它让千百万人养成一种频繁省视私人

579 行为和良知的新习惯（讽刺的是，这正是罗马天主教长久以来渴望实现的目标），从而改变了他们的生活，同时也令独身教士获得新生。其负面影响是令一切既有的教会机构遭到冷落，至少也受到了质疑，并创造出新的、王族能够为自己的目的加以操纵的教会政治势力——他们往往利用这股势力来对抗教皇，而后者在他们眼中与自己无异，也只是世袭统治者中的一员而已。新教主义被其敌友双方同样恰如其分地视作确定近代欧洲形态的决定性力量，因此也是世界近代史的决定性力量。

但首个否认教廷权威的国家的出现与路德宗或加尔文派都没有直接关系。几乎出于偶然，一场独一无二的宗教变局在英格兰展开。15世纪末期，一个源自威尔士的新王朝都铎成为英格兰的主人，其系谱
580 中的第二代国王亨利八世与教廷发生纠纷，因为他希望与首任妻子解除婚姻关系（他前后共有六任妻子）以便再娶并生养一名继承人，这是可以理解的想法。此纠纷导致双方的对立，以及整个16世纪最突出的、世俗权威崛起的事件，对英国的未来造成重大影响。听命于亨利八世的议会通过了他需要的法案①，在其支持下，亨利八世自封为英国教会之首。在教义方面，他没有与过去割裂的想法；毕竟，他曾亲笔撰写驳斥路德的檄文，因此还被教皇封为“信仰守护者”（其后代至今仍拥有这一头衔）。但他坚持王室至高无上的立场，从而开启了英国教会脱离罗马的进程。既得利益集团也很快形成，修道院和一些教会体制的其他基础机构被解散，其财产被变卖给贵族和乡绅。认同新信仰的教士意图在次任国王的统治期让英国教会大步迈向欧洲大陆的新教主张。大众的反应不一而足。有人视之为维护与罗马道不同不相为谋的古老民族传统而感到满足；也有人憎恶创新的举措。在沸

① 即《至尊法案》。——译者注

沸扬扬的争议和暗流涌动的政局中，涌现出一部文学巨著——《公祷书》，以及一些殉道者，其中天主教徒和新教徒皆有。在都铎第四任君主“血腥玛丽”统治期间，曾出现重新接受教廷权威的趋势（还将新教异端处以火刑），她得到如此别名实属不公，或许是英格兰历史上最具悲剧色彩的女王。不仅如此，因为欧洲诸国越来越有赖于其宗教立场，当时的宗教问题和国家利益及外交政策已完全不分彼此。

以上并非英国宗教改革值得关注的所有方面，就如德国宗教改革一样，这是国家意识成型的里程碑。《议会法案》提出了这样一个问题，也是宗教解决方案对宪政体制发出的无声疑问：立法权威是否应受任何限制？玛丽的异母妹妹伊丽莎白一世登基后，趋势又倒转过来，但有很长一段时期看不清局势究竟能发展到何等程度。不过伊丽莎白坚持她依然保留其父亲的地位，议会也立法给予支持。英国教会——或按后世那样称作圣公会——坚持天主教教义，但以王室为最高权威。更为重要的是，由于《议会法案》承认了这一至高权威，英国将与西班牙天主教国王维持漫长的战争状态，西班牙国王在他所统治的土地上扫荡异端的坚定决心是世所共知的。于是，另一个民族的历史进程也因新教而奠定。

宗教改革有助于英国议会的存续，而其他中世纪代议制团体则被
君主的实力所打压——当然，这远远不是历史的全貌。身处一个自盎 581
格鲁—撒克逊时代统一至今的王国，又没有地方行省议会的对立，使英国议会比其余国家的类似团体更易于成为国家政治的焦点。王室的漫不经心也有所助益；亨利八世曾获得建立君主专制稳固基础的绝好机会，通过解散宗教机构，他曾暂时持有大量地产，大约占整个王国五分之一的土地，可他却坐失良机，将这些土地迅速清偿变现。尽管如此，哪怕把所有此类无法衡量的因素都恰如其分地考虑在内，亨利选择寻求国家代议制团体的支持，以贯彻其建立国家教会的意志，这

依旧是议会史上最为关键的决断之一。

伊丽莎白统治时期的天主教殉道者死于叛国的罪名，而非异端——但英国的宗教分化程度远不及德、法。16 世纪的法国在天主教和加尔文派两方的利益纠葛中遭受着折磨和撕扯。两方本质上都是贵族氏族所组成的群体，为争权夺利而战，是为法国的宗教战争。1562 至 1598 年间，可辨识出的战争就有九起。某些时期，两派的斗争令法国君主的地位岌岌可危，法国贵族几乎赢得了对抗中央政府的战争。但最终他们之间的矛盾还是让一名国王从中渔利，令各派互相残杀。境况悲惨的法国民众不得不承受混乱和破坏所带来的大部分代价，直到 1589 年，一名旁支末系的王室家族成员——小公国那瓦尔的国王亨利——在前任遇刺身亡之后登上王位，他成为法国的亨利四世，并开启波旁王朝，其后代至今仍拥有法国国王的名分。他曾是新教徒，但后来改信天主教，因为他认识到大部分法国人信奉该教派，这是他继任王位的有利条件——也是法兰西民族认同感中长盛不衰的特质。新教徒得到特别保障，他们保留着国中之国的状态，占有要塞化的城镇，国王的号令无法通行；这种非常古老的解决方式创造了新的豁免权，从而保护了他们的宗教。于是，亨利及其继任者可以专心着手于重建因暗杀和密谋而摇摇欲坠的君主权威的工作。但法国贵族依然桀骜难驯。

在此之前，宗教对立已因罗马教廷的内部调整进一步激化，这一举措就是我们所称的反宗教改革运动。在能表现这场运动的事件中，最正式的莫过于 1543 年召开的特伦特全体大公会议，共分三期、历时 13 年。来自意大利和西班牙的主教占会议成员的大多数，这对会
582 议的走向不无影响，因为宗教改革对意大利教会的冲击微乎其微，在西班牙则完全不存在。大会决议成为 19 世纪以前正统教义和教规的基石，为天主教君主们提供了党同伐异的基准。主教获得更大权威，

教区具有了新的重要地位。会议还不言自明地回答了一个古老的问题，即欧洲天主教领导权的归属；从那时起，这一权力无可争议地属于教皇所有。不过，和宗教改革一样，反宗教改革运动不仅涉及形式和原则问题，还掀起了新的宗教热忱，让教会内外人士一同重燃信仰的狂热。除了将每周参加弥撒确定为义务、对受洗和婚嫁加以更严格的规约、终止“赎罪券贩子”出售赎罪券的行为（正是这一行为导致路德宗运动的爆发）之外，这场运动还力图拯救陷于传统迷信泥沼的农村地区，他们所受忽视极为严重。想在意大利的蒙昧乡野传播福音的传教士将其称作“我们的印度”，意指他们就如新大陆异教徒那样亟需福音的拯救。

然而，早在15世纪的信徒当中就已经明显表现出来的自发式精神狂热也是反宗教改革运动汲取力量的来源。这一新情绪最强有力的表现之一是某位行伍出身的西班牙人的创举，他就是罗耀拉的圣依纳爵（Ignatius Loyola）。而且，他所创建的机构具有非常持久的生命力。出于某种命运的嘲弄，他曾就读于加尔文在16世纪30年代求学的巴黎大学，但没有关于两人见面的记载。1534年，他与若干同道中人一同起誓，将传教事业作为自己的目标，因为受过这方面的训练，他们在罗耀拉领导起了一个新的宗教团体。1540年，教皇承认其领导地位，并将该团体命名为耶稣会。其成员很快被冠以耶稣会修士之名，在教会史中具有等同于早期的本笃会或13世纪的方济各会的重要地位。作为创建人和一名骑士，圣依纳爵将他们视为教会的民间武装，要求高度的组织纪律性以及对教皇权威的完全服从，教皇的命令则由居于罗马的总会长传达。他们改变了天主教的教育方式，是世界每个角落的传教先驱。在欧洲，他们凭借满腹经纶和政治手腕身居各国宫廷的高位。

然而，虽然耶稣会为支持教皇权威提供了新的工具，反宗教改革运动（就如宗教改革一样）也能强化非教职统治者对臣民的权威。宗教对政治权威——也就是有组织的武力——产生了新的依赖，进一步加强了政治机器的控制力。这在西班牙诸王国表现得最为明显。两种势力在该地汇成一股，早在特伦特会议之前就形成了无可动摇的天主
583 教君主统治局面。首先，刚完成不久的收复失地运动是一场十字军式的运动，天主教君主的头衔本身就使一段政治进程拥有了与意识形态斗争相同的定义；其次，西班牙君主面临大量非基督教臣民突然涌入的难题，其中包括穆斯林和犹太人。人们惧怕他们对一个多种族社会的安全构成潜在威胁。为了对抗这种威胁，一个全新的机制应运而生：由王室控制（而非像其中世纪的前身那样由教士掌控）的异端裁判所。凭借教皇颁布的诏书，西班牙异端裁判所于 1478 年设立，从 1480 年起在卡斯蒂利亚开始运作。教皇很快碰上麻烦；加泰罗尼亚的教内、教外权威一同予以抵制，但最终不了了之。到 1516 年，当首位同时拥有阿拉贡和卡斯蒂利亚王位的统治者查理五世成为国王，由皇家裁判团组成的异端裁判所是西班牙全境内唯一能对所有领地行使司法权的机构——在美洲、西西里和撒丁岛的权限不亚于在卡斯蒂利亚和阿拉贡。其最突出的后果已经显现，即后世所称的“种族清洗”，犹太人被驱逐、摩里斯科人（Morisco，皈依天主教的摩尔人）被严加约束。

这令属于少数的路德派信徒无力打破西班牙的宗教统一，异端裁判所要收拾他们易如反掌。但西班牙最终为此付出沉重的代价。然而，在天主教狂热信徒查理五世的统治下，不管在宗教还是世俗生活中，西班牙都已经在谋求一种新形态的中央化君主专制；这个极为杰出的“复兴国家”，事实上（也是无意间）成为有史以来第一个必须就遍及全球的事件作出决策的行政有机体。该半岛形式上的宪政体制残余几乎对此趋势毫无影响。西班牙是其余反宗教改革运动国家学习

的典范。在一处偏僻的修道院隐居、用大半余生侍奉上帝之后，查理于 1558 年去世，此后百年间，通过示范或武力，其体制将被很多欧洲国家采纳。

在所有支持反宗教改革运动、视其为铲除异端之正道的欧洲君主中，无人比西班牙腓力二世更为坚决和偏执。他是查理大帝的儿子暨继任者，也是都铎女王玛丽的鳏夫。他继承了父亲的半壁江山：西班牙、印度群岛、西西里和西属尼德兰（又在 1581 年获得葡萄牙，并将西班牙对该国的占有状态保持到 1640 年）。他在西班牙的宗教清洗政策导致了什么样的结果一直众说纷纭。而该政策在西属尼德兰的效应则无须争议——催生出世界上第一个挣脱君主及贵族领主统治这具古老枷锁的国家。

被某些人称为“尼德兰起义”、荷兰人称作“八十年战争”的战火，和很多其他关乎民族国家起源的事件一样，是神话的重要来源，584
其中有一些传说系有意为之的创作。但即便是此类传说和神话，也不如另一种假设来得更具误导性：因为这场战争最终令一个近代形态的社会崛起，所以起义本身也是“近代式”的，其主旋律是为宗教容忍和民族独立而斗争的激情——这种观点是彻头彻尾的谬误。尼德兰问题具有极为鲜明的中世纪背景。作为通过联姻转入哈布斯堡王室名下的大公领地，北欧最富饶的一片土地被古勃艮第王朝所继承。西属尼德兰就是这片土地的一部分，由 17 个类型差异巨大的省份组成。南部省份包括欧洲城市化程度最高的地区和安特卫普的佛兰德斯大贸易中心，那里的很多居民都说法语。这些省份长久以来都不安分，15 世纪后期，佛兰德斯城镇还一度试图获取独立城邦的地位。北部省份更偏重农业和海事。那里的居民对其土地表现出一种近乎怪异的偏执情感，或许是因为他们一寸一寸地从海洋手中争得这些土地，并从 12 世纪开始围起一片片圩田的缘故。

南北两部分将分别成为后来的比利时和荷兰，但在1554年还看不出任何端倪，也想象不到两地的宗教会发生分裂。尽管很多新教徒移居北方，令南部的天主教主导地位略有增强，但在未来的国境线两侧，这两种信仰都你中有我。与反宗教改革运动起效之后的情况相比，16世纪早期的欧洲对宗教分歧的容忍力要强得多。

腓力强行实施特伦特会议敕令的决心可以解释后来所发生的部分事态，但麻烦的根源来自很久以前。当西班牙人致力于对中央政府和地方社区的关系进行近代化改造（意味着通过更有效的税收向日渐繁荣的经济索取财政来源），他们采取了更与时俱进的手段，或许也不如勃艮第人那样善于避免矛盾。西班牙王室使节首先与南部行省的贵族发生冲突。就和那个时代的其他贵族一样，南部行省贵族对于保护自己象征性的“自由”——即特权和豁免权——十分敏感，他们感到这名比查理更遥远的君主对这种自由构成了威胁，即便腓力是伟大的查理五世之子——他们觉得查理能够理解他们，也使用与他们相同的语言。他们声称，西班牙元帅阿尔瓦大公干涉了缉捕异端的当地司法事务，进一步侵犯了地方上的特权。新教徒已在佛兰德斯城镇中扎根，害怕自己会被交到西班牙异端裁判所手里。虽然贵族们是天主教徒，但这些城镇的繁荣局面也是其利益所在。此外，他们就和当时的其他贵族一样，对通货膨胀的压力感到不安。

585 以彻头彻尾的中世纪方式，抵抗西班牙政府的行为在布拉班特地区发端，数年后，由于西班牙军队的暴行和反抗贵族中的一员——奥兰治的威廉（William of Orange）——的领导，贵族们团结起来、共同对抗法定意义上的统治者。和同时代的都铎女王伊丽莎白一样，威廉（别名“沉默者”，因为他得知西班牙统治者决意要把他臣民中的异端赶尽杀绝后，依然强忍住内心的愤怒，并以此扬名）善于为共同的事业赢取认同感。但贵族和加尔文派市民之间始终有着潜在的矛盾，因为市民参与抵抗行动将面临更严重的后果。最终，西班牙总督更高明的政治手腕和西班牙军队的胜利足以迫使这份矛盾浮于表面。贵族偃旗息鼓，于是西班牙军队在无意之中划定了现代比利时的边界。只有北部省份继续斗争（但依然在“沉默者”威廉的政治领导之下，直到他1584年遇刺身亡）。

荷兰人（现在我们应该可以如此称之）有太多值得抗争的东西，也不像南部的同派教友那样对贵族的不满情绪并不彻底。但他们自身内部也存在分歧，各省份很少顺利达成一致。另一方面，他们可以利用宗教自由的呼声和广泛的容忍精神来掩盖分歧。而且，他们也因佛兰德斯人的大规模北迁受益，从中收获了大量资金和才俊。其敌人也有难处：西班牙军队虽十分强大，但躲在城墙后的荷兰人并不容易对付，何况他们还会升起堤坝，用一片水泽将西班牙人围困起来。几乎在不经意间，荷兰人将主攻点转到海上，在那里，他们能对西班牙人造成沉重得多的打击，双方的作战条件也更为平等。起义军开始袭扰北海航道后，西班牙与尼德兰地区的联络状况立即恶化。通过途经意大利的漫长陆路来维持一支常驻比利时的大军代价不菲，如果出现其他需要打退的敌人，这笔开支会更难以承受。而这一状况很快就成了现实。反宗教改革运动已经令国际政治染上了一层新的意识形态色彩。出于维持欧洲大陆实力平衡和防止西班牙彻底坐大这两方面的利益诉求，英国首先采用外交手段遏制西班牙，接着转为海陆军事对抗，使荷兰人获得盟友。

几乎是出于巧合和偶然，这场战争创造出一个灿然一新的社会——由七个小共和国和一个弱小的中央政府组成的松散联邦，称为联合行省王国。很快，其国民发现了该民族被遗忘的过去（与20世纪去殖民化后的非洲人非常相似），并从罗马人对叛乱者只言片语的记述中发掘和赞颂日耳曼部落民的美德和节操；这股热忱的残迹保留

586 在受阿姆斯特丹显贵委托、描绘日耳曼部落攻打罗马营帐场景的画作中（这一时期属于因伦勃朗的画作而被我们铭记的时代）。这个通过刻意创造而形成的民族国家的特殊气质，比此类历史题材的意识形态宣传更饶有趣味。不用再为生存问题担忧的各行省享有宗教容忍、极大的民事自由和行省独立地位；荷兰人不容许加尔文主义在政府中占据上风。

后世认为，从伊丽莎白时代的英格兰可以找到相似的宗教和民事自由；考虑到英国体制在下一个世纪的演进方式，这种想法可以理解，但依然是一种谬年代之误的观点。矛盾的是，国家立法权大大增强是这份自由的组成部分之一，使特权受到极大限制，到 17 世纪末已达到令其他欧洲人称奇的地步。在相当长的一段时期中，人们都想象不到这种结果。伊丽莎白一世是一朵无与伦比的王室奇葩。当青春和美貌的神秘光环从身上消退，她已获得了那些熬过摄政时期、最终掌握权柄的人所具有的堂堂仪态。这位女王在 1603 年走到了登基的第 45 个年头，通过都铎王室血统中与生俱来的、将王朝利益与爱国主义紧密结合的本能，借助才华洋溢的诗人的作品，以频繁游访等平凡的方式（她总是在贵族家中客居以减少出行开支）接近民众，凭借应对议会的超凡技巧，她成为整个民族凝聚力的核心。她也不会为宗教原因发动迫害；诚如本人所言，她不想“在人们的灵魂上开窗破洞”。这位“英明女王”的加冕日会成为爱国者反对其继任者治下政府的节日，也就完全不足为奇了。美中不足的是，伊丽莎白膝下无子，无法传承她赋予君主宝座的光辉与荣耀，而且她还留下一堆债务。和当时其他所有君主一样，她的财政始终捉襟见肘。对于继承其位的苏格兰斯图亚特王室首任国王詹姆斯一世来说，这笔债务有害无益。该王室接连为英国送上四名昏君，直至今日，论及其男性成员的种种缺陷，相关著述依然难以做到心平气和。不过，詹姆斯既不像他儿子那样愚蠢，也不像他孙子那般失节。对其政治生涯伤害最大的，可能是他有欠老练和疏离人心的做法，而非其他更严重的缺陷。

如果要为斯图亚特王朝辩护，那么，他们并不是唯一麻烦缠身的王室，这一点是得到公认的。17 世纪，多个国家的当权者大致在同一时期面临危机，而且有意思的是，这场危机与全欧范围的经济危机平行发展。两者也许存在关联，但要确定关联的本质并不容易。同样有趣的是，这些内乱在时间上与反宗教改革运动所开启的宗教战争时 587
期的最后阶段彼此吻合。或许，我们至少可以假设，正常的政治生活在多个地区同时崩溃，而且在英伦三岛、法国和西班牙特别明显，这可部分归结为三国政府被迫参与宗教战争的需要。

在英格兰，这场危机一路升级，从内战、弑君发展到英国历史上唯一一个共和国的成立。关于这场查理一世与议会之间的争斗，其争执的核心是什么、无可挽回地发展成一场武装冲突的临界点又在哪里，史学界依然存在争议。他陷入与部分臣民兵戈相见的境地（因为他是英格兰及苏格兰两地的国王），不得不在 1640 年向议会寻求帮助。若没有新的税收来源，英格兰就将失守。这是局势发展的关键转折点。但当时有部分议员确信，王室密谋利用议会通过的法案推翻教会、重新确立罗马的权威。议会对国王的臣仆发起攻讦，还将两名最可疑的人送上绞架。1642 年，查理下定决心，认为武力是解决问题的唯一手段，于是内战爆发。查理败北后，议会心中忐忑，很多英国人也一样，因为如果连国王、领主和平民所组成的古老体制都被推翻，无人知晓最终会如何收场。但查理向外来入侵者寻求支持（苏格兰人这一回将为他而战），从而断送了自己的优势。这超出了多数议员的底线，查理被审判和处决——当时看来是令人震惊的结果，其子沦为流亡者。

此后，英格兰进入一段无王时期，全英最杰出的人物之一奥利弗·克伦威尔一直是该国的掌舵人，直到1658年去世。他是一名乡绅，后凭借其作战才能在支持议会的地方政府中崭露头角。这给了他巨大的优势——凭借身边的军队，他完全不用依靠那些政客——但也给他设下了限制，因为他不能冒失去军队支持的风险。为了寻找一种通过议会管理国家、同时避免英格兰全盘新教化的手段，克伦威尔打造了一个英国共和政体，在新宪政体制下，这一史称大英联邦的政体成果斐然。

某些议员不能容忍其他教派，这种立场是英国（以及美国）的新教存在多方面张力的表现之一，这种原则被称为清教主义。自从伊丽莎白一世时代起，这一定义模糊的势力就在英国人的生活中日趋强大。其代言人起初只追求用一种高度封闭和清苦的方式来实践宗教教义及仪式。大部分早期清教徒是圣公会成员，但对抱残守缺于大量天
588 主教旧习的教会失去耐心；随着时间流逝，这种不耐烦越来越成为定义清教徒的标志之一。到17世纪，作为标志性名词，除了严格的教义和不赞同宗教仪式的态度之外，“新教徒”还暗示着某人具有改革社会行为规范的倾向，而且带有强烈的加尔文主义色彩。在共和时期，很多内战中的议会支持者开始显现出利用这场胜利、通过法律来强制推行清教教义和道德观的意愿，不仅要针对保守派和忠王派的圣公会教徒，而且也针对少数派宗教异见群体——公理会、浸信会、一位论派——这些群体在共和政体中都有一定发言权。清教在政治和宗教两方面都毫无民主可言。那些被拣选者或许可以自由选择该地的长老，作为一个社群实行自我管理，但对于圈外人来说，这批自封的被拯救者仿佛（也确实）以上帝旨意的唯一代言人自居，从而更令人无法接受。他们是一些非典型的少数派，而不是新教体系中的主体，对共和时代的伟大辩论贡献良多的民主和制衡理念被他们弃之不顾。

内战与联邦时期，共出版了超过两万本以政治和宗教为主题的书

籍和小册子（pamphlet，17世纪50年代开始使用的英语词），这一事实本身就足以使该时期成为英国政治教育的伟大时代。不幸的是，一俟克伦威尔撒手人寰，共和国的体制缺陷就暴露得一清二楚。英国人无法通过任何新宪法，因为达成一致意见的人数总是不够。到头来，其中大部分人还能够接受原先的君主制。于是，英联邦伴随着1660年斯图亚特王朝的复辟告终。英格兰以心照不宣的条件迎回了自己的国王：作为最后的选择，查理二世重返王位，因为议会如此要求，也相信他会守护英国圣公会。天主教反宗教改革运动给英国人带来的恐惧不亚于激进的清教主义。国王与议会的斗争并未结束，但英格兰不会再有极权君主；从此以后，国王将陷于守势和被动。

历史学者已连篇累牍地论述过所谓的“英国革命”究竟表达了什么。显然，宗教在其中占了很大的比重。新教极端分子获得一次后无来者的、影响整个国家的机会，招致圣公会教徒深切的厌恶，令英格兰政界产生延续数百年的反教士情结。一位研究这场纷争的英国古典历史学者以“清教革命”论之，这并非没有根据。但宗教并不比立宪之争更全面地表现出这段岁月的意义。另一些人在这场内战中发现一份古典式斗争的痕迹。很多内战参与者的利益动机不难判明，但不存
在任何清晰的普遍模式。还有人视其为不断膨胀的“中央”与“地 589
方”之间的斗争，前者是官僚、廷臣和政客所织成的政府网络，都通过财政依附关系与整个系统相连；后者是为中央体系提供财力的地方名流。但各地方团体之间往往存在分歧：内战所酿成的悲剧之一是亲人之间也会彼此反目。英国革命的结果比其起源和意义更容易看清。

大部分欧陆国家因查理一世被审判和处决而惊恐万分，但各国都有自己的麻烦，也不乏血腥。红衣主教黎塞留引导法国进入一段有意识地强化王权的时期，不仅削弱了胡格诺派（即法国加尔文主义者）的特权，而且在各省安插名为总督的王室官员，作为王权的直接代

表。17 世纪三四十年代的行政改革使法国民众几乎毫无喘息之机的苦难生活雪上加霜。在经济依然以农业为压倒性主体的法国，黎塞留的措施必然会对穷人造成最严重的伤害。不出几年，农民的赋税就翻了倍，有时甚至达到三倍。而这种做法的结果是引发一场声势浩大、遭到残酷镇压的叛乱。法国部分地区更是因波旁与哈布斯堡王室之间的冲突而饱受战火荼毒。这场冲突是波及德意志和中欧的三十年战争的最后阶段。法国的洛林、勃艮第和大片东部地区沦为废墟，部分区域的人口减少了四分之一至三分之一。针对法国国王意图征收新税（且有人称其不合宪章）的控诉最终在黎塞留继任者当政时期引爆政治危机。特殊利益集团承担起捍卫传统宪章的任务，特别是巴黎大理院（*parlement*）[1]，律师团体坐镇，可向法兰西第一法院提出申诉。1648 年，他们领导了一次巴黎暴动（不久后得名投石党暴动［*Fronde*］）。经过一段人心惶惶的过渡期后，又发生了第二场由大贵族领导的投石党暴动，此后双方达成了妥协方案。虽然巴黎大理院无法长期维持内部的统一阵线，但就如地方叛乱所昭示的那样，这些人可以成为地方行省贵族反中央集权意识的凝聚核心。然而国王依然保住了王位（总督们也保住了官位）。1660 年，法国的君主极权制在本质上依然完好无缺。

税收问题也令西班牙陷入麻烦。一名大臣试图压制西班牙联邦体制形式所固有的地方主义风气，导致葡萄牙爆发起义（以承诺尊重当地自由为条件，葡萄牙在腓力二世治下被西班牙兼并），巴斯克人和加泰罗尼亚人也发起叛乱。加泰罗尼亚的叛乱耗时 12 年方得平定。1647 年，西班牙那不勒斯王国也发生了动乱。

590 以上所有内乱都是金钱压榨所引发的抵抗。因此，从财政角度而

① 法国旧体制下的最高法院，其前身是卡佩王朝时期的御前会议。——译者注

言，西班牙这个“复兴国家”远远算不上成功。17世纪，常备军在大部分国家出现，这一方面标志着一场军事革新，因为战争将开始吞噬巨额的税金。然而法国人承受的税额似乎远远大于英国人，为何这场“危机”给法国君主带来的折磨反而更小呢？而另一方面，英格兰经历了内战，一度推翻了一国之君，却没有遭受外敌入侵所造成的那种破坏。该国偶尔发生的、抗议物价过高的暴动，也无法与17世纪法国恐怖血腥的农民起义相比。而且，英格兰当权者还面临源自宗教分歧的特殊难题。而宗教分歧在西班牙不存在，在法国早已得到控制。胡格诺派的确是一个既得利益团体；他们视君主为庇护者，所以在投石党暴乱中站在君主的一边。地方主义对西班牙影响很大，对法国较小，对英格兰的作用似乎微乎其微，但为保守团体保护自身利益、抵御政府创新举措的威胁提供了立足点。随着年轻的路易十四完全掌控法国大权、查理二世返回英格兰，1660年可以称得上是某种转折点。法国的无政府状态直到1789年才复萌，且在此后半个世纪中展现出惊人的军事和外交实力。尽管英格兰依然面临不少宪政难题，但将再也不会发生内战，也不再有国王被废黜。1660年以后，英国将拥有常备军，并经历最后一次动乱，由一名实力不足的谋反者和数千被蛊惑的乡民于1685年发起，对国家不构成丝毫威胁。以回顾历史的视角来看，这一切令一桩事实显得更加突出——人们总是不愿承认最高权力的真实性质。英国人郑重其事地订立一系列保护个人自由的《权利法案》，但直到1689年，一名国王在议会中下的决定无法被另一名国王撤销的惯例依然无法动摇。在法国，人人都同意国王的权力是绝对的，但法学家却声称他不具备从事某些行为的合法权力。

至少有一位思想家认识到了社会前进的方式，他就是英国最伟大的政治哲学家托马斯·霍布斯（Thomas Hobbes）。其著述——特别是1651年出版的《利维坦》——中表达了这一观点。霍布斯主张，让一个人拥有法律定义的最终决定权可能导致该权力落入暴君之手的危险，而不允许某人独揽大权虽然会造成一些不便和不确定性，但显然是权衡利弊后的更好选择。他为那个时代的困惑感慨良多，深感亟须找到权威的确切来源。虽然混乱没有持续发生，但始终有爆发的可
591 能：诚如霍布斯所言（大意），不必成天在瓢泼大雨中生活，你也能说天气少晴多雨。无限的立法权——最高权力——属于且仅属于国家政府，不能被豁免权、习俗、神律或其他任何一切限制，否则就有陷入无政府状态的危险，认识到这一点，就是霍布斯对政治理论的贡献所在，但他并未因此获得多少赞誉，而且直到19世纪才获得应有的评价。对他的攻击几乎铺天盖地，然而人们的行为却往往成为其观点的注脚。

采取立宪制的英格兰事实上是首批按霍布斯的原理运转的国家之一。18世纪早期，英国人（尽管苏格兰人在《1707年联合法案》生效后加入了威斯敏斯特的议会，但他们的想法不如英格兰人坚定）原则上接纳了，也在实践上对这样一个原则加以某种程度的贯彻——除非出于务实考虑，否则法律的效力应不受任何限制。甚至晚至维多利亚时代，这一原则也会受到公然的挑战，但1688年的英格兰无人公开反对，是时，议会最终放弃斯图亚特王室的直系男性继承人，将詹姆斯二世赶下王位、有条件地把他的女儿及王夫扶植上台，过去的一个多世纪间，议会越来越成为国王必须应对的存在，这已经显示出议会力量强化的趋势；随着契约型君主制的确立，英格兰最终告别其旧制度，开始以宪政国家的方式运转。中央权力被有效地分立；主要权力属于下议院，代表社会主导群体——即地主阶级——的利益。国王依然享有重要的特权，但事实很快表明，他的提议必须获得下议院的信赖方可实施。最高立法权属于“议会之

君”（Crown in Parliament），[①] 国王可通过法律手段采取一切行动。但依然为欧陆国家的特权阶级充当保护伞的豁免权或有望与议会对抗的实体都不复存在。对于权力如此集中所构成的危险，英国人的应对方法是确保——如有必要，哪怕采用革命手段也在所不惜——权力机关只能依照社会最重要的组成部分的意愿行动。

1688年，英格兰迎来一位荷兰国王：玛丽女王的丈夫威廉三世，对他而言，同年爆发的“光荣革命”最主要的意义在于可以让英格兰动员起来对抗法国，因为法国正在威胁尼德兰七省联合王国的独立地位。虽然后世单纯从宪政或意识形态角度解读英法战争，但其中有太多错综复杂的利益纠葛。不仅如此，由于神圣罗马帝国、西班牙和德意志诸王国的存在，此后二十多年间，抗法联盟经历了种种变迁，令所有在两个阵营间寻找清晰的政治原则对立面的尝试变得毫无意义。592
不过，那个时代确有一些人发现这场战争背后掩藏着某种意识形态元素，而且他们的想法并没有错。英格兰与荷兰社会比路易十四统治下的法国更为开放。前两国允许并保护不同的宗教实践活动，不对媒体进行审查，而是用保护个人及国家不受诽谤的法律加以规范。两国由寡头统治，这些寡头代表着切实掌握社会及经济力量的群体。而法国则截然相反。

在路易十四统治下，政府的极权达到了法国历史上登峰造极的地步。要把他的抱负准确划入某个世所熟知的范畴并不容易；因为他个人、所属王朝和法兰西民族的伟大是几乎不可分割的整体。也许正因如此，他才成为所有欧洲君主中的典范。政治被切实限制到行政范畴；王室议会、代表王室的各省总督和军事将领都充分顾及贵族和地

① 联邦制国家的专用术语，指国王作为立法者的身份，他须在议会或立法机关的建议和咨询下行使其权力。——译者注

方豁免权这类社会现实的存在，但他的统治对法国至该阶段所形成的、真正独立的政治势力还是造成了极大的打击。这是一个在全法境内确立王权的时代，也被部分后世之人视为革命的时代；该世纪后半叶，黎塞留所打造出的框架终于不再空洞，行政实践使其有了实质性的内容。路易十四用全欧洲最富丽堂皇的宫殿让贵族顺服；基于本人的社会等级和尊卑意识，他乐于用荣誉和俸禄来安抚贵族，但从未忘记投石党暴乱，像黎塞留一样始终对贵族加以控制。路易的亲属被排除在宫廷之外，宫中还有非贵族出身的大臣，让他有可以放心依靠的对象。大理院的职能被限制在司法范围；法国教会独立于罗马的地位获得保障，但结果是更无法离开基督教陛下（Most Christian King，这是路易的某个头衔）的羽翼。对于胡格诺派，路易的立场十分坚定，无论付出多少代价，他也不想成为异端的国王；没有逃离法国的胡格诺派信徒遭到严酷迫害，以强迫他们皈依正统。

尽管法国在路易十四统治的时代取得了伟大的文化成果，但这似乎依然难以让法国人认同其中残酷的一面。他所君临的社会等级森严，强调集体主义和神权统治，即便统治手段是与时俱进的，可目标却是陈腐过时的。路易甚至觊觎神圣罗马帝国的皇帝宝座。他禁止在法国为哲学家和宗教捍卫者笛卡儿举办宗教式的葬礼，因为其思想具有危害性。然而在相当长的时期中，他所打造的政府似乎是大部分法国人所向往的那种。高效政府的行事风格可能显得残忍，例如让士兵
593 暂住在胡格诺派信徒家中强迫他们改信，或让骑兵部队每隔一个月左右去威吓不愿交税的农民，这些都是已知的史实。然而，除了若干不寻常的灾年，民生还是比数十年前有所改善。归根结底，这段统治期是一个混乱时代的终结，而非另一个乱世的开端。法国大体上免于外敌入侵，土地投资的预期回报有所下跌，并持续到 18 世纪中后期。正是这些有据可循的现实，折射出了这个被后人称为盛世的时代的闪

耀光芒。

路易在欧洲的地位大多靠战争赢得（不过统治末年经历了严重倒退），但也不纯靠军队和外交。作为完美的集权制君主，他树立了君主的典范，从而令法国的威望达到巅峰，并能长久保持。规模浩大的凡尔赛宫的落成是路德维希①所取得成就的实体化身。无论是作为建筑还是其居住者，都鲜有如此被人尊崇和模仿的范例。18 世纪的欧洲到处充斥着微缩仿制版的法国宫廷，建于数十年的承平时期，由未来的“大帝”们兴建，以其臣民的痛苦为代价。经过路易时期大规模战争的动荡之后，这种稳定与持续的局面几乎出现在所有地区。

1715 至 1740 年间没有任何可以引发各国内部变革的重大国际紧张局面，也没有 17 世纪的那类严重的理念分歧、抑或急速的经济和社会发展以及相应的张力。因此，经历了百年左右的乱世之后，政府不再变化、社会也安定下来的局面几乎成为全欧洲的普遍景象也就不足为奇了。除了大不列颠、联合行省王国、瑞士各州和活化石一般的意大利诸共和国，君主极权制是 18 世纪大部分时期最盛行的国家制度，有时会采取后来被称作“启蒙专制”的形式，这一名词现在没有、过去也从未具备过比今日的“权利”或“左派”之流更为清晰的含义。所谓“启蒙专制”是指始于 1750 年左右的一种趋势，若干可能受当时先进思潮影响的君主意欲在实践层面推行改革，从而走向创新之路。此类创新即便有效，也多少受极权制下君主绝对权力的影响。虽然有时显出人道主义色彩，但“启蒙专制”的政策在政治上未必自由。另一方面，这些措施往往具有近代属性，因为削弱了传统的社会及宗教权威，打破了既有的社会等级或法权观念，有助于集中国

① 原文 Ludovican，即 Ludovic 的形容词态，而 Ludovic 同 Ludwig——即 Louis 的德语拼法。——译者注

家的立法权，确保国家对臣民的权威不受挑战，这些臣民越来越被当成个体的集合来对待，而非等级群体中的成员。

594 毫不令人惊讶的是，能完美契合这一概述的实例几乎不可能找到，就如不可能找出百分之百“民主”的现代国家，也不可能在 20 世纪 30 年代找到完全满足“法西斯”定义的国家，这一观念放之四海皆准。例如，在地中海和南欧国家中，那不勒斯、西班牙、葡萄牙及其他一些意大利王国（有时就连梵蒂冈也不例外）都有大臣试图推行经济改革。其中有些人是受新兴事物的刺激；另一些人——如葡萄牙和西班牙廷臣——将启蒙专制视为一种手段，意图恢复所失去的强国地位。他们的部分做法侵蚀了教会的实力。这些大臣所侍奉的君主几乎都与波旁家族沾亲带故。帕尔马——参与这股潮流的最小的国家之一——与教廷发生争执，导致以上所有国家都被卷入一场针对教廷反宗教改革运动的左膀右臂——耶稣会——的全面攻击。1773 年，教皇被迫解散耶稣会，这场失败具有重大的象征意义，不仅确有实效，也展示了进步的反教士主义思想哪怕在天主教欧洲也拥有强大的力量。

这些国家中，除了陷入衰退的西班牙，没有任何国家怀有一丝一毫的称霸企图。另一方面，在走上启蒙专制道路的四个东欧国家中，有三个无疑抱着如此野心。不属于此列的是摇摇欲坠、步履蹒跚的老迈王国波兰，沿“启蒙”路线进行的改革在既有体制面前如以卵击石；波兰确实存在启蒙思想，但没有能够有效对其加以运用的专制政体。普鲁士、哈布斯堡帝国和俄罗斯则更为成功，均在打开启蒙局面的同时强化了国力。变革的线索又一次可以从战争中找到，其代价远远超过建造哪怕最奢华的凡尔赛宫复制品。俄罗斯的近代化可追溯至该世纪初，当时，彼得大帝力图通过技术和体制革新确保该国未来的大国地位。该世纪后半叶的女皇叶卡捷琳娜二世成为这一举措极大的受益者。她还广泛宣扬自己对文学和人文事业的扶持，用最时髦的思想为其治世镀金。这一套非常肤浅，传统的社会秩序毫无变化。俄罗斯还是保守的专制国家，其政治在很大程度上等同于贵族派系和家族间的斗争。启蒙思想也没有令普鲁士发生多少改变，高效节俭的中央化行政风格在该国有着良好的传统，体现出很多别国的改革者所追求的特质。普鲁士已经实现宗教容忍，霍亨索伦王朝的君主统治着一个传统意识浓郁的社会，在18世纪根本没有发生变化。普鲁士国王必须（也愿意）认识到，贵族的默许是其权力的基础，因而悉心守护他们的 595
法律和社会特权。腓特烈二世一直深信只有贵族可以获得高级军官头衔，而且在其统治末期，普鲁士领土内的农奴数量比他登基时更多。

与普鲁士的竞争是哈布斯堡王朝改革的决定性推动力。改革之路存在巨大的阻碍，该王朝领地内的民族、语言和体制构成都非常多样化；皇帝身背无数头衔，匈牙利国王、米兰公爵和奥地利大公只是其中寥寥数例。如果这一成分复杂的帝国要在欧洲事务中发挥相当的影响力，中央化和更高的行政统一度必不可少。另一个问题是，罗马天主教在哈布斯堡帝国占压倒性的主导地位，这与波旁王朝统治的国家类似，与俄罗斯或普鲁士不同。教会势力在该国各处深深扎根；哈布斯堡领土涵盖西班牙周边大半地区，那里的反宗教改革运动最为成功。教会还拥有巨额资产，无不受传统、教会法和教廷政策的保护，此外也垄断了教育。最后，哈布斯堡家族成员在这数百年间几乎毫不间断地占据着神圣罗马帝国的王位。因此，他们对德意志负有一份特殊的责任。

这一背景本身已有可能为哈布斯堡帝国境内的近代化进程抹上“启蒙”的色彩。改革实践无处不与社会中根深蒂固的教会势力发生冲突。玛丽亚·特蕾西娅（Maria Theresa）女皇本人对于具有反教会倾向的改革并无好感，但谏言者可以凭一项具有说服力的事实让她支持改革主张：从18世纪40年代起，哈布斯堡将与普鲁士争霸的局势开始明朗化。财政改革和后续的行政改革一旦开启，最终必然会导致教会和政府之间的冲突。这场冲突在玛丽亚·特蕾西娅的儿子和继任者约瑟夫二世（Joseph Ⅱ）统治期达到高潮。他没有继承母亲的宗教虔诚，且被人称作观念先进的开明派。他的改革与去宗教化举措的关联尤为紧密。修道院失去土地，宗教职务的任命遭到干涉，庇护权被废除，教士对教育的垄断被剥夺。改革的进程引发了种种愤怒和反对的声浪，但后果都不如 1790 年的事件来得严重——约瑟夫的过激行动导致布拉班特、匈牙利和波希米亚贵族的公开抗命。在约瑟夫统治末期，强大的地方机构——庄园和议会——使其大片领地内的政府陷于瘫痪，那些地区可以通过这些机构来反对他的政策。

596 采纳启蒙专制的环境、主导这些国家的先入观念、专制取得了多少成果、是否体现“启蒙”思想、体现到何种程度，这些方面的差异均表明，认为存在某种“典型”的启蒙专制范例是多么具有误导性的观点。显然，受改革政策和抱负影响的法国政府进一步表明了这一点。矛盾的是，路易十四死后，变革的阻力反而有所增强。其继位者治下（统治初期受摄政者掣肘，只得到少数人的支持），特权阶级的实际影响力有所增强，在最高法院，对侵犯特殊利益和传统特权的法律大加鞭挞的趋势也日渐滋长。认为一国之君拥有至高无上且不受限制的立法权的观点遭到了新的抵制，且这种舆论日趋见长。随着 18 世纪的进程，法国在国际舞台上的角色令其财政负担越来越沉重，改革的话题逐渐归结为寻找新的税收来源的问题——一种注定要招致反对的做法。对法国君主制实行改革的提议大多都以此为目标。

矛盾的是，1789 年的法国是一个与批判性和先进性思想的构筑和传播关联最为密切的国家，同时却也是最难以将这些思想付诸实践的国家之一。但这是一个在 18 世纪末期波及欧洲所有传统君主制国家的话题。无论为改革和近代化付出多少努力，传统既得利益集团和社会结构的妨害依旧成为前进道路上的障碍。无论在哪个国家，把专制君主作为最后的倚靠也不可能解决这一问题。他们无法太过咄咄逼人地质疑传统权威，因为那正是君主本人的依靠。不受限的最高立法权在18世纪似乎依然会让很多事物的存在受到威胁。如果传统权利被侵犯，那财产岂不是会同样不保？这是合情合理的担忧，不过作为欧洲最成功的统治阶级，英国统治者似乎接受了法律权限无所不包、改革对象没有例外的原则，并不惧怕如此革命性的思想可能被以其人之道还治其人之身。

不过，加上这条重要的限定条件后，启蒙专制也体现了那个已然确立的主题——在长达三百年、波及大量国家的政治演进过程中，作为这一错综复杂的故事的核心，政府实力的提升是一个持续的过程。试图逆历史进程而动且取得成功的人寥寥无几，也总是昙花一现。诚然，即便最坚定的改革者和最能干的政治家也不得不与一台落后的国家机器打交道，任何现代官僚都会觉得这台机器破旧得无可救药。虽然18世纪的政府可以动员的资源比过去多得多，但只能在没有革命性技术创新的条件下加以利用。18世纪的通信手段最终还是依靠风力、畜力和人力，和三百年前没有分别；该世纪最后十年投入使用的“电报”只是一套旗语系统，以拉绳为工作方式。军队的机动力只比三百年前略好一点，虽然武器有所改善，但并没有改头换面。如今的警察机构没有在任何国家出现，所得税依然属于将来时。但政府实力已出现可以察觉的变化，这并非源于技术，而是来自理念的改变，是因为早已有之的体制发挥出了更高的效率。1789年前，没有一个大国敢于奢望所有臣民都掌握政府的官方语言，而且，也许除了大不列颠和联合行省王国以外，没有一个国家能够赢得臣民足够的认同感，从而不必担心政府和民众的对立、可以专注于保护国民不受外侮。大西洋东岸也没有任何拥有主权的势力展现出充分的近代国家面貌。

597

第 3 章　列强争霸的新世界

598 在那些 15 和 16 世纪就确定了基本形式且保持至今的制度当中，就包括常驻代表制。君主们彼此递送长文、相互协商，也还有很多其他方式能进行这项工作，让各方理解事态的进展。例如，中国人把其皇帝设想为九五至尊、普天之王，所有远道而来的使节本质上都是来请愿或纳贡的。中世纪国王彼此间派遣使者或不定期的使节团，从中发展出一套特别的礼节和仪式，使者还能获得特殊规约的保护。公元 1500 年后，永久性的常驻大使制度慢慢成为和平时期所实行的惯例，也是我们沿用至今的标准手段，这些使官至少能初步处理一切常规事宜，并负有向其君主通报所在国情况的使命。

威尼斯大使是其中第一批值得关注的范例。作为一个如此依赖贸易和正常外交关系的共和国，出现首批堪称典范的职业外交官毫不令人惊讶。更多的变化接踵而至。早期使者所要面对的种种危险逐渐成为被人遗忘的往事，外交官获得了特殊地位，受特权及豁免权的保护。协定和其他外交范式的性质也变得更精确和规范，外交流程向更为标准化的方向演进。所有这些变化都是缓慢发生的，且以人们相信作出改变确有益处为前提。绝大部分情况下，公元 1800 年确实还没有出现现代意义上的职业外交官，当时的使节通常还不是领取薪水的文职公务员，而是可以负担维持代表地位所需开支的贵族。尽管如此，外交职业化的进程已经开始。另一个标志是，公元 1500 年后，一个由主权国家之间的关系所组成的新世界取代了封建式的个人裙带关系和教皇及罗马帝国皇帝说不清道不明的所谓至高地位所构成的旧世界。

这一新体系最突出的特质是，它表明人们开始认为世界由主权国 599
家组成。该观念的成型经历了不少时间，16 世纪欧洲在当时人们眼中绝非一系列由只属于该地的统治者管理的独立区域的集合。除了少数例外，其组成部分更不会被视为任何类型的、可称作“民族国家”的实体。如此状况的成因不仅仅是存在像神圣罗马帝国那样堪称古代习规之大全一般的存在，而且还因为王朝统治是早期近代欧洲的外交主导原则。

在 16 和 17 世纪，欧洲的政治单元更似一份份领地而非一个个国家。这些领地以兼并、婚嫁和继承为手段，通过或长或短的积累成形，也就是说，具有与构建任何私人家族地产相同的流程和推动力。其结果可从地图上见到，这块或那块世袭领地在两名统治者之间易手，令各份领地的边界处于持续变化状态。这种转让就像农田易主，领地继承人和农民一样对此无能为力。王朝统治模式就是各国君主全神贯注于可能影响联姻的谈判及协定、悉心安排和确保王位传承事宜的原因所在。

除了王朝的利益，君主们还为宗教事宜发生争执乃至开战，而贸易或财富也越来越成为争夺的焦点。部分王朝获得了海外殖民地，也使问题更为复杂化。封建主从关系这一陈旧的原则偶尔还会被各国援引。在上述模式之外也始终存在其他令版图发生变化的推动力，例如对新土地的殖民或民族情感的觉醒。不过，总体而言，16 和 17 世纪的大多数统治者都以继承权和家族利益的守护者自居，且必须将这些资本传递给下一代。由此，他们的行为可以想见，就像一面镜子，反射出各自社会中的其他人和其他家族的立场。不只是中世纪沉浸于家世和血统不可自拔，16 和 17 世纪也是属于谱系学的伟大时代。

公元 1500 年的欧洲王朝版图将会经历一次重大的变迁。此后的两个世纪，两个伟大的王族将在欧洲大片土地上你争我夺，而且当时已经在意大利展开角力。他们是哈布斯堡王室和法国的统治家族——起先为瓦卢瓦王朝，1589 年亨利四世登基后改为波旁家族。前者将成为奥地利的统治家族，后者始终以法国为活动中心。但很多其他国家的君主、亲王或王后均出自这两个家族。16 世纪伊始，双方争议
600 的核心是勃艮第继承权的归属问题。当时，任何一方在欧洲的影响力都远远谈不上深远。实际上，与当时的其他王朝相比，它们并不具备鹤立鸡群的实力——虽然过去相当强大，例如，威尔士都铎王朝的初代君主亨利七世曾在 1485 年登上英格兰王位。

除了英格兰和法国——或许还包括西班牙和葡萄牙，在其他国家看不到丝毫能够维系政治团结的、真正的民族凝聚力和情感。虽是一个相对而言不算重要的国家，英格兰却是相当成熟的范例。1492 年后，凭借岛国的地理位置免遭大陆司空见惯的入侵和劫掠，只有加莱海港（直到 1558 年方才失陷）除外，这令英格兰政府的中央化程度非同一般。经历以“玫瑰战争”为标志的漫长而无序的混乱时期后，都铎王朝急于确保王国的统一，有意识地将国家利益和王室利益结为一体。莎士比亚对爱国主义语言的运用显得驾轻就熟（另外值得一提的是，他对宗教分歧着墨极少）。法国在建设国家凝聚力的道路上也取得一定进展。不过，瓦卢瓦—波旁王朝的麻烦比都铎王朝大得多，其领土内有一片片受豁免权和特权保护的飞地，君主无法完全行使作为法国国王应有的最高权力，部分臣民甚至不说法语。尽管如此，法国的民族国家建设还是成果斐然。

虽然两个西班牙王国的王位直到天主教王室——哈布斯堡的查理之孙在 1516 年登基为查理一世、并与其疯癫的母亲共同执政后才得以统一，但西班牙也走上了同样的道路。查理一世依然留心确保卡斯蒂利亚人与阿拉贡人的权利存在明显的差别，但西班牙民族意识在其

统治期变得更为清晰，因为虽然起初广受欢迎，但查理将西班牙纳入更广大的哈布斯堡帝国，从而模糊了该国的民族存在感，而且还为达成哈布斯堡王朝的目标和胜利牺牲西班牙的利益。他于1519年当选为神圣罗马帝国皇帝查理五世，这是该世纪前半叶的一桩重大外交事件。他的祖父马克西米利安是前任皇帝，也大力促成了他的当选，当时，处心积虑的联姻已使他成为世上有史以来领土最广阔的帝王，神圣罗马帝国的皇冠可谓适得其所。他从母亲那里继承了西班牙各王国，因此同时将阿拉贡人在西西里岛的权益和卡斯蒂利亚人在新发现的美洲大陆的权益收入囊中。他从父亲（也就是马克西米利安之子）那里继承了属于勃艮第公爵领地一部分的尼德兰，又从祖父手中获得哈布斯堡王室在奥地利和蒂罗尔（Tyrol）的领地，以及弗朗什孔泰（Franche-Comté）、阿尔萨斯和意大利境内大片地区的继承权。这是那个时代累积领土最广阔的王朝，而且查理的弟弟斐迪南拥有波希米亚和匈牙利的王冠，后来还继承了兄长的神圣罗马帝国皇帝宝座。16 601
世纪的大部分时期，哈布斯堡王朝的崇高地位是欧洲政治的基本事实。查理登上皇帝宝座时的头衔充分展现了该王朝标榜的各种真真假假的统治权：“罗马之王，获选皇帝，永远的奥古斯都，西班牙、西西里、耶路撒冷、巴利阿里群岛、加那利群岛、印度和大西洋彼岸国王，奥地利、布拉班特、施蒂里亚、卡林西亚、卡尼奥拉（Carniola）、卢森堡、林堡、雅典和帕特雷（Patras）大公，哈布斯堡、佛兰德斯和蒂罗尔伯爵，勃艮第、埃诺（Hainault）、佩弗特（Pfirt）和鲁西荣（Roussillon）大法官，士瓦本（Swabia）伯爵，亚洲与非洲领主。”

无论这一大堆头衔代表着什么，都与民族国家的定义无关。为方便起见，可将上述地区分为两大区块：一是西班牙世袭领地，包括尼德兰和金块供应量与日俱增的美洲，因此颇为富有；二是哈布斯堡旧领地，要维持在该地区主导地位，哈布斯堡王室需要在德意志发挥积极的作用。但在位居皇帝宝座的查理眼中，其家族的权力范围还远远不止如此。他素好以“上帝代言人”自居，如同古时的基督教圣武士那样与非洲和地中海全境的土耳其人对抗，从这一点就可以看出不少东西。在他自己眼中，他依然是一名中世纪的罗马帝国皇帝，远比其他君主崇高；他是基督教世界的领袖，只对上帝一人负责。或许在他看来，他比都铎王朝的亨利八世更有资格称为“信仰守护者”，后者是他的对手，也觊觎帝国皇帝的宝座。为了实现他自诩的抱负，德意志、西班牙和哈布斯堡王朝的利益都受到不同程度的牺牲。但他的追求是不可能达成的。统治如此庞大的帝国只是一种梦想，考虑到宗教改革的压力和16世纪贫瘠的交通及行政手段，这超出了任何人的能力范围。可查理的野心还不仅如此，甚至竭力坚持以一己之力实行统治，还为实现这一虚妄的目标马不停蹄地四处巡游，或许正因如此，他倒是让帝国的任何部分（尼德兰可能除外）都无法产生对王室的归属感。其志向是中世纪生命力依然在延续的表现，但也揭露了他陈腐过时的思想。

当然，神圣罗马帝国显然不是哈布斯堡家族的领地。它也体现了中世纪的往昔，但体现出的是中世纪最腐朽和虚无的一面。帝国的大半领地位于德意志，该国名义上受皇帝及手下领主的统一领导，实际上乱象丛生，这些领主所组成的机构即帝国总议会。《金玺诏书》发布以来，前后共七名选侯对各自领地拥有实质性的统治权。另有上百名王侯和50多座帝镇具备独立地位。再加上300来个小王国和帝国封臣，即构成神圣罗马帝国版图的全貌，也是那个中世纪早期的大帝
602 国所残留的一切。16世纪初始，试图改变这一混乱局面、赋予德意志某种形式的民族统一的尝试遭到失败，最后只形成了若干新的行政机构；这一结局甚合小国和城邦的心意。查理于1519年当选为皇帝绝非预料之中的必然；被哈布斯堡王朝这个庞然大物吞并后，德意志

的利益可能被放到次要地位或彻底忽视的恐惧心理自然会油然而生。为了凌驾于法国国王（唯一构成严重威胁的候选人，因为亨利八世虽然也是候选人之一，但没人相信他的钱袋够充裕）之上，他必须重金贿赂选侯。于是，直到 1806 年神圣罗马帝国解体之前，哈布斯堡王朝的利益一直是该国唯一有效的凝聚力源头。

作为地理统一程度最突出的欧洲地区之一，意大利却仍分裂成多个独立王国，大部分由专制王侯统治，还有一些依附于外部势力。教皇是各教会国家的世俗君主。一名出自阿拉贡王族的那不勒斯国王统治着这一国家。他的西班牙亲族则握有西西里岛。威尼斯、热那亚和卢卡都采取共和体制。斯福尔扎（Sforza）家族统治着占据波河大片流域的米兰公爵领地。佛罗伦萨理论上是共和国，但从 1509 年起被前银行世家美第奇家族掌控，实际上成为君主制国家。在意大利北部，萨伏伊公爵坐镇阿尔卑斯山另一侧的古代世袭领地，统治着皮埃蒙特一带。分裂状态使这片半岛成为诱人的猎物，以剪不清理还乱的亲缘关系为借口，法国和西班牙统治者都插手该地的事务。哈布斯堡和波旁王朝的明争暗斗构成了 16 世纪前半叶欧洲外交史的主旋律，其中尤以意大利为焦点。

以意大利为舞台的哈布斯堡—瓦卢瓦战争始于 1494 年的法国入侵——这让人回想起中世纪的军事冒险和劫掠（披着十字军的外衣）——持续到 1559 年为止。期间总共发生六场史称的“意大利”战争，其重要性更甚于初期的表象。这段历史在欧洲国家体系的演化过程中具有特殊地位。查理五世的登基和弗朗西斯的竞选失利令两王朝争雄的趋势进一步凸显。对于身为帝国皇帝的查理而言，这场竞争使得德意志的路德宗问题得不到充分关注，从而导致致命的后果；对于身为西班牙国王的查理而言，这场竞争则是耗尽国力的灭亡之路的开端。对法国人而言，这场竞争带来了贫穷和外敌入侵，给他们的国王带来了沮丧和挫折，因为西班牙势力最终还是占据意大利的统治地位。对意大利民众，这场战争带来了各种灾难。自野蛮人入侵以来，罗马城首度告破（在1527年被一支哗变的帝国军攻占），西班牙的霸
603 权最终使城市共和国的伟大时代落下帷幕。意大利海岸一度被法国和土耳其舰只轮番洗劫；法国国王与苏丹正式结盟，揭露了基督教世界的所谓团结有名无实的本质。

也许只有奥斯曼人把这段时期看作好时光。往往要独立对抗土耳其人的威尼斯眼睁睁地看着自己的东地中海帝国分崩离析。西班牙沉迷于主宰意大利的迷梦不可自拔，已经放弃了早先在摩洛哥取得的征服成果，而美洲仿佛能供应无穷无尽的宝藏，更是令这份幻想日益膨胀。查理五世和其子的帝国大业都在非洲遭受挫折，1571年于勒班陀（Lepanto）打败土耳其人也只是短暂的成功，三年后，土耳其人就从西班牙人手中夺回突尼斯。即便以西班牙的财力，在对抗奥斯曼的同时支撑哈布斯堡王室在意大利的基业也已超出了能够承担的极限。查理五世的统治末期因债务而举步维艰。

1556年，在奥格斯堡会议达成德意志宗教争端的第一次解决方案后不久，查理将罗马帝国皇帝宝座让予其弟，后者取得奥地利的继承权，西班牙则由其子腓力二世统治，腓力二世是土生土长的西班牙人。查理生于尼德兰，这位大帝统治时期的落幕仪式也在该国的金羊毛宫举办；离开仪式现场后，他靠在年轻贵族“奥兰治的威廉”肩头失声而泣。哈布斯堡王室继承权在16世纪50年代的分裂是欧洲历史进程的分水岭。

此后，欧洲历史走入一段数百年来最为黑暗的时期。经历起初的片刻安宁之后，欧洲各国君主及其臣民一同陷入17世纪仇恨、偏执、屠杀、残害和野蛮的狂潮，在20世纪以前都无出其右者。这段时期至关重要的事实包括：西班牙拥有军事上的优越地位，反宗教改革运

动开启了意识形态冲突，宗教内斗令德意志瘫痪、使法国有很长一段时期动弹不得，英格兰、荷兰和瑞典崛起成为新的权力中心，两场海外殖民地冲突发生，预示了此后两个世纪的走向。直到该时期末尾，西班牙势力凋零、欧陆霸权地位被法国取代的局面才显山露水。

从尼德兰的叛乱开始说起是最好的选择。与 1936 至 1939 年的西班牙内战类似（但漫长得多），这场叛乱集合了意识形态、政治、战略和经济争端，使局外人无从把握。西班牙军队可能从西班牙、意大利和佛兰德斯的任何一处入侵，法国无法安之若素。英格兰的插手干涉导致了其他问题。英国属于新教阵营，但也仅此而已，腓力试图避免与伊丽莎白一世完全断绝往来。他曾与都铎王朝的玛丽联姻，在英格兰取得一定权益，长期以来都不愿放弃重新攫取这些利益的机会，604
而再娶一位英国女王、保住这些利益是他最初的盘算。不仅如此，与奥斯曼人的战争早就将他的注意力转到别处。但西班牙对英国海盗的处置方式使英格兰的民族和宗教情感爆发成一场熊熊大火，对西班牙帝国造成不利；英西关系在 16 世纪七八十年代急速恶化。伊丽莎白不希望尼德兰垮台，在公开和私下场合都给予支持，但无甚热情可言；作为一国之君，她并不喜欢叛乱分子。最终，西班牙挟教皇授命，在 1588 年发动大举入侵，要废黜被定为异端的伊丽莎白女王。“上帝之风将他们驱散”是一块英国纪念章上的文字；恶劣的天气完成了西班牙的计划或英国人的操船术和火炮都未竟的奇功，使无敌舰队大难临头（尽管双方实际上没有一艘船被火炮击沉）。在舰队残余跌跌撞撞地驶回西班牙港口后，英国与西班牙的战争还持续了很久，但一场大危机已经过去。而且，几乎在无意之间，极具重要性的英国航海传统就此诞生。

一俟和平重现，詹姆斯一世力排其臣民的反西班牙成见，明智地竭力避免再起战端，也取得了成功。20 年休战期之后，尼德兰叛乱再起，并成为一场规模更大的斗争的组成部分——即三十年战争。这回，英格兰没有被欧陆冲突拖下泥潭。这场战争的核心是哈布斯堡王室企图以反宗教改革的胜利为资本，在德意志重建帝国权威。这令《奥格斯堡和约》和宗教多元化在德意志的存续岌岌可危。此外，这份和约也被视为限制哈布斯堡王室野心过度膨胀的手段。就如 16 世纪与瓦卢瓦王室逐鹿意大利，哈布斯堡王室在 18 世纪又与波旁王朝就德意志展开争夺。错综复杂的利益纠葛再一次给意识形态冲突抹上了混乱的色彩。王朝利益将法国卷入战场，与同为天主教信仰的哈布斯堡王室对阵。在一名红衣主教的领导下，以“教会的长女”著称的法国与尼德兰加尔文主义者和丹麦及瑞典的路德派联手，以确保德意志王侯的权利。同时，大量不幸的中欧民众不得不时常忍受半独立武装领主朝三暮四、贪得无厌的秉性。拒敌于莱茵河之外的对外政策使法国获益一个多世纪，红衣主教黎塞留比任何人都更有资格被称作这一政策的创始人。如果还有人怀疑这点，需记得他见证了功利政治和唯目的论（*raison d'état*）的出现，这标志着无视原则、单纯追求国家主权利益的时代已不折不扣地到来。

605 1648 年终结三十年战争的《威斯特伐利亚和约》从几方面来看都是变革的标志，然而也显现出日渐消逝的往日所残留的痕迹，这令它成为一个很好的切入点。该和约是欧洲宗教战争时代的终结，欧洲政客们最后一次共同将其人民未来宗教的普遍解决方案作为一项要务加以考量和商榷。它还标志着西班牙军事统治地位的终结和查理五世重建帝国梦想的破灭，也为哈布斯堡王朝史中的一个时代拉下帷幕。在德意志，一股新势力兴起于勃兰登堡选侯领，后与哈布斯堡王室展开竞争，但后者在德意志遭受的挫折是瑞典和佛兰德斯的外来势力所导致的。这里有真正揭示未来走向的征兆：在易北河以西，欧洲进入一段被法国所主宰的时期。以更长远的眼光来看，该和约开启了一个时代，期间，欧洲外交的焦点是包括欧洲东西方在内的各国实力平衡、奥斯曼帝国的命运，以及全球势力的划分。

尽管当时距哥伦布发现新大陆已有一个半世纪，西班牙、葡萄牙、英格兰、法国和荷兰都已建立起海外的殖民大帝国，但 1648 年和约的起草者显然对这一状况不感兴趣。英格兰甚至没有成为任何一次谈判的核心国之一；战争第一阶段结束后，各国在各项事务中都没有考虑到她的存在。英格兰因内部纷争和苏格兰近邻带来的麻烦无暇他顾，相比欧洲内部，其外交政策更针对欧洲以外的目标——不过，正是这些目标导致该国与荷兰开启战端（1652—1654）。虽然克伦威尔很快恢复了和平，并告诉荷兰人这个世界能为双方提供足够的贸易空间，但英国和荷兰的外交已经比其他国家更清晰地显现出商业和殖民利益的影响。

法国在欧陆的崛起以坚实的自然优势为基础。法国是西欧人口最多的国家，在 19 世纪以前，单凭这一点就为其军事实力提供了保障；想要遏制法国，始终需要集合强大的国际力量。不管民众的生活在现代人看来有多么贫苦，法国还是拥有巨大的经济资源，能够维持路易十四在位时的盛世之貌，展现出登峰造极的实力和威望。就形式而言，他的统治期始于 1643 年，但实际上是 1661 年，当时，年方 22 岁的路易宣称意欲接管属于自己的事务。他掌管最高权力一事在世界和法国的历史中都具有重大意义；路易是当时有史以来为君之道最完美的典范。其外交政策与统治的方方面面不可分割，只为行文之便才单独列出。例如，兴建凡尔赛宫不仅为满足他个人的品味，也是为其外交打造一份必不可少的威仪。与此类似，他的对外和对内政策虽然 606
可以彼此区别看待，但相互紧密交织，也与其理念结为一体。路易想要改善法国西北边境的战略布局，但也鄙夷荷兰人的商贩习气，认为他们算不上共和者，还厌恶他们的新教信仰（但他还是会每年从荷兰购买上百万朵郁金香来装饰凡尔赛宫）。反宗教改革的好斗精神在他身上得到了鲜活的体现，但这还不是全部。路易尊重法律（国王必须如此），如果他的所作所为能获得足够的法律立场和权限，会令他更加安心。这就是当时法国实行对外扩张政策的复杂背景。虽然到头来令国家付出了沉重的代价，但这让法国一时如日中天，经历了18世纪半数年月才慢慢搁浅，创造了一段法国人至今仍深情缅怀的传奇。

路易希望改善边境的状况，也就会同依然控制着西属尼德兰和弗朗什孔泰的西班牙发生冲突。西班牙的败北开启了法国与荷兰的战争。荷兰人寸步不让，但1678年终结战事的和平协议被普遍视为路易外交成就的巅峰之作。此时，他将目光转向德意志。除了征服领土以外，他还意图染指帝国皇冠，并愿意为此与土耳其人结盟。1688年，荷兰的执政王（Stadtholder）“奥兰治的威廉”偕妻子玛丽·斯图亚特前往英格兰，取代其父亲登上英国王位，是为历史的转折点之一。从此，海峡另一端出现一名与路易对抗的新敌手，和委曲求全的斯图亚特国王们不同，他们相当执拗。荷兰人威廉可以动用英国这一新教领袖国家的资源，自克伦威尔时代以来，英格兰第一次向欧洲大陆派出军队，支持由欧洲国家组成的同盟（就连教皇也秘密加入），共同对抗路易。国王威廉之战（也称奥格斯堡同盟战争）让西班牙、奥地利以及欧洲的新教国家走到一起，共同限制法国国王过于膨胀的野心。在终结这场战争的和平协议中，路易不得不破天荒地作出让步。

1700年，西班牙查理二世去世，且膝下无子。这是全欧洲期盼已久的时刻，因为他的意志力和体魄都弱不禁风。由于其去世必然带来巨大的危险和机遇，各方为此投入了极大的精力，进行外交准备工作。一个庞大的王朝走到了生死存亡的关头。以过去的联姻为依据，哈布斯堡皇帝和路易十四（他已将这方面的权利传给孙子）将有权力

对继承权提出要求。但其实所有人都对此事抱有兴趣。英国人想知道
西班牙的美洲贸易会变得如何，荷兰人则关心西属尼德兰的命运。波 607
旁或哈布斯堡王室中的任何一方取得完整继承权的可能使所有人感到警惕，查理五世帝国的幽灵再度浮现。各方随后达成了领土分割协议，但查理二世的遗嘱将西班牙的完整继承权都授予路易的孙子。路易接受遗嘱，将已经签署的协议弃之不顾。他还冒犯了英国人，承认流亡中的斯图亚特僭王为英格兰詹姆斯三世。一个由神圣罗马帝国皇帝、联合行省王国和英国组成的伟大同盟旋即成立，由此揭开了西班牙王位继承战争的序幕，延续 20 年的战火最终迫使路易妥协。1713 至 1714 年间签订的条约（《乌得勒支和约》）将西班牙和法国王室置于永远不得统一的立场。不过首位波旁王朝的国王登上了西班牙的王位，连带获得印度群岛，但西属尼德兰归属神圣罗马帝国皇帝，作为对后者的补偿，并让皇帝担当荷兰人抵御法国今后入侵的第一道警戒。奥地利也在意大利获得利益。法国在海外利益的划分中向大不列颠作出让步（此时，英格兰和苏格兰已于 1707 年统一）。斯图亚特僭王被逐出法国，路易也承认了新教统治英格兰的合法地位。

这些重要的事实保障了西欧大陆的稳定局面，一直延续到 75 年后的法国大革命才被动摇。并非所有人都为之欣喜（皇帝拒不承认他已无权要求获得西班牙的王位），但很大程度上，阿尔卑斯山以北的西欧地区在 1714 年的主要格局至今仍没有变动。比利时当然尚不存在，但奥属尼德兰占有该国如今的大片地区，联合行省王国辖地就相当于现代的荷兰。法国将保留弗朗什孔泰（除 1871 至 1918 年间），路易十四为该国赢得的阿尔萨斯和洛林地区也一直没有易主。1714 年后，西班牙和葡萄牙将在各自边境内保持独立国家的状态；两者依然是庞大的殖民帝国，但再也调不出潜能，只能安于做二线强国。大不列颠成为西方的新兴强国；1707 年起，英格兰不用再为苏格兰人

608

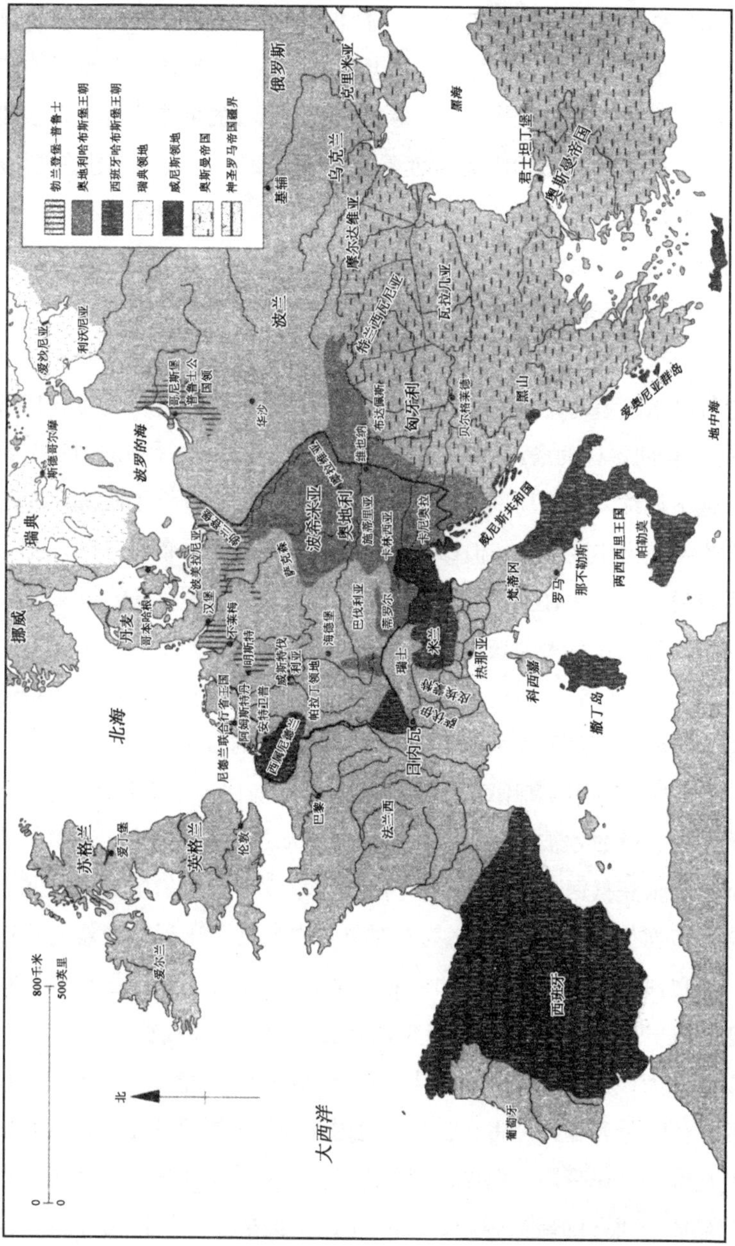

《威斯特伐利亚条约》（1648年）签署时的欧洲

的威胁忧心，但通过个人关系再次与欧洲大陆形成关联，因为该国
1714 年后的统治者还兼任汉诺威选侯。在阿尔卑斯山以南，格局尚
未尘埃落定。依然四分五裂的意大利又经历了三十多年不安定的时
光，欧洲各王室中的小人物在其中的不同国家间往来穿梭，试图将松
散的势力拧成一股，攫取王朝争霸时代遗留下的好处。1748 年以后，
该半岛只余下一个重要的本土王朝，即统治着阿尔卑斯山南侧的皮埃
蒙特和撒丁岛的萨伏伊王朝。从 15 世纪起，梵蒂冈教皇国确实可以 609
视作一个意大利君主制国家，但只能偶尔显现出被称为王朝的资格，
日渐腐朽的威尼斯、热那亚和卢卡共和国依旧支撑着摇摇欲坠的意大
利式独立模式，半岛其他国家的王位都被外来统治者占据。

西方地缘政治格局就此长久奠定。经过这场战争，所有政治家都感到有必要尽力避免再次发生如此大规模的冲突，这是该格局形成的一大原因。1713 年协议是有史以来首份以通过势力均衡来确保和平为签字国公开目标的协议。如此务实的目标是政治思想中的一项重大创新。这种现实主义乃是源于：战争代价之高昂前所未见，就连大不列颠和法国也精疲力竭，且它们是 18 世纪唯一两个能够维持与其他列强的战事而无需外援的国家。但西班牙王位继承战争的终结还为现实问题带来了有效的解决方案。一个新时代正在开启。意大利以外，20 世纪西欧政治版图的轮廓已经十分明显。王朝统治模式开始退居二线，成为外交政策考量中的次要原则。国家政治的时代已经开始，至少对部分国王而言，他们感到再不能将其王室的利益与民族的利益割裂开来。

莱茵河以东（易北河以东更不用提）的情况则完全不是如此。那里已经发生了巨变，1800 年前夕还会有更大的变革。但变化的起源必须追溯到很久以前，早至 16 世纪伊始。当时，欧洲的东部边境由哈布斯堡名下的奥地利和幅员辽阔的波兰—立陶宛王国守护，后者由

源于14世纪联姻的亚盖沃（Jagiellons）王朝统治。他们与海上帝国威尼斯共同承担抵抗奥斯曼势力的负担，而奥斯曼是当时决定东欧政治局势的第一大元素。

“东部问题”这一短语当时尚未发明；假使出现，其含义将是欧洲抵挡伊斯兰势力的防御问题。土耳其人接连获胜，直到18世纪依然在攻城略地，不过最后一次大举入侵已成往事。但在君士坦丁堡陷落后的两个多世纪间，他们依然决定着东欧外交和战略的基调。该城沦陷后，海上战争和土耳其人的扩张持续了一个多世纪，其主要受害者是威尼斯。与其他意大利国家相比，威尼斯在很长一段时期内还算富裕，但与过去相比还是有所衰退，首先在军事领域，随后商业实力也受波及。军力萧条是与土耳其人长期作战且不断败北的结果，这又导致了贸易的式微。土耳其人在1479年占据爱奥尼亚群岛，并对黑
610 海贸易征收年贡。虽然威尼斯在两年后占得塞浦路斯，并将其建成主要基地，但该地也于1571年失陷。到1600年，尽管该国依然算得上富庶（得益于其创建者），却不再是与联合行省王国乃至英格兰同一级别的贸易强国了，其地位被安特卫普和阿姆斯特丹先后超越。土耳其人的成功势头在17世纪早期一度中断，后又重新恢复；1669年，威尼斯人不得不承认失去克里特岛的现实。与此同时，匈牙利在1664年成为土耳其人所征服的最后一个欧洲王国，但不是最后的征服对象。乌克兰人也很快承认土耳其的宗主权，波兰人被迫放弃了波多利亚（Podolia）。[①] 1683年，土耳其人第二次围攻维也纳（第一次发生在一个半世纪之前），欧洲仿佛面临着两百多年来最大的危机，但事实并非如此。这是维也纳最后一次被兵临城下，因为奥斯曼帝国的伟大年月走到了尽头。

---

① 历史地名，相当于今乌克兰西南部地区。——译者注

实际上，征服匈牙利的攻势是一个痼疾缠身的强权所挥出的最后一击。其军队不再配备最先进的军事技术：他们缺乏已成为 17 世纪战场决定性武器的野战炮。在海上，土耳其人拘泥于古老的大战船接舷战法，与大西洋各国将舰船作为浮动炮台使用的战术对抗，胜算变得越来越小（威尼斯人同样保守，这对土耳其人来说并非幸事）。不管怎么说，土耳其人的势力范围都扩张得太大，严重超出了自身实力的限度。他们拯救了德意志、匈牙利和特兰西瓦尼亚的新教运动，但由于 1639 年从波斯人手中夺得伊拉克，几乎整个阿拉伯伊斯兰世界都归入奥斯曼人的统治之下，其亚洲版图大大扩张，也处处受到掣肘，在非洲和欧洲亦然。对于一种难免出现昏庸无能的统治者的体制来说，如此巨大的压力实在太过沉重。该世纪中期，一名大维齐尔（vizier）整顿局面，使奥斯曼的最后一次攻势成为可能。但有些积弊他也无法矫正，因为那是帝国本身的性质所决定的。

奥斯曼帝国以持续扩张和攫取新的税收及人力资源为统治方针，其军事占领的优先目标是掠夺而非政治统一。而且，该帝国依赖于无法赢得其忠诚的臣民，这点相当危险。奥斯曼人通常会对非穆斯林群体的习俗和体制报以尊重，采取米利特（*millet*）体系、通过这些社群内部的权威人物进行统治。其中最重要的是各有一套管理方式的希腊正教、亚美尼亚和犹太群体；例如，希腊基督徒必须支付一笔特殊的人头税，君士坦丁堡的希腊牧首是他们的最高领导。在较低层级，看起来最好的管理方式是与地方社群的领导人合作，为这台掠夺机器 611
提供支持。最后，奥斯曼人的这套体系培养出了过于强大的臣民，各自为政和效率低下的局面令帕夏们羽翼渐丰、自成一统。苏丹的子民没有为此认同他的统治，倒是与之更为疏远。

所以，1683 年不失为一个很好的象征性年份，标志着欧洲最后一次以防御者的姿态面对伊斯兰世界，此后它将转入反攻，但当时并

612

奥斯曼势力退出欧洲的开端

没有表面上看来那般危险。随后，土耳其人掀起的波涛开始几乎马不停蹄地消退，直到1918年再次缩回君士坦丁堡周边一隅及安纳托利亚这片古代奥斯曼的核心地带。匈牙利在经历了一个半世纪的奥斯曼统治后获得解放，此后，波兰国王约翰·索别斯基（John Sobieski）解除了维也纳的危机。1687年，一名成事不足的苏丹被赶下王位，他成为阶下囚一事证明了土耳其人的衰弱已经无可挽救。1699年，匈牙利正式成为哈布斯堡领地的一部分，经过起初的和平阶段，奥斯曼与哈布斯堡开战，最终以败者的身份签约罢战。在下个世纪，特兰西瓦尼亚、布科维纳（Bukovina）和黑海沿岸大部分地区也将脱离奥斯曼的控制。到1800年，俄罗斯已承诺为奥斯曼的基督教臣民提供特殊保护，且开始尝试煽动他们造反。18世纪，奥斯曼在亚非的统治也出现衰退；到该世纪末，虽然可能仍然保留着形式上的地位，但帝国哈里发的状况与阿拔斯王朝衰亡时期的君主多少有些类似。摩洛哥、阿尔及利亚、突尼斯、埃及、叙利亚、美索不达米亚和阿拉伯都取得不同程度的独立或半独立地位。

东欧的传统守护者波兰—立陶宛联邦和哈布斯堡王朝并非奥斯曼帝国遗产的接收者，也不是帝国崩溃时施以最大惩罚的打击者。事实上，波兰人作为独立民族的历史已接近终点。立陶宛和波兰因王室私人关系实现的统一并没有及时转化为两个国家的真正统一。1572年，当亚盖沃王朝的末代国王无嗣而终，其王位不仅在理论上而且在事实上成为可以自由争夺的对象，其巨大的国土成为竞相瓜分的目标。他的继任者是法国人，下个世纪间，波兰门阀贵族和外国君主在每次挑选继承人时都会发生争执，而国家承受着土耳其人、俄罗斯人和瑞典人不间断的沉重压力。只有当敌手在别处遇到麻烦时，波兰才能占得一些优势。瑞典人在三十年战争期间扩张到波兰北部领土，于1660年夺走波兰最后一处入海口。波兰内部分歧也更加恶化；反宗教改革运动对波兰新教徒发起迫害，乌克兰地区出现哥萨克叛乱，农奴暴动也持续不断。英雄人物约翰·索别斯基是最后一位并非由外国君主操纵选出的波兰国王。他赢得重大战役的胜利，并成功驾驭了波兰奇特而高度分权化的政体。国王能够用来制衡领主的合法权力微乎其微。
613 他们没有常备军，当地主或门阀派系为达成目的不惜发动武装叛乱的时候，无法只依靠私人军队加以平定。在总议会——即王国的中央议院团体中，全体一致原则阻碍了任何改革的实现。然而，如果一个地理上定义不明、宗教上四分五裂、由自私狭隘的地主集团所统治的波兰想要生存下去，改革却迫在眉睫。波兰是一个身处近代化世界的中世纪国家。

约翰·索别斯基对此无能为力，什么也改变不了。波兰的社会结构对改革有很强的抵抗力。贵族或地主们实际上是若干财富惊人的大家族的门客。其中的拉齐维尔（Radziwills）家族拥有相当于半个爱尔兰面积的地产，其宫廷让华沙皇宫也黯然失色；波托茨基（Potocki）家族的地产占地 6 500 平方英里（大约等于半个荷兰共和国）。在这类大门阀贵族面前，小地主根本不堪一击，他们在 1700 年只占有波兰不到十分之一的土地。法定意义上组成波兰“民族”的百万乡绅大多生活贫穷，受大门阀掌控，大门阀不愿放弃彼此拉帮结派或操纵总议会的权力。农民处于社会底层，是全欧洲境况最凄惨的群体之一，在 1700 年承受着无穷无尽的封建压迫，地主依然拥有对他们生杀予夺的大权。城镇势单力孤。其总人口只有乡绅阶层的一半规模，而且被 17 世纪的战火摧残得满目疮痍。然而同样依靠农业和封建基础体制的普鲁士及俄罗斯却能生存下来。波兰是东方三国中唯一彻底没落的国家。由于波兰的王位继承人选原则，该国无法出现属于自己的都铎或波旁王室、将王朝与国家自我壮大的本能相结合。一名外族的萨克森选侯于 1697 年当选为约翰·索别斯基的继承人，成为波兰国王，统治该国进入 18 世纪，但登基后很快被瑞典人废黜，又被俄罗斯人再次推上王位。

俄国是东方新崛起的超级大国。该民族的同一性在 1500 年还几乎无法辨识。两百年后，大部分西方政客对其潜力的认识依然很粗浅，不过波兰和瑞典已经对此有所关注。要认识到后来成为世界两极之一的俄罗斯是多么迅速且惊人地崛起为一股举足轻重的势力，我们需要花一点功夫。在欧洲时代之初，俄罗斯的未来只能从伊凡大帝画出的蓝图中寻找，在此后很长一段时期，都没有人可以设想到那样的结局。正式拥有“沙皇”头衔的第一人是其孙、1547 年登基的伊凡四世；在他的加冕典礼上授予该头衔意味着莫斯科大公国的大公已成为统治着诸多民族的帝王。尽管有着野兽般的精力，使他获得“雷帝” 614
（the Terrible）的别名，但他对欧洲局势没有造成很大的影响。俄国是如此不为人知，甚至到下个世纪，一名法国国王还会给已经去世的沙皇写信，浑然不知此人已死了十年之久。未来俄国的成型是一个缓慢的过程，几乎没有被西方所察觉。即使到伊凡大帝死后，俄罗斯的领土划界依然混乱，且暴露在外敌面前。土耳其人已推进到欧洲东南部。乌克兰隔在他们和莫斯科大公国之间，这片土地属于拼死捍卫独立的哥萨克人，在强大的邻国出现以前，他们可以轻易守住独立地位。俄国东面的乌拉尔山只是一条理论上的边境，几乎没有实际意义。在四周充满敌意的空间中，俄罗斯统治者总是很容易产生孤立感。几乎出于本能，他们在边境寻求天险的庇护，或安置其他民族以提供保护性的缓冲地带。

俄国最为紧迫的要务必然是巩固伊凡大帝的征服成果，这一过程构筑起俄国的核心地带。随后是向北部荒原扩张。伊凡雷帝登基时，俄国拥有黑海的小片海岸和一直延伸到白海的广袤领土，虽然住民稀少且处于原始状态，但提供了前往西方的通道；1584 年，阿尔汗格尔斯克（Archangel）港落成。伊凡在波罗的海边境无可作为，但对鞑靼人的战事取得了成功，鞑靼人曾于1571年第二次焚毁莫斯科，据说连带屠杀了15万人。他将鞑靼人逐出喀山和阿斯特拉罕（Astrakhan），并控制伏尔加河流域全线，将莫斯科大公国的势力扩展至里海一带。

他在统治期间还发起了另一波大推进，越过了乌拉尔山脉，深入西伯利亚，其殖民意义更甚于征服。直至今日，俄罗斯共和国的大部分领土依然位于亚洲，这一世界强国有将近两个世纪被沙皇及其继任者统治。而迈向此结局的第一阶段却展示了一份具有讽刺意味的前景，将成为后世西伯利亚边境开拓者中常见的景象：乌拉尔山外的第一批俄罗斯殖民者是逃离诺夫哥罗德的政治难民。随后加入殖民大军的是其他逃跑的农奴（西伯利亚没有农奴）和对现状感到不满的哥萨克人。到1600年，俄罗斯殖民点已深入乌拉尔山外600英里处，一批能干的官僚对他们进行严密监管，确保国家能以毛皮的形式收缴贡物。河流是该地区的关键，甚至比美洲拓荒者眼中的河流更加重要。不出50年的工夫，人们已经可以独自携带货品从乌拉尔以东300英里的托博尔斯克（Tobolsk）出发，仅经三次陆运就抵达三千英里之遥的鄂霍茨克港（Okhotsk）。从那里再走400英里海路就能抵达日本
615 岛链最北端的萨哈林——大约与地角（Land's End）① 到安特卫普的海路等长。1700年，乌拉尔山以东已有20万殖民者：到了这一步，他们才有可能与中国签订《尼布楚条约》，也有可能像一些俄罗斯人所谈论的那样，对中国发动侵略。

伊凡死后的“混乱时期”带来了骚乱和危险，使西方波罗的海的一些前哨殖民地一度丢失，甚至连莫斯科和诺夫哥罗德也被立陶

---

① 英格兰西南部康沃尔郡靠近最西端的海岬地区。——译者注

宛人或波兰人占领，但并没有对俄国向东扩张的势头造成太大影响。俄国在17世纪早期依然算不上是一支重要的欧洲势力。当时瑞典人风头正劲，对俄国施加了强大的压力，直到1654至1667年的一场大战后，沙皇才终于夺回斯摩棱斯克和小俄罗斯，并一直固守到1812年（当时两地经历了短暂的沦陷）。地图和条约开始绘制出俄国在西方的版图，并具有一定的现实意义。到1700年，俄国已获取第一座黑海要塞亚速，同时西南边境延伸到第聂伯河大部分流域的西岸，历史名城基辅和居于第聂伯河东岸的哥萨克人都在其势力范围之内。他们向沙皇寻求保护以便不受波兰人的侵犯，并获得特殊的准自治待遇，这一管理形态一直延续到苏联时期。俄国所占得的大部分土地都来自波兰，后者长期为抵挡土耳其和瑞典人而无暇他顾。但1687年，俄国和波兰军队为对抗奥斯曼联手；这也是一个历史性的时刻：正统意义上的东部问题——究竟是否该对俄罗斯帝国蚕食奥斯曼欧洲部分的行为加以限制、其限制应达到何种程度——就此发端。欧洲政客一直为此烦恼，直到1918年，他们发现问题最终随奥斯曼帝国一同消失。

俄国的缔造是彻头彻尾的政治行为，君主制是其核心和动力所在。该国欠缺能够明确其存在感的种族同一性，也鲜有可划定国土范围的地理坐标。将正教视为统一的黏合剂也欠说服力，因为斯拉夫人同样是正教信徒。沙皇个人权限和实力的增长是其国家建设的关键所在。伊凡雷帝是一名行政改革家。在其统治下，贵族以军事效忠换取领地的做法开始实行，其前身是莫斯科大公为募集与鞑靼人作战的兵力所采用的体系。俄国获得了组建军队的能力，波兰国王为此向英国女王伊丽莎白一世发出警告，如果俄国人获得西方科技，他们将不可战胜；他所预见的危险虽然遥远，但不失先见之明。

俄国的发展过程经历了一次又一次倒退，但以回顾历史的眼光来

617

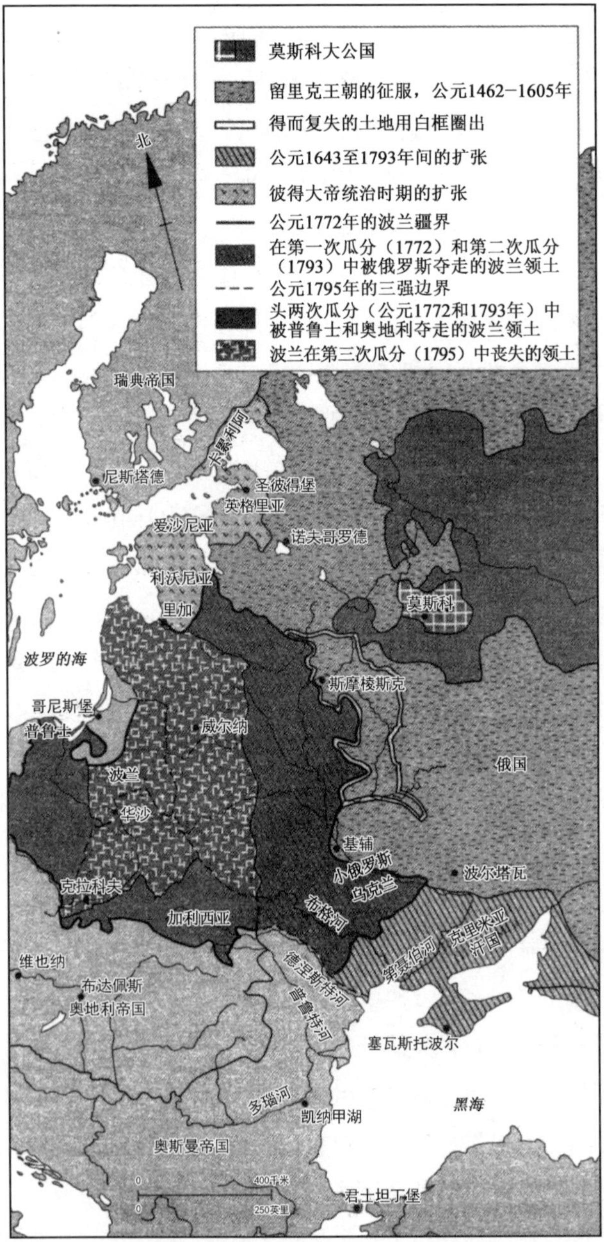

俄国扩张（1500—1800）

看，其国家的存续倒并无大碍。留里克家族的末代沙皇死于 1598 年。 616
篡位阴谋、贵族与波兰干涉者的王位争夺战持续到 1613 年，直到新王朝的初代沙皇米哈伊尔·罗曼诺夫（Michael Romanov）脱颖而出。虽然这位软弱的君主生活在父亲主宰一切的阴影之下，但他建立了一个统治俄国达三百年之久的王朝，该王朝终结之日也是沙皇制的崩溃之时。他的直接继承人击败了敌对贵族，打压了波维尔（boyar）[①] 大贵族，后者企图恢复被伊凡雷帝所遏制的权势。除这批人之外，教会是国内唯一潜在的敌人。教会在 17 世纪因大分裂弱化，1667 年，牧首又与沙皇发生争执，被剥夺地位，使俄罗斯的历史迈出了重大的一步。俄国没有发生主教授权之争。牧首被废黜后，俄国教会在体制和法律上都服从于一名世俗官员。大量信徒自发地对当时的正教教义和道德观产生敌视，开启了一场生命力顽强且极具文化重要性的宗教异见地下运动，称为裂教（*raskol*），并最终成为孕育政治对立的温床。但是，正如俄国从不知宗教改革的刺激为何物，它也从不知政教冲突为何物，而政教冲突在西欧创造了很多新事物，是一股重要的推动力。

这一切最终导致了俄国长久以来的政府形态——沙皇专制的进化。沙皇专制有着如下特征：半神圣的、不可侵犯的权威在统治者身上的人格化体现，不受法律的明确限制；强调所有臣民都有为沙皇效力的义务；领地持有权与这一义务间存在关联；除教会之外，国家所有机构都源于沙皇的权威，自身不具备任何独立地位；权力缺乏明确定义和界限；庞大的官僚体系；军事为第一要务。就如列出上述特征的学者所指出，这些特征并非从一开始就全部出现，也并非在所有时期都同样起效和明显。但它们清楚地标明了沙皇制与西方基督教世界

① 沙俄贵族阶级成员，地位仅次于王公。——译者注

的君主制之间的差异，早在中世纪，西方城镇、领地、行会和很多其他团体就确立起特权和自由地位，后世将以此为基础构筑宪政理念。在古代莫斯科大公国，最高官员的头衔中有“奴隶”或“仆人”的含义，而同一时期，在毗邻的波兰—立陶宛联邦，其同级别的官僚却是获得委任的“市民”。就连相信神授之权并向往无上权力的路易十四，也始终认为该权力受地位身份、宗教和神圣律法的明确限制。尽管其臣民知道他是专制君主，但依然肯定他不是暴君。英格兰则发展出了
618 差异更惊人的、受制于议会的君主制度。尽管英法的君主制实践或许走上了不同的道路，但都接受了对沙皇制而言不可想象的实践和理论限制，带有俄国前所未闻的西方传统烙印。就整体而言，沙俄独裁政体在西方人眼中就是专制暴政的同义词。

然而这套体制适合俄国。不仅如此，该体制背后的观念在某种程度上同样适合俄国。18 世纪的社会学者普遍认同，幅员辽阔的平原国家有利于专制体制的成型。该结论过于简单，像俄国这般覆盖多种自然区域和不同民族的庞大国家总是潜伏着某种分裂主义倾向，直至今日，这份多样性依然能从各种事件中得到体现。俄国始终需要一股来自中央的强大聚合力，才能避免接壤的敌国利用其内部的差异性。

当波维尔们风光不再后，统治家族独占着高高在上的地位。基于贵族地位来自为君主效力的理由，俄国贵族逐渐沦为国家的依附者。17 世纪确实常常用土地犒劳效忠的贵族，后改为赐予农奴。按 1722 年官阶表（Table of Ranks）① 的规定，一切土地持有权都要以效忠专制君主为条件。这一做法有效地将所有类别的贵族整合为单一阶级。该体制让贵族承担了极大的责任，往往会延续一辈子，但在 18 世纪

① 彼得大帝制定，以个人才能和表现确定陆海军及文职人员的官职，共分 14 级，8 级以上都成为世袭贵族，一直沿用到 1917 年。——译者注

逐步减少，最终彻底废除。不过，为君主效力依然是自动取得贵族身份的途径，俄国贵族从未获得像其他国家贵族那样独立于君主的地位。他们被赋予新的特权，但没有从中出现封闭的社会等级。恰恰相反，新加入者和自然繁衍的结果令贵族数量大增。部分成员非常贫穷，因为俄国没有长子或长女继承制，家族财产经三四代之后会分割得非常厉害。临近 18 世纪末时，大部分贵族所拥有的农奴都不超过 100 人。

在所有俄国沙皇中，彼得大帝对专制权力的运用最为后世所铭记，也给这份权力赋予了最深刻的特征。他登基时只是 10 岁的孩子，而去世时已为俄国留下了永远不可磨灭的印记。他在某种程度上类似于 20 世纪的伟人，毫不留情地鞭策一个传统社会走向现代化，但他也充满了那个时代的君主所具有的特征：赢得战争的胜利是他关注的焦点。在彼得大帝统治期间，俄罗斯只享受了一年的和平——而西方化和现代化是他为了实现这一胜利目标所选择的道路。他要为俄国赢下波罗的海的入海口，这份野心成为其改革背后的动力，而改革也将 619
为他打开通往目标的道路。他有心走上这条道路的根源可能与其童年有关，他在莫斯科的“日耳曼”区长大，那里居住着外国的商人和随从。1697 至 1698 年，他派出一支宗教大使团考察西欧，此举广受好评，表明他对科学技术的兴趣确实不假。也许在他自己的想法中，让其国民走向现代化的迫切需求，与让他们永远告别对邻邦的恐惧的迫切需求是结为一体的。无论其动机究竟为何，他的改革一直是后世所推崇的理想典范；一代又一代的俄罗斯人带着敬畏和沉思回顾他所做的一切，以及这些行为对俄罗斯的意义所在。正如其中一人在 19 世纪所写的那样：“彼得大帝不仅翻开了俄罗斯历史新的一页……他还在这张白纸上写下了‘欧洲’与‘西方’两词。”

他的领土扩张成就是最容易评价的。他派兵出征堪察加和布哈拉的绿洲，且不再为前任的软弱向鞑靼人纳贡，但他的野心不止如此，获得西方的入海口才是最终的目标。他建立黑海舰队并兼并亚速（但后来因别处的麻烦不得不放弃此地，这些麻烦来自波兰人和瑞典人，尤以后者为甚）。与瑞典人争夺波罗的海入海口的战争事关生死存亡。当时的人将其中最后一场称为北方战争，始于1700年，一直持续到1721年。1709年，当世无出其右的瑞典国王麾下军队在远离国土的波尔塔瓦遭受惨败，全世界都意识到发生了某种决定性的事态。波尔塔瓦位于乌克兰中部，瑞典国王意图在乌克兰的哥萨克人当中寻找盟友。彼得在余下统治期内完成了自己的目标，达成和平协议后，俄国已牢牢占据波罗的海沿岸的利沃尼亚（Livonia）、爱沙尼亚和卡累利阿（Karelian）地峡。瑞典的强盛时代就此终结，成了一个新兴强国的首个牺牲品。

波尔塔瓦战役爆发的数年前，法国的《王室年鉴》（*Almanach Royale*）首度将罗曼诺夫王朝列为欧洲统治家族之一。胜利进一步打开了与西方沟通的渠道，而且彼得1703年初就预料到和平的降临，在从瑞典人手中夺得的领土上，圣彼得堡这座美丽的新城将成为此后两个世纪的俄国首都。于是，俄国的政治和文化中心从孤悬东方的莫斯科转至最靠近西方发达社会的边境地带。此后，俄罗斯的西方化进程将更加轻松。这一迁都是有意与过去诀别的举措。

当然，就算莫斯科也从未完全孤立于欧洲之外。一名教皇协助安
620 排了伊凡大帝的婚事，希望他能皈依西方教会。俄罗斯人一直与周边地区信奉罗马天主教的波兰人有往来，伊丽莎白一世时期的英国商人也曾一路辗转抵达莫斯科，克里姆林宫内陈列着光彩夺目的英国银器藏品，使他们的努力至今仍得到人们的纪念。贸易活动络绎不绝，偶尔也有专业人才从西方来到俄国。17世纪，欧洲君主们在俄罗斯设立了第一批永久性的使团。但俄罗斯人的反应中总有试探和怀疑的成

分；就和未来的情形一样，隔离外国居民的行为时有发生。

彼得摈弃了这份传统。他需要专业人才——船工、铸炮师、教师、文员、士兵——并相应给予他们特权。在行政方面，他打破了官位世袭的旧有陈规，尝试创立一套任人唯贤的官僚体制。他设立学校传授技术知识，还成立科学院并将科学观念引入俄国，而此前该国的一切学术都是文科范畴的。与很多其他伟大的改革家一样，他还为一些或显肤浅的领域投入大量精力。侍从需穿着欧式服装，旧式的长须被剪断，女性在公众场合被要求以德式装扮示人。在一个如此落后的国家，此类心理层面的震撼不可或缺。在摸索前行的道路上，彼得完全是孤家寡人，他所实现的目标最终要依靠强制，他的专制权力是这些改革唯一的依靠。由波维尔组成的旧杜马（Duma）被废弃，他任命的人选所组成的新议院取而代之。彼得着手打破土地所有权和国家权力、统治权和财产之间的关联，致力于将俄罗斯打造成一个崭新的多民族帝国。反对者被无情地消灭，但要涤除俄罗斯人的保守天性更加困难；他能够动用的行政机器和通信手段缺陷多多，对任何现代政府而言都相当不便。

俄国崭新的军事力量是其现代化取得成功最惊人的标志，另一个突出标志是教会彻底沦为国家的附属部门。更复杂的考验则更难通过。彼得的教育改革没有惠及绝大多数俄罗斯人，仅有技术人员和上层阶级中的少数人明显受到影响。这缔造了一批西方化程度较高的高等贵族，在圣彼得堡尤其多见；到 1800 年，其成员大多使用法语，也时而能接触到西欧兴起的最新思潮。但他们往往遭到地方士绅的憎恨，在一个落后的国家形成了一座文化孤岛。在很长一段时期内，大部分贵族并没有从新的学校和学术体系中获益。社会下层的俄罗斯大众依然普遍目不识丁；会读写的人大多师从乡村教士，只达到初级水 621
平，且往往仅有本人脱离文盲状态，并不会传到下一代。俄罗斯民族的教育普及必须等到20世纪才能实现。

其社会结构也越来越显示出俄国式的标志特征。她是欧洲最后一个废除农奴制的国家；在基督教国家中，只有埃塞俄比亚、巴西和美国落于其后。18世纪，农奴制几乎在其他任何地区都显出颓势，而在俄国却反而有所抬头。这很大程度上是因为劳力始终比土地稀缺；作为一个突出的例证，俄罗斯人通常以依附于土地的“人头”——也就是农奴——的数量来评估地产价值，而非其面积。农奴数量在17世纪开始上扬，沙皇发觉用赐予土地的方式来满足贵族是可取之道时，部分贵族已经有现成的农奴可以用来安置了。受债务束缚，农民无法摆脱领主，还有很多人被奴役，以劳动作为抵偿。同时，法律对农奴施加了越来越多的限制，使国家的结构越来越扎根于经济。限制农奴人身自由和捕获逃跑农奴的法律权力稳步增加，彼得让领主负责征收人头税和征兵，于是这类权力还给他们带来了特殊的利益。因此，俄国经济和行政的结合比任何西方国家都更彻底。俄国贵族往往会成为政府官员，为沙皇效力。

到18世纪末，除了处死以外，主子可以名正言顺地对他名下的农奴为所欲为。如果不想承担沉重的义务劳役，农奴就要缴纳金钱，数额几乎全凭领主独断。农奴的逃跑率很高，他们前往西伯利亚，甚至志愿担任划桨手。1800年，大约半数俄罗斯人受领主束缚，其余还有很大一部分为王室承担几乎同样的劳役，也始终面临被赐给某个贵族的危险。

新的土地被兼并后，那里的人口也沦为农奴，即便他们此前对这种制度一无所知。这使俄国积重难返，也严重加深了社会的紧张局面。到该世纪末，俄国此后百年间最大的问题已经出现：当经济和政治两方面的需求都使得农奴制越来越不堪容忍，但庞大的人口规模又给改革出了巨大的难题，究竟该如何处置这一过于庞大的人口？就好比骑大象的人，前进时无甚大碍，要下来就不那么容易了。

奴役劳力已成为经济的支柱。除了著名的黑土区，俄罗斯的土地 622
无论如何都算不上肥沃，而且这一区域直到 18 世纪才开始开垦，此外，就算在最好的耕地上，耕作水平也相当低下。虽然有周期性的饥荒和传染病作为自然的制衡人口的手段，但在 20 世纪以前，农产量的增长看起来始终不可能跟上人口增长的脚步。俄国的人口在 18 世纪几近翻倍，达到 3 600 万左右，其中，城镇人口只占 4%左右，有大约 700 万来自新占领土，其余是自然增长的结果。这一速度比任何其他欧洲国家都快。

可俄国的经济依然在该世纪取得惊人的发展，在利用农奴制实现工业化方面堪称独一无二，这也许可以看作彼得无与伦比的成就之一。尽管俄罗斯工业化的发端始于罗曼诺夫最初两任沙皇时期，但明确指引方向的人是他。俄国的起步水平非常低，拥有 18 世纪任何其他欧洲经济体都不具备的迅速增长空间。诚然，工业化的效果并非立竿见影。虽然俄国在 18 世纪提高了谷物的产量并开始出口（后来成为俄罗斯对外贸易的一大支柱），但这一切是依靠古老的手段实现的，即增加耕地面积，此外，领主和税官对富余产量加以更成功的利用或许也不无关系。农民的自身消费有所减少，这一情况贯穿俄罗斯帝国时代的大部分时期，有时负担大得使人崩溃：据估计，彼得大帝时期的税收占农民收获的六成。提高生产力的技术尚不具备，体制却愈发严酷，对农民构成越来越严密的桎梏。甚至到 19 世纪后半叶，在为领主劳作之余，俄国农民还要徒劳地花费所剩无几的时间，在构成其全部家当的些微土地上劳作。这些农民往往没有农具，只能依靠表层土壤仅有的肥力种出庄稼。

尽管如此，这一农业基础依然以某种方式支撑起令俄国崛起为强国的军事活动，以及工业化的第一阶段。到 1800 年，俄国的生铁产量和铁矿石出口额都高于世界上任何其他国家。而彼得对这一切的贡献比任何人都更大，他意识到矿产资源对俄国的重要性，并建立行政机关对此加以利用。他发起勘测活动，引进国外矿工进行开采。为了敲山震虎，那些隐瞒领地内的矿藏或企图阻止开采的领主被处以死
623 刑。为开采这些资源，交通手段得到发展，俄国的工业中心逐渐转移至乌拉尔山一带。河流的作用至关重要。彼得去世后仅仅数年，波罗的海就通过水路与里海连通。

制造业以采矿和伐木行业为核心成长起来，使俄国在整整一个世纪间都能保障有利的贸易差额。工厂在彼得治下不到百座，至1800年则已达三千有余。1754年后，俄国废除了内部关税障碍，一举成为世界上最大的自由贸易区。通过这一举措，以及提供农奴劳力和垄断权，国家政府继续控制着俄国的经济；俄国的工业并非源自自由企业制度，而是调控的产物，也不得不如此，因为工业化与俄国社会现实背道而驰。内部关税障碍也许是不复存在了，但远距离内部贸易并不多见。1800年，大部分俄罗斯人的生活与1700年时无异，他们局限在自给自足的地方社群中，依靠当地工匠提供少量制造类产品，货币经济依然没有成型。当时的所谓“工厂”有时仅仅是工匠的集合而已。土地租赁以劳力而非租金为支付形式，在极为广阔的区域都是如此。国外商人依然是对外贸易的主要操控者。而且，虽然政府授予资源开采权和提供农奴的做法鼓励了矿产主的生产活动，但此类促进手段的存在，本身就表明了俄国缺乏在其他地区能够有效维持增长的刺激推力。

不管怎么说，彼得去世后，国家的创新力明显迟滞。推动力难以为继；受过教育的人数量不足，在他离去后无法让官僚体系保持向前的动力。彼得没有指定继任者（亲生儿子被他折磨至死）。他的人格力量和震慑力随之消失后，大贵族家族重新对其追随者表现出敌意。

1730年，彼得的孙子死去，其家族直系血脉断绝。然而王室可以利用派系间的斗争，其侄女安娜取得帝位，使王室获得了某种程度上的恢复。虽然是由控制其前任的贵族扶植上台的，但这些贵族很快就被她击垮。具有象征意义的是，彼得死后迁至莫斯科的王宫也回到了圣彼得堡（这是保守派所喜闻乐见的）。安娜向外裔大臣寻求帮助，直到她1740年去世，这一手段都相当有效。其继任者、尚处幼年的姨侄不出一年就被废黜（遭囚禁二十多年后被谋杀），彼得大帝的女儿伊丽莎白取而代之，她依靠的是近卫军的支持和俄罗斯对外族人的反感。1762年，伊丽莎白的侄子继承帝位，仅在位六个月后被迫下台。 624
他的妻子是强权人物的情妇，① 随后谋害了被废黜的沙皇，这位德意志公爵之女史称叶卡捷琳娜二世，也像彼得那样获得了“大帝”的称谓。

叶卡捷琳娜随后加诸身的光环遮掩了大量黑幕，也蒙蔽了很多当时的人。几乎始终被隐瞒的事实包括她登上帝位的血腥和不当手段。但也许不假的是，若非先下手为强，受害者可能就会是她。不管怎样，她和其若干前任登基时的状况表明，彼得死后，独裁制的根基有所弱化。女王统治的初期阶段荆棘遍布；强大的利益集团随时准备利用她犯下的错误，而且不管如何强调自己是这个新国家的一员（还放弃路德宗信仰改投正教），她始终是一名外国人。她曾言：“不成王则待毙。”她也确实成了女皇，并造成深远的效应。

虽然叶卡捷琳娜的统治比彼得大帝更令人侧目，但创新力更小。她也兴办学校、扶持艺术和科学。差别在于，彼得关注的是实际效果；叶卡捷琳娜则用启蒙思想家的威望来粉饰其宫廷和法律。这些做

① 据称叶卡捷琳娜的情夫不止一位，都对她夺取帝位有很大的贡献。分别是波兰贵族波尼亚陶斯基、近卫军军官奥洛夫和为她粉饰太平的波将金。——译者注

法往往具有放眼未来的外表和阻碍进步的实质。冠冕堂皇的法律条文欺骗不了局内人；年轻的拉季谢夫（Radischev）遭流放一事表明了事实的真相，他敢于批评政体，被视为俄罗斯第一位异见知识分子。可以想见，随着叶卡捷琳娜统治的延续，当她被国外事务占据心神，此类促进改革的动机便开始逐渐弱化。

通过她不愿侵犯贵族势力和特权的态度，可以充分看出其根本的不安所在。她是众领主的女皇，给予他们更大的地方司法权，并剥夺了农奴请愿申诉其主人的权利。在叶卡捷琳娜 34 年的统治期中，政府只有 20 次采取行动，限制领主对名下的农奴滥用权力。意义最重大的是，为君主效劳的义务在 1762 年被废止，此后她还向贵族颁发了一份权利宪章，使彼得对贵族的政策就此废弃达半个世纪之久。上层阶级被免于个人税务、体罚和安置士兵住宿的义务，只有同等地位的人可以对他们进行审判（和剥夺他们的身份），且独享设立工厂和矿场的权利。在某种意义上，领主和专制君主达成了一种合作关系。

625 从长期来看，这是一种恶性状态。叶卡捷琳娜治下，当其他国家开始放松社会结构的桎梏，俄国却把这件束腰越勒越紧。这将使俄国越来越无法应对此后半个世纪的挑战和变革。困局的标志之一是农奴起义的规模。这一现象始于 17 世纪，但最可怕和危险的危机来自 1773 年的普加乔夫（Pugachev）暴乱，这场最为严重的大型地方起义使 19 世纪以前的俄罗斯农业止步不前。此后的政策虽有所改善，意味着起义通常限于地方且规模可控，但一直持续了几乎整个帝国时代。起义的一再发生并不使人惊讶。叶卡捷琳娜统治期间，黑土区农民所承受的劳役负担直线上升。文化阶层中很快出现批评之声，农民的境况成为他们偏爱的话题之一，从而提前展现此后两个世纪间在很多发展中国家都很显见的矛盾。人们开始明白，现代化不仅仅是技术问题；如果借鉴西方的观念，这些观念所产生的效果是无法限制的。

对正教和专制的第一声批判即将出现，保存和固化社会体系的需求最终将使变革真真切切地停滞下来，而俄国需要变革才能保住大胆和不择手段的领导方式及仿佛取之不竭的军事人力赋予该国的地位。

到 1796 年叶卡捷琳娜去世时，该国的地位着实相当突出。军队和外交是其国威最坚实的基础。她给俄国带来了 700 万新臣民。她说她承蒙俄国的厚待，初来时是个“只有三四件衣裳的可怜姑娘”，但已经用亚速、克里米亚和乌克兰偿还了这份恩情。她与其前任走的是同一条道路。彼得的统治所带来的巨大惯性，使俄国在君主权力弱化的时期依旧延续了沿两条传统路线——波兰和土耳其——对外扩张的政策。对俄国有利的是，其可能的对手在 18 世纪大部分时期都遇到越来越大的麻烦。瑞典出局后，只有普鲁士或哈布斯堡帝国可以成为旗鼓相当的对手，由于双方经常彼此冲突，俄国通常可以对积弱的波兰和处于崩溃边缘的奥斯曼帝国为所欲为。

1701 年，勃兰登堡选侯在皇帝的首肯下成为国王；他的王国普鲁士最终存续到 1918 年。自 1415 年起，霍亨索伦王室成员接连出任选侯，使他们祖先的领地稳步扩张，在波兰国王逐走统治普鲁士的条顿骑士后，这块原本的公爵领地于 16 世纪被勃兰登堡统一。一名选侯在 1613 年改信加尔文派，而其臣民依然是路德宗的信徒，此后宗 626
教容忍一度是霍亨索伦王朝的政策。该王朝所面临的难题之一是其领地的广阔和多样化，这片土地从东普鲁士一直延伸到莱茵河西岸。17 世纪后半叶，瑞典人填补了这片人丁稀少的土地，但就连“伟大选侯”腓特烈·威廉也为此遇到过麻烦，他是普鲁士常备军的缔造者，打赢过瑞典人，为一段欧洲近代史中最持久的军事传承打下了基础。军队和外交继续把他的继任者推向他所渴求的王冠，也让他们参与到对抗路易十四的伟大同盟之中。仅此一项事实，普鲁士就显然算得上是一方强国。参战的代价十分高昂，但经休养生息之后，到腓特烈二世上台的 1740 年，普鲁士已再次建立起一支精兵和富裕程度在欧洲数一数二的国库。

他对这些资源的运用使他获得了“大帝”的称谓，哈布斯堡和波兰王国是主要的牺牲品，但他自己的臣民也付出了代价，被课以重税，还要遭受外敌的入侵。把他和他所憎恨的、残忍的父亲相比，很难判断究竟谁比较可亲一些。他无疑是个凶残暴戾、睚眦必报、完全不知顾忌为何物的人物，但也富有才智和文化，会吹奏长笛和谱曲，喜欢与智者交谈。他和父亲一样，对王朝利益有着无以复加的执着，在他看来，领土扩张和如日中天的威望就是这份利益的体现。

腓特烈放弃了一些过于偏远、无法真正纳入国家体系的地盘，但为普鲁士增添了更多有价值的领地。神圣罗马皇帝于 1740 年去世，虽设法确保其女儿继位，但她的前景不甚明了，这为腓特烈提供了征服西里西亚的机会。这位新任女帝就是玛丽亚·特蕾西娅。在腓特烈的对手当中，她一直是对普鲁士国王最愤恨难平的一位，直到 1780 年去世为止；而腓特烈个人对她的厌恶也完全不遑多让。一场波及全欧的奥地利王位继承战争使普鲁士夺取西里西亚，也没有在此后的战争中得而复失，到统治期末年，腓特烈组织起德意志王公联盟，遏制玛丽亚·特蕾西娅之子和继承人约瑟夫二世的企图——他打算通过协商获取巴伐利亚，作为对哈布斯堡世袭领地的补充。

这段插曲对欧洲史的整体影响比人们想象中更大，虽然表面上看只是对德意志诸王领导权和一个行省的争夺，无论该省有多么富庶。初看之下，此事提醒人们，王朝利益纠葛在 18 世纪依然相当活跃，
627 但更重要的意义在于，它还开启了一段长达一世纪的新篇章，并对欧洲造成重大影响。腓特烈发起一场哈布斯堡和霍亨索伦王朝逐鹿德意志的斗争，直到 1866 年才尘埃落定。虽然这么说也许超出了如今通常的观点，但这场斗争为霍亨索伦王朝利用德意志反帝爱国主义情感

提供了背景，因为皇帝的很多根本利益与德意志无关。在始于 1740 年的漫长斗争中，双方也经历过关系良好的时期，但奥地利始终有一个巨大的不利因素：该国既非完全的德意志国家，又不仅仅是一个单纯的德意志国家。

其利益诉求过于分散的不利因素在玛丽亚·特蕾西娅统治期间表现得淋漓尽致。奥属尼德兰给行政带来的麻烦更甚于战略上的优势，但使该国无暇顾及德意志问题的最大麻烦来自东方，而且在该世纪后半叶形成越来越沉重的压力：为决定奥斯曼帝国的命运与俄罗斯长期不断地交锋的可能性越来越明显。有大约三十年左右，俄国与土耳其人的关系一度缓和，只是偶然发生因建筑要塞或克里米亚鞑靼人的劫掠所导致的小冲突，这些鞑靼人源于金帐汗国的一支，当时视奥斯曼为宗主国。在随后的 1768 年至 1774 年间，叶卡捷琳娜完成了她最成功的战役。她与奥斯曼人在籍籍无名的保加利亚村庄库楚科—卡纳吉（Kutchuk Kainarji）所签署的和约，是整个世纪中最重要的协议之一。奥斯曼人放弃了对克里米亚鞑靼人的宗主权（造成物质和精神两方面的重大损失，前者是因为失去了他们的军事人力，后者是因为奥斯曼帝国此前从未放弃过对任何信奉伊斯兰教民族的统治权），俄罗斯获得了布格河和第聂伯河之间的领土、一份赔款，以及黑海和两大海峡间的自由通行权。在某些意义上，所蕴藏的未来机遇最多的条款是，规定俄罗斯有权与奥斯曼分享“将来在君士坦丁堡建立的教会及其教众”的利益。这意味着俄罗斯政府将被视为苏丹的希腊臣民——也就是基督徒——所获得的新权利的担保者和保护者。历史证明，这就是一张让俄罗斯能够随意干涉奥斯曼事务的空白支票。

这只是开始，而非结束。1783 年，叶卡捷琳娜吞并克里米亚。经过对土耳其人的又一场战争，她将边境推进到德涅斯特河一线。下一处明显可作为边境的地理坐标是距黑海百来英里处、与多瑙河交汇的普鲁特河（Pruth）。俄罗斯在多瑙河口立足的可能性将成为奥地利人挥之不去的梦魇，但在此噩梦成真之前，俄国吞并波兰，已然构成
628 了来自东方的威胁。由于瑞典国道中落，俄国可以有效地控制华沙政府。叶卡捷琳娜安置了一名听话的波兰国王，确保了在波兰的利益。贵族门阀的派系分裂和斗争阻碍了波兰的改革之路，而没有改革，波兰就不可能对俄国进行有效的抵抗，独立也只能是空想。当微小的改革契机一度出现，俄罗斯人手法老练地利用宗教分歧制造对立，并很快使波兰陷入内战，从而扼杀了改革的萌芽。

1768年，奥斯曼以意欲捍卫波兰自由的借口对俄国宣战，开启了波兰历史中最后一段独立篇章。四年后的1772年，波兰第一次遭受"瓜分"，俄国、普鲁士和奥地利分享了波兰大约三分之一的领土和半数居民。曾经人为地在某种程度上保全波兰的古老国际体系已经消失。又经过两次瓜分之后，俄国尽其所能地扩张了版图，兼并了大约18万平方英里的土地（但下个世纪的情况表明，吸纳这批心怀不满的波兰人口绝非只赚不赔的买卖），普鲁士也获利不少，凭借战争所得提升了国力，在他们分得的土地中，斯拉夫臣民比德意志人更多。始于1500年的东欧转型就此完成，进入19世纪的舞台已经设好，再无余留的战利品让奥地利和俄国从争夺奥斯曼遗产的问题中分心。同时，作为独立国家的波兰消失了将近130年。

叶卡捷琳娜声称自己为俄国贡献良多，这确实不假，但她只是利用了该国早就显而易见的强大实力。早在18世纪30年代，就有一支俄国军队西进至内卡河（Neckar）；1760年，又有一支军队开进柏林。18世纪70年代，一支俄罗斯舰队曾在地中海活动。数年后，一支俄罗斯军队进入瑞士作战，20年后，另一支军队开抵巴黎。此类展现其强大的证据有一个矛盾的内核，即这份军事力量的基础是一套落后的社会和经济体制。也许，这是彼得的所作所为必然导致的结

果。俄国的国家体制依赖于一个本质上与政体无法兼容的社会，后来的俄罗斯危机将一再重演这一主题。当然，这并不意味着可以把时钟回拨。奥斯曼帝国将永远失去争夺霸权的资格，较之俄国不遑多让的普鲁士崛起宣告一个新时代的到来。16 世纪初的人想象不到联合行省王国和瑞典将成为国际上的强大势力，但到了 1800 年，两国的地位同样逝者如斯，尽管依然是重要的国家，却已沦为二流。法国在那个民族国家时代还是一等强国，和 16 世纪王朝争霸的年月中一样；实际上，其相对实力变得更强，而且将迎来主宰西欧的鼎盛时期。但 629
法国也遭遇新的挑战，这名对手过去就曾使她尝到失败的滋味。在欧陆海岸之外的岛屿上，英格兰从 1500 年那个不起眼的小王国成长起来，在一个突然发迹的王朝统治下崛起，成为世界大国大不列颠。

这一转变几乎和俄国的崛起同样突然和令人吃惊，使欧洲外交的古老格局重新洗牌。在部分历史学者称为“大西洋群岛”的诸岛屿和王国中，在都铎和斯图亚特王室君主断断续续、方式和局限程度都不一而足的统治之下，一个新兴的海上霸主跃然而生。除了新实现的统一之外，该国还享有独特的体制和经济优势，有助于施加世界范围的影响力。三百年间，欧洲冲突和争议的主要区域从意大利古战场、莱茵河流域和尼德兰迁至德意志中部和东部、多瑙河流域、波兰和喀尔巴阡山脉以及波罗的海，但也转到每一片海洋——而这是最为巨大的变化。一个新时代确已开始，其标志不仅是东欧的重组，还有路易十四的战争，这是近代史上最早的世界大战，规模之大不仅关系到帝国的兴废，而且从陆地一直打到海洋。

第 4 章　欧洲人涌向世界

630 1500年后，世界历史发生了前所未见的惊人变化。此前从未出现过一种能覆盖全球的文明。即便在史前，文化传播也总是朝着差异化的方向发展，现在这种状况开始改变。早至18世纪末，未来局势的基本要素就已经明朗。当时，包括俄罗斯在内的欧洲国家宣称拥有的领土已覆盖世界一半以上的陆地。他们实际控制（或号称控制）着的领地大约为其中的三分之一。如此巨大的领土被一批共享某种特定文明的国家占据，且只为他们自身的利益服务，这一状况是史无前例的。不仅如此，其后果也已经开始在不可逆转的变革中展现出来。欧洲人早就在从事农作物移栽和动物迁移养殖，开启了有史以来最伟大的生态重构进程。他们向西半球输送人口，早在1800年就形成了新的文明中心，配有欧式政府、宗教和教育制度。一个新的国家从原先由英国人统治的北美地区兴起，南美有两个业已成熟的文明被西班牙人毁灭，也被西班牙自身的文明所取代。东方发生的故事有所不同，但同样令人震撼。在1800年，如果一名英国人乘坐东印度公司的特许商船（East Indiaman）越过好望角（有大约二万荷兰人居住在那里），他靠岸的地方不会是如同美洲殖民地那样的欧洲殖民社区，除非漂洋过海，抵达刚刚开始接纳定居者的澳大利亚。但在东非、波斯、印度和印度尼西亚，他可以找到前来开展业务的欧洲人，他们计划或早或晚返回家乡，去享用所赚得的利润。甚至在广东也能看到这类人的身影，封闭的岛国日本也有，不过数量极少。只有非洲内陆依然被疾病和气候隔绝，看起来无法企及。

这场由此开启（并获得极大发展）的宏伟变革几乎完全是单方面的进程。是欧洲人走向世界，而非世界靠拢欧洲。除土耳其人之外，鲜有非欧人士进入欧洲，除非作为引进的异域奇珍或奴隶。但阿拉伯
人和中国人的航海技术绝非泛泛，他们曾出洋远航，还知道罗盘的用 631
法。太平洋岛民也在海上划出过长长的足迹，他们的旅程充满神秘色彩。尽管如此，绕过合恩角或非洲远端完成环球航行并返回大西洋海港的船只属于欧洲，而非亚洲。

这是一场国际关系的重大转型，也是欧洲人缔造的结果。探索、事业活动、技术优势和政府扶持构成了其层层叠叠的基础。到 18 世纪末，该趋势看起来已不可逆转，即便在某种意义上——也被后来的历史所证明，欧洲人直接统治导致的瓦解将比其建立更迅速。没有任何文明取得过更迅速和更急剧的成功，扩张的步伐如此轻松，除了一时和偶然的挫折没有遇到任何困难。

欧洲人拥有的一项优势是非成功不可的强烈动机。文艺复兴时代背后的主要推动力来自他们想要更靠近东方、与远东取得更直接的接触这一愿望，那里有欧洲急需的东西，而当时远东对欧洲实际上一无所求，没有什么交换的基础。当瓦斯科·达伽马将他所带去的东西呈给国王，卡利卡特的居民报以嗤笑；他没有任何拿得出手的东西，可以和阿拉伯商人早已从亚洲其他地区带往印度的商品相比。正是因为东方如此众多的文明享有此等传奇般的优越地位，才促使欧洲人试图建立一种更常规和有保障的交通方式，而非马可·波罗式的零星游访。巧合的是，中国、印度和日本在 16 和 17 世纪都处于某种文化巅峰状态。由于土耳其人在东欧形成的陆上屏障，这些文明古国对欧洲人的吸引力比过去更为强烈。那里有巨大的利润，所以值得巨大的付出。

如果有所回报的期望是提升士气的良方，那么成功的期望也一样

有效。到 1500 年，探索工作已经做得足够充分，欧洲人开始自信满满地向新的事业发起冲击；这一过程有良性循环的因素，每次成功的出航既能增加了解，又能使他们对取得更大成果的前景多一份确信。随着时间的推移，资助未来的扩张活动也将变得有利可图。此外还有基督教提供的精神财产。海外定居点建立后，很快为传教事业提供了新的舞台，但宗教传播始终以文化为载体，在与传教对象的初次接触中，欧洲人确信了自身的优越地位。此后四百年间，这一认知往往带
632 来灾难性的后果。欧洲人自信拥有真正的宗教，欠缺耐心，看不起他们所惊扰的民族和文明所创下的成就和价值。其结果往往令人不快，也往往沾满血腥。同样不假的是，宗教狂热能够轻而易举地使高尚和可鄙的动机之间的界限变得模糊。如西班牙最伟大的美洲征服史学家在描述为何自己和同胞要前往印度时所言，他们觉得是去“为上帝和他的权柄效劳，将光明带给那些黑暗中的人们，也是为了获得财富，这是所有人类的渴望”。

贪婪很快导致实力的滥用，导致用武力实现统治和剥削。最后，这一切发展为罄竹难书的罪行——虽然往往是无意中犯下的。有时整个社会因此毁灭，但这只是欧洲人在其事业开端打算主宰一切所导致的最坏的一面。首批抵达印度海岸的探险家很快开始袭击亚洲商船，折磨并屠杀其船员和乘客，掠夺货物，将毁坏的船体付之一炬。科技优势使数量极少的欧洲人实力大增，最终通常可以强夺他们所需的一切，使那些文明经历史沉淀所形成的庞大人口在几个世纪的力量对比中处于劣势。

继达伽马之后，下一个来到那里的葡萄牙船长炮轰卡利卡特，为这一状况提供了应景的诠释。不久之后的 1517 年，葡萄牙人抵达广州，他们鸣响礼炮以表示友好和敬意，但火炮的噪音吓坏了中国人（起先称他们为佛朗机［*folangki*］——对“法兰克人”谬之千里的

误读)。这些武器比中国人手里的任何装备都强大许多。枪炮在亚洲早已存在，中国人发明火药比欧洲要早数百年，但火炮技术却一直裹足不前。欧洲在15世纪实现工艺和冶金技术的巨大飞跃，制造出了远比世界其他地区优越的武器。此后还有更惊人的改良，使欧洲人的相对优势进一步加大，并延续到20世纪。这一进程此前是、此后也将和其他领域平行前进，其中比较突出的是造船业和驾船技术的发展，这方面前文已有提及。这些进步彼此结合，形成了一种强大的武器——载有火炮的帆船，被欧洲人用来打开世界的大门。同样，这一发明在1517年远未达到完善的境地，但葡萄牙人已经能够击退奥斯曼舰队，让他们无法染指印度洋。（土耳其人在红海更为成功，那里水域狭窄，划桨驱动、接舷作战的平底大船更有发挥的余地。但即便在红海，葡萄牙人也能够往北一直推进到苏伊士地峡。）中国人的战 633
船不比平底划桨船更有用。放弃划桨驱动方式、在侧舷安装大量火炮，使欧洲单薄的人力所发挥的效用获得几何级数式的增长。

当时的欧洲人非常清楚这一优势。早在1481年，教皇就禁止向非洲人出售枪支。17世纪的荷兰人极其谨慎地保护着枪炮制造的秘密，不让这些技术落入亚洲人之手。但他们还是泄露了出去。15世纪，有土耳其人在印度担任炮兵，这些技术流传到中国之前，葡萄牙人还为波斯人提供加农炮，并指导他们如何铸炮，以此制压奥斯曼人。17世纪，枪炮设计和制造技术的吸引力是耶稣会神父得到中国当权者厚待的原因之一。

但即便如荷兰人所害怕的那样，最先进的铸炮知识流传到了东方社会，欧洲人的优势也无法被抹消。尽管接受了耶稣会的操练，中国的炮兵部队依然相当落后。欧洲与世界的技术差异不仅仅来自知识技能。在属于欧洲的时代刚刚开启之际，欧洲所享有的财富不只是新知，而且还有与其他文明不同的、对待知识的态度。欧洲人有意识地利用知识来解决实际问题，具备一种使科技发挥效用的本能。而这其中又蕴含着欧洲人的另一份心理特征的基础：他们对于自身改变世界的力量越来越充满自信。或许，这就是他们和欧洲以外的世界最根本的区别所在。未来向欧洲打开大门，为他们展现了其他文明无法企及的种种可能性。以这份自信为基础，他们形成了一份无比重要的心理优势。早在 1500 年前后，部分欧洲人已经见到了未来——而且他们的设想确实成真。

非洲和亚洲首先成为欧洲人运用这些优势的目标。在这两片大陆，葡萄牙人的殖民事业保持了一个多世纪的领先地位。他们成为显赫的存在，在开辟东方航路的探险中取得极大的成功，使其国王获得受教皇认可的如下头衔：“印度、埃塞俄比亚、阿拉伯和波斯的征服者、航海和贸易之王”，这足以彰显葡萄牙霸业的规模之大和对东方世界的倚重，但埃塞俄比亚之王的头衔略有误导之嫌，因为葡萄牙与该地的接触规模很小。非洲拒人千里，只有极少的区域可以进入，而且也不无风险。葡萄牙人觉得，是上帝用神秘而歹毒的疾病（19 世纪末之前一直让欧洲人无法进入）在非洲内陆周围特意圈起了一道障
634 碍。即便西非的沿海基地也谈不上卫生，只是因为对奴隶买卖和远途贸易的重要支撑作用才被堪堪忍受下来。位于东非的基地更缺乏健康保障，但因为是阿拉伯人创建的商贸网的组成部分——而非作为进入内陆的跳板——所以也利益攸关，葡萄牙人蓄意袭扰这些基地，使沿红海和中东运到东地中海威尼斯商人手中的香料成本大增。葡萄牙的后继殖民者们对非洲内陆未加干涉，也别无选择，在远离文明世界的森林和大草原深处，那片大陆此后两个世纪的历史大体上依然沿着自身的节奏发展，其居民仅受到欧洲及其边陲世界的慢性蚕食和偶尔的刺激。但同样不假的是，在亚洲开启的欧洲时代表明，任何强权势力起初都没有兴趣对大片土地进行征服或殖民。至 18 世纪中期为止，

这一阶段的标志是商栈的大量涌现、港口设施的出让、沿海要塞和基地的兴建，因为这些事物本身可以确保早期帝国主义在亚洲所追寻的唯一目标，即安全且有利可图的贸易。

葡萄牙人在 16 世纪主宰了这一贸易；他们用坚船利炮横扫一切阻碍，迅速建起一连串基地和商栈。瓦斯科·达伽马抵达卡利卡特的 12 年之后，葡萄牙人在距离印度西海岸大约 300 英里的果阿（Goa）建立起主要的印度洋贸易中心。那里将成为传教和贸易两方面的中心；在该地站稳脚跟后，葡萄牙帝国大力支持传播信仰的工作，方济各会于其中发挥了很大的作用。1513 年，第一艘葡萄牙船只抵达传说中的香料之岛摩鹿加（Moluccas），揭开了欧洲势力席卷印尼、东南亚和太平洋诸岛的序幕，其势力圈的最南端远至帝汶。四年后，第一艘葡萄牙船只来到中国，打通了欧洲与该帝国的直线贸易航路。十年后，他们取得澳门的使用权；1557 年又获得该地的永久定居权。查理五世将西班牙凭借对摩鹿加岛的探索所主张的权益弃让给葡萄牙人，只保留菲律宾作为远东的势力范围，并宣布放弃印度洋海域的任何利益，使葡萄牙人在此后半个世纪垄断了这片东方帝国。

这种垄断是贸易层面的，但不仅是远东与欧洲的贸易；船队往来亚洲各国之间时也有很多可以从事的业务。波斯地毯传到印度，摩鹿加的丁香、日本的铜和银运至中国，印度的布料进入暹罗，都通过欧洲船只运输。葡萄牙人和后继者们发现这是利润丰厚的收入来源，可 635
以部分补偿欧洲与亚洲的贸易逆差，因为除了银之外，后者的居民长期以来对欧洲所需甚少。海上唯一的有力竞争者是阿拉伯人，在东非一带活动的葡萄牙舰队能够有效地限制他们，葡萄牙舰队基地包括 1507 年建立、位于红海海口的索科特拉岛（Socotra），波斯湾入口北部沿岸的荷姆兹岛以及果阿。葡萄牙人以这些基地为出发点，逐步扩张贸易范围，最终使贸易活动远抵红海深处的马萨瓦（Massawa）和波斯湾另一头，在巴士拉（Basra）办起工厂。他们还确保了在缅甸及暹罗的特权地位，并于16世纪40年代成为首批登陆日本的欧洲人。这一贸易网络得到与地方统治者所签署协议的外交支持，也以葡萄牙海上的优势火力为后盾。因为缺少人力，即便他们有意向内陆发展势力也无法如愿，所以这一商业帝国不仅具有经济合理性，也是当时条件下所能够达成的极限。

印度洋的霸权地位掩盖了葡萄牙人根深蒂固的弱点：缺乏人力、财政基础薄弱。其主宰地位仅持续到该世纪末，然后被荷兰取代，后者将商业帝国的管理技巧和制度发展到无以复加的程度。荷兰人是极为杰出的贸易帝国主义者，但最后也在印尼定居并发展种植业。1580年，葡萄牙被西班牙统一。这一变化激起了荷兰航海家的野心，也给他们创造了机会。他们当时被排除在从里斯本向北欧倒卖商品这一利润丰厚的再输出贸易之外，而过去曾是该业务的主要掌控者。荷兰和西班牙的八十年战争这一背景带来了额外的动机，使他们更愿意进入这些区域，把自己的获利建立在伊比利亚人的损失之上。荷兰和葡萄牙一样人口寥寥，不过区区200万，其生存基础相当狭隘；因此贸易财富对他们至关重要。他们的优势在于丰富的海事人力资源、船只、财富和通过北部海域的捕鱼及船运所积累的经验，同时，由于国内的商业水平高度发达，为新的经营活动募集资源毫无困难。阿拉伯人在同一时期恢复元气，趁西班牙统一令葡萄牙实力式微的机会夺回桑给巴尔以北的东非根据地，这也使荷兰人从中受益。

因此，葡萄牙人的东方帝国在17世纪开头的数十年大范围解体，并被荷兰取而代之。而且，荷兰人还一度在葡萄牙控制的巴西蔗糖产区伯南布哥（Pernambuco）立足，但未能长期保持。荷兰人的主要
636 目标是摩鹿加。私人航海（七年间共65次，一些船队绕过了麦哲伦海峡，还有一些绕过了非洲）的短暂阶段于1602年结束，是年，荷

属东印度公司在总议会（States General）——联合行省王国政府——的发起之下成立，历史证明，该组织将成为助荷兰取得东方商业霸权的决定性机构。和他们之前的葡萄牙人一样，该公司通过与当地统治者勾结的手段排除竞争者，通过一套商栈体系运转业务。1623 年，10 名英国人在安波那（Amboyna）① 遇害，终结了英国人直接插手香料贸易的任何企图，此事可以表明荷兰人对竞争对手有多么厌恶。安波那是葡萄牙利益遭到迅速侵占的过程中首批被夺走的葡萄牙基地之一，但直到 1609 年，荷兰向东方派遣一名常驻总督之后，葡萄牙的大型要塞才开始陷落。荷兰人在爪哇岛的雅加达（改名为巴达维亚）设立总部，作为这些战役的指挥中心，并一直控制该地，直到荷兰殖民统治结束。该地成为一片殖民地区的核心，周围的荷兰种植业主可以依赖东印度公司的支持，对其劳力实行残酷无情的控制。荷兰殖民地的早期历史色调阴郁，充斥着暴动、驱逐、奴役和屠杀。当地船运贸易以及中国的商船活动被蓄意破坏，好让荷兰人独占一切利润来源。

对欧洲的香料贸易是荷兰人关注的核心，也是巨大的利益焦点所在。在该世纪大部分时期，香料的价值占运回阿姆斯特丹所有货品的三分之二。但荷兰人还着手取代了葡萄牙人在颇具价值的东亚贸易中的地位。他们虽然派出远征军，可无法将葡萄牙人逐出澳门，但在台湾成功立足，从那里与中国大陆开展间接的贸易往来。1638 年，葡萄牙人被赶出日本，荷兰人继承了他们的位置。此后 20 年间，锡兰岛的葡萄牙人也被荷兰人挤走。另一方面，荷兰人通过协议所取得的暹罗贸易垄断权则被另一强国——法国夺走。法国与该地区的关联始于 1660 年的一场偶然事件，有三名法国传教士出于机缘巧合来到暹

① 摩鹿加岛上城市安汶的旧称。——译者注

罗的首都。得益于他们所建立的传教中心以及一名希腊顾问在暹罗宫廷中的影响力，一支法国外交和军事使团于1685年随后抵达。但这一前景光明的开端最终导致一场内战，并以法国的失败作结，暹罗再度脱离欧洲势力的影响范围，该状况延续了两个世纪之久。

637 于是，18世纪早期的荷兰既在印度洋和印尼享有霸权，也在中国海拥有重大利益。除了果阿和澳门等依然残存的葡萄牙根据地，这一格局与此前的葡萄牙势力分布有着惊人的相似度。荷兰远东势力以马六甲海峡为核心，从那里通过马来西亚和印尼辐射至台湾，连接起通往中国及日本的贸易纽带，并往东南方向延伸到至关重要的摩鹿加。当时，该区域享有繁荣的内部贸易，开始财政自主，作为硬通货的金银锭更多来自日本和中国，而非早前的欧洲。再往西看，荷兰人也在卡利卡特、锡兰和好望角立足，并于波斯设立工厂。巴达维亚是一座大城市，荷兰人也在此经营种植园、栽培所需的作物，但这里依然是沿海或岛屿式的商业帝国，而非大陆中的封闭领地。海上实力是荷兰人最后的依靠，他们的海军地位被人超越后，其保障力有所缩水，但不至于消失。

显然，这种超越在17世纪后半叶已现端倪。印度洋霸权的挑战者是英格兰，一个意想不到的对手。英国早先曾试图染指香料贸易。詹姆斯一世时期曾有一家东印度公司存在，但无论是试图与荷兰人合作还是与他们对抗，其经营者都碰得头破血流。这一状况导致的结果是，到1700年，英国人实际上将马六甲海峡以东视为其利益的必争之地。和1580年的荷兰人一样，他们面临改变航道的需要，并加以实行，于是引发了新教改革之后、工业化启动之前英国历史中最重大的事件——他们主宰了印度。

英国人在印度的主要对手不是荷兰或葡萄牙人，而是法国人。这场竞争所涉及的利害在很长时期都没有显山露水。英国势力在印度的崛起是非常缓慢的过程。在马德拉斯建立圣乔治堡、从葡萄牙人那里接手孟买，作为查理二世的王后带来的一部分嫁妆之后，英国人在该世纪中没有进一步扩大在印度的势力范围。以早期根据地为出发点（孟买是他们唯一拥有全部主权的领地），英国人从事着咖啡和纺织品贸易，不如荷兰人的香料贸易那般风光，但价值和重要性与日俱增。这项业务还改变了他们的民族习性，从而也改变了社会，伦敦出现的咖啡店就可以展现这一点。很快就有船只从印度出发，被派往中国求购茶叶；到 1700 年，英国人已获得一种新的国民饮品，时隔不久，一位诗人对此作评，称茶是“令人愉悦而不上瘾的杯中物”①。

正如东印度公司武装在 1689 年遭受的失败所显示的，靠军事力量夺取印度霸权并非易事。不仅如此，对抗也未必会带来繁荣。因 638
此，该公司对于冲突总是能免则免。虽然在该世纪末，公司获准占用其过去兴建于加尔各答的威廉堡，从而完成了一次里程碑式的势力扩张，但公司董事以不切实际为由，于 1700 年放弃了在印度获取新领地或种植园殖民地的想法。不过，1707 年奥朗则布去世后，莫卧儿帝国陷于崩溃，令英国人的侧重点发生变化。其后果虽然来得缓慢，但累积起来的效应还是使印度解体为一系列自治国家，没有一方能够坐大。

1707 年以前，马拉塔人就给莫卧儿帝国造成了麻烦。帝国内部的分裂趋势总是对纳瓦布（*nawab*，即行省统治者）有利，这些统治者彼此瓜分势力，马拉塔人在其中的地位越来越突出。锡克教形成了第三股势力。该教派起源于 16 世纪的一支印度的秘密教派，后与莫卧儿统治者反目，但也远离正统印度佛教，实质上成为印度教和伊斯兰教之外的第三种宗教。锡克教采取一种军事化的兄弟会组织形式，

---

① 引自威廉·柯柏 1785 年发表的无韵长诗《任务》（*The Task*）。——译者注

没有种姓之分，所有教徒都能在这段分裂时期掌控自己的权益。一个锡克帝国最终在印度西北部形成，并延续到 1849 年。同时，印度教和穆斯林日趋对立的迹象也在 18 世纪出现。印度教进一步融入社群，加强宗教仪式方面的实践，以此在公开场合凸显自身的存在。穆斯林也采取同样的手段，双方互不相让。保守和反动的莫卧儿军事及民事行政体制管理着这个分歧日渐深化的帝国。波斯人还在 18 世纪 30 年代发动入侵，夺走了该国的部分领土。

这一局面对外部干涉势力构成了极大的诱惑。令人意外的是，以回顾历史的眼光来看，英国和法国都花了相当长的时间才坐收其利；甚至到 18 世纪 40 年代，英属东印度公司的财力和实力依然比不上荷属东印度公司。其进展之慢证明贸易依然是他们的主要目标，也是他们关注的重点。当英国人确实开始插手干涉——主要是出于对法国人的敌意以及害怕落于其后的心态，他们拥有若干重要的优势。加尔各答的根据地使他们控制了孟加拉及恒河下游流域的门户位置，而这一部分是印度最有潜力孕育财富的地区。得益于英国的海军力量，他们已确保和欧洲的海上交通线，而且伦敦的大臣听取东印度公司商人的意见，而凡尔赛宫的大臣却没有这份雅量。法国人是最危险的潜在竞
639 争者，但他们的政府总是动不动就为欧洲大陆的其他目标分心。最后一点在于，英国人对传教并不热心；从狭义角度来讲，新教在亚洲传教的兴趣确实比天主教来得更晚。而且，在更普遍的意义上，他们无意干涉当地习俗或体制，只是希望提供一种中立的权力结构——有些类似莫卧儿人，让印度人在该体制下按自己的意愿生活，同时希望东印度公司能够在和平的局面下从商业活动中获利并兴旺发达。

印度政局是通往未来帝国之路的关键。支持彼此敌对的印度王公是法国和英国之间最早的间接对抗形式。1744 年，这种对抗引发了首次英法武装冲突，发生于东南沿海地区的卡纳蒂克（Carnatic）。印

度身不由己地陷入这场英法之间的世界级对抗。这场具有决定性作用的冲突史称七年战争（1756—1763）。即便英法两国在 1748 年后正式缔结和约，战争爆发之前，印度实际上就已难免一战。在杰出的卡纳蒂克总督杜布雷（Dupleix）的经营下，法国的事业蒸蒸日上，他通过武力和外交在当地王侯中扩张势力，使英国人产生极大的危机感。但他被召回法国，而且法属印度公司无法得到首都政府全心全意的支持，可他们需要这份支持才能崛起为新的龙头老大。当战火于 1756 年再度点燃，孟加拉纳瓦布攻击并占领了加尔各答。他处置英国俘虏的手段十分残忍，有很多人在不久后成为传说的“黑洞”[①] 事件中窒息而死。这令英国人又添了一层怒气。东印度公司军队在公司成员罗伯特·克莱夫（Robert Clive）的率领下夺回城市，占领位于金德纳格尔（Chandernagore）的法国据点，并于 1757 年 6 月 22 日击败纳瓦布的一支规模大得多的军队，战场位于胡格利河上游方向的普拉西（Plassey），距加尔各答大约 100 英里。 640

战斗并不十分血腥（纳瓦布的军队被英军收买），但这是世界历史上最具决定意义的战役之一。它为英国打通了控制孟加拉和该国财政的道路。这一切以卡纳蒂克法国势力的毁灭为基础；法国人的失败又为英国进一步扩张势力铺平了道路，从而不可阻挡地导向英国垄断印度的未来局面。任何人事先都没有这样的计划。英国政府的确开始意识到兹事体大，其贸易受到迫在眉睫的威胁，并派出一个营的正规军为公司助战；这一举动在两方面都具有启发性，首先表明政府认识到此事关乎国家利益，但也说明这场军事行动的规模甚小。配备欧式野战炮的极少数欧洲军队就可发挥决定性的作用。印度的命运取决于

① 孟加拉纳瓦布占领加尔各答的次日，英国殖民军官收复该地，发现英国俘虏被关押在只有一扇小窗的房间内，其中大部分人因窒息死亡。该牢房后来被称为黑洞。——译者注

该公司寥寥无几的欧洲人和欧洲训练出的士兵，以及其当地代理人的外交技巧和精明手段。依靠这薄弱的基础和四分五裂的印度对统一政府的需要，英属印度帝国（British Raj）就此成立。

1764 年，东印度公司正式成为孟加拉的统治者。这完全不是公司董事事先设下的计划，他们只想从事贸易而无意统治。然而，如果孟加拉可以为政府买单，那承担管理的责任也未尝不可。法国的基地如今稀稀落落，所剩无几；1763 年的和平协议给他们保留了五个贸
641 易中转站，前提是不得建筑防御设施。1769 年，法属印度公司解体。不久之后，英国从荷兰人手中夺取锡兰，供一种独一无二的帝国主义实例登场的舞台已然就绪。

这将是一条漫长的道路，东印度公司长期以来也并不情愿走这条路，但由于财务问题和邻近领区本地行政的无序状况，它逐渐被动地扩大了政府的职能范围。公司的贸易职能日趋边缘化，这对业务并非好事，但其成员也从中获得了更大的自立门户的机会。这引起了英国政客的关注，他们首先削弱公司董事的权力，然后将公司牢牢置于王室的控制之下，于 1784 年在印度设立一套“双重控制”体系，并持续到 1858 年。建立该体系的法案中还包括反对进一步干涉地方事务的条款；英政府和公司一样热切地希望避免以帝国主义势力的身份在印度陷得更深。但此后半个世纪，这一状况还是发生了，公司此后兼并的土地越来越多。由此开启的道路最终导致 19 世纪英属印度的启蒙专制局面。印度与欧洲国家此前控制的任何附属国都大不一样，因为有千百万臣民要加入帝国，只有少数具有远见的有识之士到很久以后才意识到信仰归化或同化的必要性，这在当时是任何人都无法想象的概念。大英帝国的体制特征将因此发生深刻的转型，并最终使英国的战略、外交、对外贸易模式乃至样貌都发生改变。

除了印度和荷属印尼，这几百年间，欧洲人从东方获得的任何一

片领地就面积而言都无法与在美洲占据的巨大地盘相比。哥伦布登上新大陆后，他们对“西印度”群岛中的主要岛屿进行了相当迅速和彻底的跟进探索。格拉纳达陷落、西班牙主大陆的收复失地运动完成后不久，他们从摩尔人手里夺下北非，事实很快表明，征服美洲的土地比这更加容易，因此成为一个诱人的目标。殖民地迅速扩张，尤其在伊斯帕尼奥拉（Hispaniola）和古巴。作为美洲殖民的里程碑之一，第一座天主教大教堂落成于 1523 年；如西班牙人的城市建设所表明的那样，他们是来长期定居的。他们的第一所大学（与大教堂在同一座城市：圣多明戈）成立于 1538 年，第一家印刷社同年在墨西哥成立。

西班牙殖民者的目标是土地和黄金，前者是农民的需要，后者是投机者的向往。他们没有竞争对手，确切地说，在 16 世纪末以前，
除了巴西以外，中美和南美地区完全是西班牙人的后院。首批登上这 642
些岛屿的西班牙人往往是卡斯蒂利亚乡绅，虽然贫穷，但能吃苦耐劳，且雄心勃勃。进入美洲大陆后，他们四处掠夺战利品，但也传扬十字架的福音和卡斯蒂利亚王室的光辉形象。1499 年，他们在委内瑞拉完成了对大陆的初次渗透。然后是 1513 年，巴尔沃亚（Balboa）穿过巴拿马地峡，成为首个见到太平洋的欧洲人。他的探险队建起屋宅、播下种子；征服者（*conquistadores*）的时代就此开启。有一位征服者的冒险经历使后人遐想联翩，他就是埃尔南·科尔特斯（Hernán Cortés）。1518 年，他带领数百名追随者离开古巴。他存心藐视总督的权威，并以献给王室的战利品为自己的行动正名。1519 年 2 月在韦拉克鲁斯（Vera Cruz）上岸后，他焚毁船只，让手下拿
出无路可退的觉悟，接着向墨西哥中部的高原挺进，这将成为帝国主 643
义历史中最戏剧化的传奇故事之一。抵达墨西哥城之际，所发现的文明令他们大受震撼。该城不仅有遍地的黄金和宝石，而且所坐落的土

对美洲的探险

地也适合采用卡斯蒂利亚人在故乡所熟悉的方式耕作。

虽然科尔特斯的人手极少，要征服统治中部高原的阿兹特克帝国需要英雄般的勇气，但他们拥有巨大的优势和非凡的好运。他们所面对的民族的科技十分原始，易被征服者携带的枪炮、钢铁和马匹所震慑。阿兹特克人以为科尔特斯也许是神祇的化身，传说该神明终有一天会回来，这份不安使他们无法放开手脚进行抵抗。而且他们对殖民者带来的外来疾病抵抗力极差。不仅如此，阿兹特克人本身也是残忍的征服民族；其印第安臣民乐于迎接新的征服者，将他们视为解放者，再不济也可以换波新主人。因此局势对西班牙人有利。尽管如此，决定性的因素最终还是他们本身的坚韧、勇气和残酷无情。

1531年，皮萨罗对秘鲁发动一场类似的征服行动。这一成就甚至比征服墨西哥更为突出，而且以更可怕的方式展示了征服者的贪婪和残忍。新帝国的殖民始于16世纪40年代，一开始就在波托西（Potosi）发现一座银矿山，这是史上最重要的矿藏发现之一，将成为此后三百年间欧洲银块的主要来源。

截至1700年，西班牙美洲帝国名义上覆盖着从今日新墨西哥城一直延伸到拉普拉塔河（River Plate）的巨大区域。通过经巴拿马和阿卡普尔科的航线，该地与菲律宾的西班牙人建立了海上联系。然而地图上的巨大面积具有误导性，格兰德河以北的加利福尼亚、得克萨斯和新墨西哥地区人口非常稀少；除了几座孤堡和商栈及数量略多的传教点以外，所谓的占领几乎没有任何实际意义。相当于今日智利的南部地区也一样，殖民开发相当欠缺。最重要且人口最密集的区域有三块：很快成为西班牙美洲帝国最发达地区的新西班牙（即墨西哥的旧称）；因矿产获得重要地位、土地占用率极高的秘鲁；以及若干面积较大、殖民时期较长的加勒比岛屿。不适合西班牙人定居的区域被统治当局长年弃之不顾。

墨西哥和利马总督辖区成为卡斯蒂利亚和阿拉贡王国的姊妹国，依附于卡斯蒂利亚王室，其总督对印第安人行使统治权。他们设有自己的王室议会，国王通过该议会直接行使权力。这一模式理论上的中央化程度很高；但实际上，地理位置和格局使此类自欺欺人变得毫无 644
意义。以当时具备的通信手段，在西班牙对新西班牙或秘鲁实行严密的控制是不可能的。王室名下的总督和都督在日常事务中享有实质上的独立地位。但马德里可以通过殖民地经营获取财政收益，事实上，西班牙和葡萄牙不仅不用负担占领美洲的成本，还能从中获取一份净利，在一个多世纪间，西半球没有其他殖民国家可以做到这点。究其原因，贵金属输入占了很大一部分。1540 年后，源源不断的银块抵达大西洋彼岸，但对西班牙人而言不幸的是，查理五世和腓力二世的战争吞噬了这笔财富。截至 1650 年，共有 1.6 万吨银流入欧洲，这还不包括 180 吨的金器。

究竟西班牙有没有从中获得其他经济收益则更难断言。该国与其他殖民势力共处一个时代，相信贸易流通额有其上限，从而认为所属殖民地的贸易应该留作己用，并以法规和武力作为保障。此外，西班牙还支持另一种老生常谈的早期殖民经济理论，该观点认为殖民地不得发展工业，否则将对母国规模有限的市场形成冲击。不走运的是，西班牙通过这一措施所取得的效果并不如其他国家。虽然除了农作物加工业、矿产业和手工业之外，美洲殖民地其他工业的发展都受到限制，但西班牙当局越来越无力排除在本国殖民地领土从事其他贸易的外国商人（后来被称作闯入者）。西班牙种植业很快就产生了母国无法供应的需求——尤其是奴隶。各岛屿和新西班牙经济的依靠除矿业之外就是农业。这些岛屿很快就对奴隶产生依赖；而西班牙设在美洲大陆殖民地的政府不愿支持奴役被征服人口的做法，于是，其他确保劳力供应的手段应运而生。第一种方法始于各座岛屿，后蔓延至墨西哥，与封建领主制有些类似：西班牙人得到委托监护地（*encomienda*），为一群村民提供保护，并换取他们的部分劳力作为回报。其总体状况与农奴制乃至奴隶制的差异并非始终泾渭分明，奴隶将很快成为非洲黑奴的同义词。

殖民初期是否有大量亲殖民者的土著人口对劳力供应的影响很大，正如占领势力的性质对殖民主义在中南美洲和北美洲所表现出的差异也有很大影响。西班牙人和葡萄牙人曾统治摩尔地区达数百年，因此对多种族社会的生活并不陌生。拉美很快就出现了一批混血人

口。在葡萄牙经三十年对抗、最终从荷兰人手里夺来并牢牢占据的巴 645
西，混血现象非常普遍，欧洲人和土著及黑奴都会生育后代，这些黑奴最早于16世纪作为甘蔗园的劳力引入，后来人数不断增多。非洲的葡萄牙人也不介意种族混血，不存在肤色壁垒曾被视为葡萄牙帝国主义的一个突出特征。

虽然在一片广大的区域建立起多种族混合社会是西班牙和葡萄牙帝国留下的遗产之一，而且其生命力经久不衰，但种族差异依然是这些社会的等级划分依据。统治阶级始终是伊比利亚半岛人和克里奥尔人（*creole*），即出生于殖民地的欧裔。随时间推移，后者觉得受前者——称为半岛人（*peninsulare*）——排挤，无缘关键职位，遂萌生敌意。克里奥尔人以下的等级界限较不分明，其地位按血统渐次降低，直到最困苦、最受压迫的纯印第安人和黑奴。虽然印第安语得以留存——经常要归功于西班牙传教士的努力，征服者的语言当然还是成了这片大陆的主流通行语。这是决定大陆文化统一形态的最主要因素，不过罗马天主教也具有相当的重要性。教会在西班牙（和葡萄牙）美洲殖民地的开创过程中扮演了极为突出的角色。其先驱是殖民时代最初期来自正规修会（特别是方济各会）的传教士，但此后三个世纪间，他们的后继者在远离欧洲的美洲土著文明世界中布道。他们带着印第安人离开所属部落和村庄，教授基督教和拉丁语（早期托钵僧经常不让他们接触西班牙语，以防止受殖民者的腐化），改变他们赤身裸体的习惯，然后送他们回去，在同胞之间撒播光明。开拓者建立的传教站点为数百年后才出现的国家确立了版图的形状。传教者鲜遇阻力。例如，墨西哥人热情地接受了圣母玛利亚崇拜，将她等同于本土神话中的大地母神（Tonantzui）。

无论其是非功过，教会从一开始就自视为卡斯蒂利亚王室的印第安臣民的保护者。数百年后，当罗马天主教群体的人口分布发生重大改变，才能感受到其最终的效应，但大量蛛丝马迹很早就显山露水了。1511 年，一位多明我会传教士在圣多明戈发表了第一篇反对西班牙人对待新臣民手段的布道辞。以此为契机，国王宣布了在新大陆的道义和基督教使命。保护印第安人的法律获得通过，人们向教士寻
646 求建议，研究土著的权利和保障权利的方式。1550 年发生了一桩不寻常的事件，王室政府发起一场神学和哲学探讨，争论的焦点是统治新大陆民族应采取何种原则。但美洲远隔重洋，法律难以执行。土著人口数量又发生灾难性的锐减，造成劳动力短缺，也使保护工作更难以开展。早期殖民者将天花传播到加勒比海一带（其源头似乎在非洲），科尔特斯的一名手下又将病毒带到大陆；这可能是西班牙美洲帝国史的第一个世纪中发生人口灾难的主因。

同时，教会几乎马不停蹄地开展工作，争取土著的皈依（在赫奇米尔科［Xocomilcho］，两名方济各会修士一天之内就让 1.5 万名印第安人受洗），并以传教活动和教区为他们提供保护。其他人也没有停止向王室进言的工作。多明我会修士巴托洛梅·德拉斯卡萨斯（Bartolome de Las Casas）是其中不容忽略的一位。他起初是殖民者中的一员，后成为美洲第一位获得正式任命的神父，此后，作为神学家和主教，他毕其一生于对查理五世的政府施加影响，也不无成果。他坚持一条原则，如果告解者对待印第安人的方式使他感到不满，他就拒绝为其赦罪，哪怕临终仪式时也不例外，并以彻头彻尾的中世纪理论在反对者面前为自己辩护。他认同亚里士多德的观点，有些人确实是“天生的”奴隶（他自己也有黑奴），但认为其中并不包括印第安人。他后来作为殖民主义最早的批判者之一被载入史册，主要是因为两百年后的一名启蒙运动宣传家利用他的著述来宣扬自己的观点。但这是一种年代错误式的观点。

数百年间，教会的布道和仪式是美洲印第安农民接触欧洲文化的

唯一途径，天主教的部分特质也赢得了他们的认同和理解。仅有少数人能获得欧式教育；17 世纪以前的墨西哥主教都不是当地人，除了教士进修，农民所接受的教育比教义问答好不了多少。事实上，虽然很多教士为当地事务鞠躬尽瘁，但教会依然希望保持一种外来的、殖民式的地位。讽刺的是，教士保护当地基督徒的尝试反而孤立了他们（例如不教授他们西班牙语），使他们脱离于本地人和社会当权者融合的进程之外。

这也许是不可避免的。西班牙和葡萄牙美洲殖民地的天主教垄断地位必然在很大程度上使教会和政治体制彼此融合：这对覆盖广阔地区的薄弱行政机制是重要的补充，令西班牙人热衷于布道的也不仅仅是十字军式的狂热。新西班牙设立了异端裁判所，是支持反宗教改革 647
运动的教会确定了格兰德河以南的美洲天主教的形态。多年以后，这一局面带来了重要的后果；虽然有些教士在南美改革和独立运动中扮演重要角色，虽然 18 世纪的耶稣会为保护土著不惜招致葡萄牙殖民者和巴西当局的怒火，但作为一个整体，教会从未找到采纳进步立场的轻松途径。这意味着，许许多多年后，拉美政治独立和自由主义运动将与天主教欧洲的反教皇至上势力携手。这一切都与同一时期在英属北美地区扎根的宗教多元化社会形成鲜明对比。

尽管大陆殖民地输出了数量惊人的金银，在早期近代史的大部分时期，对欧洲最具经济价值的还是加勒比诸岛。其重要性依赖于农产品，尤以甘蔗为首，该作物首先由阿拉伯人传入欧洲的西西里和西班牙，然后被欧洲人带到马德拉群岛（Madeira）和加那利群岛，接着传入新大陆。加勒比和巴西的经济都因此作物而转型。中世纪的人用蜂蜜给食品增加甜味；到 1700 年，蔗糖虽昂贵如昔，但已是欧洲人的生活必需品。甘蔗与烟草、硬材和咖啡共同构成加勒比群岛的主要产品，也是熙熙攘攘的非洲奴隶贸易的根源。这些出口品使种植园主在母国的国内事务中占据重要的一席之地。

西班牙殖民者开启了加勒比群岛大规模农业活动的序幕，上岛之后，他们马上开始种植从欧洲带来的水果并饲养牲畜。引入稻米和甘蔗后，农产品产量长期受限于劳力短缺，岛上的土著人口饱受欧洲人的虐待和疾病之苦。后期抵达的寄生产业——海盗和走私奠定了经济发展的下一阶段。西班牙人占领了加勒比海域较大的岛屿——大安的列斯群岛，仍有数百座较小的岛屿属无主之地，其中大部分位于大西洋的边缘。这些小岛引来了英国、法国和荷兰船长的关注，他们发现可以将那里作为基地，捕猎从新西班牙回国的伊比利亚船只，或是和需要其物资的西班牙殖民者进行非法贸易。委内瑞拉沿海一带也有欧洲定居点，那里的居民需要盐来腌制保存肉类。个人行动起了头之后，以英国王室特许状和荷属西印度公司为形式的政府行为也在17世纪紧随其后。

648 此时，为了在新大陆寻找适合建立当时所谓"种植园"（即殖民定居点）的地点，英国已花去数十年的时间。他们首先在北美大陆进行了尝试。到17世纪20年代，他们成功建立起最早的两个西印度群岛殖民地，分别位于巴巴多斯和背风群岛（Leeward Isles）的圣克里斯托弗。两个殖民地都繁荣起来；到1630年，圣克里斯托弗已有大约3000居民，巴巴多斯有2000左右。这一成功的基础是烟草，连同梅毒（据说1493年已出现在欧洲的加的斯）和后来的廉价汽车，被一些人视为新大陆对旧世界暴行的报复。这些烟草殖民地迅速成为对英格兰举足轻重的存在，不仅因为其带来的关税收入，而且因为加勒比地区新的人口增长刺激了出口需求，为插足西班牙帝国的贸易提供了崭新的机会。法国人马上加入这份有利可图的行当，他们占据了向风群岛（Windward Isles），而背风群岛的余下岛屿归英国人所有。17世纪40年代，西印度群岛有大约7000名法国人和5万多英国人。

此后，英国前往新大陆的移民潮有一部分流向北美，西印度群岛的白人定居数量将不复此前规模。甘蔗成为烟草之外的又一主要作物是另一部分原因。少量种植烟草也可实现经济效益，因此适合在大量小片田地上分散种植、养活大规模的白人移民。甘蔗只有大规模种植才有经济效益，适合拥有大量劳力的大种植园，鉴于16世纪当地人口的减少，这些劳力很可能来自黑奴。荷兰人是这些奴隶的供应者，他们孜孜以求于在西半球实现和远东逐步取得的地位相类似的商业垄断，并在哈德孙河口建立新阿姆斯特丹作为基地。这是加勒比地区发生重大人口构成变化的开端。1643年，巴巴多斯有3.7万名白人居民，非洲黑奴仅有6 000；到1660年，后者的数量已超过5万。

随着甘蔗种植业的兴起，法国殖民地瓜德卢普（Guadeloupe）和马提尼克（Martinique）取得了之前所不具备的重要地位，也对奴隶产生需求。一段复杂的发展进程正在进行之中。加勒比地区对奴隶和欧洲进口商品的市场需求十分巨大且与日俱增，进一步扩大了西班牙人已经建立的市场规模，而西班牙帝国原本就越来越无力保护其经济垄断地位，这确定了下一个世纪西印度群岛在与列强关系中所处的地位。加勒比地区将长期陷于混乱和无序，各殖民地边境犬牙交错，治安糟糕，又不乏获取暴利的机会（某年，一名荷兰船长俘获一整支西 649
班牙珍宝船队［*flota*］，载有从印第安运往西班牙的一年份的财宝）。毫不令人吃惊的是，加勒比海域成为经典乃至传奇般的海盗狩猎场，17世纪最后二三十年间是其鼎盛时期。列强逐渐争出个头绪，最终达成可以接受的协议，但这要耗费很长时间。在此期间的18世纪，西印度群岛和巴西为奴隶贸易提供了巨大的市场，是该贸易得以持续的主要原因。随时间推移，该地还被纳入除欧洲、非洲和新西班牙以外的另一个经济体：一个全新的北美洲。

长期以来，不管标准的经典殖民理论怎么说，北美殖民地总是一片贫瘠之地，不如拉美或加勒比来得诱人。那里没有发现贵金属，虽然北部地区有毛皮，但除此之外，似乎没有什么欧洲人想要的物产。但由于西班牙垄断了南美，也没有其他地方可去，所以很多国家在北美进行了尝试。我们无须关注西班牙人在格兰德河以北地区的扩张，因为这仅仅是传教行为，完全算不上占领，西属佛罗里达则具有战略层面的重要地位，因为该地俯瞰加勒比海北部出口，为西班牙与欧洲的交通提供了一定的保障。而其他欧洲人感兴趣的区域是大西洋沿岸的定居地。那里甚至短暂地存在过一个新瑞典，与新尼德兰、新英格兰和新法兰西毗邻。

殖民北美的动机与其他殖民地区往往相同，但十字军式的、收复失地运动者所具有的那种传教狂热在接近北端的地区几乎完全绝迹。对北美潜在机遇的探索开展得最频繁的是英国人，16世纪的大部分时期，他们认为那里或许存在能够与西属印第安矿藏相匹敌的矿脉。其他人相信人口压力会带来移民需求，日积月累的知识揭示，这是一片地大物博、气候温和的大陆，而且与墨西哥不同，土著民数量极少。在北美西北部寻找前往亚洲的通道也始终令人神往。

在这些因素的推动下，至1600年，大量探索工作出现，但只有一次（不成功的）殖民尝试，位于佛罗里达以北的弗吉尼亚州洛亚诺克（Roanoke）。英国人力量太弱，法国人太三心二意，都不足以获得更大的成果。17世纪，英国崛起为强大的海上帝国，出现了一系列支持移民的政策变化，并以更大的精力、更好的组织和财力投入海外殖民事业，还发现了若干可能在北美大陆种植的主要作物。在两个世纪间的这段时期，这些事实为大西洋沿岸带来了革命性的转型。1600年只有
650 少数印第安人居住的荒凉之地在百年之后成为一处重要的文明中心。很多地区的殖民者向内陆推进极远，直到被阿利根尼（Allegheny）山脉阻挡为止。同时，法国人沿圣劳伦斯河流域和五大湖沿岸设起一连

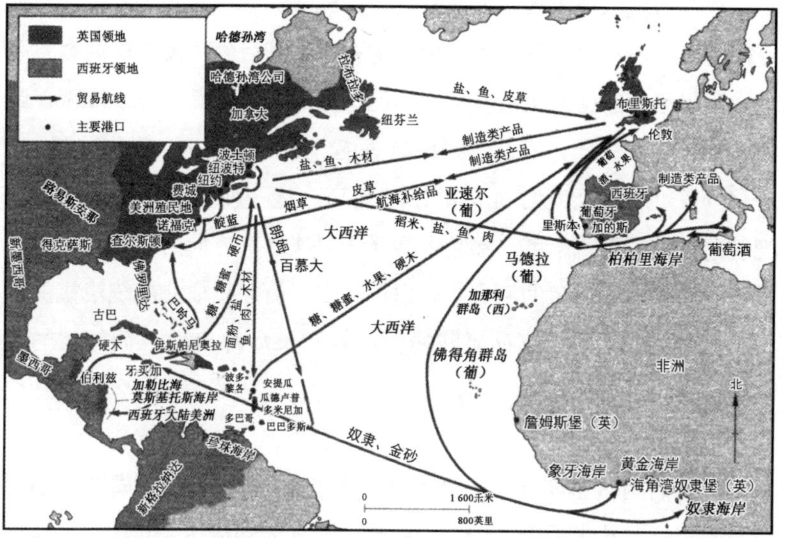

18 世纪 70 年代的英国大西洋贸易

串交通站。大约 50 万白人在这片呈三角形的广阔殖民地上生活，以英国和法国裔为主。

西班牙宣称对北美全境拥有统治权，但英国人早就以“宣而不占，有名无实”的理由予以驳斥。伊丽莎白时代的冒险家对沿海一带进行了大量探索，并将北纬三度以北的所有领地命名为弗吉尼亚，以彰显女王的荣耀①。1606 年，詹姆斯一世向一家弗吉尼亚公司颁发建立殖民地的特许状。这一开端只是形式上的；该公司开展的很多项目都没有利润，其业务状况很快使体制调整成为必需，但英国第一处美洲殖民地于 1607 年建立，并一直存续到现代，那就是弗吉尼亚州的詹姆斯敦。虽然刚刚通过初期的考验，但到了 1620 年，“大饥荒”②早已成为往事，该镇开始走向繁荣。詹姆斯敦落成的次年，即 1608

① 伊丽莎白一世终身未嫁，故又称“贞洁女王”（The Vergin Queen）。——译者注
② 发生于 1609—1610 年间。——译者注

年，法国探险家萨米埃尔·德尚普兰（Samuel de Champlain）在魁北克建立了一座小型要塞。法国殖民地在紧随其后的一段时期内岌岌可危，不得不由法国本土供应粮食，但这为加拿大殖民揭开了序幕。最后，到了 1609 年，荷兰派英国探险家亨利·哈德孙（Henry Hudson）出发找寻通往亚洲的东北航道。这一使命彻底失败后，他把航向掉转一百八十度，穿越大西洋去寻找西南方向的航路。他最终
651 发现了以其名字命名的河流，并以此迈出了荷兰争取北美统治权的第一步。不出数年，哈德孙河畔的曼哈顿和长岛都出现了荷兰人的定居点。

英国人从头至尾一直是北美殖民的领头羊。他们的成功缘于此前所不具备的两点事实。其一是技术，英国人是最早也最成功的倡导者，并用这些技术手段将一个个社群的男女老幼运往大洋彼岸。这些人建起农业殖民地，亲手开垦和耕作，很快实现自给自足，能够独立于母国存续。第二点是发现了后来成为主要作物的烟草，首先在弗吉尼亚种植，然后传播到 1634 年开始殖民的马里兰。更靠北的区域具备可以按欧洲方式进行耕作的土地，从而确保了殖民地的生存；虽然起初对该地区的兴趣源自皮毛贸易和捕鱼业的前景，但那里的谷物产量很快就有了少量富余，可以用作出口。这对土地稀缺的英国人很有吸引力，人们普遍认为 17 世纪的英国是人口过多的国家。17 世纪 30 年代，有大约 2 万人前往“新英格兰”。

新英格兰殖民地与宗教异见群体和加尔文派新教活动的关联是其另一个与众不同的特征。如果没有宗教改革，这些殖民地将会是另一番光景。虽然常见的经济动机也在殖民地起效，但 17 世纪 30 年代前往马萨诸塞州的移民由一批与英国新教中的清教团体有关的人士领导，他们创造了一个殖民地群落，其体制从神权寡头到民主不一而足。虽然有时由英国绅士领导，但北方殖民地的居民比南方更迅速地

摆脱了英国社会和政治习俗，而这种变化发生的原因不仅是生存环境所迫，也包括他们的宗教小众立场。该世纪中期，当英国宪政陷入困局，新英格兰殖民地甚至有全体脱离王室控制的迹象，但这一状况没有发生。

尼德兰殖民地——即后来的纽约——被英国人吞并后，从佛罗里达北部至肯纳贝克（Kennebec）河一带的北美沿海地区在1700年共有12个殖民地（第13个殖民地出现于1732年，即佐治亚），生活着大约40万白人，黑奴的数量是其十分之一。稍北处是归属权依然未决的领土，更北部则是无可争议的法国领地。那里的殖民者分布比英格兰殖民地更为稀疏。北美的法国人或许共有1.5万，他们不能像英国殖民地那样享受大量移民所带来的好处。很多人是捕猎者、传教士和探险家，他们沿圣劳伦斯河一线落户，也在五大湖区域乃至更偏远 652
的地区零星散布。新法兰西在地图上面积巨大，但在圣劳伦斯河流域和魁北克以外只有零星的要塞和商栈，仅具战略及商业价值。居住密度也不是法国和英国殖民区域的唯一差别。新法兰西受到国内的严密监管；1663年后，公司体制被王室直接控制所取代，加拿大由法国总督在王室监察官（*intendant*）的监督下进行统治，与法国本土省份非常类似。那里没有宗教自由；教会在加拿大一家独大，开展传教工作。其历史写满了关于勇气和殉教的光辉范例，也不乏坚贞不屈所换来的苦痛。殖民区域的农田被分割成条地（*seigneuries*），① 这一体系对分散下放行政权责具有一定价值。因此，该地社会形态与旧大陆的相似性远超过英国殖民地，王室甚至还设了一名带加拿大头衔的贵族。

① 沿圣劳伦斯河流域的土地被划分成条块，属于法国国王，由条地主（seigneur）管理。——译者注

英国殖民地非常多样化。这些殖民地的散布区域几乎覆盖整个大西洋沿岸，气候、经济和水土环境包罗万象。它们的起源折射了类别广泛的动机，建立方式也大相径庭。1688 年后，数量可观的苏格兰、爱尔兰、德意志、瑞士和胡格诺派移民开始抵达，很快造成一定程度的族裔混合性，但很长时期内，英语的主导地位和非英语移民相对稀少的数量还将维持盎格鲁—撒克逊文化的压倒性优势。英属殖民地不乏宗教多样性，而且到 1700 年已具备相当有效的宗教容忍措施，若干殖民地与特殊宗教派别往来甚密的现实也无法改变这一点。这一切都增加了各殖民地彼此视同己出的难度。英格兰在美洲没有中心；王室和母国是殖民者生活的共同焦点，因为他们的文化背景依然是英国式的。尽管如此，英属北美殖民地显然为个人提供了出人头地的机遇，而这在规范更严格、监控更紧密的加拿大社会或欧洲故土都不具备。

到 1700 年，部分殖民地已经表现出一种趋势：不会放过任何脱离王室控制、获得自由的机会。独立精神在后世所盛行的传统中发挥了重大的作用，因此，回顾久远的历史、寻找这份精神存在的证明难免使人心动。事实上，以这种眼光来看待美国建国以前的历史将是一种谬误。直到 18 世纪末，1620 年登陆科德角的“朝圣者之父”才重新被人提及，或在国民神话中占据突出的位置。但他们确实想要创造
653 一个新英格兰。早在独立理念出现以前许久，就可以看到一些醒目的事实，有助于更好理解独立和统一这些未来的概念。其一是代表制传统在殖民之初的第一个世纪间得到缓慢强化。无论起初彼此间的差异有多大，18 世纪早期的每片殖民地都通过某种形式的代议制团体开展工作，这些团体与伦敦任命的王室官员沟通，是当地居民的代言人。早期的一些殖民地需要为抵抗印第安人彼此协作，对法战争使合作变得更为重要。为对抗英国殖民者，法国人与休伦人（Huron）结

654

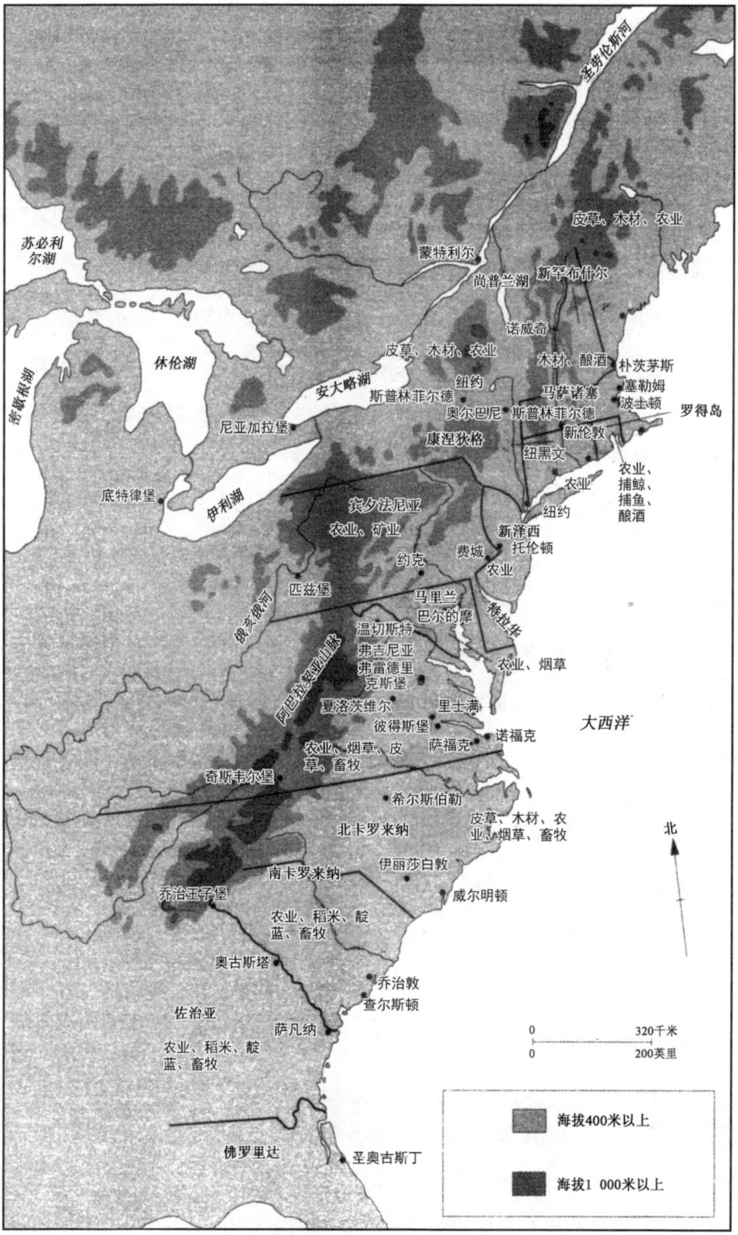

18世纪英属美洲殖民地的经济资源

盟，这有助于各独立殖民地感受到共同利益的存在（也促使英国人将休伦人的世仇易洛魁人［Iroquois］拉到自己的一边）。经济的多样性也催生出一种使各殖民地经济彼此相连的手段。中部和南部殖民地出产稻米、烟草、靛蓝和木材等种植园作物，新英格兰建造船只，提炼、蒸馏糖浆和谷类烈酒，种植玉米和捕鱼。有一种感受与日俱增，其逻辑性也显而易见：如果是为自身而非母国的利益，美洲人或许可以把当地事业——包括西印度的殖民地经营得更好。经济增长也改变了人们的态度。就整体而言，大陆北部的新英格兰殖民地受母国轻视乃至厌恶。该地参与造船业竞争，也从事非法的加勒比海贸易；与种植型殖民地不同，该地没有任何母国所需的物产。此外，该地还遍布宗教异见分子。

18 世纪，英属美洲地区的财富和文明程度都取得极大发展。总殖民人口持续增长，在该世纪刚过半时已远超 100 万。18 世纪 60 年代，有人指出，大陆殖民地对大不列颠的价值将远远超过往日的西印度群岛。到 1763 年，费城的时尚和文明程度已经可以和很多欧洲城市媲美。一份巨大的不确定性也在 1763 年烟消云散，因为加拿大已被征服，同年的一份和平协议确保了那片地区继续归英国所有。这改变了很多美洲人对两个问题的看法，一是帝国政府给予的保护究竟有多少价值，二是要不要进一步向西部扩张。占满沿海平原后，农业殖民者向西推进，翻过山脉的屏障，到达另一侧的河流流域，最终来到俄亥俄和大西北。与法国人发生冲突的危险就此解除，但 1763 年以后的英国政府在处理这一动向时还要考虑其他方面的问题。印第安人的权利和可能作出的反应不能忽视，与他们发生冲突将招致危险，但
655 若要止住殖民者的脚步、避免印第安战争，就必须由英国军队对边境进行管治。结果，伦敦政府决定实施一条限制扩张的西部土地政策，并从殖民地征税作为防卫武装的军费，约束商业体系，打消人们向外

开拓业务的念头。不幸的是，在殖民地政策制定者依然不加怀疑地认同关于殖民地经济依附的过时理论、接受殖民地与母国关系的陈旧观念的最后一段年月中，这一切都将造成麻烦。

至此，欧洲定居新大陆已有大约两个半世纪的历史。在美洲的扩张已经给欧洲历史带来了巨大的总体效应，但要评估这份影响力则远远称不上简单。显然，所有殖民国家到 18 世纪最终都从殖民地取得了一定的经济利益，但方式各不相同。流入西班牙的银块最显而易见，也当然对欧洲乃至亚洲的整体经济有所影响。殖民地人口的增长也有助于刺激欧洲出口和制造业。在这一方面，英国殖民地的重要性最为突出，预示了来自欧洲的移民潮日渐扩大的趋势，这一趋势最终在 19 世纪和 20 世纪早期的大移民中达到高潮。殖民扩张也必须和欧洲船运和造船业的巨大发展联系起来看待。无论是从事奴隶交易、走私、母国与殖民地之间的合法进出口贸易、捕鱼或为新的消费市场供货，造船业者、船东和船长都从中获利。这产生了日积月累、无法估量的效果。因此很难计算出帝国主义初期阶段占领美洲殖民地对帝国主义列强造成的总体效应。

从长远角度来看，我们可以更确信地指出这一事实在文化和政治上的重要意义：西半球将属于欧洲文化圈。西班牙人、葡萄牙人和英国人固然差异很大，但依然是同一种文明的不同演绎。他们的身上都具备某些欧洲文明的精华。政治上，这意味着覆盖从火地岛（Tierra del Fuego）到哈德孙湾的巨大幅员的两片大陆最终将按欧洲的立法和行政原则加以组织，即便脱离殖民国家取得独立后也是如此。整个半球将归入基督教；虽然印度教和伊斯兰教最终也会出现，但只能获得少数信众，无法成为基督教文化的对手。

在这些概述的基础上更进一步，北美和南美洲差异的持续扩大具有重大的政治意义。诚然，从文化角度讲，北美土著民族为人类创造 656

的成就不如中南美洲文明那般突出。但殖民主义也是一种能够改变现状的客观因素，回顾古代的同类范例进行类比并非是不切实际的联想。古希腊人的祖先所建立的城邦殖民地是基本独立的社群，在某种意义上类似于英国的北美沿海殖民地。一旦建立，发展出自我归属意识是合乎必然的演化趋势。西班牙帝国则展示了一种规范化的中央和帝国体制模式，就如罗马帝国的行省制度。要经过一段时间，人们才会意识到，已经赋予英属北美地区的基本演化模式将形成未来世界霸权的核心。因此，事实将证明，这一演化决定了世界以及美国历史的走向。在北美洲未来的主线得以确定之前，两大转型因素还将继续发挥作用：涌入大陆北部的西进浪潮所面临的环境差异，以及规模大得多的非盎格鲁—撒克逊移民潮。这些移民势力涌入后，英国后代所确立的社会模式渐成孤岛，但将在未来的美国社会中留下印记，就如拜占庭在俄罗斯所留下的遗产。国家和民族不会摆脱起源，只会学着以不同的视角来看待。有时，旁观者看得最清。一名德国政治家在 19 世纪末将至时评价道，大不列颠和美国使用同一种语言的事实在国际事务中意义最为重大。

第 5 章　世界史新篇章

1776 年，美洲开始出现第一波殖民地暴动，并一直延续了数十 657
年。除了为美洲大陆的历史开创了一段新纪元之外，这些动乱还提供了一个有利的平台，便于将欧洲霸权的第一阶段作为一个整体来考察。世界其他地区也出现了历史节奏开始发生某种变化的标志，例如法国人不再对印度的英国人构成严重威胁，以及澳大利亚这片最后被发现的宜居型大陆开始接纳殖民者。18 世纪末蔓延着一份新旧时代交替的沧桑感；若要评价之前三个世纪对全球历史带来的影响，这是一个很好的时间点。

三百年来，赤裸裸的征服和占领是欧洲霸权的主要形态。凭借征服所得财富，欧洲可以进一步扩大对其他文明的优势，他们还设立政治体制，以其他方式传播欧洲的影响力。完成这些工作的是寥寥几个欧洲国家，也是第一批地理势力范围覆盖全世界的强国——即便实力还够不上世界强国的标准：大发现时代为大西洋国家带来了与其他欧洲国家截然不同的机遇和历史使命。

首先抓住机遇的是 16 世纪仅有的殖民大国西班牙和葡萄牙。当终结七年战争的巴黎和约于 1763 年签署时，两国早已告别鼎盛时代。把该条约看作新世界秩序的奠基石只是为方便起见，西班牙和葡萄牙所主导的世界格局此前早已被颠覆。该条约还见证了大不列颠在海外事务中对法国人的胜利，英国人为这场胜利投入了将近八十年的心力。对决还没有结束，法国人依然有收复失地的希望，但大不列颠还是将成为未来的强大帝国。这两个国家已经使荷兰相形见绌，后者的

658 帝国与英法一样建立于17世纪，即葡萄牙和西班牙势力衰落的时代。但西班牙、葡萄牙和联合行省王国都依然握有重要的殖民领地，也在世界地图上留下了难以磨灭的痕迹。

到18世纪，由于其海洋史，这五国都与中欧内陆国家和过去如此重要的地中海国家形成了差异。由于殖民地和海外贸易的特殊利益，五国外交官有了新的竞争理由和舞台。大部分其他国家都更晚才认识到欧洲以外的事务有多么重要，而且就连五国中的某几国也有些后知后觉。西班牙一直征战不休（首先为哈布斯堡王朝争夺意大利，然后对抗奥斯曼人，最后是决定欧洲霸权的三十年战争），浪费了从西印度群岛取得的财富。在同英国的漫长对决中，法国人总是比对手更容易分心他顾、把资源转移到欧陆事务上去。毕竟，外交界起初几乎没人意识到，欧洲内外事务在本质上也许密不可分。西班牙人和葡萄牙人达成彼此满意的利益划分方案时，其他欧洲国家对此漠不关心。佛罗里达的法国胡格诺派殖民地的命运，或是像洛亚诺克的英国殖民者那样对西班牙毫无根据的领土主张不当回事的行为，都不会让欧洲外交官操心，更不可能影响他们的谈判。当英国海盗和冒险家在伊丽莎白一世的支持下对西班牙殖民地和舰队造成实质性的伤害，这一状况开始改变。荷兰人很快加入他们的行列，此后一个世纪的一份重大外交话题从此刻开始浮出水面；如一名路易十四时期的法官大臣所写，“贸易是欧洲各国争斗的永恒主题，无论在战时还是和平年代”。以上就是两百年来所发生的变化。

当然，统治者总是关心财富和增加财富的机会。威尼斯曾长期通过外交手段保护商业利益，英国人经常用条约来保障对佛兰德斯的纺织出口。各国曾普遍认为，贸易周转利润存在限度，因此一国的收益必然以其他国家的损失为前提。把欧洲以外地区的财富追逐列入外交必须考虑范围的年代还要很久以后才到来，甚至还出现过将两者彼此分离的尝试；1559 年，法国和西班牙同意，双方船长在“界外”（当时指亚速海以西、北回归线以南）对另一国船只的所作所为不能成为这两个欧洲国家相互敌视的理由。①

外交模式的彻底翻新——倘若可以如此表述——始于同西班牙帝 659
国展开的贸易冲突。当时的人理所当然地认为，在殖民地关系中，母国的利益始终是至高无上的。只要那些利益属于经济范畴，殖民地就会被要求尽可能实现自给自足，并为母国提供净利润——无论是通过开发矿产和自然资源，还是通过相对母国的贸易逆差，同时，其贸易基地可供母国主宰特定区域的国际事务。到 1600 年，国家势力范围取决于海上力量的现实已显而易见，由于无敌舰队的溃灭，西班牙海军不再享有过去令人敬畏的地位。本质上，腓力陷于两难的处境：其力量无法兼顾欧洲和西印度群岛的利益，在欧洲对抗瓦卢瓦王朝和伊丽莎白、镇压尼德兰起义、开展反宗教改革运动都需要投入资源，而西印度群岛的安全离不开海上力量，也离不开可满足殖民者需求的有效供给。他选择继续维持帝国的存续，但要利用殖民所得推行欧洲政策，这低估了在 16 世纪的官僚和通讯体系下控制如此庞大的帝国所要面临的难度。不管怎么样，为独占西印度群岛的财富，西班牙建立起一个巨大而复杂的体系，包括设立定期船队制度、将殖民地贸易集中到若干授权港口、由海岸卫戍舰队保障治安等措施。

首先挑明立场、为争得一份好处不惜一战的是荷兰人，于是，外交官们首次被迫关注欧洲以外事务，也不得不拿出手段来平息事端。对荷兰人来说，贸易主导权是最优先的目标。至于实现该目标的方法，从 17 世纪初就可一目了然，在东印第安、加勒比和巴西这些世界主要甘蔗产区，尼德兰人投入大规模舰队，与西班牙和葡萄牙设下

① 即《卡托-康布雷齐条约》。——译者注

的防卫力量开战。他们在巴西遭遇了唯一的严重失败，1654 年，葡萄牙人逐走荷兰驻军，恢复对该地的控制，也没有受到进一步的挑战。

寻求商业财富与 17 世纪英国政府的新教立场充满矛盾；上个世纪，英国曾是荷兰反叛者的盟友，对克伦威尔来说，能领导一个对抗天主教西班牙的新教联盟是再好不过。可事实上，他却不得不经历最初的三场英荷战争。第一场（1652—1654）是不折不扣的贸易战争。其导火索是英国的一项决定[1]，规定进口该国的商品只能由英国船只或商品生产国的船只运输。该决定的意图非常明显，希望促进英国船
660 运业的发展、缩短乃至消除和荷兰的差距。这损害了荷兰的核心利益：欧洲船运贸易，尤其是波罗的海船运贸易。英联邦依靠一支优秀的海军赢得了战争。第二回合始于 1665 年，英国人夺占新阿姆斯特丹的行为又一次触怒了荷兰人。这场战争中，荷兰人有法国和丹麦人助阵，也有当时最强大的海上力量。因此，他们得以在和约中迫使英国人放松进口限制，但也将新阿姆斯特丹让给英国人，以此换取从巴巴多斯扩张后占领的苏里南。使这一切成为白纸黑字的是《布列达条约》（1667 年），也是第一份涉及欧洲以外事务的程度不亚于欧洲本身的欧洲多边和约。根据该条约，法国向英格兰割让了西印度群岛，作为交换，无人居住、条件恶劣但具有战略重要性的阿卡迪亚（Acadia）被承认为法国领地。英国人所获颇丰；从西班牙人手中夺得牙买加使其成为英联邦的传统成员国之后，又在加勒比地区有了新的进项。这是英格兰首次凭借征服手段在大洋彼岸有所斩获。

克伦威尔的政策被视为英国有意识地走向帝国主义道路的决定性转折点。这种观点也许过多地将历史的走向归于他个人的远见。复辟

① 1651 年 10 月通过的《航海法案》。——译者注

后的斯图亚特王朝倒也大体上保留了保护船运和殖民贸易的“航运”体系，牢牢占据牙买加，也没有忽略西印度群岛新体现出的重要价值。查理二世向一家以哈德孙湾命名的新公司颁发特许状，与法国人争夺北部和西部地区的皮毛贸易。他和他的继任者詹姆斯二世至少保住了英国的海上实力（虽然不无退化），使英国海军成为奥兰治的威廉与路易十四开战时可以倚仗的力量。而詹姆斯二世在其他方面则达不到国王的标准。

详细记述下个世纪的种种变化将显得冗长无趣，期间，英格兰和大英帝国新的外交侧重点先后明朗化。为时不长的第三次英荷战争（没有任何实质性的重要后果）并不真正属于这一时期，英格兰和法国的漫长斗争才是该时代的主旋律。奥格斯堡联盟战争（在美洲称作 661

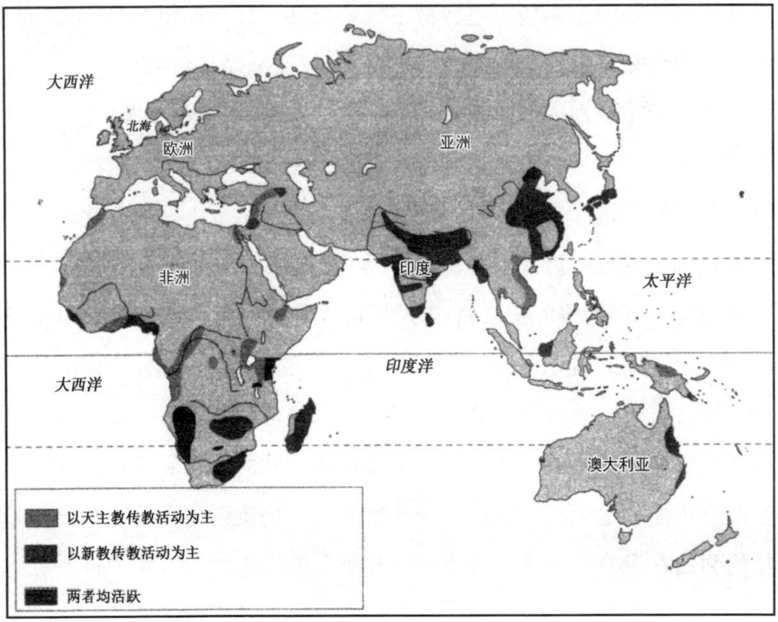

19 世纪基督教在亚非的传教活动

威廉王战争）在殖民地也打得如火如荼，但没有使殖民地发生太大的变化。西班牙王位继承战争则大不相同，这是近代史上的第一场世界大战，关乎西班牙帝国的命运和法兰西的地位。战争结束时，英国不仅赢得阿卡迪亚（也就赢得了新斯科舍［Nova Scotia］[1]）和其他取自法国人之手的西半球领地，而且还获得向西班牙殖民地供应奴隶和每年载一船商品前去交易的权利。

此后，海外事务在大英帝国对外政策中的权重越来越大。尽管1714年发生王朝更迭，汉诺威选侯[2]成为大不列颠的首任国王，但欧洲问题的受重视程度还是降低了。英国人始终坚持这一政策，尽管也有为难的时刻，但最终都会重新回到促进、维持和扩张英国贸易的轨道上来。维系普遍和平往往是实现这一目标最好的方式，有时通过外交施压（例如哈布斯堡王室曾被说服，放弃了让奥斯坦德公司参与亚洲贸易的计划）、有时通过争夺并维持特权或战略优势实现。

战争的重要性变得越来越明显。有史以来第一场交战双方为欧洲国家却又完全与欧洲本土事务无关的战争始于1739年，当时，英国政府开始与西班牙交恶，争端的根本焦点是西班牙人在加勒比地区的搜查权——或按西班牙人的说法，是他们为保障帝国利益、防止英国人滥用1713年获得的贸易特权所采取的适当措施。这就是史书中记载的“詹金斯之耳战争”——耳朵的主人在下院中展示了腌制的器官，怀有敏感的爱国之心的议员们听了他的一面之词，相信西班牙海岸守卫队就是割耳的元凶，顿时义愤填膺。冲突爆发后不久，奥地利王位继承战争也来火上浇油，于是演变为一场英法之间的对抗。1748
662 年的和约并没有令交战双方各自的领土范围发生太多变化，也没有终

① 北美洲东部沿海的加拿大省份。——译者注
② 格奥尔格·路德维希一世。——译者注

结北美的纷争，法国似乎将靠一连串北美要塞令英国殖民者永远无法踏足美洲西部。为应对这一危机，英国政府首次派遣常备军踏足美洲，但并不成功；直到七年战争时期，一名英国大臣才意识到，给这场漫长的对决画下终止符的机会是存在的，因为法国不能抛弃欧洲盟友奥地利。按这一方针调整资源分配后，英国立即在北美和印度连连告捷，加勒比地区的胜利也接踵而至，其中不乏西班牙人所吞下的苦酒。一支英国武装甚至夺取了菲律宾。这是一场波及全球的战争。

1763 年的和约对法国和西班牙的限制事实上没有达到英国人所希望的程度，但切实消除了法国在北美和印度的竞争行为。要从加拿大和瓜德罗普——一座出产甘蔗的岛屿——中二选其一时，一份支持保留加拿大的观点认为，已经服膺于大不列颠旗帜下的加勒比种植业者会害怕帝国内部甘蔗生产的竞争加剧。结果就形成了新不列颠帝国的巨大版图。到 1763 年，整个北美东部和往西延伸至密西西比河口的湾岸地带都属于英国。法属加拿大不复存在，法国人的威胁也烟消云散——从法国人的角度来看，烟消云散的是法国在密西西比河流域建立帝国的希望，这份由伟大的 17 世纪法国探险家所打造的基业覆盖着从圣劳伦斯河到新奥尔良的区域。海岸以外的巴哈马是一条岛链的最北端，该岛链贯通小安的列斯群岛，往东南方向一直延伸到多巴哥，几乎将加勒比海完全围绕。岛链内的牙买加、洪都拉斯和伯利兹（Belize）都属于英国。1713 年的和约中，英国人迫使西班牙给予其帝国境内的有限奴隶贸易权，并立刻得寸进尺、越界千里。英国的非洲贸易站位于黄金海岸，数量寥寥无几，但为巨额非洲奴隶贸易提供了基地。在亚洲，对孟加拉的直接管理将为英国在印度的领土扩张阶段拉开序幕。

英帝国的霸权以海上实力为基础。其真正的起源可追溯到亨利八世所造船只，属于当时吨位最大的一类（例如配有 186 门火炮的“亨利蒙主恩典”号［*Harry Grâce à Dieu*］），但起步虽早，却没有延续下去，直到伊丽莎白一世统治期才恢复发展。虽然王室或商业投资者提供的资金寥寥无几，但她麾下的船长们还是依靠对西班牙作战所取得的利润延续了海上作战传统、升级了船只。到斯图亚特王朝早期，海军获得的关注和投入再一次缩减。皇家行政机关无法负担造船成本
663 （事实上，出钱造新船就是能让皇家税务议会怒不可遏的原因之一）。讽刺的是，直到英联邦时期，对海上力量的持续和大力关注才真正开始，这份关注将成为皇家海军未来得以存续的保障。当时，荷兰商业船运的优势和强大的海军实力之间的关联已经深入人心，结果导致英国《航海法案》的出炉，引发第一次英荷战争。强大的海运行业是水兵的摇篮，也能带来贸易和相应的关税收入，为正规战舰的保养提供资金。而海运业的发展只能依赖于为其他国家运送商品，因此，海运竞争十分重要，必要时可以动用武力；打入那些不容外人染指的区域也很重要——例如西班牙美洲贸易。

从15至19世纪，这场竞争所使用的战斗机器不断得到改良和专门化，但没有革命性的改变。一旦横帆和侧舷射击战术被采纳，船只的基本外形就确定了下来，不过个别设计依然能大大提升航海性能，在18世纪的英法对决中，法国人造出的船往往比英国人更胜一筹。16世纪，在英国人的影响下，船只的长度和宽度都与日俱增。与此同时，船首楼和船尾楼相对甲板的高度也一直在逐渐减少。早在17世纪早期，青铜炮铸造技术就已发展到很高的水平，因此火炮的变化主要来自设计、准度和注射量的改良。18世纪有两项重要的创新，一是铁铸短程大口径重型臼炮，就连小船的火力也因此大大提升；二是装有燧石发火装置的射击构件，使更精确的火炮控制成为可能。

17世纪中期，战舰和商船的功能和设计彼此区别化的方针得以采纳，但由于老旧船型和私掠船的存在，其界限还不是很分明。私掠

船是构筑海上力量的廉价方案。战时，政府授权私掠船长或其雇主打劫敌方船只，从中牟利。这是一种正规化的海盗行为，英国、荷兰和法国私掠船在各个时期都展开行动，对别国贸易造成极为成功的打击。第一场大规模私掠战争是法国国王威廉对英国和荷兰发起的，但结果并不成功。

17 世纪的其他航海创新属于战术和行政范畴。旗语信号逐渐正式化，第一本战斗指导手册向皇家海军发放。征募工作的重要性开始
凸显；英格兰还出现强征行为（法国人在从事航海业的省份为海军征 664
兵）。大型舰队以这种方式获得了人力，而且，考虑到各方不相上下的技术和有限的杀伤力——哪怕重炮也强不到哪去——战争的胜败很可能最终取决于人数。

17 世纪的初期发展对后世有很大的影响，一名海上霸主在这一阶段崛起并维持了两百多年的统治，在世界范围缔造了不列颠统治下的和平。荷兰共和国要在陆地上抵御法国人、捍卫其自由，所以海上竞争力逐渐丧失。英国的海上强敌是法国，不难看出，国王威廉的统治期结束时，法国已经历一个决定性的转折点。当时，法国在陆地和海洋的两难抉择中作出决定，打算将帝国事业的重心放到陆上。从那以后，虽然法国造船业者和船长们依然能凭借技术和勇气赢得胜利，但法国海军再无笑傲天下之日。英国人则更加专心地经营海上力量；他们只需让欧陆盟友维持战力，而无须自己供养大批军队。但除了单纯的资源集中度以外，两国还有些许其他的差异。英国海上战略的进化方式与其他海上强国截然不同。说到这一点，路易十四对法国海军失去兴趣一事与此不无关联，因为英国人在 1692 年令法国海军蒙受惨败，从而使法国海军将领失宠。历史上有许许多多场胜利表明，海上实力最终的意义在于掌握制海权，供友军船只安全通行并阻止敌方船只通行。而英国人在 1692 年的胜利是最早的一次。达到这一期望

目标的关键在于消灭敌方舰队。只要敌舰队不除，危险就始终存在。因此，在此后的一个世纪中，英国海军将领的最高目标就是尽早与敌舰队决战并取胜，这一战略给皇家海军带来几乎毫无间断的制海权和勇往直前的攻势传统。

海军战略对帝国大业同时起到直接和间接的促进作用，因为这份战略需要不断获取更多的基地，作为舰队活动的依托。这一点对大英帝国的构建尤其重要。18 世纪后期，该帝国还将失去大片定居领地，这进一步阐明了欧洲霸权的性质所在，直到 1800 年，除新大陆以外，这份霸权依然依托于商栈、岛屿种植园和基地，依然取决于对贸易的控制而非对广大区域的占领。

通过不到三百年的时间，即便是这种有限的帝国主义形式也使世界经济发生了革命性的变化。1500 年前，世界上有数百个一定程度
665 上自给自足的经济体，其中部分存在贸易往来。欧洲对美洲和非洲几乎一无所知，更是完全不知道澳大利亚的存在，与其广阔的面积相比，这三个大洲与欧洲的联系少得可怜，只有少量从亚洲到欧洲的奢侈品贸易。到 1800 年，一张遍及全球的交换网络已经成型。就连日本也是其中的一员，虽然非洲中部依然是神秘的未知地区，但也通过奴隶贸易和阿拉伯人与整个体系连为一体。两个引人注目的现象首先预兆了该体系的出现，一是部分亚欧贸易转走葡萄牙所控制的海路，二是美洲向欧洲输入了大量贵金属。没有这些以银块为主的货币供应就不可能有什么亚欧贸易，因为欧洲人几乎不能生产任何亚洲需要的商品。这也许是来自美洲的贵金属最重要的价值所在，其输出量在 16 世纪末和下一世纪初达到顶峰。

虽然新获得的贵金属来源是欧洲与亚洲和美洲建立往来所取得的最早也最夸张的经济效果，但其重要性不如贸易的总体增长，其中包括来自非洲、供应加勒比及巴西地区的奴隶贸易。奴隶船通常会载着

美洲殖民地出产的物资返回欧洲，而且这些物资对欧洲的必要性与日俱增。在欧洲，阿姆斯特丹和伦敦先后超越了安特卫普作为国际港口的地位，这很大程度上是因为殖民地商品再出口贸易的巨额增长，此类商品都由荷兰和英国船只运输。以这些贸易为主干，各种衍生和次级贸易大量涌现，带来了进一步的专门化和市场细分。造船、纺织和随后出现的保险业等金融服务共同走向繁荣，在经济总量的巨额扩张中分享利润。18 世纪后半叶，东方贸易占荷兰对外贸易总量的四分之一，该世纪期间，从伦敦驶出的东印度公司船只数量翻了三倍。而且，这些船只的性能比过去更强，设计更好、载运量更大，所需人手也更少。

在这场欧洲与世界的新交互所导致的后果当中，物质层面的结果比某些其他层面要容易辨识得多。欧洲至今仍是世界上食谱种类最丰富的地区之一，这一状况始于近代早期。仅是烟草、咖啡、茶叶和蔗糖的出现就使他们的口味、习惯和生活起居发生了翻天覆地的变化。马铃薯比过去的作物能供养更多人口，后来改变了很多国家的生活方式。欧洲药典里也增添了大量新药，其中大部分来自亚洲。

除了这些物质层面的效果以外，其他效应很难分析。关于世界的 666
新知与欧洲人的思想所发生的互动尤其难以明察。早在 16 世纪，有关东西方大发现与航海的书籍就大量涌现，这表明人们的观念正在发生变化。作为一门科学，对东方世界的研究始于 17 世纪是一种可以接受的说法，不过，直到该世纪末，欧洲人身上才开始体现出关于其他民族的人类学知识所带来的冲击。由于这一切发生在印刷时代，其传播效应就更为猛烈，也使我们难以评估这份对欧洲以外世界前所未有的兴趣究竟有多大。不过，到 18 世纪早期，有迹象表明知识界受到了意义重大的深层次冲击。没有基督教护持的野蛮人过着道德高尚

的生活，这种田园般的光景令欧洲人深思；英国哲学家约翰·洛克
667 (John Locke) 用其他大陆的证据表明，人类没有任何上帝赐予的、
先天的共同观念。尤其是对中国的理想化和带有感情色彩的描绘，为社会体制的相对性提供了思考的对象，同时，中国文学的传播（耶稣会的研究对此贡献良多）揭示了该文明的历史流程，其源头之久远，使得将《圣经》所描述的大洪水视为人类第二次开端的传统观点显得离奇无稽。

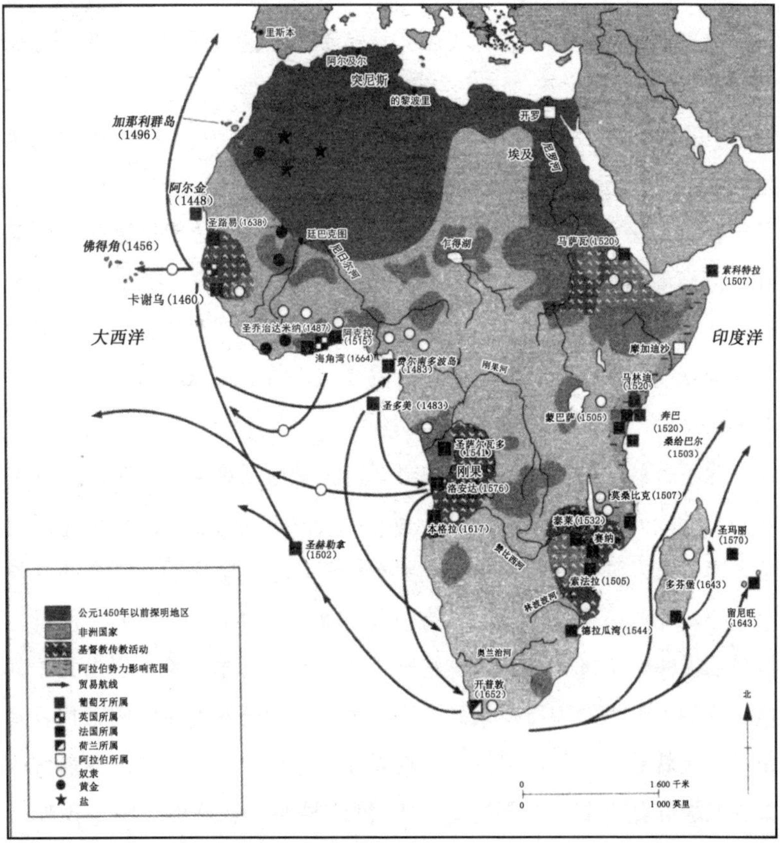

近代早期的非洲

随着其产品的不断普及，中国还在 18 世纪的欧洲引发了对东方式样的家具、瓷器和服饰的狂热。其影响力涉及艺术和知识界，因此总是更为显眼，但意识到别处也有不同的文明、奉行不同的标准，这使欧洲人能用更深层次的视角来观察自身的生活状况。虽然此类对比可能含有一些令人惶恐的要素——表明与中国人对待其他宗教的态度相比，欧洲人或许该无地自容，但仍然有其他让欧洲人继续保持优越感的素材——例如西班牙征服者的英勇事迹。

世界对欧洲的冲击很难用几种简单的公式来概括，反之亦然，但欧洲人所带来的影响有时极为夸张和明显，至少某些表象是如此。一份令人惊诧的事实是，几乎没有任何一个非欧国家从欧洲扩张的第一阶段中获得实质性的好处；恰恰相反，很多国家遭受了可怕的磨难。但欧洲人并不应总是为此受谴责——除非欧洲人进入那些国家本身就应受谴责。在那个时代，除了最初步的了解以外，人们对传染病一无所知，无法预知从欧洲带到美洲的天花或其他疾病会造成毁灭性的打击。但后果是灾难性的。据估算，16 世纪的墨西哥人口减少了四分之三，一些加勒比岛屿的居民彻底死绝。

而另一方面，对幸存者的残酷剥削则是另一回事——由于人口锐减，他们的劳力变得价值连城。臣服与统治的主旨几乎贯穿欧洲影响世界其余地区的所有早期实例。各殖民地环境和欧洲各国传统的差异使压迫和剥削的程度存在极少但微妙的不同。并非所有殖民社会都基于同样极端的残忍和恐怖，但都染上了些许残忍和恐怖的色彩。联合行省王国的财富及 17 世纪的璀璨文明从血腥的土壤里汲取养分，至少印尼和出产香料的岛屿是血淋淋的实例。早在北美殖民地扩张到阿利 668
根尼山以西之前，弗吉尼亚首批英国殖民者和“红印第安人”短暂的友好关系就已经变味，种族灭绝和驱逐开始上演。虽然西班牙美洲殖民地的住民得到政府某种程度的保护，免于在委托监护制下受到最可怕的虐待，但也基本上沦为劳工，而且其文化被蓄意灭绝（这是来自最高层的旨意）。南非霍屯都人（Hottentot）的命运、澳大利亚原住民（Aborigine）的命运，都一再重复了同一种教训：欧洲文明可以毁灭一切与之接触的对象，除非像印度和中国那样有古老和发达的文明守护。就连这两个伟大的国度也遭受极大伤害，而且也无法抵抗决意投入充分武力的欧洲人。但殖民地最清晰地展现了欧洲统治的模式。

很多殖民地的繁荣长期依赖非洲奴隶贸易，前文已经提及这份行当对经济的重要意义。自 18 世纪起，批评家就对此难以释怀，他们看到了人与人之间最惨无人道的行径，无论是白人对黑人、欧洲人对非欧民族还是资本家对劳工。在关于欧洲扩张和美洲文明的历史学研究中，这一主题不失恰当地占据了主导地位，因为确实是两片大陆的首要事实。但较为不妥的是，由于奴隶制对新大陆的成型是如此重要，对此问题的关注使人们忽略了其他时期、其他形态的奴役行为——甚至忽略了奴隶会遭受的其他命运，例如有意或无意的、也会降临到其他民族头上的屠杀。

新大陆殖民地市场主宰了奴隶贸易的走向，直到 19 世纪该贸易被废除为止。奴隶商人最可靠的主顾依次位于加勒比岛屿、美洲大陆北部和南部。最初统治该贸易的葡萄牙人很快被先后到来的荷兰人和伊丽莎白一世的“海狗”[①] 赶出加勒比地区，但葡萄牙船长在 16 世纪余下的时期转而向巴西输送奴隶。17 世纪早期，荷兰人成立西印度公司，以确保对西印度群岛的定期奴隶供应，但到 1700 年，法国和英国的奴隶贩子已在非洲“奴隶海岸”建起商栈，取代了他们的领头地位。这些国家总共将 900 万至 1 000 万黑奴运往西半球，其中八

① 受女王之命骚扰西班牙舰队、在新大陆获取立足点的船长，其中不乏大名鼎鼎的人物和臭名昭著的恶徒。——译者注

成贸易发生在 1700 年以后。奴隶贸易在 18 世纪达到鼎盛，期间有 600 万奴隶漂洋过海。布里斯托和南特等欧洲港口凭借奴隶贸易所获财富建立了一个新时代。由于黑奴贡献的劳力，新土地得以开垦。新 669
作物的大规模种植又使欧洲的需求、制造和贸易模式发生重大改变。我们的生活中依然有奴隶贸易所留下的痕迹，种族分布也不例外。

而已经不留痕迹但永远无法估量的是人类在其中所遭受的苦难，不仅是身体上的摧残（哪怕一名黑人在骇人听闻的船运环境中幸免于难，他到西印度种植园后或许也只有几年可活），也包括这批数量惊人的移民在心理和情感方面所经历的无数悲剧。历史学者依然在争论，奴隶贸易是否“开化”了美洲的黑人、让他们无论情不情愿都必须与更发达的文明接触，或是否延缓了黑人文明的发展、使他们陷于半襁褓式的依附状态。奴隶制的残忍有多么无法估量，这一问题看起来就有多么无解；一方面，我们有脚镣和鞭刑台为证；另一方面，这些东西在欧洲人的生活中也很常见，而且按逻辑推论，种植园主出于个人利益的考虑也会照管好自己的资产。奴隶起义表明事实并不总是如此。不过除巴西之外，起义并不多见，这一事实也值得加以思考。这场辩论的终点看起来遥遥无期。

对于非洲所遭受的、史料中几乎只字未提的损失，要估计出结果甚至更难，因为证据更依赖于推测。某些人试探性地提出，从美洲引入非洲的新食品也许能抵消人口显著下降的负面作用。可以想见，这类因欧洲人一心想要捕获奴隶所导致的接触而产生的副作用实际上会使人口增多，但这一假设的利好因素无法抵消外来疾病那同样不可估量的负面效力。

值得一提的是，长期以来，非洲奴隶贸易没有引发任何像西班牙教士保护美洲印第安人时所表现出来的那种疑虑，而且部分基督徒实际上还抵制对此贸易的任何限制，这份血腥的生意对欧洲人依然充满诱惑力。直到18世纪，以法国和英国为主，责任感和罪恶感才开始蔓延滋生。这份感受在英国人对1787年获得的属国塞拉利昂的使用方式中得到表现，博爱主义者使该国成为在英格兰获得自由的非洲奴隶的庇护所。在有利的政治和经济环境的双重作用下，人道主义思想所培育的公众情感将在下个世纪摧毁奴隶贸易，并在欧洲范围内消灭奴隶制度。但这是另一段历史要讲述的内容。在欧洲势力向世界蔓延的过程中，奴隶制是一份触目惊心的社会和经济现实，也将成为一段宏伟的传奇，以最苛烈无情的方式象征着暴力压倒一切的现实和人类的贪婪。悲哀的是，它不过是比较突出地体现了发达社会用武力统治弱小社会的普遍现实。

670 有些欧洲人意识到这一点，但依然相信他们给其余世界带去的东西足以弥补一切罪恶，其中最具分量的就是基督教。召开特伦特大公会议的教皇保罗三世发布诏书宣称："印第安人是真正的人……不仅能够理解天主教信仰，而且依我们所知，他们极其渴望接纳这份信仰。"此类乐观情绪仅仅反映了反宗教改革运动的精神，因为从西班牙和葡萄牙人占领殖民地之初，天主教就不乏在那里传教的动力。耶稣会传教工作始于1542年的果阿，从那里辐射到整片印度洋和东南亚，甚至波及日本。和其他天主教国家一样，法国也重视传教工作，甚至在没有经济或政治参与的地区也同样热心。尽管已经不乏关注，在16和17世纪，人们又为传教事业投入了一份新的热情，并也许给反宗教改革运动增添了一定的活力。至少在形式上，罗马天主教在16世纪获得的信徒和领地比之前任何世纪都要多。要评价其真正的意义更为困难，但罗马天主教会为美洲土著提供了后者所仅有的一丁点保护，其神学主张维系着唯一的、针对早期帝国主义理论下的被臣服民族的托管理念，尽管这一理念有时显得弱不禁风。

新教对殖民地土著的关注远远滞后于天主教，其传教工作也一样。荷兰人几乎无所作为，英国的美洲殖民者不仅没有赢得信徒，而且还奴役了一部分邻近的美洲土著（值得称赞的是，宾夕法尼亚的教友会教徒是个例外）。直到17世纪末，声势浩大的盎格鲁—撒克逊海外传教运动才现出端倪。不仅如此，即便是作为礼物送给世界的福音，到达受众手中时已存在悲剧性的歧义。而且，这份欧洲人输出的思想对传统体制和观念极具潜在侵蚀力、挑战性和破坏力，威胁了社会权威、律法、道德机制和家庭及婚姻模式。传教士经常身不由己地成为统治和臣服其他民族的工具，这一过程贯穿欧洲与世界其余地区往来的整段历史。

也许，欧洲人带给他们的一切最终都将成为威胁，或至少是一柄双刃剑。葡萄牙人16世纪从美洲带到非洲的粮食作物——木薯、红薯和玉米也许改善了非洲人的饮食，但有观点称，这也许同样造成了人口增长，进而导致社会动荡和骚乱。另一方面，落户美洲的种植园创造出新的产业，促成了对奴隶的需求；咖啡和甘蔗就是这类产品。671
更北部的英国殖民者种植小麦，因此不需要奴隶，但对土地的需求日益增加，这份压力驱使他们闯入印第安人自古以来的狩猎地，并无情地将后者赶出家园。

这类鸠占鹊巢的行为将决定当时尚未出生的子孙后代的生活方式，若要了解其意义所在，比1800年的人更长远的视角会有所助益。毕竟，小麦最终使西半球成为欧洲城市的谷仓；在20世纪，就连俄罗斯和亚洲国家也要靠这些粮食过活。葡萄酒产业早在16世纪就被西班牙人引入马德拉群岛和美洲，至今繁荣依旧。香蕉、咖啡和茶叶分别在牙买加、爪哇和锡兰落户后，未来的政治格局就已大体确定。而且，这一切改变都发生在因需求多样化而充满复杂性的19世纪，工业化进程增加了对棉花等旧时主要作物的需求（英格兰在1760年进口了250万磅棉花，到1837年，这一数字增至3.6亿），还创造了一些新的需求；橡胶从南美成功引入马来西亚和印度支那也是这一局面所导致的结果，并对未来具有极为重要的战略意义。

欧洲霸权时代早期的这些状况对未来究竟有多大的意义，将在随后的历史进程中得到充分的展现。在此，唯一的重点是指出该模式所具有的、往往反复出现的又一特征，即无计划性和随意性。这是很多个人决策的无序混合，而且决策者的数量相对极少。即便是最无心插柳的念头也会导致惊天动地的后果。值得一提的是，1859年被带到澳大利亚的几十只兔子不出数十年的工夫就繁衍至数百万，使澳大利亚大片乡村沦为荒地。英国蟾蜍肆虐百慕大的事件与此类似，但规模较小。

但有意识的动物引进具有更重大的意义（对澳大利亚兔灾最早的应对措施是引入英国短尾鼬和黄鼠狼；而更好的手段还要等到兔瘟的发现）。到1800年，几乎所有欧洲家畜都已在美洲定居，其中最重要的是牛和马。在1800年前的这段时期，这些家畜使草原印第安人的生活发生了翻天覆地的变化；待冷藏运输船出现后，它们将使南美洲成为巨大的肉类出口基地，大洋洲同样在英国人引入绵羊后转变为肉类产地，而英国人引进绵羊的源头则是西班牙。而且，欧洲人当然还
672 带去了人类的血统。就像美洲的英国人一样，荷兰人对种族通婚长期秉持保守的态度。但在拉美、果阿和葡萄牙控制的非洲地区，混血造成了深远的影响。在英属北美，种族问题也以完全不同和相反的方式留下了深刻印记。由于通婚现象并不显著，有色人种几乎可以和法定仆从画上等号，这给未来留下了极大的政治、经济、社会和文化问题。

大量殖民人口的出现形成了未来的版图，也给管理提出了难题。英国殖民地几乎一直具有某种形式的代议制机构，体现了议会制的传统和实践，而法国、葡萄牙和西班牙都沿袭纯粹的极权和君主政

体。所有殖民地都没有期望任何形式的独立地位，也没有考虑任何保障其利益不受母国侵犯的需要，不管他们将母国的利益看得至高无上、还是将双方看作互惠互补的存在。麻烦将最终因此而起，到1763年，至少在英属北美殖民地，能让人回想起17世纪英格兰王室和议会之争的迹象开始出现。当殖民者与其他国家对立时，即便其政府没有向该国正式开战，他们也总是表现出对切身利益的积极关注。甚至当荷兰与英国正式联手对抗法国，两国的水手和商人依旧在“界外”（beyond the line）① 争战不休。

不过，18世纪帝国统治的问题主要出在西半球。那里是殖民者前往的目标。1800年，在世界其余地区，贸易依然比占领更为重要，就连印度也是如此，很多重要区域依然没有完全受到欧洲的冲击。到1789年，当年驶向广州的东印度公司船只也只有21艘；荷兰人只被获准每年派两艘船前往日本。当时的中亚依然只能通过成吉思汗时代的长途陆路抵达，俄罗斯人对欧亚内陆施加的影响力依然远远称不上有效。非洲被气候和疾病阻隔。在能够称霸非洲以前，欧洲人还要进行不少探索和发现工作，才能绘制出这片大陆的完整地图。

在太平洋和“南洋”，历史进程则显得更为迅速。萨默塞特人（Somerset）丹皮尔（Dampier）在1699年的航海开启了未知大陆大洋洲融入已知世界版图的进程，但尚需一个世纪才最终完成。在北方，白令海峡于1730年被人发现。布甘维尔（Bougainville）和库克在18世纪六七十年代所完成的航海将大溪地、萨摩亚、澳大利亚东部、夏威夷和新西兰加入世界地图，也终于使新大陆完整地呈现在人们眼前。库克甚至进入了南极圈。1788年，共计717人的第一船流 673

① 引自威廉姆森的名言“界外无和平”，这里的边界是指《卡托-康布雷齐条约》划出的休战区。——译者注

放犯在新南威尔士上岸。因为美洲殖民地已无法用来收容英国社会的弃子，英国法官便用这片新的放逐地作为补充，于是无意中创造了一个新的国家。数年后抵达该大陆的第一头羊甚至具有更重大的意义，牧羊产业随之形成，从而确保了该国的未来。随动物、冒险家和失意者一同来到南太平洋的还有福音。1797 年，首批传教士登上大溪地。伴随他们的脚步，或许可以认为，欧洲文明的惠赐（至少是萌芽形态）终于遍及世界所有可居住的地区。

第6章 新旧理念

欧洲向全球输出的文明以理念为本质。他们所施加的限制及带来的可能性界定了文明运作的手段、文明的样貌和看待自我的方式。不仅如此，虽然其他文明在20世纪受到极大破坏，但欧洲人从1500至1800年间显露端倪的领先理念依然为我们提供了大部分指明方向的路标。那一时期，欧洲文化打下了去宗教化的基础；也是在那一时期，欧洲人意识到历史发展是一段向上的、运动的进程，并觉得自己正位于其顶峰。最后，那一时期还产生了一份自信，即实用主义指导下的科学知识可以带来无限的进步可能。概言之，在具有思想的人看来，中世纪文明最终走到了终点。 674

由于历史进程很少显得清楚明了，所以鲜有欧洲人在1800年意识到这一变化。几个世纪以来，大部分人所理解和遵循的模式还是一如往昔。在那个年头，君主制、世袭制社会和宗教的传统机制依然控制着千百万人的生活。在1800年，世俗婚姻依然是欧洲极为罕见的现象，仅仅一百年前，更是哪里都找不到这样的例子。18世纪80年代，最后一场针对异端的火刑在波兰上演，甚至在英格兰，一名18世纪君主还是像中世纪国王那样用触摸来治疗臣民的“国王之恶”。① 事实上，在某些方面，17世纪甚至表现出倒退的迹象。欧洲和北美都兴起了猎巫热潮，其波及范围远远超过中世纪的任何一次（查理曼

---

① 即淋巴结核。中世纪的英国人和法国人认为王室成员的触摸可以治疗这种病症。——译者注

曾把给女巫上火刑的人处死，教会法禁止人们将夜晚幽灵和其他女巫的所谓鬼把戏当作一种异端信仰）。但迷信也没有就此终结。进入 18 世纪后许久，英国最后一名男巫被邻居一直骚扰到死，1782 年，一名瑞士新教徒因行巫术的罪名被同胞按法律程序处决。到法国大革命
675 时代，那不勒斯的圣雅纳略（St. Januarius）崇拜依然具有重要的政治地位，因为人们相信这位圣徒之血是否能顺利液化象征着神明对政府行为的喜怒之情。刑罚依然惨无人道；在人们看来，有些罪行实在穷凶极恶，理当遭受格外残暴的惩罚。刺杀法国国王亨利四世者和谋杀路易十五未遂的犯人都经历了令人发指的酷刑，弑父者也会得到同样的下场。行刺路易十五者在 1757 年死于酷刑，只比有史以来最具影响力的监狱改革提案的发表早了几年。我们很容易被 18 世纪的近代文明之光所蒙蔽；在那些创造出精美艺术、塑造出骑士精神和荣誉感的杰出典范的社会，大众娱乐的焦点却是逗熊戏、斗鸡或拽鹅头。①

如果说流行文化往往最容易显露出往日气息、不足以为凭，那么这三个世纪临近尾声的时候，过去挑大梁的正式体制机构在欧洲大部分地区也依然基本保持原样。以现代眼光来看，最惊人的例证是 18 世纪的宗教组织在几乎任何地区都具有至高无上的地位。在每个国家，无论是天主教、新教还是正教，就连教会体制改革家也理所当然地认为，宗教应当得到法律及政府强制手段的支持和保护。只有极少数领先时代的思想家对此表示质疑。当时的欧洲依然几乎不存在容忍意见分歧的环境，只有各家教会的不同观念可以并存。法国国王的加冕宣誓会使他担负扫除异端的责任，直到 1787 年，非天主教法国人

---

① 17 至 19 世纪在尼德兰、英国和北美流行的血腥娱乐，方式是将活鹅倒挂在横木上，游戏者骑马从下方全速通过，并尝试拽下鹅头。——译者注

的民事身份才获得承认，从而具备了相应的合法婚姻权，可以让子女获得合法地位。在天主教国家，审查制度虽然经常远远算不上有效，但依然理论上担负着制止不利于基督教信仰和教会权威的异端邪说的责任，有时还努力付诸行动。尽管反宗教改革运动的精神已经消退，耶稣会也已解体，但禁书目录和最早编制该目录的异端裁判所依然存在。各处的大学都由教士掌管；哪怕在英格兰，牛津和剑桥的大门也对不信奉英国国教的异见者和罗马天主教徒紧闭。宗教还很大程度上决定了大学教学内容和追求的研究方向。

不过，社会体制结构也确实表现出新气象来临的征候。几个世纪以来，大学失去了过去的重要地位，其原因之一是它们不再垄断欧洲的知识文化圈。从 17 世纪中期以来，各种学院和学术团体在很多国家相继出现，往往得到最高层的扶持，例如 1662 年获得特许证的英 676
国皇家学会，或是四年后成立的法国科学院。18 世纪，此类学会的数量大大增加，向规模较小的城镇渗透，而且有些新成立学会的目标更特殊、更有针对性，例如促进农业。一场大规模的、自发的社团化运动已经浮出水面；虽然在英格兰和法国最为明显，但几乎传遍了西欧所有的国家。过去的社会体制已不足以释放出那个时代全部的潜能，于是出现了堪称时代特征的、各形各色的俱乐部和学会，这些团体有时还引来政府的关注。一些团体没有将文学、科学或农业活动作为其标榜的追求，只是提供了一处聚会的场所，就一般观点进行探讨、争论或单纯的清谈，并以这种方式促进了新理念的传播。在此类协会中，最值得一提的是共济会这一遍及全球的结社组织。该组织源于英格兰，在 18 世纪 20 年代进入欧洲大陆，不到半个世纪就获得极大发展；到 1789 年，其会员可能已超过 25 万。他们后来遭到大量污蔑中伤，号称该组织长期从事革命和颠覆活动的传言不胫而走。虽然对一些会员个人也许不假，但这并不是该组织整体的真实写照。不过，不难相信的是，共济会社不仅和其他团体一样有助于新理念的传播和探讨，而且也有助于打破传统和习俗的坚冰。

当然，理念和信息传播速度加快的主要依靠并非这类聚会，而是印刷业对书籍的普及作用。识字率的提高是欧洲在 1500 年后经历的至关重要的转型；有人将之概括为一种文化从关注图像到关注文字的转变。阅读和书写（尤其是前者）能力虽然没有完全普及，但至少被广泛掌握，在某些地区已经稀松平常。这些知识不再是少数精英的特权和秘密，也不再因与宗教仪式具有密切和特殊的关联而充满神秘气息。

在评估这一变化时，我们可以暂时离开无法考证的混沌领域，进入数据构成的定量世界，数据表明，虽然 1800 年依然存在大量文盲，但通过某种途径，欧洲当时已经是一个与 1500 年不同的、知书达理的社会。当然，这一陈述就本身而言并无太大帮助。不同地区、不同群体的阅读和写作能力存在很大差别，不能一概而论。尽管如此，不
677 管我们如何使用限定词，欧洲及其附属国在 1800 年可能拥有世界上大部分识字人口。因此，欧洲文明的识字比例比其他文明更高。这是一次决定性的历史变迁。当时，欧洲早已进入印刷普及的时代，印刷品最终取代口头表达和图像，成为大部分受过教育的人最重要的指导和说明手段，并延续到 20 世纪，直到广播、电影和电视让口语和视觉元素重占主导地位。

19 世纪中期以前（当时，似乎有半数左右的欧洲人依然没有读写能力），可用来估算识字率的资料始终不够充分，但那些资料都表明，情况从 1500 年起一直在不断改善，只是分布不太平均。在不同国家、同一国的不同时期、不同的镇和区、不同性别、不同职业之间都存在重大的差异。这一切至今依然是现状的真实写照，只是差异程度更小，也极大简化了作出一般性陈述的难题：对不远的过去进行最

含糊其辞的概括就是极限了。但具体的事实对体现趋势依然不无帮助。

有迹象表明，提高识字率的教育工作在印刷术发明以前就已展开。这些工作应属于12至13世纪间城市生活重现活力的又一组成部分，这一复兴的重要性前文已经提及。关于学校教员的委派和教学场所的提供，其最早的证据来自意大利城市，当时，那些城市是欧洲文明的先驱。那些地区很快形成一份新的认同，即具备文书能力是担当若干职务的必要资格。例如，当时存在法官必须具备阅读能力的任职条件，这份历史早期事实颇具引人入胜的弦外之音。

到17世纪，意大利城市的领先地位被英格兰和荷兰城市取代（两国都具有在当时而言颇高的城市化水平）。两者被视为1700年欧洲文盲率最低的国家；领先地位的易手表明识字率提高的历史进程在地理分布上并不平均。但法语将成为18世纪出版业的国际通用语，维持该状况的公众基础也必然出现在法国。就算英格兰和荷兰的识字率更高也不会令人惊讶，但法国的总人口要大得多，因此识字人口的绝对数量很有可能更多。

印刷业的传播状况必然可以作为反映教育发展总体趋势的绝好标志。到17世纪，印刷业已真正实现大众化，体现为童话故事、具有 678
真实蓝本的单恋爱情传说、年鉴、占星术书籍和圣徒传记。这些书籍的存在证明了需求的存在。印刷业也使得欧洲的读写水平达到一个新的高度，因为手抄本相对而言难以获取，要研读就必然耗时费力。以印刷本为载体，技术知识可以非常迅速地传播，专业人士可以从中获益，在相关领域与时俱进。

新教改革是另一股普及文化的推动力量。改革者几乎无一例外地强调教会信徒识字的重要性；到19世纪，德意志和斯堪的纳维亚地区的识字率比很多天主教国家要高，这并非偶然。宗教改革使阅读

《圣经》具有了重要的意义，而且通俗版《圣经》也迅速普及，从而通过印刷技术加强和规范了神圣文本的传播和标准化。尽管充斥着显然不太美妙的表征，但书籍崇拜现象依然是推动启蒙运动的伟大力量；既提高了阅读的乐趣，也是知识分子活动的焦点所在。在英格兰和德意志，这一崇拜对缔造共同文化的重要性怎么说也不为过，并孕育出两份堪称杰作的《圣经》译本。

如宗教改革者的例证所示，权威往往乐于见到文化的普及，而且这一趋势不仅限于新教国家。18 世纪新式君主制国家的立法者尤其突出，经常致力于推广教育——其中初级教育占了很大比重。奥地利和普鲁士在这方面是显著的范例。在大西洋彼岸，由于新教传统的存在，新英格兰殖民社区从成立之初就把提供教学条件视为一种责任。在其他国家（当然也包括英格兰），教育属于非正式和不规范的私人及慈善事业，或留给教会打理。教育事业受宗教法令特殊关照（例如法国）的伟大时代始于 16 世纪。

期刊的兴起与识字率提高互为因果。到 18 世纪，起初的印刷传单和偶尔发行的快报已经进化成为定期出版刊物，满足了多种多样的需求。报纸问世于 17 世纪的德意志，1702 年的伦敦出现了第一份日报，至该世纪中期，该国已有一家重要的地方媒体，每年付印的报纸达数百万份。英格兰的首批杂志和周刊出现于 18 世纪前半叶，其中最重要的是《旁观者》（*Spectator*），它通过有意识地打造品位和确立
679 工作规范为新闻业树立典范，其中不乏一些新气象。只有联合行省王国的新闻业堪比英格兰；这可能是因为所有其他欧洲国家都设有效力不一而足的审查制度，文化普及水平也不一样。具备知识和文化水平的新闻业者队伍逐渐扩大，但政治报道和评论依然罕见。即便在 18 世纪的法国，著者们也通常只能用手稿来传播承载先进思想的作品；在这个堪称批判思想堡垒的国度，审查制度虽有些主观和无常，且到

该世纪后期的运作效力也不如从前，但至少依然存在。

也许是逐渐意识到易于被大众获取的新闻媒体所具有的潜在颠覆力，官方对教育的态度发生了转变。教育和文化知识也许有危险的一面、不能过分普及的看法到18世纪成了非常普遍的认知。虽然正式审查制度的存在表明权威一直意识到文化知识的潜在威胁，但主要还是担心其宗教方面的颠覆性；异端裁判所的职责之一就是让禁书目录不至于成为一纸空文。以回顾历史的视角来看，比起宗教颠覆力而言，文化普及和印刷术更重大的效果在于给普遍意义上的批判和质疑权威的精神带来更大的机会。但这也不是两者唯一的重要之处，技术知识的传播还加速了其他类型的社会转变。如果没有识字率的提高，工业革命就不可能发生；17世纪史称“科学革命”的历史进程也必须部分归功于更迅捷、更广泛的信息传播所带来的单纯的累积效应。

但这场“革命”的根本源头属于更深层次，来自知识界观念的转变。对人类与自然的关系产生了不同的看法是这场观念转变的核心。越来越多的人不再单纯地带着赞叹和敬畏之情将自然界视为上帝神能的证明，开始迈出重大的一步，有意识地寻找操控自然的手段。尽管中世纪科学家的工作绝非人们一度普遍信之凿凿的那般原始和欠缺创造性，但受制于两大关键局限。一是这些工作所形成的实用知识极少，从而难以获得关注；二是中世纪存在理论不足的问题，其概念和技术水平必将被后世所超越。尽管得益于阿拉伯科学思想的润泽，部分学科分支也具备强调定义和判断的良好风气，但中世纪科学依赖于未经证实的假设，部分是因为缺乏实证手段、部分是因为缺乏实证意愿。例如，中世纪科学家墨守成规，断言一切事物由火、气、土、水 680
四大元素构成，也没有用实验证实这一理论。虽然炼金术和方术传统中采用了某种类型的实验手段，经帕拉塞尔苏斯（Paracelsus）发展后，也不仅限于寻找合成黄金的方法，但依然以神秘主义的、先验的概念为指导方针。

这一局面普遍保持到17世纪。文艺复兴展现了一定程度的科学精神，但通常表现为描述性研究（一份杰出的范例是维萨里1543年发表的人体解剖学研究成果）、艺术领域实际问题的解决方法（例如透视法）和机械工艺。这类描述和分类定义研究工作的一个分支尤其突出，使得由航海发现和宇宙学研究所揭示的新地理知识具备条理性和可读性。一名16世纪早期的法国医生说到，在地理学及“天文学相关领域，柏拉图、亚里士多德和古代哲学家推动了学科的进步，托勒密则在此基础上贡献良多。但如果其中的任何一位来到今天，他会发现地理学已面目全非”。而面目全非的地理学中就有一份促成新的自然界认知手段的因素。

这一因素的见效并不算快。但固然不假的是，早在1600年，极少数有识之士就难以接受以综合亚里士多德学说和《圣经》的中世纪宏大理论为基础的、老一套的世界观。因为眼中的世界不再协调一致，突然失去思想的凭靠、一切都无法确定的紧张感使其中有些人感到不安。但对于大部分有心考虑这一问题的人来说，旧有的世界观依然是正确的，整个宇宙依然以地球为中心，也以地球唯一拥有理性的居民——人类——的生活为中心。下个世纪最伟大的知识界成果就是令受过教育的人再不可能以这种方式进行思考。这一变化是如此重要，从而被视为中世纪与近现代的根本差别。

17世纪早期，科学界已经出现了一些新东西。这些随后广为人知的变化意味着认知领域的一道障碍被跨越，文明的本质将发生永久性的改变。欧洲出现了一种具有深刻功利主义色彩的新观念，鼓励人们投入时间、精力和资源，通过系统性的实验掌控自然规律。当后世回顾这段历史，人们从弗朗西斯·培根身上找到了这一先驱理念的杰出范例。他曾出任为英格兰大法官，是一位知性超凡、具备诸多难以

想象的个人特质的男子，一些后世的仰慕者热心支持他才是莎士比亚
部分剧作真实著者的主张。他的著作在当时的影响力似乎很小，乃至
根本为零，但以其摒弃过往权威的前瞻性论点引起了后世的关注。培 681
根提倡以观察和归纳为基础、以人类的实际需求为目的对自然进行研究。“科学合乎理法的真正目标，”他写道，“是通过新发现和新力量使人类的生活更丰足。”通过这些手段，可以“使（大部分）主宰权和力量回到人类手中……这是人类在创世之初就与生俱来的地位和能力”。这一抱负着实远大，完全不亚于为亚当堕落之后的人类送去救赎，但培根确信，如果对科学研究进行有效的组织，这是可以办到的；就此而言，他再一次扮演了预言者的角色，是后世科学界和体制的先驱。

培根的现代性被后世所夸大，一些其他人（比较突出的是同时代的开普勒和伽利略）在推动科学进步方面的重要性更值得大书特书。后世科学家也没有充分贯彻以务实的态度寻找“改善人类生活的新艺术、财富和商品”（也就是以技术为主导的科学）这一他所提倡的原则，至少没有达到他希望的程度。尽管如此，他依然配得上头上那顶颇具神化色彩的光环，因为他点出了科学的核心，提倡观察和实验，而非依赖逻辑推论。与这一地位相称的是，据说他甚至还为科学殉道，为了观察低温对肉体组织的影响，在某个寒冷的三月天用积雪填塞禽鸟，从而感染风寒病逝。40 年后，他的核心理念成了科学界的常规。“世界这部伟大机器的构造和机理”，一名英国科学家在 17 世纪 60 年代言道，“只能通过实验和机械论的哲学加以解释”。其中有培根领悟并赞同的理念，也是我们依然身处的世界的核心。自 17 世纪起，以实验手段寻找问题的解答就一直是科学家的特质之一，经过漫长的岁月，这一理念还引发了新的尝试——通过构筑体系来理解实验所揭示的内容。

该理念首先带来的后果是对物理现象的集中攻克，以当时的技术，这类研究可获得最佳的观测和测量结果。欧洲工人在数百年间的缓慢工艺积累带来了各种技术创新；在当时，这些技术可以用来解决问题，并进而克服其他知识领域的难题。对数和微积分的发明与其他元素共同构成了一套应用理论工具，创造出更好的计时和光学设备。作为时钟的控制部件，17 世纪出现的钟摆使时钟制造工艺取得长足
682 进步，进而使精确计时乃至天文研究变得更为容易。随着天文望远镜的问世，人们可以更深入地细观天象；哈维通过实验进行理论探索，进而发现了血液的循环，但只有等到显微镜出现、可以看清血液通过微细血管的过程，人类才能理解循环的机理。望远镜和显微镜下的观察不仅是科学革命式发现的核心工具，而且令非专业人士得以窥见某些预示着新世界到来的新奇事物。

科学与哲学的界线如今也可以划出，这是过去长久以来都无法实现的目标。已经应运而生的不仅是科学家所组成的新天地，而且还有一个真正的、国际范围的科学界。在此，我们要又一次提及印刷术。新知识的迅速传播具有非常重要的意义。科学书籍的出版不是知识传播的唯一形态；英国皇家学会创办了《哲学学报》（*Philosophical Transactions*），其他学术团体的论文集和学会纪要也相继出现，数量不断增长。不仅如此，科学家们还保留了相互之间卷帙浩繁的私人书信，其中的大量素材为揭示科学革命发生的真实过程提供了部分最有价值的证据。有些书信已获出版；比起今日顶尖科学家之间的书信往来，这些文字具有更强的可读性，也更易于理解。

在现代人眼中，科学革命的突出特征之一是业余人士和爱好者发挥了很大的作用。有人提出，能够解释为何科学在欧洲取得进步，而在曾经成就斐然的中国却一潭死水的最重要的事实之一，就是欧洲的业余爱好者和绅士可以凭借科学研究赢得社会声望。该世纪中期开始

广泛出现的会员制学术团体充斥着玩票的绅士，无论往哪个方向延伸想象力，都无法称之为专业的科学家，但无论是否除下手套躬亲实验工作，他们凭借自身的名望和地位，为学术团体带来了无法定义却意义重大的存在感。

到1700年，主要科学分支的专门化已经完成，尽管完全没有达到以后的重要程度。那时的科学研究也不需要无止境地投入时间，但撰写神学著述、担任行政职务都不会影响科学家通过研究作出重大的贡献。这揭示了17世纪科学革命的若干局限；而既有技术的局限也是无法逾越的，虽然若干领域能不受影响、实现了重大进展，但其他领域难免因此受到冷遇。例如，化学所取得的进展相对较小（但16 683
世纪统治思想界的亚里士多德四元素物质构成说已鲜有人接纳），而物理和宇宙学发展日新月异，且确实达到某种巩固成果的稳定状态，迎来不那么激动人心但稳步前进的阶段，一直延续到19世纪中后期被新的理论重新激活为止。

总体来说，17世纪取得了巨大的科学成就。最重大的成果是推翻了将自然现象视为往往无法预期的、神力直接作用的结果的宇宙观，并以机械论取代，认为其中的一切变化都是规律的，服从统一和普适的运动法则。这一新观念依然与上帝的信仰相当合拍。万能的主也许没有用直接干预的方式展现大能，而是创造了一台伟大的机械；在那个最著名的类比中，上帝被形容成一名伟大的钟表匠。17世纪典型的科学爱好者和科学世界观都不反对宗教，也不反对以上帝为中心的宇宙观。新的天文学观念将人类赶下宇宙中心的神坛，从而间接质疑了人的独一无二性（一本1686年出版的书籍主张可能存在另一个拥有生命的世界），这一事实固然具有不容置疑的重要意义，但并非宇宙观革命的缔造者所在意的对象。对他们而言，太阳围绕地球运行的观点有损于教会的权威只不过是碰巧罢了。他们所提出的新见解仅仅突出了上帝行事之道的伟大和神秘，理所当然地认为这些新知会融入基督教的教义，就如亚里士多德学说曾在中世纪被纳入基督教范畴一样。

早在德国哲学家康德于 18 世纪末提炼出“哥白尼式革命”一词之前，新宇宙观的一系列缔造者就已经获得世人的承认，而波兰教士哥白尼（Copernicus）是其中的第一人，他的著作《天体运行论》于 1543 年出版。维萨里的解剖学巨著于同一年出版（而且有趣的是，阿基米德文集的第一版也出版于这一年）。相比于科学家，哥白尼更像是文艺复兴时代的人文主义学者——鉴于其生活的时代，这并不令人称奇。部分出于哲学和美学理由，他选择了行星围绕太阳运转的宇宙观，以均轮和本轮构成的体系来解释它们的运动。这在当时（可以说）是了不起的猜想，因为他没有证实这一假设的手段，而且大部分常识证据都与此相反。

支持日心说的最早的、真正的科学数据实际上来自一位不接受该学说的人士：达内·第谷·布拉赫（Dane Tycho Brahe）。除了拥有
684 一只颇显与众不同的假鼻子之外，布拉赫的出众之处是对行星运动轨迹的记录，他首先使用简陋的仪器，后来得益于一位慷慨的国王，得以使用当时设备最好的天文台。其观测结果构成了以亚历山大里亚时代为起点的西方天文史上最早的系统化天文数据集合。第一位伟大的新教科学家、受布拉赫之邀担任助手的约翰内斯·开普勒（Johannes Kepler），进一步开展了更加细致的观察，使理论获得第二次飞跃。他的观测表明，如果行星轨道为椭圆，且运行速度不定，那么就可以用某种规律来解释行星的运动。愈发站不住脚的托勒密宇宙体系最终被开普勒打破，20 世纪以前的行星学说均以他的理论为基础。随后登场的是对望远镜爱不释手的伽莱里奥·伽利略（Galileo Galilei），这种仪器出现于 1600 年左右，可能是一项无心插柳式的发明。伽利

略是帕多瓦的学者和教授，从事两项早期科学史中具有典型关联的研究：物理和军事工程学。他运用望远镜所取得的成果最终撼动了亚里士多德学说的根基；哥白尼的天文理论获得了眼见为实的证明，此后两个世纪，行星的已知属性也将被套用到恒星的头上。

但伽利略的主要工作并非观测，而是理论与技术实践的结合。他为天体运动设立了一套数学模型，从而首先为哥白尼宇宙学说提供了站得住脚的物理学描述。凭借他的工作，力学脱离了工匠手艺的范畴，进入科学的殿堂。不仅如此，伽利略通过系统性的实验得出了一份结论，其基础是被他称为“两种新科学”的静力学和动力学。这些成果在1632年出版成册，是为《关于两大世界体系的对话》(指托勒密和哥白尼的)，被视为科学思想最早的革命性陈述。不如其内容那般突出但同样有意思的是，这本书并非以拉丁文写就，而使用通俗的意大利文，并题献给教皇；伽利略无疑是个忠诚的天主教徒。但此书引发了一场骚动，这也恰如其分，因为它是基督教—亚里士多德世界观的墓志铭，而这份世界观是中世纪教会所取得的伟大的文化胜利。伽利略随即遭到审判。他被判有罪，并声明放弃异端观点，但这无损于其著作的影响力。哥白尼的主张和日心说就此成为科学界的主导思想。

伽利略去世的那年，伊萨克·牛顿呱呱坠地。他的成就是为哥白尼宇宙学说提供物理解释；他证明同样的力学法则能够同时解释开普勒和伽利略的发现，并最终将有关地上的知识和有关天上的知识结为
一体。他采用了所谓“流数法”的新数学方法，即后世术语中的无穷 685
小量微积分。牛顿不是该算法的发明者，但用它来研究物理现象。该算法提供了一种计算物体运动中位置的方法。他在一本著作探讨行星运动的章节中归纳了自己的结论，此书展示了万有引力定律维系物理宇宙的方式，经历史证明，这是自欧几里得以来最重要和最具影响力

的科学著作。《原理》是该书拉丁原名的简称，译成英语后的全称为《自然哲学的数学原理》。这一发现的普遍文化效应堪比科学影响力，我们不具备合适的度量标准，但也许前者的分量还更大。通过观察和计算得出的单单一条法则可以解释如此之多的现象，这一惊世骇俗的事实昭示了新的科学思想具有多么强大的力量。蒲柏的诗句已经被引用得太多，但这番隽永之辞依然最精当地概括了牛顿的成果对欧洲人思想的冲击：

自然之法，久藏玄冥，
神赐牛顿，万物生明。

于是，继弗朗西斯·培根之后，牛顿逐渐成为第二位世所公认的现代科学圣人。与培根不同的是，这一名头对牛顿来说可谓实至名归。他对科学的兴趣几乎无所不包，但也正如字面意思所言，对于不热衷的东西则基本不闻不问。但非科学工作者必然无法充分领会牛顿许多工作的重要意义。其举世瞩目的成就是完成哥白尼所开创的革命。宇宙处于动态的概念取代了静态宇宙观。他的成就十分伟大，足以为此后两百年的物理学奠定基础，并给所有其他学科提供一份新的宇宙观。

牛顿及其前人所没有料到的是，这一发现预示着科学与宗教之间不可调和的矛盾。实际上，发现万有引力定律无法充分支持宇宙是一个自治体系、创世后即可独立运转的观点之后，牛顿甚至感到欣喜；如果宇宙不只是单纯的钟表，其创造者在设计、制造和上紧发条之后，就不会完全退居一旁。他乐于见到其中的逻辑漏洞，以便用假想中的上帝之手来填补，因为他是新教信仰的忠实捍卫者。尽管如此，教士尤其是天主教教士，还是觉得新科学难以接受。中世纪教士为科学作出过重大的贡献，但从17至19世纪中期，绝大多数顶尖科学成果都与教士无关。毫无疑问，反宗教改革得势的几个世纪，上述情况比其他时期更确凿无疑。体制化宗教与科学的分歧始于17世纪，尽 686
管为弥合裂痕进行了一次又一次的努力尝试，但此后欧洲知识界始终摆脱不了这一阴霾。由那不勒斯人布鲁诺（Bruno）引发的危机是这一分歧的象征之一。他并非科学家，而是一位思想家，曾经为多明我会修士，后脱离修道院，周游欧洲各地，发表引起争议的作品，倒腾一种据说源自古埃及、类似魔法的"秘术科学"。最后，异端裁判所将他抓获，拘押八年后，于罗马以异端罪名处以火刑。在后世人心目当中，这把火成了"自由思想"发展史和反宗教进步斗争史中的神话之一。

17世纪的科学家和哲学家对这一斗争的感受还不强烈。牛顿有大量以《圣经》和神学为主题的著述，并相信他对先知书的研究就和《原理》一样完美无瑕，他认为摩西知道日心说理论，并建议其读者"小心哲学、虚伪的妄言和假冒科学之名的反科学"——而这段话借用了《旧约》中的桥段①。对数的发明者纳皮尔乐于用这一方法来计算《启示录》用神秘的语气所提到的野兽数目②。法国哲学家笛卡儿推导出宗教信仰和基督教真实性的哲学辩护，并为此满足，而其推导手段和所要证明的主题同样不无阙疑。他（或是以他命名的哲学运动：笛卡儿主义［Cartesianism］）也没有因此停止对教会敌对派的攻击。宗教信仰的传统捍卫者正确地认识到，人们所得出的结论固然重要，但得出结论的方法同样要紧。对于宣扬真理出自权威之口的教会而言，基于理性思辨接纳宗教信仰的立场是糟糕的盟友，其起点是

① 见《歌罗西书》：2，8及《提摩太前书》：6，20。——译者注

② 见《启示录》13：8："在这里应有智慧：凡有明悟的，就让他计算一下那兽的数字，因为是人的数字，它的数字是六百六十六。"——译者注

普遍怀疑原则，其结论完全可以被合理地推翻。教会相当理智，没有将笛卡儿个人的虔诚和基督教原则混为一谈，也恰如其分地（以教会的观点）把他的著作统统列入禁书目录。

17世纪晚期的法国新教教士皮埃尔·贝尔（Pierre Bayle）接过这一“诉诸权威”的问题，指出了令人不安的缺陷：能定义权威的权威又是什么？这最终似乎还是取决于立场。他认为，如果不遵循自然理性，传统基督教的每条教义都可能被推翻。伴随这一理念，欧洲思想史进入了史称启蒙运动的新篇章。

这一词语或类似变体在18世纪的大部分欧洲语言中出现，用以
687 描述那个时代的知识界在人们心目中的与众不同，并将其与过去的时代相区分。启蒙运动给人留下的关键印象是让光明照亮黑暗，但德国哲学家康德在一篇著名论文中提出“什么是启蒙?”的问题时，他给出了不同的答案：告别作茧自缚、获得自由。其核心是对权威的质疑。启蒙运动留下的伟大遗产是批判精神的普及化。最终，一切事物都要接受细致全面的考察。有些人感到一切都失去了神圣的光环，但多少有些误导，直到很久以后这才成为现实。启蒙运动也有自己的权威和教条；批判立场本身就长期未遭质疑。而且，启蒙既是大量观点的杂烩，又是一系列理念的集合，使得接纳其思想的难度又平添一层。多种思潮汇入其中，但绝非都朝着同一方向。启蒙运动的根源蒙着一层迷雾；其发展总是更像一场无尽的争端——有时是内战，而且敌对各方还持有大量相同的见解——远甚于齐心协力的启蒙者所组成的军队向前迈进的历程。

笛卡儿提出，系统性的怀疑是获取可靠知识的起点。50年后，英国哲学家约翰·洛克提出一套知识的心理学理论，将知识的主要构成来源归结为感官传递给头脑的印象；而非笛卡儿所认为的人类与生俱来的天赋观念。头脑中所包含的只有感觉和信息，以及头脑在两者

之间所建立的关联。当然，这暗示了人类没有关于对错的固定观念；洛克主张，道德价值观来自头脑对痛苦和愉悦的体验。这一理念将在未来得到极大的发展，从中产生了教育理论、规范物质条件的社会责任理论以及大量其他教育环境论的衍生理论。这一理念也有庞大的历史背景：笛卡儿和洛克在区分躯体与思想、物质与精神时所表现出的二元论思想以柏拉图和基督教形而上学为源头。然而在这方面上最惊人的事实也许是洛克依然能将他的理念与基督教信仰的传统框架联系到一起。

这种不协调性贯穿启蒙运动始终，但其总体趋势还是明朗的。科学所取得的新的影响力似乎也肯定了来自感官的观察确实是获取知识的途径，而且这份知识已经证明本身所具有的实用主义价值。它可以让人类所生活的世界更美好，其技术可以解开自然的秘密，以物理和化学定律揭示这些秘密背后的逻辑和理性基础。

这一切构成了一份长期保持的乐观信仰（法语中的“*optimiste*”一词就是 17 世纪诞生的）：世界正在好转，也将不断变得更好。而公 688
元 1600 年的情况曾截然不同。当时，对古典时代的文艺复兴式崇拜、战乱，以及始终潜伏在宗教人士心中的末世将临的感受结合在一起，形成了一种悲观的氛围和世界正在腐朽、昔日的伟大正在远去的论调。在一场关于古代成就是否超越现代的文学大辩论中，17 世纪以后的作者们用启蒙运动中兴起的进步观来提炼自己的结论。这也是一份属于非专业人士的信仰。在 18 世纪，一名受过教育的男子依然有可能掌握多种不同研究领域的逻辑和方法，至少达到他自己所满意的程度。伏尔泰是著名的诗人和剧作家，但在历史方面也著述颇多（他一度是法国皇家史料编纂人），还为同胞详解牛顿物理学。在推出震惊世界、堪称现代经济学开山之作的《国富论》之前，亚当·斯密以道德哲学家的身份闻名。

这种折衷主义也给宗教留下了位置，但如吉本所言，“在现代，即便是最虔诚的灵魂底下也有一份暗藏的、甚至是无意识的怀疑”。“启蒙”思想留给神明和神学的空间并不大。不再觉得地狱的血盆大口悬于头顶的不仅是受过教育的欧洲人。整个世界的神秘色彩都在消退；也使人坚信并非过去想象的那么悲观。人们发现有越来越多的困难并非必然，而是人为的结果。固然，地震之类的可怕自然灾害依然会带来艰难困苦，但如果大部分疾病的痛苦可以得到缓解，如果像一位思想家指出的那样，“追求快乐、远离不幸是人类的正当事业”，那么拯救和罪罚的教义与此又有何干？上帝依然会被哲学家以漫不经心的方式纳入对宇宙的描述，例如启动万物的第一推动力和定义宇宙运行法则的大机械论，但主是否拥有对其运转施加后续干涉的任何地位，不管是化身后的直接干涉，还是通过教会及圣礼的间接干涉？启蒙运动无可避免地导致了针对教会这一知识和道德最高权威的革命。

其中存在一种根本性的冲突。17 和 18 世纪思想界摒弃权威的意识仅仅初步形成，他们依然在科学和理性的教诲中寻求新的权威，并对此深信不疑。但往日的权威遭到越来越坚定和彻底的放弃。正如对古代和现代文化的自由思辨削弱了欧洲传统文化两大支柱之一——经
689 典学说的权威性，新教改革同样推翻了其另一支柱——天主教会的权威性。在新教改革家用新派神父（或《旧约》）取代老派牧师的同时，他们已经不可逆转地开启了削弱宗教权威的道路，后来的启蒙运动者将在这条道路上走得很远。

无论教士马上产生何种顾虑，也不管这些顾虑是否很快得到证实，此类效应需要一些时间才能显露端倪。18 世纪先进思想的特征往往表现在颇为务实和日常的建议中，这在某种程度上掩盖了其倾向性。若要概括这些特征，最好的方式也许是援引同为其支撑和源头的根本信仰。对思想的力量产生的新的自信是其特征之一，也是所有其

他特征的基础；这是启蒙者如此敬仰培根的原因之一，因为他们都秉持着这份信心，而就连文艺复兴时期创造力非凡的天才，也无法像18世纪那样让欧洲人如此确信头脑和知识的力量。以此为基础，人们确信改善世界的可能性几乎是无穷的。当时有很多思想家乐观地视那个时代为历史的顶峰。他们自信地认为，通过对自然的操纵，以及真理逐渐被理性揭示的过程，人类的未来会变得美好。从正门蜂拥而出的天赋观念又从后楼梯悄悄返回。仅仅意识到存在可以克服的重大实际障碍就足以确定乐观主义基调。第一个障碍是单纯的无知。或许终极意义上的知识是不可能获取的（揭示出自然愈发深奥的秘密后，科学无疑表明了这一点），但启蒙者所担忧的无知并不是这一类。他们所在意的是更趋于日常水平的知识经验，并自信这类无知可以破除。启蒙运动最伟大的文学成果分毫不差地以此为目标。这就是狄德罗和达朗贝尔（D'Alembert）的巨著《百科全书》，一部长达21卷、卷帙浩繁的信息和理念宣传集成，出版于1751至1765年间。如其中部分条目所揭示的，启蒙运动的另一大障碍是缺乏容忍——尤其是对出版和论辩自由的干涉。其作者之一称，《百科全书》是一部“战争机器”，旨在改变思想、用信息武装思想。地方观念是人类走向美好未来的又一个障碍。在人们心目当中，启蒙运动的价值观是所有文明社会价值观的综合，是一种普遍的价值观。欧洲知识界精英从未如此兼容并蓄，也从未如此享有共同的语言，也许只有中世纪是例外。启蒙运动对其他社会展现出非同一般的兴趣，这些了解 690
强化了其普遍的包容性。这部分是因为发自内心的好奇；游记和发现向公众呈现了陌生的理念和体制，从而激发了人们对社会和伦理相对性的兴趣。这些新知为批判思想提供了新的土壤。18世纪欧洲人心目中那个人道和开化的中国尤其令他们浮想联翩，或许这一事实也能表明他们对中国现实的了解有多么肤浅。

人们设想，一旦无知、不容忍和地方观念得以破除，由理性所发现的、不可阻挡的自然规律将推动社会改革，除了那些因蒙昧或享有站不住脚的特权而深陷往日泥潭的人以外，这场改革会符合所有人的利益。法国作家孟德斯鸠的《波斯人信札》开启了一份传统：通过与自然规律作对比，就可改善既有社会的体制——对他而言是法国法律。在宣扬这一方案时，启蒙运动者自视为新社会秩序的布道人。他们将自己想象成批判和改革的化身，从中首度涌现出一份陪伴我们至今的社会理念，即知识分子式的理念。道德学家、哲学家、学者和科学家早已有之；他们的本质特征是某种专业特长。而启蒙运动所创造的是一般意义上的批判性知识分子的概念。独立、理性、持续和全方位的批判主义精神获得了前所未有的系统化发展，其结果是现代意义上的“知识分子”的诞生。

18 世纪并没有使用“知识分子”这一术语。这类人已经出现，但被单纯地称为“哲学家”。这是对熟悉的词汇加以活用的有趣范例；其所指并非哲学研究这一特殊的精神追求，而是对未来的共同展望和一致的批判立场。这一词汇具有道德和评判色彩，被用来赞扬同伴，也被用来抨击对手，而且还形容通过批判性思维向不具备专业知识的广大公众宣扬真理的热忱。其原型是一群法国作家，虽然各有差异，但还是很快聚集到一起，并被冠以启蒙哲人（*philosophes*）之称。他们的人数和名望都恰如其分地表现了法国在启蒙运动中期的重要地位。其他国家没有那么多属于知识分子传统的风云人物，为数不多的几位也得不到名望和地位。不过，启蒙运动早期的正神还是英国人牛
691 顿和洛克；将哲学家边沁（Bentham）称为把启蒙思想和手段发展到极致的人物也不无道理，最伟大的史学史里程碑则是吉本的著作。在更北方，苏格兰经历了 18 世纪伟大的文化全盛时期，产生了休谟和亚当·斯密这两位伟大人物，前者是启蒙运动中对科学技术哲学研究

最深入也最敏锐的哲学家之一，将极端怀疑精神和良好的自然与社会保守主义观点结合在一起；后者创作了近现代史上最具原创性和才华的著述之一。拉丁国家中，尽管罗马天主教在意大利占据主导地位，但该国是法国以外对启蒙运动贡献最多的国家。哪怕仅凭贝卡利亚（Beccaria）一人，意大利启蒙运动也绝不会被历史遗忘，他的一本著述奠定了监狱改革和刑罚批判的基础，并使一句名留青史的口号广为人知："最大多数人的最大幸福"。德国的启蒙运动开展较晚，赢得普遍推崇的人物也较少（可能和语言因素有关），但诞生了康德这位思想巨人，虽然他有意超越启蒙主义，但其道德倡议依然高度体现了启蒙运动的立场。比较籍籍无名的似乎只有西班牙。哪怕把若干受启蒙思想影响的政治家的作品算上，这份评价也不失公允；18 世纪的西班牙大学依然拒不接受牛顿的学说。

虽然其他民族的成果对文明史也相当重要，但法国人的成就对当时的冲击最为强烈。这有很多原因，其一单纯在于国力的强盛；路易十四治下的法兰西拥有一份长盛不衰的威望。另一原因是法国文化有一份冠冕堂皇的传播工具，也就是法语。它是 18 世纪欧洲知识界和时尚人士的交际语；玛丽亚·特蕾西娅和其子女的家书都使用法语，腓特烈二世也用法语作韵诗（但写得很糟）。任何法语书籍都能在欧洲找到读者，而该语种的成功有可能实际上阻碍了德语文化的发展。

通用的语言令理念宣传、探讨和批判性评论成为可能，但短期内能够通过实际改革实现多少成果终究有赖于政治环境。一些政治家试图对"启蒙"理念进行实践，因为国家的利益和哲学家的目标存在某种一致性。当"启蒙专制"与既得利益和保守主义发生冲突，这种对政治环境的依赖就显得尤其明显。哈布斯堡领地内触及教会利益的教育改革的实施，或是伏尔泰在一封写给一名王室大臣的简函中对阻挠 692

财政革新的巴黎最高法院的攻讦，都明显带有这种冲突色彩。一些统治者像叶卡捷琳娜大帝那样，大张旗鼓地展示启蒙思想对其立法的影响。也许，除了被用来反对教会的实用主义改革理念之外，最重要、最具影响力的理念冲击始终与教育和经济领域有关。在法国，启蒙思想家的经济建议至少对行政产生了影响。

宗教问题拥有吸引启蒙哲人关注的独特力量。当时，宗教和宗教教诲与欧洲生活的方方面面当然还是密不可分。这并不仅仅因为教会掌握了巨大的权威，还因为教会实体无处不在，社会和经济两方面的教会组织利益也无处不在；宗教以某种方式渗透到社会的各种层面，而这些层面是改革者可能会感兴趣的。无论是神圣权力或教士特权的滥用阻碍了司法改革、教会土地保有权（mortmain）拖了经济的后腿、教会对教育的垄断局限了行政人才的培养，还是忠心有为的臣民因教义无法得到公正的待遇，罗马天主教会似乎总是社会进步的一大障碍。但这不是宗教引来启蒙哲人非难的全部理由。他们认为，宗教还会导致罪行。宗教迫害时代末期有一桩激起民众愤慨的重大事件，即1762年在图卢兹将一名新教徒判处死刑，罪名为强迫天主教徒改信异端邪说。他为此被折磨、审判和处死[①]。伏尔泰为此案申诉，并激起轩然大波。他的努力没有改变法律，但在天主教和新教对立感依旧强烈的法国南部——也有可能是整个法国，使得此类判决再也无法重现。不过，法国法律对新教徒一直毫不姑息，直到1787年才有所改观，而犹太人依然不被接纳。那时，约瑟夫二世已在其天主教领地内推行宗教容忍政策。

这表明启蒙运动的实际成果受到一个重要因素的限制。不管有多

① 即马克·安东尼·卡拉谋杀案。被处死的人是他的父亲约翰·卡拉，他们一家为胡格诺派新教徒，马克·安东尼系自杀，但坊间传言他打算改信天主教才被父亲谋害。——译者注

么强大的革命力量，它必须在局限性依然极大的旧时代社会政治体制和道德框架内运行。启蒙与专制的关系比较模糊：启蒙者也许会反抗神权君主强加的审查或宗教偏执行为，但也可能依赖专制权力实施改革。必须牢记的是，启蒙思想并非社会进步的唯一动力。伏尔泰所赞赏的英国体制并非源自启蒙运动，18 世纪英格兰的大量变化更多得益于宗教，而非“启蒙哲学”。

启蒙运动最伟大的政治意义在于给未来留下的遗产。它明确并 693
发展了后世所称的“自由主义”所要求的很多关键主张，不过这份传统在此处也不乏歧义，因为启蒙运动者并非追求自由本身，而是追求自由所能带来的结果。人类能够在尘世间享受幸福生活的设想是 18 世纪形成的伟大见解；可以说，那个时代不仅将世间的幸福视为一种可行的目标，而且还发展出幸福可度量（边沁撰写过一套“幸福计算”［felicific calculus］理论）、可以运用理性增进人类福祉的观念。最重要的是，启蒙运动传播了一份理念：就社会倾向性而言，知识的本质是良性和进步的，因此值得信赖。以上这些理念都具有深远的政治影响。

除此以外，那个时代以一种更具体和偏否定的形式对欧洲未来的自由主义传统作出了最为人熟知的贡献；启蒙运动创造了经典的反教皇至上主义。对罗马教会所作所为的批判形成了支持政府攻击教会组织和权威的舆论。除启蒙哲学之外，政教之争还有很多其他根源，但总能表现为启蒙与理性对抗迷信与偏执这一长期战争的组成部分。教皇尤其容易引来批判或藐视；伏尔泰一度相信，这一职位在该世纪末以前就会消失。在敌人和很多支持者眼中，启蒙哲人最伟大的成功是促成教廷解散耶稣会。

若干启蒙哲人对教会的攻击超出了体制范畴，矛头直指宗教本身。18 世纪首次出现了彻头彻尾的无神论（结合唯物主义决定论）

的严肃表述，但这种哲学观尚不普遍。启蒙运动时期思索这些问题的人大多可能会怀疑教会的教义，但依然是模棱两可的有神论者。他们也无疑相信宗教是一股重要的社会力量。如伏尔泰所言，“为了人民，你必须有所信仰”。不管怎么说，他和牛顿一样，毕其一生强调上帝的存在，去世时也与教会相安无事。

这暗示着人性中知识及理性以外部分的重要性，总是面临被启蒙运动忽视的危险。该世纪，日内瓦人卢梭是这方面最具预言色彩的人物，他也与很多“启蒙者”和启蒙哲人发生激烈的争执。他热忱呼吁
694 感性和道德应获得应有的重视，从而在思想史中占据重要地位。感受和道德在理性面前都有黯然失色的危险，因此他认为，那个时代的人是被蒙蔽的生灵，是不完全和堕落的存在，被一个暗无天日的理性社会所扭曲。

卢梭的远见给欧洲文化打下了深深的烙印，有时这种影响是有害的。他在每个人的灵魂中撒下了（诚哉斯言）新的苦种。他的著述中可以找出各种新观念和思想，例如一种赋予宗教新生的态度、一份后来充斥艺术和文学领域的针对个体的心理痴迷、一种理解自然和自然之美的感性手段、现代民族主义学说的兴起、重新转向以儿童为中心的教育理论、去宗教化的禁欲主义（基于古代斯巴达的神秘观念），还有很多很多。这一切都有正反两面的后果；概言之，卢梭是创造浪漫主义的关键人物。他在很多方面都是创新者，也往往能跻身天才之列。他与别人共通的思想同样不少。例如，他唾弃启蒙运动对社群的侵蚀，觉得人人都是兄弟姐妹，是同一个社会、同一个道德整体的成员，这些想法恰恰表达了爱尔兰作家埃德蒙·伯克（Edmund Burke）的观点，只不过后者从中得出的结论与卢梭大相径庭。卢梭发出的言论在某种程度上被其他人视为启蒙运动已过巅峰的表现。然而他在浪漫主义中的特殊地位和中心作用是无可怀疑的。

浪漫主义是一个被大量使用和误用的词语，可以用来形容看起来全然相反的事物。例如，1800 年后不久，有人开始对过去的一切价值观说不，试图以和启蒙时代同样暴力的手段推翻遗留的传统，与此同时，也有人寸步不让地守护着重要的历史体系。双方都可以（也都曾被）称作浪漫主义者，因为道德激情对双方的作用都胜过理智分析。此类对立事物之间最清晰的共通点在于强调感受、本能和自然，这是浪漫主义欧洲的新气象，其中尤以自然为重。表现形式纷繁多样的浪漫主义几乎总是从反对部分启蒙思想开始，不管是怀疑科学能解答一切，还是对以理性为外衣的利己主义深恶痛绝。但其肯定意义上的根源比此更深，源自用来取代多种传统价值观的宗教改革最高价值观——真诚；一些天主教批评家将浪漫主义看作新教主义的去宗教化形态，这不无道理，因为其首要的追求是真实、自我实现、诚实和道德昂扬感。不幸的是，浪漫主义者为了这些追求总是不惜代价。他们的伟大事业将唱响整个 19 世纪，且往往带来痛苦的结果，进入 20 世 695
纪后，还将作为欧洲文化活力最后的表现之一，给世界上大量地区带来影响。

卷六

大加速时代

导　论

18 世纪中期，世上大多数人（可能欧洲大部分人也一样）依然 697
相信历史会按部就班地延续下去。极为沉重的历史枷锁无处不在，而且往往无法挪动分毫：部分欧洲人展开了挣脱桎梏的尝试，但在欧洲以外的任何地区，别说尝试，就连可能性也不存在。尽管与欧洲的接触开启了很多地区改革生活方式的进程，但大部分地方未受影响，也在很大程度上保留着纯粹的传统。

但即便在 18 世纪，有思想的欧洲人也开始广泛认识到历史变革的来临。后一个半世纪，迅速而深刻的改变几乎无处不在，要忽视这一事实就算有可能也极为困难。到 1900 年，欧洲和欧洲世界显然已同过去的大量传统分道扬镳。一种根本上更为进步的历史观被更多的人所接受。即使进步的神话从未完全摆脱质疑，但也使历史事件有了越来越多的意义。

同样重要的是，源自北欧和大西洋国家的推动力也往外辐射，改变了欧洲与其余世界的关系，也改变了许许多多欧洲人赖以生活的基础，尽管有很多人对此感到抵触和沮丧。到 19 世纪末（但这只是大略和权宜的界标），一度被传统所约束的世界走上了一条新的轨道。持续和加速转型是世界新的宿命，而后一个形容词与前者同样重要。一个 1800 年生的人，如果能有诗篇作者所称的七十年寿命，[①] 就可

① 这一用法源自《圣经·诗篇》90 章 10 节："我们的寿数，不外七十春秋，若是强壮，也不过八十寒暑；但多半还是充满劳苦与空虚，因转眼即逝，我们也如飞而去。"——译者注

以用一生见证世界经历了比之前一千年更大的变化。历史正在加速前行。

欧洲霸权的巩固是这些变化的核心，也是变化背后的巨大推动力
698 之一。到 1900 年，欧洲文明已证明自己是有史以来物质上最成功的文明形态。至于其中最重要的意义所在，他们的看法也许并不总是达成一致，但鲜有欧洲人否认，这份文明创造了规模空前的财富、以武力和影响力主宰了世界其余地区，此前从未有任何文明能做到这种地步。欧洲人（或他们的后代）掌握了世界。其主宰地位在很大程度上属于政治范畴，是直接的统治。大片地区被拥有欧洲血统的人所占据。形式上和政治上依然独立于欧洲之外的非欧裔国家中，大部分实际上遵从着欧洲人的意愿、允许欧洲人干涉其事务。能够抵抗的原住民屈指可数，就算他们做得到，欧洲人也往往会成为真正的胜利者，因为抵抗运动需要借鉴欧洲人的行事方式才能成功，也就成为另一种形式的欧洲化进程。

第 1 章 长期变化

1798 年，英国牧师托马斯·马尔萨斯（Thomas Malthus）发表 699
了《人口原理》一书，经历史证明，该书将成为该学科有史以来最具影响力的作品。他描述了人口增长的法则，但此书的重要性超越了这一明显具有局限性的科学范畴。例如，它对经济理论和生物学的冲击与对人口学研究的贡献同样重大。不过与此相比更为重要的是，此书标志着人口学思想的变迁。一言以蔽之，有大约两个世纪，欧洲政治家和经济学家都认为人口增长是繁荣的标志。国王们设法提高臣民的数量，因为人们不仅认为这可以提供更多的纳税人和士兵，而且还认为人口的增多与经济运行速度的加快互为因果。显然，更大的人口数量表明维持其生计的经济规模也扩大了。亚当·斯密为此观点的核心内容提供了最权威的支持，其影响力巨大的著述《国富论》早在 1776 年就认同了人口增长大致等同于经济繁荣的论调。

但马尔萨斯又狠狠泼了一盆冷水。他得出结论，不管社会整体将如何发展，日渐膨胀的人口迟早会释放灾难，给其中最大的阶层——穷人带去苦难。在一段著名的阐述中，他提出，地球的产出有其限量，取决于可用的耕地面积，进而为人口施加了上限。然而人口始终存在爆发性增长的趋势。生存压力会随人口的增加与日俱增，产量增长的速度会越来越滞后于人口增长。当产量无法多过需求时，饥荒必然随之降临。然后人口开始减少，直到现有粮食产量可以供养的程度。只有节育（以及有助于鼓励人们晚婚的克制和审慎）手段，或是 700
灾难或战争等恐怖的自然因素才能阻止这一机制的运转。

关于这份阴沉的理论有多么复杂和精妙，还有很多可以大书特书。它激起了轩然的争议和驳斥，无论是否正确，如此引人关注的理论必然能告诉我们那个时代的很多信息。不管出于何种原因，人们已经对人口增长感到忧虑，即便是马尔萨斯那般不得待见的理论也取得了极大的成功。人们对人口增长产生了之前所没有的认识，而这仅仅是因为增长的速度比过去更快。在 19 世纪，无视于马尔萨斯的言论，部分人类世界的人口数量急剧增长，其速度对当时或以前的人类而言是无法想象的。

这类变化最适合用长期视角来解读；纠结于精确的日期有害无益，其总体趋势一直延续到 20 世纪中后期。如果把俄罗斯（其人口数据直至本作诞生之时依然非常欠缺统计学依据）包括在内，那么欧洲人口在 1800 年为 1.9 亿左右，一个世纪后增加到 4.2 亿上下。世界其余地区的增长速度则慢得多，使得欧洲人口在世界人口中的比例从大约五分之一提高到四分之一；有一小段时间，欧洲缩小了对亚细亚文明中心的人口劣势，但继续享有技术和心理上的优越地位。不仅如此，在同一时期，欧洲还经历了规模巨大的对外移民。19 世纪 30 年代，欧洲海外移民人数首次超过一年 10 万；1913 年达到 150 万以上。以更长远的视角来看，1840 至 1930 年间，也许有 5 000 万人离开欧洲前往海外，其中大部分都抵达西半球。这些人和他们的后代都应被计入总量，才能理解这些年来欧洲人口增长的规模。

该增长在欧洲内部并不平均，也对大国的地位造成重大影响。军事人力通常被视为强国实力的体现，1871 年，德国取代法国，成为俄罗斯以西单一政府下人口最多的国家，这是一个关键性的转折点。看待此类变化的另一种方式是比较欧洲军事大国在不同时期中占欧洲总人口的相对比例。例如，1800 至 1900 年间，俄罗斯从 21%提升到 24%，德国从 13%升到 14%，而法国从 15%跌至 10%，奥地利跌幅略少，从 15%降至 12%。但没有国家像英国那样取得了如此惊人的增长，从马尔萨斯著书立说时的 800 万左右升至 1850 年的 2 200 万（还将在 701
1914 年达到 3 600 万）。

然而人口增长无处不在，只是速度和时间段不同。例如，最贫困的东欧农业型地区直到 20 世纪二三十年代才迎来人口增长的顶峰。这是因为死亡率的下降是该时期人口增长背后的基本机制，且无处不然。在过去一百年间，死亡率的下跌幅度是史上空前的，并首次出现于 19 世纪的欧洲发达国家。笼统而言，1850 年以前，大部分欧洲国家的出生率略高于死亡率，而且两个数值在所有国家都基本相等。换言之，该状况表明，在那个时代、在依然以农业为压倒性主体的社会，人类生活的基本决定因素所受到的冲击很小。1880 年后，这一切迅速发生变化。欧洲发达国家的死亡率呈相当稳定的下跌趋势，从每年 35‰降至 1900 年的 28‰，五十年后还会进一步减少到 18‰。略欠发达的国家在 1850 至 1900 年间依然保持着 38‰的死亡率，到 1950 年才降至 32‰。这造成了欧洲内部惊人的不平等，较富裕部分的预期寿命要高得多。大体而言，除死亡率高且贫穷的西班牙之外，欧洲发达国家都位于西部，因此死亡率的不平等再次加剧了旧有的东西欧差异，给波罗的海至亚得里亚海的那条假想的边界添上了新的浓墨重彩。

死亡率降低以外的其他因素也不无贡献。随着经济状况的改善，早婚和出生率提高在人口扩张的第一阶段就显露端倪，但现在两者发挥的作用要大得多，因为从 19 世纪开始，得益于更充分的人道主义关怀、更廉价的食物、更好的公共卫生条件以及医疗和工程学的进步，早婚儿童的存活率大大提高。影响人口发展趋势的因素中，医学和医疗条件是最晚发挥作用的。直到 1870 年左右，医生才开始掌握重大绝症的治疗方法。这些疾病都是儿童杀手：白喉、猩红热、百日咳、伤寒。婴儿死亡率因而急速下降，新生儿的预期寿命则显著提高。但更早之前，通过给日渐扩大的城市建设改良的排水系统、设计更好的清洁卫生手段，社会改革者和工程师已经为降低这些和其他疾病的发病率（虽然不包括其死亡率）做了大量工作。到 1900 年，曾于 19 世纪三四十年代肆虐伦敦和巴黎的霍乱在工业化国家已经绝迹。1899 年后，西欧再无一国爆发大型疫病。这类变化影响到越来越多
702 的国家，在各地都产生了提高平均寿命的普遍趋势，也造成了惊人的长期效果。当 20 世纪过去四分之一的时候，北美、英国、斯堪的纳维亚和欧洲工业化地区的男女可以期待的寿命比中世纪祖先要多一至两倍。这一情况所带来的后果是极为惊人的。

正如人口增长加速首先降临到经济上最发达的国家，下一个可以感知的人口发展趋势——增长减缓也最早出现于那些国家。这是出生率降低所导致的，不过由于死亡率降低的速度更快，这一原因长期被掩盖。在每个社会，该趋势最早显现在富裕阶层当中；直至今日，生育率与收入成反比依然是大体说得通的规律（尽管富裕的美国政界世家提供了不少名声响亮的反例）。在某些社会（而且在西欧比东欧更明显），这是由于晚婚的趋势缩短了妇女婚后的生育时期；在某些社会，这是由于夫妻选择少生——得益于有效的节育技术，他们具备之前所没有的可靠手段。也许部分欧洲国家之前就对此类技术有一定了解；但至少可以肯定，这些技术在 19 世纪取得了改良（有些改进离不开科学和技术进步，从而制造出了必需的设备），也获得了使其广为人知的宣传效果。一场社会变化带来的影响力就像无数根触手所织成的巨网，这种情况再一次重现，因为很难不把这类知识的传播与特定因素——如识字率的提高——和生活期望的提高联系起来。尽管人们开始获得比祖先更多的财富，但也一直在调整所谓过得去的生活标准的概念——从而调整了可以接受的家庭规模的概念。至于他们据此

概念所采取的行动是推迟结婚年龄（如法国和爱尔兰农民所为）还是采用节育技术（似乎是英国和法国中产阶级的做法），则取决于其他文化因素。

人们在家中生老病死的方式发生了改变，进而使社会结构出现转型。一方面，在19和20世纪的西方国家，青年的绝对数量比过去更多，有一段时期，其相对比例也比以往更多。19世纪欧洲的外向、喧哗和活力在很大程度上归因于此。另一方面，发达社会逐渐面临前所未有的老龄人口比例。过往世纪中供养老者和无工作能力者的社会 703
机制越来越不堪重负；工业社会下的就业竞争日趋激烈，使这一问题雪上加霜。到1914年，几乎所有欧洲和北美国家都为解决贫困和无法自立者的供养问题绞尽脑汁，无论这项工作的规模和成果在各国有多大差别。

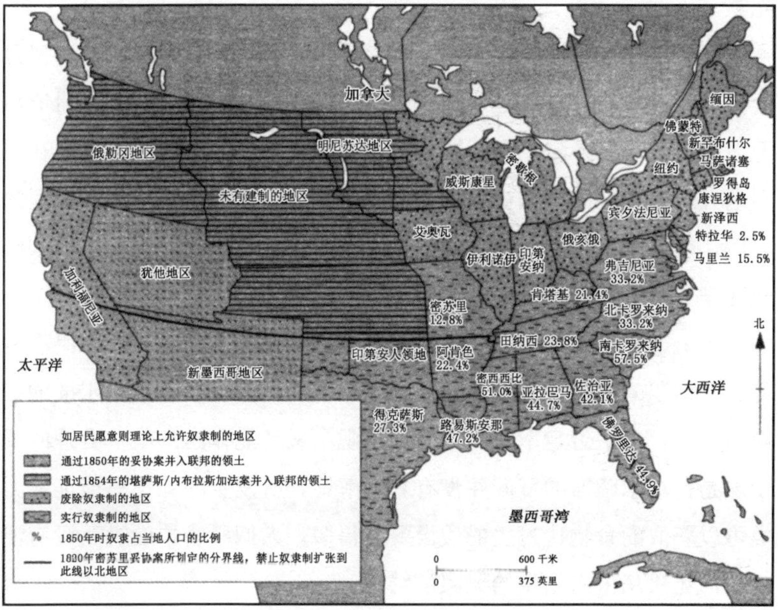

美国的奴隶问题

此类趋势直到1918年才见于东欧，而在西方发达国家，其普遍模式早已确立。死亡率的跌幅长期高于出生率，即便在发达国家也一样，因此直至今日，欧洲和欧洲世界的人口始终处于增长状态。这是该时代最重要的主题之一，几乎与方方面面都有联系。其物质方面的影响可见诸史无前例的城市化进程和规模巨大的消费市场的崛起，后者为制造业提供了发展的温床。其社会影响包括体制变化下的冲突和动荡，也包括体制变化下的投机行为。政客将人口数据列入考虑，决定可以（以及不得不）承担何种风险。人们对人口过密的警惕性越来越高，这些趋势都造成了国际上的反响。19世纪的英国担心无数穷人和失业者的福祉，从而产生了鼓励移民的措施，并进而塑造了臣民的帝国式思想及感受。稍晚些时候，德国人因为害怕损失军事潜力而
704 不提倡移民，法国和比利时人则出于同样的理由成为发放儿童补贴的先驱。

其中部分措施恰当无误地表明，马尔萨斯的悲观预言将随着岁月的流逝被人遗忘，令他恐惧的灾难并没有发生。19世纪的欧洲依然不乏人口灾难；爱尔兰和俄罗斯都遭遇大饥荒，濒临断粮的状况在很多地方出现，但此类灾祸越来越罕见。发达国家杜绝饥荒和物资短缺之后，也使得疾病的人口杀伤力不复从前。同时，巴尔干以北的欧洲地区享有两段为时较长的完全和平时期，即1815至1848年、1871至1914年；作为马尔萨斯人口理论中的另一个阻碍因素，战争似乎也算不上称职的灾星。最后，如平均寿命所示，人口伴随生活水准的提高而增长，似乎否定了他的判断。悲观主义者能作出的唯一合理的反驳就是：马尔萨斯的疑问并没有获得解答，所发生的一切只能证明人类可以获取的食物比过去的假设要多得多，人们所害怕的饥荒没有出现。但无法从中得出供给无限的结论。

事实上，当时还发生了另一场伟大的历史变革，属于屈指可数

的、真正改变人类基本生活条件的变革之一，称之为粮食生产革命并不为过。其开端前文已有涉及。18 世纪的欧洲农业已经能够获得中世纪两倍半的产出。而当时，更了不起的农业进步即将成为现实，产量会提升到更叹为观止的水平。据计算，从 1800 年前后开始，欧洲农业生产以每年 1%左右的速度增长，使之前所有的进步都相形见绌。更为重要的是，随着时间推移，欧洲工商业将使其有能力利用世界其余地区的巨大粮食储备。两场变革都属于生产力投资不断加快的同一进程，到 1870 年，这一进程已使欧洲和北美成为毫无争议的全球财富最集中的地区。农业是财富集中的本质基础。人们曾谈论一场“农业革命”，假如不考虑其中的急速改变之意，这是一个可以接受的术语；毕竟，如果用过于内敛的词汇，就无法形容 1750 至 1870 年间实现的世界农业产出的巨大飞跃（后来甚至更上一层楼）。但这一进程充满复杂性，其推动力来自众多不同的源头，也与经济的其他层面具有不可或缺的关联。它只是一场世界范围的经济变革的一面，最终卷入其中的不仅是欧洲大陆，还有美洲和大洋洲。

一旦这些重要的性质开始定型，就可以对此加以专门的详述。705
1750 年的英格兰拥有全球最好的农产业。英国的农业采用最先进的技术，并与贸易市场经济充分融为一体，其领先地位将持续到大约一个世纪以后。欧洲农夫到那里观摩学习、购买牲畜和机械并寻求建议。同时，得益于国内的和平（1650 年后，英国本土没有大规模或持续的军事行动，对经济的好处是无法估量的）和人口增长所带来的购买力提升，英国农夫赚得了进一步改良所需的资金。他们愿意采取这种投资方式，就短期而言是对贸易前景乐观的表现，但也揭示了英国社会某些更深层次的东西。在英格兰，农业进步的好处属于个人，他们拥有土地，或作为承租者、以基于市场现实的条款安心使用土地。英国农业是资本主义市场经济体的一部分，早在 18 世纪，土地就几乎被视作和其他任何商品没有区别的存在。从亨利八世剥夺教会财产以来，欧洲其他各国常见的土地使用限制在英国就处于不断加速消亡的状态。1750 年后，这一过程的最后一大阶段随着世纪之交的大批《圈地法案》的出炉（与谷物高价时期存在醒目的重合）而到来，此类法案剥夺了英国农民放牧、砍柴或其他传统的经济权益，将土地集中起来供私人牟利。19 世纪早期英国和欧洲农业最惊人的反差之一是，传统意义上的农民在英格兰几乎完全消失。英格兰有雇佣劳力和小农，但没有那种在欧洲规模巨大的农业人口。那些欧洲农民个人拥有一些（尽管微不足道）法律权利，通过集体使用权和大量极小规模的所有权建立与土地的关系。

在经济繁荣和英国社会体制所构成的大环境下，技术不断向前迈进。技术发展长期处于成败参半的状况。良种牲畜的早期饲养者之所以成功，并非缘于尚处襁褓的化学知识，亦非凭借还不存在的遗传学知识，而是紧紧依靠长久以来积累的实践经验。即便如此，其成果也相当不俗。这片土地上栖居的牲畜改头换面；中世纪瘦弱的绵羊——其背影的某些部分与收养它们的修道院的哥特式拱顶有几分相似——让位于今日所熟悉的那些肥嘟嘟、圆滚滚、看起来怡然自得的动物。“对称、茂实”是一句 18 世纪农夫的祝酒词。灌溉和围篱技术取得进
706 步，大型、开放式的中世纪田地——由狭窄的条块组成，每块由一名农夫耕种——被英国乡野上一块块方格状补丁的封闭式轮作农田取代，这些都使农村的外观发生了改变。在某些田野上，甚至 1750 年就有机械投入生产。18 世纪期间，机械的使用和改良获得大量的精力投入，但起初似乎并没有带来产量上的太多贡献，直到进入 19 世纪，当越来越多的大型农田出现，机械也变得更加具有生产成本效益。不久之后，蒸汽打谷机在英国农田现身，开启了一条通往 20 世纪农业的道路，最终机械将基本上彻底取代人力。

这类改良和变化传播到欧洲大陆，带着一定的滞后性，也根据欧陆的情况作了因地制宜的变通。进步并不总是那么迅速，除非与过往世纪的半停滞状态相比。在卡拉布里亚或安达卢西亚，也许一个多世纪都感受不到进步的步伐。尽管如此，变化还是降临到欧洲农村，而且通过很多途径。与食品供应储备不足的状况所进行的斗争最终取得了成功，但这是数百桩胜利的综合结果，克服的对象包括一成不变的轮作制度、过时的财政安排、低下的翻耕水平和彻头彻尾的愚昧无知。这些胜利换来了更好的牲畜、更有效的动植物疾病控制、全新作物的引入和很多其他收获。这类变化涉及如此广泛的基础，还往往不得不克服社会和政治的阻力。法国于1789年正式废除农奴制；这也许并没有多大意义，因为当时法国境内的农奴已经相当少见。同年，“封建体系”废除的意义则大得多。这一含混的术语代表着阻碍个人开拓土地、将土地视为通常投资对象的传统惯例和法律权利，如今这些障碍被大范围破除。几乎在第一时间，很多农民发现，他们想要的变化真正成为现实后并不完全令人称心；他们对封建制的态度是有所偏颇的。废除交给采邑领主的例行赋税是一桩乐事，但失去对公共土地的例行权利则使他们无法接受。基于贫困现象在同一时期大规模重演的事实，这一改变就整体而言更使人难以琢磨和评价。不出数年，大量之前属于教会的土地被出售给个人，由此导致土地持有者数量的激增和平均财产规模的扩大。按英国的前例判断，这应该为法国带来一个农业大发展的时代，但事实并非如此。农业进步非常缓慢，类似英国模式的财产兼并也极少发生。

这恰如其分地表明，对那段历史时期的步调和共性加以概括是需 707
要审慎和限定的。尽管德国人在19世纪40年代周游各地、展示农业机械，表现出极大的热情，但德国毕竟是一个面积巨大的国家，也是某位伟大的经济史学家给出如下评价的两国（另一个是法国）之一：

“概言之，在铁路时代以前，农民的生活没有发生有史可查的、普遍而彻底的改善。”然而在阻挡农业进步的中世纪体制解体后，两国确实在稳步向前，也为铁路时代的发展铺平了道路。某些地区的加速发展缘于拿破仑时期的法国占领军，他们以及后来的其他势力引入了法国的法律，因此到 1850 年，农民被土地束缚和强制劳役的现象在大部分欧洲地区已经消失。当然，这并不意味着旧制度下的观念在该体制消失后不再阴魂不散。无论是好事还是坏事，即使不再有合法性的支持，普鲁士、匈牙利和波兰地主在采邑中似乎依然保持着大量原有的寡头权力，而且到 1914 年依然如此。这些地区以较之西欧强烈而集中得多的方式来确保保守贵族价值观的延续，这一事实具有重要的意义。容克贵族常常在规划和管理名下地产时考虑市场因素，但在管理自身与佃户的关系时并不会考虑。

对农业传统法定模式的变革抵制得最为长久的是俄罗斯。该国的农奴制一直延续到 1861 年废除为止。此法案没有一举将俄罗斯农业整体转入个体经营和市场经济体制之下，但给欧洲历史中的一个时代画上了句号。从乌拉尔到拉科鲁尼亚的整片地区，再没有合法的、以农奴制为基础的大规模土地劳动，也不再有农民依附于地主不得脱身。这是一个体系的终结，该体系从古代传承自蛮族入侵时代的西方基督教世界，也曾经是欧洲文明上千年间的基础。1861 年后，欧洲所有农村的普罗大众都为工钱或食宿工作；这一伴随 14 世纪的农业危机首先在英格兰和法国传播的模式如今已遍及全欧。

中世纪的契约劳工形式在部分属于欧洲世界的美洲国家延续得最久。作为最绝对和彻底的强制劳动形式，奴隶制在美国部分地区直到 1865 年内战结束才失去合法地位，当年，废奴法案在整个共和国生效（不过胜利方的政府在两年前就开始宣传和推广了）。该国原本十分迅速的发展势头在一定程度上被这场实现废奴运动主张的战争所拖

慢，战后又得以恢复，并使美国成为对欧洲至关重要的存在。即便在 708
战前，作为奴隶制争论所围绕的核心，棉花种植业已经表现出新大陆能够为欧洲农业提供极大规模补充的势头，具有几乎不可或缺的作用。战后，为欧洲供应其他产品的通道得以开启，不仅是棉花等欧洲不易种植的作物，还包括粮食。

美国（还有加拿大、澳大利亚和新西兰、阿根廷和乌拉圭）很快表明它们能够供应比欧洲廉价得多的粮食。有两点使这一状况成为可能。一是这些面积巨大的新土地现已成为欧洲的资源。美国的平原、一望无际的南美无树大草原和气候适中的大洋洲均为种植谷物和饲养牲畜提供了广袤的田地。第二点是运输革命，使这些资源首度唾手可得。从 19 世纪 60 年代起，越来越多的蒸汽机车和轮船被投入使用。运输成本迅速降低，低价格促进需求增长，又使成本下降的速度更快，于是产生了更多的利润，并作为资本投向新大陆的山脉和平原。同样的现象也在欧洲内部以较小的规模发生。19 世纪 70 年代起，波兰和俄罗斯西部建成的铁路以及从黑海沿岸港口出发的蒸汽轮船，都能将俄罗斯的谷物以低得多的成本运到东欧和德国日渐发达的城市，使两地农夫面临竞争。到 1900 年，不管本人是否意识到这一点，欧洲农夫的竞争舞台已经是整个世界；智利鸟粪或新西兰羊羔的价格都可以确定欧洲农民本地市场的走势。

哪怕是这样一本概要式的历史书，农业爆发式增长的历程也值得大书特书；农业首先创造出文明，随后在数千年间限定文明的发展，接着突然又成了文明的推进器，用大约百来年不到的时间向世人展示，农业可以养活的人口比过去要多得多。不断扩张的城市的需求、铁路的问世、资本的出现，都与 1750 至 1870 年间日益壮大的越洋经济体有着形影不离的相互关系。不管具有多么至关重要的年代地位、在聚合投资资本方面发挥了多么巨大的作用，把农业在该时期的历程剥离于整体增长之外进行叙述也只是为了方便起见，这一整体增长最明显和突出的表现是一个基于大规模工业化的新社会的完全成型。

这是另一个浩大无垠的主题，甚至要看清这一主题究竟有多庞大
709 都不容易。工业化创造了自蛮族入侵以来欧洲历史上最惊人的变化，但在人们心目中的地位甚至更高，被视为农业、铁器或轮子问世以来人类历史上最大的变革。在相当短的时期（一个半世纪左右）内，社会的构成元素从农民和工匠转变为工人和文书。讽刺的是，这一转变源自农业大发展，却又终结了农业在古代至高无上的地位。和若干其他重要事件一起，工业化将上千年的文化演进所产生的差异化人类体验转变为一种共同经历，此后，人类还将进一步走向文化融合。

即便只对工业化下个定义也绝不容易，不过若干核心进程显而易见，就在我们身边。其一是用其他能源驱动的机械取代人力或畜力，并且逐步向矿物能发展。另一进展是用大得多的单元来组织生产。还有一点是制造专业化程度的提高。但这一切都具有间接和多元的影响，很快就使我们的目光远远超越其本身。虽然工业化是无数企业家和客户作出的不计其数的有意识决策的体现，但也仿佛是一种盲目的力量，以转型之力横扫社会生活的一切，一名哲学家认为这类转型力量是革命性变化的“无情执行者”之一，而这类“执行者”可以占据工业革命史的半数篇幅。工业化意味着新型的城镇，需要新的学校和新形态的高等教育，也很快形成日常和共同生活的新模式。

使此类变化得以发生的根源要回溯到近代早期。投资资本伴随着数百年的农业和商业创新过程缓慢积累，知识也不断丰富。工业化启动后，运河提供了最早的大宗运输交通网络，从 18 世纪起，欧洲开始以前所未有的规模开凿运河（当然，中国的运河史是另一番光景）。但就连查理曼的手下也知道开凿的方法。即便最惊世骇俗的技术创新也深深扎根于过去。“工业革命”（19 世纪早期的法国人以此来为这

个动荡而伟大的时代命名）时的人类站在无数前工业时代能工巧匠的肩膀上，是他们缓慢地发展出未来所需的技巧和经验。例如，14 世纪的莱茵兰人（Rhinelander）学会了铸铁；到 1600 年，鼓风炉的逐步普及开始移除此前的高成本给铁制品使用带来的限制，18 世纪的一些发明使得部分加工流程可以采用煤炭取代木材作为燃料。即便以后世的标准来看创新并不算多，但廉价的铁器还是引发了研究新用途 710
的实验热潮，并带来进一步的变化。新的需求意味着铁矿石丰产区将具有重要的地位。通过新的冶炼技术，矿物燃料取代了植物燃料，以煤矿和铁矿出产地为中心，未来的欧洲和北美工业布局开始成型。北半球拥有一条蕴藏世上大量已知煤矿储备的大环带，从顿河流域开始，途经西里西亚、洛林、英格兰北部和威尔士，直到宾夕法尼亚和西弗吉尼亚。

伴随着蒸汽机这一新发明的动力源，更好的金属和更丰富的煤炭为早期工业化作出了决定性的贡献。其源头依然非常深远。希腊时代的亚历山大里亚就有人知晓用蒸汽能驱动物体的知识。即使如某些人相信的那样，当时存在开发这一知识的技术，但限于经济条件的压力也不会是值得投入的尝试。18 世纪迎来了一系列非常重要、堪称翻天覆地的技术改进，而且当时不乏可用作投资的金钱。两相结合，创造出一种动力源，并迅速在世人心目中占据革命性的重要地位。蒸汽机不仅是煤和铁的产物，也同样消耗二者，其直接消耗方式是作为蒸汽机的燃料和制造原料。以间接的方式，蒸汽机刺激生产，使其他加工工艺成为现实，从而导致了煤铁需求的上扬。铁路建设是最显著的范例。铁轨和机车需要海量的铁——后来改为钢，但也使货物运输的成本大大降低。这些新火车所运载的很可能还是煤或铁矿，从而让远离矿产区的地方也能以低廉的价格使用这些物料。新的工业区在铁路沿线成长起来，铁路又可以将它们的产品运送到远方的市场。

铁路不是蒸汽带给运输交通的唯一变化。第一艘蒸汽机轮于1809年入海。到1870年，虽然帆船依然很多，海军也还在建造配备满帆的战舰，但采用“汽船”进行常规海运已是稀松平常。其经济效果十分夸张，海运在1900年的真实成本相当于一百年前的七十分之一。蒸汽机轮和铁路大幅缩减成本、运输时间和空间，推翻了传统观念中可能与不可能的概念。自从驯服马匹、发明车轮以来，货品和人员的运送速度无疑要取决于道路状况，但只要距离不是太短，每小时
711 一至五英里大概就是极限。走水路可以跑得更快，上千年来，伴随舰船设计和技术的大量改进，其速度可能提高了不少。但是，当人们可以在有生之年见证马背上的旅行与能够长时间保持40甚至50英里时速的火车旅行之间的差异，与此相比，过去那些缓慢的进步都显得不值一提。

如今，我们不再能享受工业时代最怡人的景观之一：高速运行中的机车用烟囱喷出长长的、绒絮般的蒸汽，在绿意盎然的田野所组成的布景上悬停数秒，然后消散无踪。初见此景，人们总是大为震撼，工业化转型的其他视觉表现也同样惊人，只是不那么美妙。最可怕的景象之一是黑烟弥漫的工业城镇，工厂的烟囱是镇上最醒目的标志，一如教堂尖顶曾是前工业时代最突出的城内建筑。工厂是如此新奇和令人叹为观止，使得人们往往未曾注意到它们是工业化早期阶段非比寻常的存在，而非什么典型的事物。直到19世纪中期，大部分英国产业工人依然在雇佣人数不足50的制造型企业内工作。长期以来，只有纺织业出现了劳动力的大规模集中；巨型棉纺厂使兰开夏郡首先形成与早期制造业城镇截然不同的视觉和城市特征，这些工厂看起来如此震撼，因为它们在当时独一无二。但到了1850年，显然有越来越多的制造业加工程序朝着集中化方向发展、聚集在同一屋檐之下，这一趋势的吸引力在于降低运输成本、提高工序专门化程度、使用更

强力的机械和建立有效的劳动纪律。

到 19 世纪中期，这些变化（上述的那些是其中最惊人的）只在一个国家创造出成熟的工业化社会：大不列颠。其背后有长期而无意识的准备工作作为铺垫。和平的国内环境、野心较欧陆国家更为保守的政府，都有助于投资信心的滋长。农产品盈余的进一步增加首先在英格兰实现。以两三代人所完成的重大发明为基础，凭借丰富的矿产资源，英国人可以充分开发新的技术工具。不断扩张的海外贸易带来更多可用来投资的利润，投资所需的基础金融和银行业体制在工业化之前已经就位。社会看起来已经为变革做好心理上的准备；观察者发现，18 世纪的英国人对金钱和商机格外敏感。最后，人口的增加开始同时带来劳动力和制造业商品需求的提升。以上所有推动力汇聚到一起，造就了空前和持续的工业增长，19 世纪三四十年代，一些全新的、不可抗拒的现象成为这一增长最初的明显见证。到 1870 年，
德国、法国、瑞士、比利时和美国都紧随其后，展现出强势和自持续 712
性的经济增长，但英国的工厂规模和历史地位依然排在首位。对喜欢以“世界工厂”自居的英国人而言，计算那些表明工业化为他们带来多少财富和实力的数据是一桩乐事。1850 年，英国拥有的远洋船只和铁路都占到世界总量的一半。在那些铁路上，列车运行定期准点，其速度甚至到一百年后都不算太落后。规范列车运行的“时刻表”是最早的同类实例（英语也最早使用这一词汇），电报是其准确运转的依靠。乘坐列车的男女老幼在数年前还只坐过马车或货车。在 1851 年，即一场大型国际博览会于伦敦举行并向全世界昭告其新贵地位的年份，大不列颠冶炼出 250 万吨生铁。这听起来不算很多，但相当于美国的五倍和德国的十倍。那一刻，全英国的蒸汽机能够产生 120 万匹以上的马力，比欧洲总和的一半还多。

到 1870 年，各国的相对地位已经开始发生变化。大不列颠在大

部分领域依然独占鳌头，但其优势并非不可企及，维持领先地位的时日也不会长久。该国依然拥有多于任何欧洲国家的蒸汽马力，但美国（1850 年就超过了英国）已经后来居上，德国也在迎头赶上。19 世纪 50 年代，德法两国都完成了英国已经实现的重要转型，炼铁所用燃料的主体从木炭转为矿物燃料。英国依然保持着制铁行业的领先地位，生铁产量一度节节上升，但当时只相当于美国产量的 3.5 倍和德国产量的 4 倍。不过这依然是巨大的优势，英国统治下的工业时代还没有完结。

与未来的形态相比，这些以大不列颠为首的工业国家尚未发育完全。到 19 世纪中期，其中只有英国和比利时的城市人口达到较高比例。1851 年的人口普查表明，英国各行各业中，农业的雇佣劳动者依然最多（只有家政行业有得一比）。但这些国家有越来越多的人参与到制造业当中，新涌现的经济财富集中现象和达到新高的城市化规模都一目了然地显示了正在向前迈进的变化过程。

713 随着工人的涌入，整片整片地区的生活面貌发生改变；在约克郡西区、鲁尔和西里西亚，以及无数新城镇，工厂拔地而起、烟囱高耸入云，连外观都变了样。19 世纪，这些工业区以惊人的速度发展，尤其是该世纪后半叶，涌现出一个个大型城市中心，将成为后世所特指的“大都市圈”的核心。有史以来第一次，欧洲部分城市的增长不再依赖于农村的移民。要找出体现城市化程度的标志并不容易，很大程度上是因为不同国家的城市区域有不同的定义，但这一进程的大方向依然是清晰的。1800 年，伦敦、巴黎和柏林各有大约 90 万、60 万和 17 万居民。1900 年，这三个数值分别为 470 万、360 万和 270 万。同年，格拉斯哥、莫斯科、圣彼得堡和维也纳的人口也都超过了百万。在这些大型城市身后，还有 16 座人口 50 万以上的欧洲城市，一百年前，能超过这一数字的只有伦敦和巴黎。这些大城市，以及虽然略小一些但比曾经让它们失色的古代名城依然大很多的城市，还在吸引大量来自农村的移民，尤其是在大不列颠和德国。这表明城市化趋势只在相对较少的国家显得突出，而那些国家正是最早开始工业化的国家，因为将工人吸引过去的是工业化带来的财富和就业机会。1900年有23座人口超过50万的城市，四个国家占了其中的13座：英国（6）、德国（3）、法国（3）和比利时（1）。

人们对城市的观念经历了很多转变。18世纪结束之际，某种向往乡村生活的情感正大行其道。这与工业化的第一阶段相重合，对城市生活之转变的审美和道德评价始于19世纪之初，这一转变确实展现出往往令人反感的新面貌。城市化被很多人视为不愉快乃至不健康的变化，这种舆论是一股演进力量正在发挥效力的标志。保守主义者不信任城市、惧怕城市。虽然欧洲政府展示了可以轻易控制城市骚动的能力，但此后很久，人们依然对城市投以不信任的目光，视其为可能滋生革命的巢穴。这一点也不令人吃惊，很多新兴大都市往往面貌可憎，城内穷人的境况十分可怖。如果深入伦敦东区的贫民窟，任何人都能找出贫穷、肮脏、疾病和死亡的骇人证据。一名年轻的德国商人——弗里德里希·恩格斯在1844年写下该世纪最具影响力的著作 714
之一《英国工人阶级状况》，揭露了曼彻斯特穷人可怕的生活状况，不过很多其他英国作家也被相似的主题所吸引。在法国，“危险阶级”（巴黎穷人的称谓）现象是该世纪前半叶政府所操心的话题，社会的悲惨状况引燃了1789至1871年间的一系列革命暴动。显然，惧怕城市发展会滋生对社会统治者和既得利益者的怨恨并非毫无道理，这也是一股潜在的革命势力。

预言城市将引发理念颠覆同样合乎情理。在19世纪，城市极大破坏了欧洲传统行为模式，也是新社会形态和理念诞生的熔炉，这是一片易于隐姓埋名的巨大丛林，任何人都能轻易躲开教士、地主和邻居刨根究底的眼神——这曾是农村社会约束力的来源。从中（尤其是当文化知识普及到中下层以后）产生的新思想开始挑战长久未受质疑的假说。19世纪欧洲上流阶级对于城市生活倾向无神论和无信仰的表征尤其感到震惊，而普遍的应对手段之一就是兴建更多的教堂。他们觉得危在旦夕的不仅仅是宗教真理和教义的完整性（对此，上流阶级本身倒是容忍异见多年，也没有感到不适）。宗教是道德和社会既有秩序的支柱。革命作家卡尔·马克思轻蔑地称宗教为“人民的鸦片”；统治阶级当然不会采纳如此称谓，但他们也承认宗教对于社会凝聚力的重要价值。所导致的结果之一是一系列长期延续的企图，既发生在天主教国家，也发生在新教国家，其目的是找出让基督教重新占领城镇的方法。这一尝试至少在某个方面存在误解：自以为教会确实还有在城市立足的资本。实际上这些缺乏宗教氛围的城区不断蔓延滋长，就连传统教区和古村老镇的宗教机构都岌岌可危。但这些措施的表现形式多种多样，从城郊工业区建起的新教堂到结合福音传道与社会服务的传教活动不一而足，使教士从中了解到现代城市生活的实际情况。到该世纪末，宗教界人士至少充分意识到了前人所没有意识到的挑战。一名伟大的英国福音传教士经过精心的推敲之后，在一本著作的标题中选用了两个词语：最黑暗的英国（*Darkest England*），①以此凸显传教工作的状况形同海外异教大陆。他给出的解答是创建一种全新的宗教宣传机构，尤其以吸引新一类的居民、对抗城市社会的弊端为己任，这就是救世军。

715　在这方面，工业革命的冲击再一次远远超出了物质生活的范畴。我们所知范围内最早的现代文明——其核心并不是某种正式的宗教信

① 卜维廉《最黑暗的英国及其出路》（*In Darkest England and the Way Out*），这一书名呼应了斯坦利对非洲内陆的评价——“最黑暗的非洲”，本书作者的弦外之意也是如此。——译者注

仰体制——是如何诞生的，这是一个极难判明的复杂问题。也许，我们不能将城市打破传统宗教习规的作用与科学、哲学观念颠覆知识阶层信仰的作用彼此分割。但 1870 年的欧洲工业人口已经可以望见一个崭新的未来，其中的很多人掌握了文化知识，也疏远了传统权威，具有去宗教化的思想，并开始拥有自我存在意识。他们所构成的文明基础和以往的一切都有所不同。

虽然他们对未来的想法只是一份期待，但不无合理之处，这又一次体现了工业化给人类生活的方方面面带来了何等迅猛与深刻的冲击。就连生活的节奏也发生了变化。此前的全部历史中，人类大部分行为根本上受制于自然的节拍。在农业或畜牧经济下，自然条件决定了一年的步调和模式，人们必须做些什么、能够做些什么都取决于此。白天与黑夜、好天气和坏天气又把季节设定的框架划分得更细。佃农与农具、牲畜和田地形影不离，从中赢得一份口粮。即便是相对较少的城镇居民，在很大程度上，他们的生活也取决于自然的力量；1850 年以后很久，一次歉收依然可以令大不列颠和法国的经济整体萎靡。但工业化以后，决定很多人生活节奏的因素已经发生了相当大的改变。最首要的因素是生产方式及其需求——需要低成本高效率地运用机器，需要或拮据或豪爽的投资资本，需要劳力的供应。工厂是这一因素的象征，而工厂的机器则确立了离不开准确计时的工作模式。由于工业化的工作，人们开始以一种截然不同的方式思考时间。

除了建立新的社会节奏之外，工业主义还将劳动者与新的工作方式联系起来。我们要避免因伤怀往日而影响对这一新工作方式的评价，虽然不容易做到，但很重要。乍看之下，工厂工人的处境使人沉痛；千篇一律的作息、非人性化的管理和为他人创造利润的宿命，都给种种反工业主义言论提供了立场，不管其形式是为手工艺人的世界已经消亡而懊丧，还是对工人与产品脱离的状况加以分析。但是，中

世纪农民的生活也很单调，同样花费大量时间为他人创造利润。他们
716 死板的工作日程并不比工人好过或舒坦，因为日出日落和雇主同样无
法违抗，干旱或暴雨同商业萧条或繁荣一样变化无常。不过，无论我们将工业生产与过去相比时会作出何种评价，在这些新的严格制度之下，无数男女获得生计的方式发生了颠覆性的转型。

一个鲜明的例子就是很快便臭名昭著、成为早期工业时代痼疾之一的滥用童工现象。有整整一代英国人的道德意识因废奴和随之而来的激昂感而被拔高，他们也是极度重视宗教教育的一代——因此同样重视年轻人接触宗教的一切可能障碍，又是对孩子的情感超乎前人的一代。这一切都滋长了对童工问题（最早针对英国国内）的关切，并有可能使人们忽略一个事实，即工厂残酷剥削儿童的现象只是雇佣模式全面转型的冰山一角，至于将儿童作为劳力本身则毫不新鲜。成百上千年来，欧洲的儿童一直都从事养猪、养鸟、拾穗、万用杂役、清道夫、雏妓和偶尔的苦力（大部分非欧社会也是如此）。雨果的小说名著《悲惨世界》（1862）中大量无依无靠的儿童所组成的骇人场景，就是他们在前工业化社会的写照。工业主义带来的差异在于对儿童的剥削加以规范化，并有工厂制度这一全新的压榨工具。由于力气较小，农业社会中的儿童能够承担的工作必然有别于成人，然而机器操控领域却存在一应俱全的、儿童的劳力能够直接和成人竞争的岗位。在通常供大于求的劳动力市场，这意味着父母面临无法抵抗的压力，必须将孩子送入工厂，尽早挣得一份家计，有时从五至六岁就开始了。其后果不仅往往给受害者带来可怕的经历，还使儿童与社会的关系发生革命性的变化，也令家庭结构出现残缺。这是历史发展最面目可憎的“无情的执行者”之一。

这股力量所导致的问题相当突出，社会不可能不加关注，并很快着手遏制工业主义最显著的罪恶。到 1850 年，英格兰法律已经开始

施加保护性干涉，对象包括矿场和工厂的妇女儿童；而当时，在经历
了农业基础型经济长达千年的历史后，即便是大西洋诸国也依然不可
能杜绝奴隶现象。鉴于史无前例的转型规模和速度，而且病灶初期只
能堪堪窥见轮廓，对早期工业化欧洲应对不够及时的指责是应当加上 717
限定范围和条件的。哪怕在付出代价或许最为沉重的英国工业社会早
期阶段，人们也难以摒弃一份信念，即不受法律干涉的经济自由是创
造规模巨大的新财富不可或缺的前提，而且这一创造过程正在进行
当中。

诚然，工业时代早期几乎找不到一名提倡绝对不干涉经济的经济理论学家和政治评论家。但确实存在一种广泛而持续的思潮，支持政府放任市场经济自由运转能带来极大的好处。人们往往用一个术语来概括推行此道的某种学术流派：自由放任主义（*laissez-faire*）。这一名词因一群法国人而出名。概言之，亚当·斯密以后的经济学家越来越一致地认为，由于财富生产将加快步伐，如果遵从市场的“自然”要求来使用经济资源，人类的福祉就能得到普遍的提升。个人主义是另一个不断强化的趋势，体现为两方面，一是个人能够为自己做主、谋求自身最大利益的观点，二是社会的组织形式越来越以个人的权利和利益为中心。

工业主义和自由主义长久以来的关联就是如此产生的；保守主义者对此哀叹不已，怀念过去等级分明的农业社会体制，以及该体制背后那份责任共担的、静如止水的理念和宗教价值观。但单纯的消极和自私绝非欢迎新时代的自由主义者的写照。对“曼彻斯特学派”（此名缘于该城市对英国工商业发展的重要象征意义）的领袖来说，该学派的信念绝不仅仅是知识和修养上的自我充实。一场在 19 世纪早期引起英国人关注的政治大争斗明显地揭示了这一点。其焦点是废除“谷物法”，该法案是一套关税体系，意图在更为廉价的进口谷物所带

来的竞争中保护英国农夫的利益。“废法派”的思想和政治领袖是不太得志的生意人理查德·科布登（Richard Cobden），该派声称该法案给英国带来重大的损失。首先，谷物关税的保留表明传统统治阶层——农业利益集团依然掌控着立法机关，而他们不应该握有垄断大权。站在其对立面的是一些面向未来的活跃势力，他们希望解放国家经济，不受此类特殊利益集团的扭曲。反废法者给予回应：废法派是制造业主，本身也属于特殊利益团体，反对的初衷只是想要便宜的进
718 口食品，从而能够降低工资标准；因为，如果他们是想帮助穷人，那为何不改善工厂中妇孺的雇佣条件呢？这一立场展现了工业生产中不人道的一面，特权阶级对自己的义务漠不关心，这种态度在农业时代的英格兰是绝不会被容忍的。对此，废法派的回答是，廉价的粮食就意味着更廉价的出口商品。而且对科布登这类人而言，其中牵涉到的远远不止是利润问题。他认为，不受重商主义政府干涉的自由贸易在全球范围的扩张，将带来物质和精神双重层面的国际进步；贸易把人与人联系起来，互通有无、增进福祉，以其进步的力量使文明更加繁荣，令每个国家的国力都获得提升。科布登甚至一度坚信自由贸易是神圣意志的体现（但英国驻广州领事的言论更出格，他曾公开宣称“耶稣即自由贸易，自由贸易即耶稣”）。

大不列颠围绕自由贸易所展开的是非曲直（其中谷物法是争议的焦点）远非一篇简短的概述可以尽言。其含义越是明朗，以下事实就越是显然：工业主义包含创造性和建设性的意识形态，也意味着对过去的知识、社会和政治权威构成挑战。正因如此，这不是单纯的道德判断问题，虽然当时的保守和自由派都认为这就是道德判断问题。对保护工人、禁止工时过长的立法加以抵制的人，也许同时是一位模范雇主，积极支持教育和政治改革，与败坏公共利益的特权阶级斗争。他的对手也许是一名竭力保护工厂童工的好心地主，对佃户相当仁

慈，但又愤然抵制除正规教会成员以外的人士获得选举权，或反对地主阶级的政治影响力受丝毫削减。一切都极为混沌。就谷物法这一特定主题而言，结果也充满矛盾，因为一名保守派的首相最终被废法派所说服。1846 年，趁着不致过于明显地打断政策连贯性的机会，他说服议会作出改变。永远都没有被同党派某些成员原谅的罗伯特·皮尔勋爵（Sir Robert Peel）凭此行为成就了自己政治生涯的巅峰，但很快就迫于保守派内部的压力辞职，却也赢得自由派对立人士的尊敬。

只有在英国，围绕该话题展开的争议才如此直截了当，其结果才如此历历分明。有违常理的是，其他国家的保护主义者最终得偿所愿。直到该世纪中期，各国经历一段扩张与繁荣的阶段——尤其是英国经济体，自由贸易思想才在英国以外地区获得大力支持，英国的繁 719
荣被自由贸易的信仰者视为其观点正确性的明证，甚至平息了其对手的情绪；自由贸易成为英国不容触动的政治信条，直到 20 世纪中后期才发生改变。英国经济如日中天的领导地位，帮助这一思想在其他国家也短暂地盛行了一段时间。事实上，与自由贸易理念的胜利相比，其他因素对这一时期的繁荣同样大有贡献，但放任主义者的信念助长了他们的乐观情绪。他们的学说是对人类潜力的认识不断进步的结果，其根源在于启蒙运动思想。

这一乐观主义的坚实土壤如今很容易被人忽视。评价工业化的影响时，我们没有正视工业时代以前的污秽和凄惨。不管有多少穷人和棚屋（当时最最糟糕的局面已经过去），1900 年的大城市居民比祖辈消费得更多，也活得更久。当然，这不表示那种悲惨的生活令人满足，或者以后世的标准来看可以容忍。但他们的生活往往（也很可能在绝大部分情况下）比祖辈更好，比欧洲以外的同代人更好。虽然看似荒唐，可他们是人类当中少数的幸运儿，更长的寿命就是最好的证明。

第 2 章　革命时代的政治变迁

720 18 世纪，“革命”一词展现出新的含义。传统中，它只代表政府构成的变化，未必具有暴力色彩（不过英国人学会相信，1688 年英国“光荣革命”之所以光荣，是因为其非暴力的特性）。某朝大臣被人取代就可以称作一场“革命”。1789 年后，这一状况发生了变化。这一年被人们视为某种新形态革命的起点，这是一场与过去的真正决裂，也许具有暴力特征，但也为社会、政治和经济的剧烈变化带来无限的可能。人们还开始想到，这一新气象可能超越国界，体现出某种无处不在的普遍色彩。即便是那些对此类革命极为反感的人也不得不承认，这一新形态的革命是那个时代政治舞台上的一大现象。

希望用“革命”为标题来涵盖该时期的所有政治变迁确有误导之嫌。但基于两个其他原因，“革命时代”则是一个体用相宜的称谓。原因之一是这百来年间确实发生了大量政治动荡，以最极端的定义来看也属于革命，虽然其中有很多功败垂成，还有不少所带来结果与人们心中的期望大相径庭，但数量上超过了过往历史的总和。第二点在于，如果我们多赋予该词一点点弹性，允许它涵盖大大加速的基本政治变化——而这些变化无疑超出了政府更迭的范畴，那么这些年来还发生了大量戏剧性的政治变化、然则后果俨然与革命无异的政治变迁。最早也最明显的实例是大英帝国的解体，其核心篇章则是后世所谓的美国独立战争。

1763 年，大英帝国在北美的势力正处于顶峰。他们已经从法国人手中夺走加拿大；法国人用要塞构成一环密西西比河沿岸的封锁

圈，包围13块殖民地的恐惧已烟消云散。这似乎打消了一切对未来 721
感到不安的理由，然而甚至在法国人败北之前，部分征兆就已出现，预示着法国势力的根除不仅不会强化英国对北美的控制，反而有所削弱。毕竟，英国殖民地的人数已经超过不少欧洲国家的国民人口。其中很多人既非英国后代，也不以英语为母语。他们的经济利益未必与英帝国一致。并且单凭伦敦和殖民地之间的距离，英国政府对他们的控制就必然会松动。一旦法国人（以及他们所煽动的印第安人）的威胁被解除，英帝国和北美殖民地之间的纽带更形弛懈也许是不可避免的结果。

难题很快出现。西部如何安置？西部与现有殖民地应为何种关系？新加入的加拿大臣民应获得何种待遇？1763年，由于殖民者视西部为理所当然的定居和贸易领地，俄亥俄河流域的印第安人在此压力下爆发叛乱，使这些问题变得更加十万火急。帝国政府立即宣布阿利根尼山以西为禁止定居地区。以此为开端，很多希望去那片地区拓荒的殖民者开始感到不满，随后又被英国行政当局的行为进一步激化——英国当局与印第安人达成协议，划出一条派兵驻守的边界，以确保殖民者和印第安人彼此相安无事。

此后十年，美洲独立运动的潜能在蛰伏中不断酝酿，走向成熟和发端。怨言首先转化为抵制，然后是叛乱。殖民地政客反复利用令人不快的英国立法在美洲政坛煽风点火，让殖民者相信他们实际享有的自由已面临危机。而决定整个过程走向的还是英国方面主动采取的行动。矛盾的是，当时掌管大不列颠的连续几任首相都急于推行殖民地事务改革；他们的良好动机成了打破经历实践证明的既有现状的助推力。于是乎，这成了某种现象最早的实例之一，将在此后数十年频繁上演：出于良好意愿但缺乏政治判断力的行为将既得利益群体逼上梁山。

伦敦政府奉行不贰的一项原则是美洲应当提供一份相称的税收，为自身的防务和帝国整体的福祉作贡献。有两次为贯彻这一原则所采取的行动比较突出。第一次在1764至1765年，包括对殖民地进口食
722 糖征税，① 以及一份对各类法律文件课税以增加财收的《印花税法》。这两份法案的重要意义不在于意图征收的税额，甚至也不在于开殖民地内部交易税的先河（这一点也备受争论），而在于（英国政客和美国纳税人都看在眼里）英帝国议会的单边立法行为。此前，处理殖民地事务和开征税种的普遍方式是与殖民地议会讨价还价。而如今被打上问号的，是一个过去根本无人提及的问题：英国议会无可争议的最高立法权是否同样适用于其殖民地？暴动、抵制英货公约②和愤怒的抗议接踵而至。执行印花税法的倒霉官员一度度日如年。九个殖民地的代表出席印花税法案大会发表抗议，显示出不祥的预兆。该法案随即被废除。

于是伦敦政府改弦易辙。其第二个财政动作是对颜料、纸张、玻璃和茶叶课税。这些属于外贸税，帝国政府也一直在管制贸易，所以看起来更有可行性。但事实证明这只不过是幻想而已。当时，激进的政客已经告诉美洲人，英国议会中没有他们的席位，所以根本无权对他们征收任何税收。如乔治三世所见，受到攻击的是议会而非王室。更多骚乱和抵制随之而起，其中有一场事件，在影响深远、为去殖民化历史染上浓墨重彩的冲突中属于最早的一批，那就是1770年的“波士顿屠杀”，在这场被神化的骚乱中，可能有五名抗议者身亡。

英国政府再次让步。三种税收被废除，只有茶叶税保留下来。不幸的是，情况已经失控，超出了税收问题的范畴，在英国政府看来，

① 即1764年通过的《食糖法》，旨在取缔糖和糖浆走私贸易，通过规范食糖贸易获取更多税收。——译者注

② 殖民地自由之子社和辉格党商人所组织的各类抵制英国商品的协议。——译者注

已成为帝国议会是否有能力在殖民地贯彻法律的问题了。如乔治三世在不久后的评价所言："若不能彻底制服，就只能完全放手。"殖民地处处都展现这一趋势，但有一个地方成为焦点。1773 年，在激进派（波士顿茶党）销毁一船茶叶后，英政府面临着一个生死攸关的问题：能否控制马萨诸塞殖民地的局势？

乔治三世、其大臣和下议院多数成员都同意已经无路可退。他们通过一系列强制性法案，旨在让波士顿俯首就范。有一项强制法案一石激起千层浪，使其他殖民地在这一关键时刻对新英格兰[①]激进派报以更大的同情，那就是 1774 年的《魁北克法》，其本身是合理且人道的，也满足了加拿大未来的需要。有的人对该法赋予罗马天主教特殊地位（其本意是让改换门庭的法国裔加拿大人尽可能不受打扰，保持原来的生活）感到不满，也有人认为将加拿大边界向南扩张至俄亥俄 723
是另一种阻碍西进的手段。同年 9 月，各殖民地代表在费城召开大陆会议，使美洲与英国的贸易关系进一步恶化，并主张废除包括《魁北克法》在内的大量现有法律。至此，诉诸武力的结局也许已无法避免。激进的殖民地政客已经在公开谈论现实意义上的独立，且很多美洲殖民者都感同身受。但要让任何 18 世纪的帝国政府理解这一状况都属于天方夜谭。事实上，在混乱难以收拾、遵纪守法的温和派殖民者广泛遭到恐吓之前，英国政府始终不愿痛下单纯依赖武力的决心。到了这一刻，殖民者显然已不会心甘情愿地服膺于主权原则之下。

马萨诸塞殖民地开始囤积武器。1775 年，一队英军前往列克星敦收缴其中的部分武装，从而打响了美国独立战争的第一枪。而战争的序章并未就此完结。经过一年多的时间，殖民地领导者们才坚信，只有以完全摆脱大不列颠争取独立的姿态才能号召起有效的抵抗，于

① 马萨诸塞即新英格兰的一部分。——译者注

是就诞生了 1776 年 7 月的《独立宣言》，辩论的舞台也转移到了战场。

英国输掉了此后发生的战争，因为距离过远、水土不服，因为殖民地将领成功地避免在劣势兵力下作战，将主力保存到 1777 年的萨拉托加战役，因为法国人此役过后马上加入战局，自 1763 年七年战争败北后扳回一城，也因为西班牙人随即跟进，扭转了海上的实力对比。英国人本身也有顾虑，恐吓美洲民众、迫使他们宁愿让英国人维持统治，从而切断华盛顿将军的部队所享有的补给和行动自由——采用这种作战方式是有机会赢得军事胜利的，但他们不敢尝试。因为他们必须保留调解和谈的余地，让殖民者再一次心甘情愿地接受英国人的统治是他们最首要的目标。在如此情况下，殖民者与波旁王朝的联盟使胜负再无悬念。军事上的决定性战役发生于 1781 年，一支英军被陆上的美洲殖民军和海上的法国舰队围困于约克城（Yorktown）。这支部队最终缴械投降，虽然只有 7 000 余人，但英军从未遭受如此奇耻大辱，也标志了帝国统治时代的终结。双方很快开始和谈，并于
724 两年后的巴黎签署和约，大不列颠承认了美国的独立，并在领土划分中退让到密西西比河一线。这一决定对一个新国家的形成至关重要；曾经展望于重夺密西西比河沿岸的法国人则大失所望。从形式上看，只有西班牙和英国从起义者手中分得大陆北部的部分地盘。

尽管尚有千头万绪需要理清，还有若干边境争议数十年拖延不决，但西半球毕竟出现了一个资源潜力极大的新国家，无论以什么标准来衡量，这都是不折不扣的革命性变化。如果说国外观察家起初往往低估美国的存在意义，那是因为这个襁褓中的国家当时所显示的弱小一面比其潜力更加醒目。实际上，美国还远远没有一个国家应有的模样；各殖民地自行其是，很多人等着看它们陷入争执、四分五裂。但他们有无法估量的巨大优势，即地理位置的偏远。他们可以在丝毫

没有外来干涉的情况下解决自身的问题，这份天赐之福对以后的历史走向起到了关键的作用。

打赢战争之后的六年是至关重要的时期，若干美国政治家在此期间作出的决定将给世界未来的格局造成重大的影响。就和所有内战及独立战争一样，这场战争造成了新的分歧，凸显出国家政治基础的孱弱。其中，忠王派和起义派的分歧虽然写满辛酸，但也许是最无关紧要的。这一问题不难解决，只是手段残酷——败者被赶出了家园；有大约 8 万名忠王派离开了起义殖民地。他们的动机不一而足，有的不喜欢恐吓，有的单纯不愿放弃对王室的忠诚心。其他分歧则更有可能对未来造成困扰。农夫、商人和种植园主因阶级和经济利益各成一派。以殖民地为前身新成立的各州之间、这个迅速发展的国家内部的不同区域和行业之间，都存在重大的差异性；其中之一源自黑奴对南方各州的重要经济意义，将到几十年后才得到解决。另一方面，在着手开始国家建设之际，美国人也享有巨大的优势。在很多其他国家，民主体系的演进被大量文盲和落后的农村人口拖了后腿，而美国的未来之路上不用背着这种包袱。另外，即便只计算当时占据的区域，他们也拥有广袤的领土和巨大的经济资源。最后，他们还有欧洲文明作为寄托和依靠，只需稍作改动，就能将这些文化遗产移植到一片处女地（或接近处女地）般的新大陆。

对英作战带来了一定的纪律性。前殖民地之间达成了一系列联邦 725
条例，并于 1781 年生效。条例中出现了这一新国家的名称，即美利坚合众国。和平降临后，人们愈发感到体制上存在未竟之处，尤其有两方面特别引起关注。其一从根源上人们就工业革命对国内事务应有何意义存在分歧。很多美国人觉得中央政府过于弱势，远远不足以应对不满和无序。另一个关注点来自战后的萧条经济，这尤其影响对外贸易，也和个别州的独立所导致的货币问题挂钩。要处理这些难题，中央政府也显得捉襟见肘。人们对政府发起非难，指责他们在与别国往来时罔顾美国的经济利益。无论是否属实，人们广泛地相信这一点。于是，各州代表在1787年的费城召开立宪大会。经过四个月的会务工作，他们签署了一份宪法草案，并提交给各州批准。获得九个州的认可后，该宪法于1788年夏生效。1789年4月，抗英作战中的前美国武装部队指挥官乔治·华盛顿，宣誓就任新共和国的首任总统，就此翻开了延续至今、从未间断的美国历任总统年表。

简明的体制和意图明确的原则是立宪时反复强调的要素，但新宪法在问世两百年后依然能表现出自我进化的潜力。尽管起草者下定决心，要创造一份毫无歧义、绝不可能以其他方式来解读的文件，但他们并未成功，而且这算得上是幸运的失败。美国宪法经过历史的考验，跨越了整整一个时代，该国也从以农业为主的松散社会转变为世界工业强国和巨头。这部分源于刻意为之的宪法修正案和补充，但更大的原因是以与时俱进的方式来解读宪法所体现的精神。不过，保持原样的内容也很多，尽管往往是形式上的守成，但这些一成不变的部分是宪法非常重要的特征。此外还有一些基本原则确实传承至今，哪怕其含义大有探讨的余地。

首先从最明显的事实讲起：这部宪法属于共和制。在18世纪，这绝非理所当然，也并不正常。有些美国人把共和主义看得重如泰山又危如累卵，因为觉得如其中一人所言，有“滑向君主制巢窠”的倾
726 向（特别是手握执行大权的总统一职）而不认同这部宪法。受过古典教育的欧洲人都熟悉那些古代共和国，知道它们有传说般伟岸的道德，也知道它们走向衰败和分裂的命运。意大利诸共和国的历史也不能给人以信心，远远不如雅典和罗马来得光彩。18世纪欧洲的共和制国家寥寥无几，也显然欠缺活力。共和制似乎只能在小国存续，不过观察家也承认，美国或许能凭借其偏远的位置守住这一在其他地区

美国的崛起和版图定局

必然导致大国崩溃的政体，但他们对这个新生国家依然不抱乐观。因此，美国后来所取得的成功为扭转人们对共和主义的看法起到了不可估量的重要作用。须臾之间，其生存力、低成本，以及自由主义——被错误地归为共和主义不可或缺的要素，引得整个文明世界的传统政府批判者都投来关注的目光。欧洲的政治变革倡导者马上向美洲寻求启迪；共和主义范例的影响力也很快从北美传播到南美。

新宪法的第二个重要基本特征是非常倚重英国的政治经验。这一 727
新生国家的司法体系引入了英国的习惯法原则，此外，政府的实际编制也以英国为模板。开国元老们都在英属殖民地体系中长大，为了地方公众的利益，经选举产生的地方议会要和君主派来的总督针锋相对。他们按照英国模式设立了两院制立法机关（但排除了议员构成中的世袭要素），以制衡总统的权力。而设立总统这一政府执行机构的首脑也是对拥立君主这一英国宪政理论的遵循。就另一种意义而言，英国只有一名推选出的国王，总统制并非 18 世纪英国宪政的实际运作方式，但也相当接近其表象。事实上，开国元勋们采纳了他们所知的最好的宪政体制，去其糟粕（凡是他们所看到的），并加以适合美洲政治和社会环境的适当改动。而他们并没有效法当时欧洲的另一种政体——君主专制，哪怕是启蒙专制也未采纳。美国人写就了一部属于自由民的宪法，因为他们相信英国人就是自由的人民，英国宪法也是自由的宪法。他们认为英国宪法的失败之处仅仅在于其腐坏和滥用，还被用来剥夺美国人理应在该宪法下行使的权利。因此，有朝一日，与英国相同的政府原则（但其形式大为进化）将在这片源于盎格鲁—撒克逊文明、但与其文化划清界限的土地上发扬光大。

美国与当时大部分国家截然不同，并且有意和英国宪政体制分道扬镳的特色之一，是对联邦制的坚持。联邦制确实是美国的基石，因为只有向各州的独立作出重大让步，新的统一才有可能成为现实。原先的各殖民地无意成立中央政府，免得又造出一个会像英王乔治的政府一样颐指气使的机构。联邦机构给出了这一问题的解答——合众为一。也在很大程度上决定了此后 80 年间美国政治的形式和内容。一个又一个属于经济、社会或意识形态范畴的问题都将汇入一条奔流不息的辩论大潮：中央政府和各州的关系怎样才算合适。这场辩论最终几乎使合众国灭亡。联邦主义还促成了宪政体制内的一项重大修正，
728 即最高法院这一司法审查机构的崛起。在 19 世纪，有很多国家从美国身上看到了联邦制的可取之处，对他们所实现的成就产生了深刻的印象。联邦制被欧洲自由主义者视为调和统一与自由的关键手段，也

被英国政府看作处理殖民地问题的绝佳备选方案。

最后，任何概括美国宪法的重要历史意义的文本，无论多么简短，都会提及其开场白："我们人民"（尽管当时写就这两词可能完全是无意识的行为）。有几个州在1789年的实际政治局面完全谈不上民主，但人民主权论的原则从一开始就掷地有声。不管任何特定历史阶段的时代神话如何遮掩，这一人民意志将始终是美国政坛的最高仲裁法则。这与英国宪政实践存在根本性的不同，而与17世纪殖民者为自己制定的某些宪法有某种程度的渊源。英国宪政是约定俗成的产物；国王在议会中享有最高权力不是因为人民的决定，而是因为属于既成事实，也未受质疑。如伟大的英国宪政历史学家梅特兰（Maitland）所言，英国人将王室权威主义作为一种治国的替代理论方案。美国新宪法与此方针以及所有其他权威主义理论分道扬镳。（但没有脱离英国政治思想，因为洛克曾在17世纪80年代说过，政府所拥有的权力是托管性质的，如果滥用托管权，人民就可以推翻政府，而这也是英国人认同光荣革命的理由之一。）

如《独立宣言》的陈述，一切政府的正当权力都来自被管理者的认可，这一美国所接纳的民主理论具有划时代的意义。但这无法一劳永逸地解决政治权威的归属问题。很多美国人对民主心怀畏惧，从一开始就意图限制政治体系中的民粹元素。另一个问题体现在1789年末的宪法前十条修正案[①]所设立的基本人权之中。可以设想，在人民主权的控制下，宪法的其他部分同样有可能发生变化。这就是未来争议的一大源头：美国人总是很容易困惑（对其他国家的事务尤甚，有时对本国内政也不例外），无法肯定民主原则是该遵循大多数人的意志、还是该维护某种基本人权。尽管如此，这部 729

① 即《权利法案》。——译者注

1787 年宪法事实上接纳了民主原则，意义极为重大，也不愧为人们心目中的世界史里程碑。新成立的美国将成为此后全球世世代代的自由追求者所向往的焦点——如一名美国人留下的传世名言，这是“世上最后的希望，也是最好的希望”。① 即使到了今天、即使美国人本身都往往显得保守而内敛，他们长久以来所守护和标榜的民主理念依然在很多国家发扬光大，该理念所滋养和灌溉的机构和体制也依然在保持运转。

欧洲社会和政治话题的谈论中心是巴黎。一些法国士兵在帮助年轻的美利坚合众国成立后回到这座城市。因此不足为奇的是，尽管大多数欧洲国家都对大西洋彼岸的革命作出了某种程度的反应，法国人的关注表现得尤为突出。有一波滔天巨浪，经历两百多年的时光和无数前仆后继的效仿之后，被称作“唯一的法国大革命”。对此，美国所树立的典范和扬起的希望不无贡献，尽管是辅助性的。不幸的是，这一耳熟能详的简单术语并不利于理解。关于这场革命的本质，政客和学者们提出了大量不同的解读，对于革命延续了多久、结果如何，甚至何时开始，各方都有不同的见解。除了一致认为 1789 年发生的一切极为重要以外，能达成共识的地方很少。尽管其中放眼未来的成分远不如效法过去来得多，但它毕竟在极短的时间内彻底颠覆了革命一词的概念。法国社会一时翻江倒海，保守和创新元素五味陈杂，与 17 世纪 40 年代的英格兰非常相似，同样的，各种方针和追求也在有意无意间彼此纠缠，你中有我。

这一混乱是法国的物质条件和政府方针存在严重错乱及失调的症状。作为欧洲最强大的势力，其统治者既不愿也不能放弃国际地位和影响力。美国独立战争对法国的影响首先在于提供了复仇的机会；约

---

① 引自亚伯拉罕·林肯的国会演说。——译者注

克城一役解了七年战争败北之痒，让英国人失去 13 个殖民地则多少抚慰了法国失去印度和加拿大的创伤，然而成功的代价十分高昂。这就是美国独立战争的第二个重大后果：除了羞辱对手之外，法国没有得到任何像样的利益，反而使自 17 世纪 30 年代以来为建立和维护欧洲霸权而陆续背上的巨大债务又多了一笔。

路易十六治下的好几任大臣都试图清偿这笔债务，让君主摆脱其 730
沉重的拖累（1783 年以后，法国在外交中的实际独立地位显然因此大受制肘），这位 1774 年登基的年轻国王略显驽钝，不过坚持原则，也有着良好的意愿。但就连遏制赤字的增长都没有人能办到，更遑论削减规模了。更糟的是，削减债务的尝试反而将法国的颓势广而告之。赤字额可以计算，数据也会被公布，这在路易十四时期是完全不能想象的。如果说有一种恐惧在 18 世纪 80 年代的法国阴魂不散，那并不是革命，而是破产。法国的整个社会和政治结构都不利于让富裕阶层成为财政来源，而这正是必然能走出财务困境的唯一道路。路易十四时代以来的历史证明，要想对富裕阶级征取与其财富相称的税额，不诉诸武力是不可能的，因为法国的法律和社会习俗、大量特权、特殊豁免以及受此保护的约定俗成的权利都是前方的拦路虎。18 世纪欧洲政府面临的困局在法国最为明显；理论上拥有绝对权力的君主无法侵犯本质上属于中世纪的国家宪章中所包含的自由和权利主体，否则就会动摇其自身的根基。君主制本身也是约定俗成的产物。

越来越多的法国人认为，为了摆脱困境，法国需要对政府和宪政结构加以改革。但某些人走得更远。在他们看来，政府无法让各阶层平等负担财政的无能，从根本上体现了无所不在的权力滥用，必须对此进行改革。这种无能以两极化的形式表现得愈发夸张，例如理智和迷信、自由和奴役、人道和贪婪。最受关注的象征和焦点是法定特权问题。贵族阶级成为这一话题下的众矢之的，该群体极为多元、规模庞大（1789年的法国可能有20万至25万男性贵族），在文化、经济或社会层面都无法一言以蔽之，但全体成员都享有某种法定身份，该身份以法律形式赋予了他们一定程度的特权。

迫于财务上的极端窘境，政府与特权阶级的冲突越来越无法避免，但很多王室阁僚本身就是贵族，自然不愿出此下策，国王本人也务求通过协商解决问题。经历一系列失败后，政府在1788年接受了
731 冲突无可避免的现实，但依然希望将冲突限制在法律渠道以内，并像1640年的英国人那样向历史前例寻求解答。他们没有现成的议会可以依靠，便从法国宪政的故纸堆中翻出了最类似于民主议会的国家代议制团体，即三级会议。该团体由贵族、教士和平民代表组成，[①]1614年以后就再没有召集过。法国人希望它能以德服人，从享有财政特权的阶级手中榨出更高的税金。这一宪政举措无可指责，但作为一种解决方案，其缺陷在于所受期望过高，而合法权限却定义不明。就此给出的答案不止一种。有些人已经开始呼吁让三级会议为国家制定法律，即便这意味着未受质疑的传统特权要接受拷问。

这场千头万绪的政治危机到来时，法国正处于一段困难时期的末尾，还面临着其他压力。其一是人口增长。自18世纪二三十年代以来，法国的人口增长率虽然以后世的标准来看算不得快，但还是超出了粮食产量的增幅。这造成了食品价格的长期上涨，而穷人（大部分是没有或几乎没有土地的农民）最深受其苦。加上政府又同时面临财政压力，长期通过举债或直接间接的征税来避免财政危机，穷人的纳税负担又最重；为了在通胀期间保护自身利益，地主们压低薪酬、提高租金和缴费，使得穷人本就凄惨的生活在该世纪的大部分时期每况愈下。在普遍贫困之外，特定区域或阶级还反复遭遇特殊的困难，不

① 这是原文的词序，但一至三级依次是教士、贵族和平民。——译者注

幸的是，18 世纪 80 年代后半段恰好是这些天灾人祸的高发期。歉收、畜瘟和萧条都令 18 世纪 80 年代孱弱的法国经济更加恶化，经济的衰退对织布纺纱补贴家用的农民家庭造成了严重的打击。在上述情况的综合效果下，1789 年的三级会议成员选举是在一种充满激亢和怨愤的气氛下进行的。数百万法国人绝望地寻找逃离困境的道路，急于找出替罪羊来加以鞭挞，对他们所信赖的好国王有着相当不切实际的过高期待。

于是乎，在政府无能、社会不公、经济困难和改革热情的复杂互动之下，法国大革命拉开了帷幕。但是，在此后的政治斗争和简单化的标语占据人们的视线、令这种复杂性淡出视野之前，有必要强调的是，几乎没有人预估到或希望会产生那样的结果。法国社会确实充满 732
不公，但也不比 18 世纪其他欧洲国家更多，而别的国家都能与这种不公共存。各种对特定改革的期待和倡议你方唱罢我登场，有的想废除审查制度，有的则企图查禁不道德和蔑视宗教的文学，但人人都坚信国王能轻易实现这些改变，只要他听到了人民的呼声、知道他们的愿望和需要。而革命党以及作为抗争对象的反动党却并不存在。

三级会议召开于 1789 年 5 月 5 日（在乔治·华盛顿宣誓就任总统后一星期），这是世界史上重要的一天，因为法国的政党直到那天才问世，也因为那天是一个时代的开端，对法国革命是支持还是反对？这将成为大部分欧陆国家的核心政治问题之一，甚至连大不列颠和美国这两个迥然不同的政治实体也同样沾染了革命的气息。法国所发生的一切终将影响到其他地区，最单纯的原因在于法国是欧洲最强盛的势力，三级会议的效果只能二选其一：要么令国家瘫痪（也是很多别国外交官的希望），要么使其摆脱困境，再次占据强者的地位。此外，法国也引领着欧洲的文化界。由于法语的通行地位，他国人士马上就可以了解该国文人和政客的一言一行，也必然不会等闲视之，因为各界都惯常于向巴黎寻求思想智识上的指引。

1789 年夏，三级会议自我转型为国民议会，宣称拥有最高权力。与该会议代表着中世纪社会大分裂的设想相左，其大部分成员都声称一视同仁地担任所有法国人的代表。能够迈出这革命性的一步，是因为法国的动荡局面使政府和反对变革的议员都感到惧怕。农村暴动和巴黎骚乱都是一种警示，使大臣们不再确信军队是可以依靠的对象。国王首先为此抛弃了特权阶级，然后在很多其他事项上勉为其难地作出让步，以满足新成立的国民议会的政客们所提出的要求。同时，这些事件在大革命支持者和反对者的阵营之间划出明显的界限；在传遍全球的言论中，他们很快被称为左派和右派（基于双方在国民议会中的坐席所处的位置）。

该代议制团体为自己设立的主要使命是立宪，但在此过程中改变了法国的整个体制结构。到 1791 年散会时，国民议会已经将教会的土地收归国有、废除了议会所定义的“封建体系”、终结审查制度、
733 创立了一套中央代表制政府体系，废除了旧的行省和地方区块划分，并代之以法国人至今仍在沿用的“省”制，确立了法律面前人人平等的原则，还将执行权和立法权分开。作为整部世界史中最突出的议会团体之一，以上只是国民议会最突出的事迹。但这些巨大的成就难免被其败笔所掩盖，而本来是不应该发生的。概言之，他们为法国的现代化移除了法律和体制障碍。此后，人民主权、行政集权和法律平等将成为法国体制生活中一再援引和回顾的坐标。

很多法国人不能完全接受这场革命；有些人一点也不喜欢。到 1791 年，国王本人也明显表现出忧虑的迹象，他在革命早期所获得的支持和善意已经散去，如今背上了反革命的嫌疑。部分贵族对发生的一切极为不满，愤然移居别国；国王的两名兄弟是其中的带头人，这对王室的形象无法带来任何改善。但最重大的发展是，由于教廷的

策略，国民议会对教会事务的决议引起了争议，很多法国人开始反对革命。为数众多的法国人对决议的大部分内容深表赞同，其中不乏教士，但教皇拒绝接受，于是引发了关于权威归属的终极质问。法国天主教徒们不得不决定何者为尊：是教皇的权威，还是法国的宪法。这形成了最重大的分歧，也给革命政策造成了困难。

1792 年初，英国首相自信地宣称，此后 15 年将为和平时期是合乎理性的预期。可 4 月份，法国就与奥地利开战，并很快和普鲁士交火。个中缘由错综复杂，但很多法国人相信，这是境外干涉势力意图消灭革命、复辟 1788 年旧制度的行动。到了夏季，随着局势的恶化、国内物资的短缺和种种怀疑的出现，国王失去了人心。一场巴黎起义推翻了君主制，召集起新一届的议会，以共和主义原则起草新的宪法。直到 1796 年为止，以国民公会之名载入史册的这一团体是法国政府的核心。它顶住了国内外的战争和意识形态危机，成功保住了革命的火种。大部分成员在政治观念上并不比前人高明多少。他们相信个人权利，相信财产的神圣不可侵犯性（任何提议立法引入土地共产制度的倡导者都被他们判处死刑），相信贫穷是无法摆脱的现象，但也允许部分穷人获得一点话语权，支持让所有成年男性获得直选投票 734
权。国民公会有别于前人的地方在于，到了危急关头，他们比以往的法国议会更敢于越向雷池（尤其是面临失败的可能而感到恐惧的时候）；此外，他们身处于巴黎这座被极端派政客长期操控的首都，因此往往身不由己地采取了本来不愿动用的激进手段，说出了非常民主化的言论。因此，与上一届议会相比，他们给欧洲带来的恐惧要大得多。

1793 年 1 月，国民公会表决通过对国王的处决令，是与过去决裂的象征。此前，以法律手段弑君一直是英国人专属的越轨行为；而今，就连英国人也和其他欧洲人一样感到震惊。而且英国也向法国开战，因为害怕法国在尼德兰对奥地利人所取得的胜利会造成对战略和贸易方面的不利后果。但这场战争越来越像是意识形态斗争，为了赢得胜利，法国政府对国内异己愈发嗜血成性。作为一种人道的新处决工具，断头台（革命以前的启蒙运动下的标志性产物，处决过程迅速而致命，是高效率的技术和仁慈相结合的产物）成为一段时期的象征，在这段马上被冠以恐怖统治之名的时期，国民公会拼命恐吓国内敌手，以保障革命的存续。但这一符号有很大的误导性。所谓的恐怖统治不乏夸张成分，政客们试图保持一种狂热的氛围，以振奋精神、威吓对手。这些恐怖的实质往往是爱国主义、务实需求、杂乱的理想主义、私心和琐碎的复仇心所搅成的一锅粥，是以共和之名对旧账的清算。当然，很多人为此丧命——也许超过 3.5 万人，还有很多流亡国外避难，然则受害者大多没有死于首都的断头台之下，而是毙命于各地各省的内乱，有的人死时并非手无寸铁。在 18 个月左右的时间内，被当时的人视为野兽的法国人所杀掉的同胞大致相当于 1871 年巴黎的街斗和纵火中十天的死亡人数。用另一种同样具有启发性的方式来衡量，当时全年的死亡人数大约为 1916 年索姆河战役第一天英军阵亡人数的两倍。这些流血事件在法国人之间造成了深刻的分歧，但也不应夸大其程度。也许所有贵族都在大革命中遭受了损失，但只有一小部分觉得有必要逃亡。坦率地讲，教士的损失也许比贵族更大，流亡海外的神父也很多。然而这一数量比不上 1783 年以后逃离美洲殖民地的教士人数。美国独立之后，因为对革命感到恐惧或厌恶
735 而非离开家园不可的美国人所占的比例，要比恐怖统治下无法继续在国内生活的法国人大得多。

国民公会取得胜利，镇压了国内的暴动。外战方面，到 1797 年，只有英国尚未与法国媾和，恐怖统治已成为过去，法兰西共和国转向更类似议会制的政体，以一部 1796 年生效、令国民公会成为历史的

宪法为准绳。尽管革命的果实前所未有地安全，当时看起来并非如此。国外的忠王派为复辟竭力寻找盟友，也和法国内部的不满分子密谋。但鲜有法国人会欢迎旧制度的复归。另一方面，有人提出民主的逻辑应进一步大行其道，认为富人和穷人之间依然存在巨大的鸿沟，就和过去特权阶级与非特权阶级的差距一样恶劣，而且巴黎的激进派应当获得更大的话语权。对于那些从革命中得益，或是单纯希望避免更多流血的人而言，这种趋势所带来的警惕和恐惧几乎不亚于一场复辟。于是，在左右两派的挤压下，督政府（新政体的称法）以某种方式站稳了脚跟，但也因其中庸之道而树敌，那些反对者无法接受督政府所遵循的、多少显得曲折迂回的路线。最终，一群政客与士兵密谋，在 1799 年发动政变，从内部瓦解了督政府，并建立起新的政体。

在那一刻，距三级会议召开已有十年，至少一点是大部分观察家都确信无疑的：法兰西已永远与中世纪的过去一刀两断。这一切的法律工作完成得非常迅速。至少在理论上，几乎所有重大改革的立法工作都完成于 1789 年。正式废除封建制、合法特权和神权专制，以个人主义和去宗教意识为基础组织社会，就是“1789 年原则”的核心。随后，从这些原则中提炼出了作为 1791 年宪法序言的《法国人权宣言》。法律平等、个人权利受法律保护、政教分离和宗教容忍则是这些原则的体现。人民主权所派生出的权威由一个统一的国民议会行使，任何地方或团体的特权都不能对抗议会的立法，这是支撑其权威的法理学基础。新政体表明，自己可以经受住远比旧时代的君主无法克服的财政困难严重得多的金融风暴（其中包括国家破产和货币崩溃），也可以推行启蒙专制下只存在于梦想中的行政改革。看着这台强大的立法引擎被用来推翻和重建法国各个级别的体制，其他欧洲国家惊恐万状， 736
至少也吃惊不小。如启蒙专制君主所知，立法至上原则是绝佳的改革工具。严刑逼供成为历史，有名无实的贵族、司法不公和旧式的法国工人行会也不复存在。通过禁止工人或雇主为共同经济利益联手的立法，刚刚冒头的贸易联合主义被遏止在萌芽状态。以后世的眼光来看，市场化社会的标志已经相当明显。甚至货币体系也推陈出新，以1∶20∶12（里弗尔［*livres*］、索尔［*sous*］和便士［*deniers*］）的兑换率为基础的加洛林体系被法郎（*francs*）和分（*centimes*）组成的十进制体系取代。混乱的旧式度量衡同样（在理论上）让位于后来几乎通行全球的公制体系。

如此巨大的变化必然会导致分歧，更何况改变思想比改变法律更花时间。废除封建赋役令农民欢欣鼓舞，但取消使他们从中获益的土地集体使用权却换来不少微词，而这也是“封建”秩序的一部分。解读宗教事务中的此类保守主义尤其困难，但又非常重要。存放在兰斯（Rheims）的圣器被恐怖统治当局公开销毁，中世纪以来的历代法国国王所涂的圣油就来自其中，一座理性圣坛取代了巴黎圣母院中的基督圣坛，很多教士个人也遭到严酷的迫害。很明显，作出这一切的法国人不再是传统意义上的基督徒，大部分人都没有为神权君主的去世表示悼念。然而，教会所受对待引发了前所未有的普遍反革命情绪，部分革命者推广的一些半神半俗的宗派，例如理性（Reason）崇拜和至高存在（Supreme Being）崇拜，遭到了彻底失败，很多法国人（也许占了女性中的大多数）都乐见于天主教正式重返法国人的生活，也确实等到了那一天。那时，教徒们早就开始自发前往教区教堂，天主教皇教生活实质上已经恢复了很久。

就和1789年体现的原则一样，法国革命所造成的分歧也无法被国界所限制。起初这些理念在别国备受景仰，遭到的公开谴责或怀疑并不多见，但变化立即随之而来，尤其是当法国政府开始以政治宣传和战争的手段输出意识形态以后。法国的变化迅速在别国引发了应该何去何从的争论。此类辩论必然会反映出其兴起时所处的环境和语境。法国以这种方式向欧洲输出了自己的政治，这也是大革命十年间的第二个重大事实。现代欧洲政治从那时开始，右派和左派这两个术 737 语也从那时起一直与我们相伴。法国大革命为政治立场的判定提供了试金石或酸碱试纸，使自由派和保守派（但还需十来年才被人们当作术语使用）成为一种现实的政治存在。一边是共和主义，支持普选权、个人权利、言论和出版自由；另一边看重秩序和纪律，强调责任更甚权利，认同等级制度的社会功能性，并希望用道德来约束市场的力量。

一些法国人始终相信法国大革命具有普遍的重要意义。以启蒙思想为语言，他们倡议其他国家借鉴法国人治疗自身病症的药方。这并不全然是自大的表现。工业化以前的传统欧洲社会依然有很多共同点；所有国家都能从法国身上学到些东西。以此方式，有意识的政治宣传和传教工作使法国影响力的传播得到更强有力的推动。这是法国的历史事件进入世界史篇章的另一条渠道。

不单只是仰慕者和支持者认为法国大革命具有普遍的、史无前例的重要性，这一观念也是欧洲保守主义的根基和自我认识的力量源泉。早在1789年前，现代保守主义思想中的很多宪政元素就已经在某些现象当中涌现，例如刺激启蒙专制采取改革措施的因素、教士对特权阶级的愤慨和“先进”思想的影响，还有蔚然成风的、自觉的理性群体基于情感的反应——这一群体是浪漫主义运动的核心。这类元素在德国尤其盛行，但第一份且在很多方面也是最伟大的一份保守主义反革命宣言来自英国。这就是埃德蒙·伯克于1790年出版的《对法国大革命的反思》。他此前曾捍卫美国殖民者的权利，因此不难推断，这本书远非不假思索的特权辩护词。在此书中，保守主义立场摆脱了为体制进行法律辩护的窠臼，表现为某种社会理论的捍卫者，该理论下的社会不仅是意志和理性的创造物，也不仅是道德的体现。相比之下，他所谴责的大革命却体现出知识的狂妄自大、理性的贫瘠不毛，还有最致命的原罪——自傲。

大革命给欧洲政治带来了新的两极阵营格局，这一局面又催生出关于革命本身的新观念，而且具有重大的后果。原本的概念中，政治革命只是本质上不间断的政治进程中偶尔和权宜的中断，而今，新的
738 概念视其为一场激进的、全方位的骚乱，没有什么无法革命的体制，革命的信条也不存在限制，甚至可以颠覆家庭和财产之类最基本的社会构成。根据人们对此景象的态度是欢欣鼓舞还是惶惶不可终日，就决定了当革命作为一种普遍现象登场时他们会认同还是唾弃。19世纪之人甚至将法国大革命称为一股普遍而永恒的力量，这一观念是一种至今仍未消亡的政治意识形态的极端表达。依然有人在总体上认为，无论具体情况如何，所有起义和颠覆运动从原则上讲应获得认同或遭到谴责。这种二元论神话造成了很多悲剧，但起初是欧洲、随后是被欧洲所转变的世界，都不得不与那些对革命感情用事的人共存，正如先人不得不与愚蠢的宗教分歧共存一样。其存续以一种不幸的方式证明了法国大革命的影响依然延续至今。

有很多日子都可以选作法国大革命的“起点”；而一定要找出一天作为其“终点”则没有意义。但1799年仍然是革命进程中具有标志性的重要年。推翻督政府的雾月政变使一人掌握大权，他迅速成为独裁者，在位至1814年，将欧洲秩序搅了个天翻地覆。他就是拿破仑·波拿巴，曾担任共和国将领，现在是新政体的第一执政，并很快成为法兰西第一任皇帝。和那个时代的大部分风云人物一样，他掌权时依然年轻。在军旅生涯中，他就已经展现出非凡的才华和冷酷。其胜利与敏锐的政治嗅觉和敢于以下克上的行事风格相结合，为他赢得了辉煌的声誉；在很多方面，他都是18世纪“冒险家”中最伟大的范例。在1799年，他的声威和人望已经如日中天。除了被他排挤失

势的政客以外，无人对他的掌权有多少怨言。他立刻以打败奥地利人（他们又一次加入一场反法战争）的功绩给自己的权力正名，为法国赢得一份胜利者的和平（也是他的第二次）。革命所受到的威胁就此解除；没有人怀疑波拿巴对革命的坚定信念。巩固革命成果是他最具有建设性的成就。

虽然拿破仑（这是他 1804 年称帝后的正式称谓）在法国复辟君主制，但这绝非任何意义上的倒行逆施。他还处心积虑地大肆羞辱流亡中的波旁家族，公开消除了双方和解的一切可能。他举行全民公投，寻求民众对帝制的认可，并得偿所愿。这一君主政体是法国人投票选择的；其基础是人民主权，也就是大革命的成果。执政府时期就 739
已经开始的革命在拿破仑的帝政下得到了巩固。18 世纪 90 年代所有重大体制改革都获得肯定，至少也保持原样；教会财产充公后的土地出售依然按部就班地进行，遗老遗少没有死灰复燃，法律平等原则也没有被质疑。部分举措甚至还更进一步，比较突出的是每个省都配属一名省长，担任行政首脑，其权限有些类似于恐怖统治时期的临时特使（很多过去的革命家都成为省长）。此类对行政结构进一步中央集权化的举措当然也会得到启蒙专制君主的认同。在政府的实际工作中，革命的信条往往受到侵犯是不争的事实。和所有 1793 年以后的前任掌权者一样，拿破仑以一套惩罚性的审查制度控制媒体，不经审判就把人投入大牢，总体上对人权中的公民自由漠不关心。执政府和帝制下都有代议制团体存在，但没有得到多少关注。然而法国人似乎恰恰想要这种体制，也需要拿破仑对现实的敏锐洞察力，例如，他与教皇签订政教协定，向法国教会已然存在的现实授予法律认可，从而实现天主教与政体的和解。

归根到底，这一切极大地巩固了革命的成果，并通过坚实有力的政府和强大的军事外交控制了国内外的局势。但拿破仑巨大的军事投入最终将使两者都化为乌有。这些军事付出一度令法国成为欧洲的主宰；其军队往东一路打到莫斯科、往西一直杀到葡萄牙，从拉科鲁尼亚到什切青（Stettin）的大西洋和北海沿岸地带都有法军的营帐。然而其代价过于高昂；即便残酷压榨被占领国也不足以无限期无止境地支撑法国的霸权，并对抗欧洲所有其他国家因拿破仑狂妄的野心而结成的联盟。1812 年入侵俄国的法军在拿破仑指挥过的军队中规模空前，当他带领这支大军在冬季的风雪中走向溃败，就已经无法躲过灭亡的命运，除非对手们分崩离析。而这一次他们没有失去团结。拿破仑本人将失败归咎于英国，1792 年开始，英法几乎一直处于交战状态（在他之前，英国也和革命政府开战），只有一次短暂的中断。他的看法并非毫无道理；这是双方在百年之争中最后的、最重要的一个回合，也是君主立宪制和军事独裁制的对决。是英国皇家海军在 1798 年的尼罗河战役及 1805 年的特拉法尔加（Trafalgar）战役中将拿破仑封锁于欧洲境内，是英国的财政援助帮
740 助做好进军准备的盟友不至于捉襟见肘，是一支英军从 1809 年起在伊比利亚半岛坚持作战，① 消耗了法国的资源，也给其他欧洲国家送去希望。

到 1814 年初，拿破仑能守住的只剩下法国本土。尽管他使出浑身解数，但所拥有的资源不足以抵挡东线的俄国、普鲁士和奥地利联军，以及西南方向的英军进击势头。最后，将军和大臣们将他废黜并签下和约，波旁王朝就此复辟，但并没有引发普遍的抗议。而且在当时，1789 年前任何具有重大意义的事物都没有重现。拿破仑和教皇签订的《教务专约》依旧有效，省制被保留，法律面前依然人人平等，代议制体系没有废除，事实上，大革命已经成了法国既有秩序的

① 指 1809 至 1814 年间由惠灵顿指挥的伊比利亚半岛战役。——译者注

一部分。是拿破仑提供了巩固革命所需的时间、社会和平与制度。与大革命有关的一切当中，只有他认可的部分存续下来。

这使得他截然不同于传统类型的君主，甚至可能是最具现代色彩的一位。但是事实上，他的政策中也往往有非常保守的一面，对创新持怀疑态度。归根结底，他是一位民主专制君主，从形式和更广泛的意义上讲，其权威都源自人民，前者包括全民公投，后者是指他需要（也赢得了）民心才能驱使军队作战。因此，他的统治风格更类似 20 世纪的统治者而非路易十四。然而他与这位前任国王也有共同点，都将法兰西的国际地位提升到前所未有的高度，并以此功绩成为国民长久仰慕的对象。但其中有一份双重的重大差异：拿破仑不但取得了路易十四从未实现的欧洲主宰权，而且由于出现在大革命之后，他的霸权不仅仅表明了法兰西民族的优越性，当然，我们不应对这一点过于感情用事。拿破仑作为解放者和欧洲伟人的形象是后世创造的传说。1800 至 1814 年间，他给欧洲带来的最明显的冲击是遍及大陆每个角落的流血和混乱，而且往往是他个人狂妄自大的产物。但也有一些意义重大的无心插柳，有些波及海外、有些没有。这一切综合起来，进一步强化了法国大革命理念的传播和效力。

从地图上能最明显地看出这些影响。在拿破仑掌权之前，如布满补丁的棉被般的欧洲版图就已经经历过革命性的修订，到 1789 年，法军又在意大利、瑞士和联合行省王国创建了新的卫星共和国。但法国扶持势力撤走后，这些国家都无力存续，直到法国霸权在执政府时 741
期重新确立，才出现一种新的、对欧洲部分地区产生长远影响的体系。

受影响最大的是德意志西部地区，其政治结构天翻地覆，中世纪基础被一扫而空。1801 至 1814 年间，莱茵河以东的德意志领土被法国吞并，就此开启了该国传统政治构架的崩坏进程。在河的另一侧，

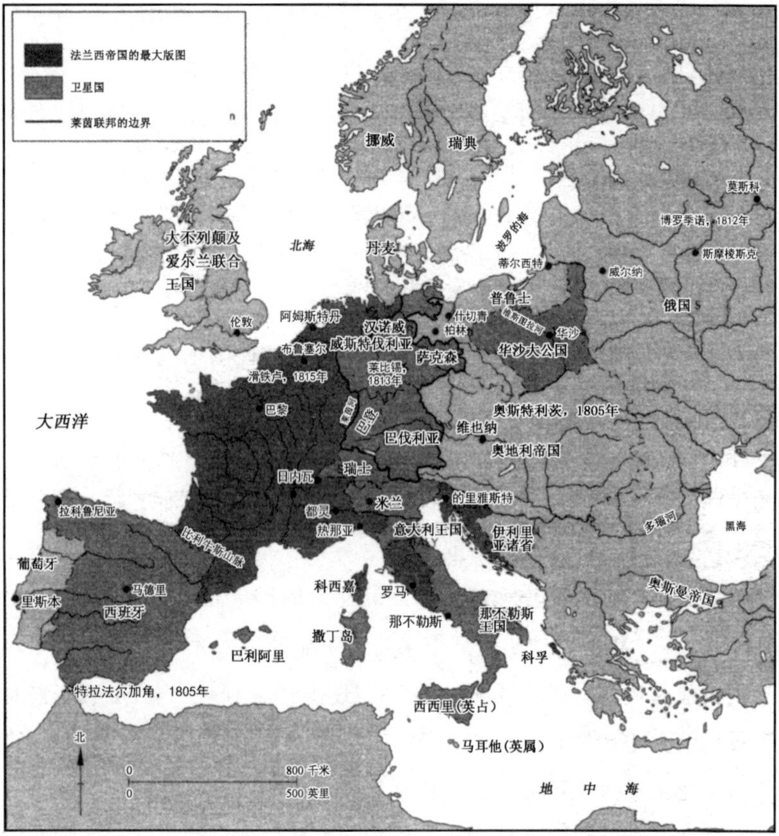

拿破仑时期的欧洲

法国拿出一套重组计划，对政教合一的国家实行去宗教化、撤除几乎所有的自由城邦、将额外的领土划分给普鲁士、汉诺威和巴伐利亚以补偿三地的其他损失，还废除了古老的独立帝国贵族制。其实际效应是消除了天主教和哈布斯堡王室在德意志的影响力，同时强化了几个较大的君主国家（尤其是普鲁士）的势力。神圣罗马帝国的体制也根据这些变化进行了相应的修正。改头换面后的神圣罗马帝国仅存续到
742 1806年，奥地利的又一场失败在德意志引发了更大的变动，也导致

帝国的消亡。于是，一套尽管存在缺陷、但也自奥斯曼时代以来为德意志带来政治凝聚力的体制结构就此终结。莱茵邦联①在那时成立，成为与普鲁士和奥地利三足鼎立、制造均势的第三股势力。通过一番声势浩大的破立，法兰西以胜利者的姿态确保了本民族的利益。莱茵河成为法国的边界、对岸的德意志分裂成彼此掣肘的不同利益集团，如此光景必然会让黎塞留和路易十四陶醉不已。但从另一方面看，旧制度毕竟也是德意志统一的阻碍。后来的任何重组都从未考虑过要复辟旧制。最终，当反法联盟为后拿破仑时代的欧洲重新布局时，他们也设立起一个德意志邦联，与拿破仑组建的邦联有所区别，普鲁士和奥地利也是其中的成员，至少其领土是德意志的一部分，但德意志没有在统一的道路上开倒车。到 1815 年，1789 年的三百多个不同政体的政治单元已减少为 38 个国家。

意大利的版图重构不如德意志来得激烈，效果也没那么具有颠覆性。拿破仑在半岛南北各建立起一个基本独立的大型政治实体，同时有大片地区（包括梵蒂冈）被法国正式兼并，成为省级体制的一部分。这一切到 1815 年都不复存在，但旧制度也没有完全恢复。比较突出的是，最早被督政府打入坟墓的热那亚和威尼斯这两个古代共和国并没有还魂重生。它们分别被撒丁王国和奥地利这两个更大的国家吞并。在欧洲各地，当拿破仑处于权势的顶峰，法兰西吞并和直接统治的领土十分广大，其北部海岸线从比利牛斯山一直延伸到丹麦，南部海岸线几乎毫无中断地从加泰罗尼亚延伸至罗马和那不勒斯的边境。还有一大片领土孤悬在外，即后来的南斯拉夫。实际独立程度各异的卫星国和附庸国瓜分了意大利其余部分、瑞士和易北河以西的德

① 是拿破仑一世主持下、由普鲁士和奥地利以外的所有德意志各邦组成的联合体。——译者注

意志领土，其中的一些国家由拿破仑家族成员统治。东方还有一个脱离主要领区的卫星国，即在过去属于俄国的领土上建立的华沙“大公国”。

这些国家大多采纳类似的行政实践和体制，在很大程度上创造了一份共同的经历。这份经历中的体制和理念部分自然是大革命信条的体现。除了在波兰进行的短暂试验以外，易北河以东几乎没有受到影
743 响，于是法国革命成了又一种反复出现的、令东欧和西欧走上不同道路的伟大成型力量。在法兰西帝国境内，德意志人、意大利人、伊利里亚人、比利时人和荷兰人都受拿破仑法典的管辖；这一切能成为现实是依靠拿破仑本人的发起和坚持，但本质上还是那些革命立法家所追寻的、无法在内忧外患的 18 世纪 90 年代成为现实的、无数法国人在 1789 年就希望成真的法律。这部法典所涉及的家庭、财产、个人、公共权力等概念就此遍传欧洲各地。对于混乱的地方、习俗、罗马和教会法律而言，这部法典有时能取而代之、有时能作为补充。与此类似，帝国的省级体制带来了统一的行政实践，在法军服役的经历带来了一致的纪律性和军事规范，以十进制为基础的法国度量衡取代了很多地方上的标准。此类新事物的影响力超出了法国统治本身的实际范畴，为其他国家的现代化推进者提供了范例和启迪。而且法国官员和技术人员在很多卫星国工作，也有不少法兰西以外民族的人士为拿破仑效力，使这些范例更易于被各国所吸纳。

此类变化需要时间才能产生充分的效果，但具有深刻性和革命性。这与自由绝无必然联系；即使人权随着法国军队的三色旗堂皇登场，拿破仑的秘密警察、军需官和税官也一样紧随其后。一场更难以言传的革命源自拿破仑的所作所为引发的反作用和抵抗。法国人传播的革命理念往往被以其人之道还治其人之身。人民主权论是大革命的核心，也与国家主义紧密关联。根据法国革命的信念，人民应当自我

统治，而国家是开展自我统治的适当实体：以此为理由，革命者宣称他们的共和国是“唯一而不可分割的”。一些国外的革命仰慕者将这一原则引入本国；显然，意大利和德国并非民族国家，但或许两国人民应该在民族国家中生活。但这只是硬币的一面。法国人统治的欧洲为法兰西的利益服务，从而不允许其他欧洲民族获取民族权利。各国人民眼睁睁看着本国的农商业为法国经济政策牺牲，不得不进入法军服役，或者是任由拿破仑的法国（或当地）统治者及总督摆布。当那些欢迎革命的人都开始怨声载道，从不待见革命的人也开始考虑民族抵抗运动就毫不令人惊讶了。即便政府持怀疑态度、不敢放心大胆地 744
利用民族主义，拿破仑时代终究给欧洲的民族主义打了一针强心剂。德国人不再把自己看作单纯的威斯特伐利亚人和巴伐利亚人，意大利人开始相信自己不仅是罗马人或米兰人，因为他们从反抗法国的事业中找到了共同利益。在西班牙和俄国，爱国主义抵抗运动与反对大革命的抵抗运动已经成为事实上的同义词。

可见，虽然拿破仑希望开创的王朝和所建立的帝国到头来都朝不保夕，但其所作所为意义重大。正如大革命释放出法国的能量，他也释放出其他国家被禁锢的能量，此后这些力量再也不会被完全压制。他确保了大革命遗产的效果最大化，而这就是他最伟大的成就，无论是否合乎他的向往。

他在 1814 年的无条件逊位还不是故事的结局。仅仅一年之后，这名皇帝从给他养老的流放地厄尔巴岛返回法兰西，令复辟的波旁王朝一触即溃。但反法同盟决意要推翻他，因为他曾经带来太多的恐惧。拿破仑意图在敌人聚集起压倒性优势兵力之前赢得胜利，但于 1815 年 6 月 18 日的滑铁卢战役中功败垂成，英比联军和普鲁士军队就此消除了法兰西帝国复兴的威胁。这一次，他被胜利者放逐到数千英里之外、位于南大西洋的圣赫勒拿岛，直到 1821 年去世。他带给敌人的恐慌坚定了他们的决心，要缔造一份和平，避免任何可能重现欧洲在法国大革命的惊雷中所经历的将近三十年几无宁日的战乱的危险。就这样，拿破仑又一次影响了欧洲的版图，以前是凭借他所开创的变化，现在则是凭借法国在他领导下所带来的恐惧。

第 3 章　政治变革下的新欧洲

无论保守派政客在 1815 年抱有多大的希望，一个令人不安的动荡时代才刚刚开始。其最明显的标志是欧洲地图在此后 60 年中的变化。到 1871 年，当一个刚刚统一的新德国跻身强国之列，亚得里亚海到波罗的海一线以西的大部分欧洲国家都以民族自决原则为基础构建，依然反对的少数派也无力阻止这一切发生。甚至该分界线以东也已经出现了一些货真价实的民族国家。到 1914 年，民族自治还会取得更大的胜利，大部分巴尔干国家也将组建为民族国家。 745

作为新型政治的一方面，民族主义起源于很久以前，可以从大不列颠和一些欧洲小国在过去所设立的范式中寻找。然而其辉煌的胜利发生在 1815 年以后，也是新政治的表现之一。其核心是接纳一种新的思想框架，承认公共利益的存在，这份利益要大于统治者或特权阶级的私利。民族主义还认为，界定及捍卫这份利益的竞争是合法合理的。此类竞争愈发需要专门的舞台和机制；要解决当下的政治问题，古老的司法或宫廷模式已经显得力不从心。

令公共生活发生这类转型的体制框架在部分国家出现得较早，在某些国家则较晚。即使在最为先进的国家，也找不出该转型唯一的实践套路。不过，它始终倾向于对特定原则的认可和推广。民族主义是其中之一，也属于对旧有理念（例如王朝统治主张）反对最激烈的原则之一。随着 19 世纪的进程，有一种主张在欧洲政治演说中变得越来越常见，即某些公认的“具有重要历史意义”的民族利益应得到政府的保护和促进。当然，这份主张从头到尾充斥着刻薄冗长的争议，

746 争议的对象是哪些民族具有重要的历史意义、如何界定他们的利益、这些利益在政治家的决策中能够且应当占据多大的权重。

除民族主义之外，也有其他原则在发挥作用。民主和自由主义之类的术语并不利于充分理解其内涵，但也只能将就，因为没有更好的名称，何况当时的人就是如此称呼的。在大多数国家，接纳代议制是一种普遍趋势，代议制成为让越来越多的人（哪怕只是形式上）参政的手段。自由主义者和民主人士几乎总是要求让更多的人获得选举权，要求改善选举代表制。同样，个人主义也越来越成为经济发达国家的政治和社会组织的基础。个体在社区、宗教、职业和家庭团体中的成员身份变得远远不如其个人权利来得重要。虽然这在某些方面带来了更大的自由，但有时也使人更不自由。19 世纪，国家相对于人民的司法力量比过去大大增强，执行机关的技术效率逐渐提高，从而能够更有效地实施强制力。

法国大革命是此类变革的发起者，因此具有极其重大的意义，但作为范例和传奇之源，其持续的影响力也具有同样的价值。革命在 1815 年落下帷幕时，不管之前带来了多少希望和恐惧，它对整个欧洲的全部冲击力依然没有完全释放。在很多其他国家，已经在法国被扫清的体制招致批评和毁灭。由于经济和社会变革也在发挥效力，这类体制变得更加难以招架。革命思想和传统从中获得了新的机会。有一种感受传播甚广，认为无论是好事抑或坏事，全欧洲都面临着一场潜在的革命。受此鼓舞，革命支持者和既有秩序的未来破坏者都锐化政治话题，将它们嵌入 1789 年诸原则的框架：民族主义和自由主义。总的来说，这些理念主导欧洲史至 1870 年左右，也为欧洲政治提供了内在动力。其倡导者所希望的目标并没有完全实现。各种理念在实际中的运用存在很多限制和前提，彼此之间频频发生阻碍和冲突，而且也面临大量敌对因素。但它们依然是可以因循的脉络，有助于理解厚重而动荡的 19 世纪欧洲史，这片大陆已经成为一座试验场，其实验、爆发和发现正在改变世界其余地区的历史。

1815 年的《维也纳条约》终结了法国战争时代，在这份构成 19 世纪国际秩序格局基础的协议中，已经可以看出上述影响的作用。条约的核心目标是防止此类战争的重演。调解者力求压制法国、避免革 747
命，他们使用正统原则这一欧洲保守主义的核心理念以及若干务实的领土安置手段来限制法国未来的扩张。于是，普鲁士在莱茵河一带获得大片土地，一个由荷兰国王统治、涵盖比利时和荷兰的北方新国出现，撒丁王国获得热那亚，奥地利不仅恢复了过去在意大利的领地，还保住了威尼斯，而且能不受干涉地控制意大利其他诸国。在上述安置方案中，正统原则常常让位于权宜的考量；混乱时期被夺走的东西并没有全部物归原主。但列强们依然把正统性挂在嘴边，也凭借完成后的安置方案取得了一些成果。将近 40 年间，维也纳会议安排的框架提供了一个不用战争就能解决争议的途径。40 年后，1815 年设立的政权大多依然存在，尽管有一些开始动摇。

这一局面很大程度上有赖于革命所带来的恐惧。在这段复辟时代（1815 年以后时段的称谓），所有主要大陆国家都成了警察和密谋分子一同大显身手的舞台。秘密结社如雨后春笋，在一次又一次的失败面前毫不气馁。然而，这段历史时期的档案表明，没有什么颠覆威胁是不能轻松解决的。奥地利军队镇压了皮埃蒙特和那不勒斯的未遂政变，法国士兵扫清了一场自由派宪政运动的阻碍，将一名反动的西班牙国王推回王位，俄罗斯帝国度过了一场军事政变和一场波兰起义。奥地利人在德意志的主宰地位完全不受任何威胁，以后世的角度来看，在 1848 年以前，哈布斯堡王朝的任何领地都没有出现任何非常具有真实性的威胁。俄国和奥地利的实力是维也纳体系所依赖的两大支柱，前者有惊人的动员力，后者是 1815 至 1848 年间控制中欧和意大利的主要势力。

人们通常认为自由主义和民族主义是不可分割的；后世的经验表明，这是非常可怕的错误，但如果仅针对1848年以前确实想通过革命来改变欧洲面貌的少数人而言，那他们大体上的确打算通过推广法国革命的政治原则——代议制政府、人民主权、个人和出版自由——和民族主义的原则来达成目标。很多人把两者混为一谈；年轻的意大利人马志尼是其中最知名也最受景仰的一位。他提倡大部分同胞都不感兴趣的意大利统一主张，并为此投身于以失败告终的地下活动，从而为此后百年间每片大陆上的民族主义者和民
748 主人士带来典范和启迪，也是以同情激进派为时尚的时髦分子所推崇的第一批偶像人物之一。但他所代表的理念属于另一个时代，当时还没有到来。

因为神圣同盟（用来描述三个保守国家俄国、奥地利、普鲁士组成的集团）的法令在莱茵河以西无法通行，那里的情况就有所不同，正统原则并没有延续很久。1814年波旁王朝的复辟本身就是正统原则的妥协。被囚禁在一座法国监狱中的路易十七在1795年死后，路易十八本来是应该像所有法国国王那样行使统治权的。而正统主义者试图隐瞒却人尽皆知的事实：他是坐在打败了拿破仑的同盟军的行李车上返回法国的。他也只能在拿破仑时期的法国政界和军方精英所认同的条件下行使统治，而且可以设想，这些条件不能超出法国民众的容忍限度。复辟的政体受一部宪章约束，从而确立君主立宪体制，但选举权有所限制。个人权利得到保障，革命时期的充公和出售所形成的土地安置格局未受质疑；一切都没有回到1789年的状况。

尽管如此，人们对未来仍有一些疑虑；右派和左派之争从针对宪章本身的辩论开始——这是国王和人民之间的契约，抑或单纯是王室大发慈悲的产物，有多容易赐予，就有多容易撤回？——并发展为全

方位的辩论，对革命的原则问题提出质疑（或者这些争论看起来像是质疑），这一原则关系到革命为自由和有产阶级赢得的果实。

大革命的果实面临潜在的威胁。作为描述这种威胁的方式，可以说那些在旧制度下拼命想要在法兰西统治阶级中获得话语权的人已经赢了；他们有时被称为“名流显贵”，其政治地位得到保障，现在成了法兰西真正的统治者——无论是过去的法国贵族、革命时期的发迹者、拿破仑的马屁精，或是单纯的大地主和大商人。另一种变化是法国体制中国家元素的成型；现在没有任何人或团体可以公然脱离于法国国家政府的管辖领域之外。最后也是关键的一点，大革命改变了政治思想。法国人就国内公共事务进行探讨和争论的语境已经发生变化。当然这只是政治思想改变的表现之一。无论右派和左派、保守派和自由派之间的界线在哪里，如今的政治斗争必须以这条分界线为中心展开，而非围绕向神授权利的君主进言的特权展开。这恰恰是波旁王朝的末代国王查理十世未能看清的一点。他愚蠢地企图打破宪政的 749
限制，从而构成了实质上的政变行为。人民群起反抗，在 1830 年的巴黎爆发“七月革命”，自由派政客赶紧以领导者的姿态出面，并安排一名新国王取代查理，从而令共和派懊丧不已。

新国王路易·菲利普（Louis Philippe）是法国王室中级别较低的分支奥尔良家族的一员，但在很多保守派眼中堪称大革命的化身。其父亲曾投票支持处决路易十六（而后自己也很快上了绞架），他本人则曾在共和主义者的军队中担任军官。他甚至一度加入臭名昭著的雅各宾俱乐部，人们普遍相信该团体涉及一场内幕极深的密谋，也无疑是若干最著名的革命领导人成长的温室。自由主义者对菲利普的好感很大程度上源自同样的理由；他让大革命与君主制下的稳定局面共存，但左翼人士对此感到失望。他统治的 18 年间，政体的宪政属性无可怀疑，政治自由从根本上得以保留，但上层阶级的利益也获得保护。该政体积极镇压城市动乱（19 世纪 30 年代的穷人发起过不少），从而与左派交恶。有一名显赫的政客叫同胞们想办法致富——这一建议饱受嘲笑和误解，而他的本意不过是告诉国民高收入乃获得投票权的一种途径（在 1830 年，拥有国家代表选举权的法国人只有英国人的三分之一左右，而法国人口大致是英国的两倍）。无论如何，就理论而言，七月王朝的基础是人民主权，也就是 1789 年的革命原则。

这使得法国在欧洲的意识形态分歧下获得一种特殊的国际地位。19 世纪 30 年代的欧洲存在一条鲜明的界线，一边是宪政国家——英格兰、法兰西、西班牙和葡萄牙——另一边是东方的正教王朝国家及其意大利和德意志卫星国。保守国家的政府并不喜欢七月革命。1830 年比利时人反抗荷兰国王的叛乱也给他们敲了警钟，但他们无法支援国王，因为英法都支持比利时人，俄国则忙于对付波兰人的起义。比利时直到 1839 年才确定独立地位，这是 1848 年以前在维也纳方案所创造的国家体系中唯一重要的变化，不过西班牙和葡萄牙的内乱掀起了一些波澜，令欧洲外交界感到棘手。

在欧洲东南部，变革的步子迈得更快。当西欧革命迈向高潮之际，一个新的革命时代正在欧洲东南部开启。1804 年，一名家境富
750 裕的猪肉商贩领导塞尔维亚同胞在贝尔格莱德发动起义，反抗军纪废弛的土耳其守卫队。彼时，奥斯曼政权愿意容许他的所作所为，以便遏制哗变的士兵、镇压开始屠杀城内穆斯林的基督教农民。但帝国最终所承受的代价是，1817 年独立的塞尔维亚君主国成立。当时，土耳其人还把比萨拉比亚（Bessarabia）① 割让给俄国，不得不承认他们对希腊和阿尔巴尼亚大片地区的占领不过是形式上的，真正的控制权在当地帕夏手中。

① 顿涅茨河和普鲁特河之间的区域。——译者注

虽然当时几乎看不出来，但这是19世纪东方问题的开端：奥斯曼帝国分崩离析后的残骸应由谁、或由什么体制来继承？该问题困扰欧洲一百多年；在巴尔干和帝国的亚洲省份，奥斯曼继承战争至今仍在持续。种族、宗教、意识形态和外交问题从一开始就纠缠在一起。在奥斯曼的广大领土上，各类民族和社群的分布散乱无章，《维也纳条约》没有将这些地区纳入由列强保障的战后体系。当1821年反抗奥斯曼统治的“希腊人”（即苏丹统治下的正教基督徒，有很多是土匪和海盗）“革命”爆发时，俄国抛弃了保守主义立场，决定支持叛军。宗教因素和欧洲东南部自古以来对俄国的战略吸引力使神圣同盟不可能像支持其他君主一样地支持伊斯兰统治者，俄国人最后甚至还与苏丹开战。由外人划定国界的希腊王国于1832年成立，必然会让其他巴尔干民族产生效仿之念，而且在似是而非的民族主义呼声的鼓动下，19世纪的东方问题显然将比18世纪更加复杂。前景相当不妙，因为希腊独立战争从一开始就引发了君士坦丁堡和士麦那的土耳其人对希腊人的屠杀，希腊人也迅速以牙还牙，屠杀伯罗奔尼撒地区的土耳其人。这类后来被称作“种族清洗”的实例使延续两个多世纪的巴尔干问题从源头开始就遭到败坏。

革命事业在1848年迎来了新的爆发。简言之，1815年体系似乎面临着全方位的危机。很多地区在19世纪40年代面临经济不振、粮食短缺和各种困境，尤其是1846年发生大饥荒的爱尔兰，中欧和法国于1847年步其后尘，有很多城市因贸易不景气而饿殍枕藉。失业现象比比皆是。暴力由此滋长，使各地激进运动获得了新的尖牙利 751
爪。骚乱具有传染性，会在别处引来效仿，削弱了国际安全体系应对更多突发状况的能力。其标志性的开端始于2月的巴黎，发现中产阶级不再支持他继续反对扩大选举权的立场之后，路易·菲利普宣布退位。到了年中，除了伦敦和圣彼得堡之外，所有欧洲大国首都的政府都被推翻或疲于招架。二月革命后，法国成立共和国，令欧洲所有革命者和政治流亡者欢欣鼓舞。密谋者 30 年来的梦想仿佛触手可及。伟大民族再一次行动起来，大革命的军队也许将重新进发，向世界传播革命理念。然而真正的事实却截然不同。法国作出的外交让步导致自由主义传统关注和同情的对象波兰成为牺牲品，而第二共和国唯一的军事行动是为了保护教皇，为保守主义事业而战的立场确凿无疑。

这是 1848 年革命大潮特征的体现，各地的革命有着大相径庭的背景和各不相同的目标，所遵循的路线也莫衷一是、杂乱无章。在意大利和中欧大部分地区，革命者觉得缺乏自由，从而认定政府具压迫性质并发动起义；制定保障根本自由的宪法是那片地区最具代表性的要求。就连维也纳都爆发一场如此性质的革命，1815 年保守秩序的缔造者、外交大臣梅特涅（Metternich）被迫逃亡英国。革命在维也纳所取得的成功意味着整个中欧的瘫痪，从而导致该地区的解体。德意志人终于可以放手革命，无须害怕奥地利的干涉行动给小国的旧制度提供支持。奥地利领地内的其他民族同样获得了行动自由；意大利人（由一名不乏野心但谨小慎微的撒丁保守派国王领导）在伦巴第和威尼斯向奥地利军队开战，匈牙利人在布达佩斯起义，布拉格的捷克人发起暴动。这使得局面大大复杂化。很多革命者希望获得民族独立更甚于宪政，不过宪政是王朝专制的敌人，所以一度被视为独立的手段。

如果自由主义者成功地在所有中欧国家首都建立起宪政政府，那么就会诞生一批此前本身从未具备国家结构、至少具备时间不长的民族国家。如果斯拉夫人获得民族解放，那么原本被视为德意志领土的大片土地将被他们夺走，特别是波兰和波希米亚。人们经过一段时间才完全领悟到这一点。德意志自由主义者在 1848 年突然意识到这一
752 问题，并迅速得出结论，选择了民族自治的道路（一个世纪后的南蒂

罗尔争端[1]中，意大利人依然在这一两难面前举棋不定)。德意志的1848年革命遭到了根本性的失败，因为德意志自由主义者认定，要实现德意志民族的自治就需要保留东方的德意志领土。因此，为了德意志民族的未来，他们需要一个强大的普鲁士，也必须接受普鲁士的条件。还有其他迹象表明大趋势在1848年末尾将临之际逆转。例如，意大利人已经被奥地利军队控制。巴黎在6月份爆发一场起义，意图使革命朝民主的方向更进一步，但在遭到极为血腥的镇压后失败。毕竟，第二共和国是一个保守主义政体。革命在1849年走向末路。奥地利人击溃撒丁王国的军队，这是唯一能守护意大利革命的力量，亚平宁半岛各地的君主纷纷开始收回失去奥地利庇护时向宪政作出的妥协。在普鲁士的带头之下，德意志的统治者们也如法炮制。克罗地亚人和匈牙利人保持着对哈布斯堡王室的压力，但要面对前来为盟友助阵的俄国军队。

自由派视1848年为“民族国家的春天”。即便此言不虚，期间绽放的花朵也很快就纷纷凋零。到1849年底，尽管部分国家发生了重大变化，但欧洲在很大程度上又回到1847年时的正式体制。民族主义无疑是1848年广受欢迎的事业，但既没有强大到足以维持革命政府，也没有明显的启蒙作用。其失败表明，指责1815年时的政治家“忽视”民族主义、没有给予应有的关注是错误的；没有任何民族国家在1848年诞生，因为没有任何民族为此做好准备。其基本原因在于，虽然民族主义者或许存在，但在欧洲大部分地区，民族主义对大众而言依然是抽象的概念；只有相对较少的博学之士或至少受过一定教育的人才会在意。在社会问题也能体现出民族差异的地方，那些因

① 南蒂罗尔本属于奥地利，一战后划归意大利，此后墨索里尼上台，在该地推行意大利化运动，并与德国产生一些争议，后因二战爆发暂时搁置。——译者注

语言、传统或宗教而产生某种归属感的人有时会作出有效的行动，但没有导致新民族国家的成立。例如，1847 年，在获得哈布斯堡政府同意后，加利西亚的罗塞尼亚（Ruthene）农民欢天喜地地处死了他们的波兰地主，于是得到满足，1848 年间一直忠于哈布斯堡王室。

1848 年也爆发了若干起真正具有民众基础的起义。在意大利，它们通常是城市叛乱而非农民暴动；伦巴第农民还对去而复返的奥地利军队表示欢迎，因为领导革命的贵族是他们的地主，他们看不出能从这种革命中得到什么好处。在德意志部分地区——其中大部分都保
753 留传统的土地农业社会结构，农民们采取了和 1789 年的法国前辈一样的行动，将地主的屋宅付之一炬，这不只是出于个人私怨，也是为了毁掉令他们又恨又怕的租金、赋税和劳役记录。城内的自由主义者因此类突发事件所受到的惊吓，不亚于法国中产阶级因巴黎六月起义的走投无路者和失业者引起的暴动所受的惊吓。因为自从 1789 年以来，农民一直（大体上）属于保守主义阵营，政府确信能够获得外省的支持，碾碎为激进主义带来短暂成功的巴黎穷人。但革命运动内部也能找到保守主义痕迹。德意志工人阶级的骚动令上层阶级心生不安，但究其原因，在于德意志工人领导者虽然把“社会主义”挂在嘴边，实际上却希望恢复旧制。他们一心向往行会和学徒制下的安定世界，害怕工厂里的机器、让船夫失业的莱茵河汽船和不受限制的贸易——一言以蔽之，害怕一切一目了然的、市场经济社会兴起时所具有的标志。1848 年的大众革命几乎总能表现出自由主义对大众缺乏吸引力的事实。

总的来说，1848 年在社会层面的重要意义和其政治内容一样复杂，也同样难加以概括。革命中，社会变化最大的地区可能是位于东欧和中欧的农村。在那里，自由主义思想和对大规模暴动的恐惧相结合，使地主作出改变。俄国以外地区所有残存的制度性农民劳役和土

地束缚都因 1848 年的革命而废除，始于 60 年前的法国的那场农村社会革命在中欧和东欧的大部分地区完成收尾。以个人主义和市场原则重建德意志和多瑙河流域农业生活方式的道路已经开启。虽然很多封建做法和思维习惯依然残留，但整个欧洲的封建体制都切实走到了尽头。不过，法国革命原则中的政治元素还需更长的时间才能崭露头角。

而民族主义元素的显山露水则不用等待太久。1854 年，一场针对俄国近东势力所爆发的争端终结了列强之间始于 1815 年的和平状态。英法两国作为奥斯曼苏丹的盟友共同对抗俄国人，克里米亚战争就此打响，这一战在很多方面都非常引人注目。战场位于俄国南部的波罗的海和克里米亚，后者是大部分关注的焦点。四国盟军①所设定的目标是占领塞瓦斯托波尔（Sebastopol），这一海上基地是俄国黑海势力的关键依托。战争的部分结果令人惊讶。英军和盟友及敌人一样作战英勇，但行政安排能力与其他国家相比尤其相形见绌；由此引发 754
的丑闻掀起了国内激进改革的风浪，其意义十分重大。战争还无意间促成了一种受人尊敬的女性职业，那就是护士，因为英国医疗体系的崩溃特别使人震惊。弗洛伦斯·南丁格尔（Florence Nightingale）的工作为体面的女性开创了一条自黑暗时代创建的女性宗教团体以来最醒目的职业道路。另一方面，这场战争也因其现代化特征而引人注目：这是第一次动用蒸汽船和铁路的列强之战，还将电报线铺设到了伊斯坦布尔。

其中不乏一些不祥的预兆。但就短期而言，它们对国际关系的影响不如战争本身来得重要。俄国最终战败，一时失去了对土耳其长期具备的威慑力。再建立一个新基督教国家——罗马尼亚的设想最终于

---

① 后来撒丁王国也加入战局。——译者注

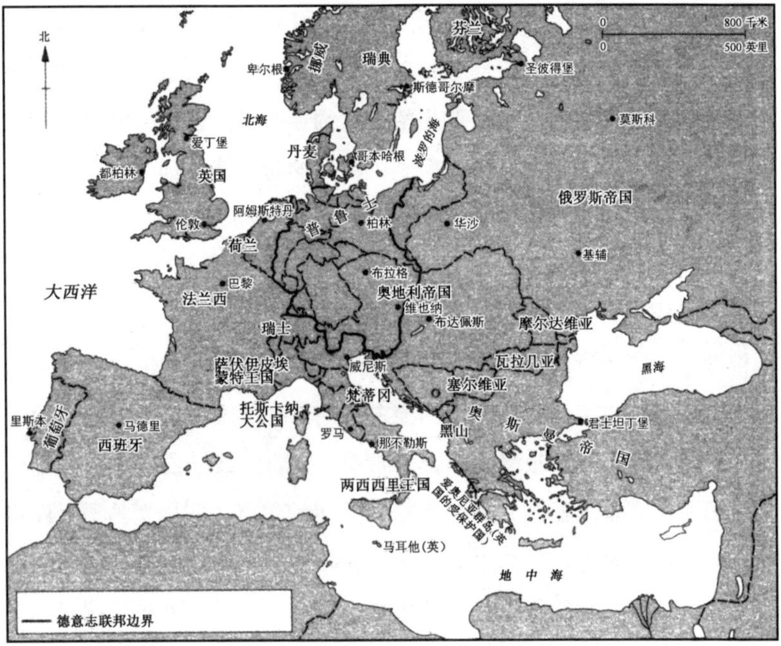

1815 年的欧洲

1862 年成为现实。民族自决原则又一次在前奥斯曼帝国的土地上扬起胜利的旗帜。但战争的关键后果在于神圣同盟的破裂。奥斯曼帝国倒台后如何瓜分巴尔干地区是奥地利和俄罗斯在 18 世纪的老矛盾，如今再度浮出水面，奥地利一边警告俄国不得在战时占领多瑙河诸公
755 国（这是对未来罗马尼亚的称法），一边自己把它占为己有。当时，距俄国粉碎匈牙利人的起义、扶持哈布斯堡王室归位只有五年。这是两大强国友好关系的终点。下一次，当奥地利再度面对威胁，将无法得到作为欧洲保守派警察的俄罗斯人的帮助。

双方于 1856 年达成和约，没有多少人料到战争会结束得如此之快。不出十年，奥地利吃到了两场短促而刻骨铭心的败仗，输掉了在意大利和德意志的霸权，新的民族国家开始在两地组建。民族自决原

则确实成了胜利者，哈布斯堡王室则是它的垫脚石，这场胜利兑现了1848年革命者的预言，但实现的方式完全出乎意料。并非革命，而是撒丁和普鲁士这两个传统的扩张型君主国的野心，引导两国以奥地利为垫脚石走向振兴之路，后者当时处于完全孤立的状态。奥地利的问题不仅是失去俄国这位盟友，而且1852年后，法国迎来了第二个以拿破仑为名的皇帝（是拿破仑一世的侄子）。当选为第二共和国总统后，他发动政变废宪，从而登上皇位。单单拿破仑的名字就足以使人胆战心惊，这预示了一场国际范围的重组——或革命。拿破仑三世（作为拿破仑一世之子，二世有名无实，从未行使统治）号召法国人打破1815年设立的反法体制，也就必然要打破在意大利和德意志扶持该体制的奥地利强权。他发表的民族主义言论比大部分统治者都更彻底，看起来确实对此深信不疑。他凭借军队和外交推进了分别是撒丁和普鲁士首相的加富尔和俾斯麦这两位伟大外交大师的工作。

1859年，撒丁王国和法国向奥地利开战；经过短暂的交锋，奥地利人在意大利的地盘就只剩下威尼斯了。加富尔着手将其他意大利邦国纳入撒丁王国版图，但代价之一是要把萨伏依割让给法国。加富尔死于1861年，虽然至今依然存在争议，不能确定他究竟想让国家扩张到什么地步，但到了1871年，他的后继者已经打造出一个统一的意大利，由前撒丁国王统治，聊作对他失去王室祖传公爵领地萨伏依的补偿。德意志也在同一年完成统一。统一进程的起点是1864年的普鲁士—丹麦战争，俾斯麦又一次煽动德意志民族的自由主义情感为普鲁士的利益服务，发动了这场小规模的血腥战争。两年后，普鲁士在波希米亚的一场闪电战中击败奥地利，最终为腓特烈二世在1740年开启的、霍亨索伦—哈布斯堡两王室争夺德意志霸权的对决画上句点。普鲁士的胜利更似对既成事实的确认，而非战争本身的成功，因为与其争夺德意志的奥地利自1848年以来已经大大弱化。同

样在1871年，德意志自由派将王冠授予普鲁士国王，而非奥地利哈
756 布斯堡王朝的皇帝。不过有一些国家仍然向维也纳寻求领导和依靠，现在也只能独力面对普鲁士盛气凌人的锋芒。哈布斯堡帝国只剩下多瑙河流域的领地，其外交的侧重点也转到了欧洲东南部及巴尔干地区。1815年，哈布斯堡王室放弃了尼德兰，1866年，威尼斯被普鲁士人强行划归意大利，德意志也脱离帝国自立门户。双方议和后，匈牙利人立即借此良机，在匈牙利王室所属土地上——相当于哈布斯堡的半壁江山，获得实质性的自治地位，在王室的伤口上又撒了一把盐。于是，该帝国在1867年成为奥地利—匈牙利双头君主国家，这种双头关系无章可循，仅余王朝本身和共同的外交作为联结的纽带。

德意志要实现统一，还需在此基础上更进一步。法国人逐渐认识到，普鲁士势力向莱茵河另一侧的扩张对他们不利；如今他们面对的不再是四分五裂的德意志，而是一个举足轻重的军事强权统治下的德意志。黎塞留时代已在不知不觉间化为过眼云烟。俾斯麦利用这份心态，以及拿破仑三世在国内的软弱和在国际上的孤立，挑衅法国于1870年作出宣战的愚行。此战的胜利成为德意志新落成的民族主义丰碑的封顶石，因为普鲁士是“抵御”法兰西侵犯德意志的中流砥柱——而且当时，依然有活着的德意志人记得上一位拿破仑率领的法军在自己家园中的所作所为。普鲁士军队摧毁法兰西第二帝国（也是该国末代君主政体），并创立了帝国，史称德意志第二帝国，以便和中世纪的德意志帝国相区别。虽然实质上是披着封建外衣的普鲁士大一统国家，但其德意志民族国家的形态满足了德国自由派运动的要求。1871年，以戏剧化而又情理之中的方式，普鲁士国王在路易十四的凡尔赛宫从同侪君主们手中接过了统一的德意志帝国王冠（其前任曾在1848年拒绝自由主义者奉上的帝位）。

于是，国际格局在不到50年的时间内发生了革命性的变化，将

对世界以及欧洲的历史产生重大影响。恰如17世纪的法国取代西班牙一样，德国取代法国，成为欧洲大陆上的霸主。这一事实将成为笼罩欧洲国际关系的阴霾，直到这些关系不再取决于欧洲内部局势为止。严格意义上的、狭义的政治革命对这场变化的贡献很小。19世纪的自发自觉的革命者所取得的成就无一能够和加富尔、俾斯麦和半 757
属身不由己的拿破仑三世相比。考虑到革命在这段时期所点燃的希望和引发的恐惧，这一点很不寻常。大革命的成果几乎仅限于欧洲边陲，而且还显出式微的征兆。回顾1848年，革命事件层出不穷，还有各类密谋、策划及名不副实的宣言①来凑热闹。这一切到1848年后就极少见了。又一场波兰革命爆发于1863年，但除此之外，1871年以前各大国均没有发生值得关注的动乱。

可见，当时的革命势头出现衰退是可以理解的。革命在法国以外成果寥寥，给法国则带来了幻灭和独裁。而有人却以其他途径实现了革命的部分目标。加富尔及其同僚打造了一个统一的意大利，但并不是革命党能够认同的意大利，也令马志尼大受打击，俾斯麦则把1848年德意志自由主义者的很多希望变成现实，令德国成为无可争议的列强之一。另一些革命目标是通过经济发展达成的；不管有多么可怕和贫穷，19世纪欧洲毕竟在不断走向富裕，其人民分享到的份额也越来越多。其中还有相当短期的因素发挥作用。1848年后不久，加利福尼亚发现了大量金矿，输出大量金元，刺激了19世纪五六十年代世界经济的发展；这几十年间的信心增长和失业减少都有利于社会的和谐。

为何革命日渐稀少？究其根本，或许是因为发动革命的困难增加

---

① *pronunciamientos* 也常译作“起义”，是由某个团体签字提出的书面抗议或请愿，明述一系列不满或要求，如政府不予理会，抗议或请愿团体就可能起兵叛乱。——译者注

了。政府发现镇压革命变得愈发轻松起来，其中科技因素占了很大的比重。现代警察诞生于19世纪。铁路和电报提供了更好的通信手段，使中央政府在应付偏远地区的叛乱时如虎添翼。而最重要的是，军队相对于起义军的技术优势不断拉大。早在1795年，当时的法国政府就以行动表明，一旦掌握并敢于使用正规军，就可以牢牢控制巴黎的局势。在1815至1848年的漫长和平时期，很多欧洲军队变得更似维稳的工具而非国际竞争的手段，其枪口的潜在目标是本国人民而非外敌。若非武装力量的重要部门存在漏洞，巴黎1830年和1848年革命的成功决计难以成功；一旦政府掌握了如此实力，像1848年六月起义（某位观察家称之为历史上最伟大的奴隶战争）一般的暴动就注定
758 会以失败收场。自那一年起，只要政府对军队的控制力没有被战争或颠覆活动所动摇，且有诉诸武力的决心，人民革命就无法在任何欧洲国家的大城市取得一场胜利。

这一点在1871年得到鲜明而血腥的写照，法国政府仅用一个星期出头的时间便粉碎了一场巴黎暴动，死于暴动者和1793—1794年间恐怖统治时期处决的人数相当。当时，一个吸纳了各类激进派和改革派的人民政权在首都自立为巴黎“公社”，此名称使人回忆起早至中世纪的市政独立传统，更具分量的前例则是1793年公社（或市政议会），一度成为革命热情所向往的中心。1871年公社之所以能够夺取政权，是因为刚在德国人手中吃了败仗的法国政府为了顶住一波对巴黎的围攻而武装了这座城市，但又无法解除武装，同时也因为这场败仗令很多巴黎人怒火中烧，认定政府是失败的罪魁祸首。昙花一现的公社（政府为反扑做了几周的准备工作，所以有一段时期相安无事）几乎没有任何实绩，但孕育出大量左翼辞令，并很快被视为社会革命的化身。镇压行动因此而平添一份狠劲。政府利用遣返战俘组织武力，攻克巴黎，使城市短暂地沦为血腥的街垒战场。正规军再一次

压倒工人和店主，碾碎了他们把守的、仓促搭成的街垒。

假如有什么可以打破革命的神话、消除革命带来的恐惧和鼓舞的神秘力量，那这定非巴黎公社的失败莫属。然而事实恰恰与此相反，保守派视其为很好的教训，时刻将巴黎公社铭记在心，关注着始终在社会内部暗流涌动、伺机爆发的危机。革命者则得以为英雄主义和牺牲精神书写下新的篇章，使 1789 至 1848 年间的革命烈士所铸造的传统进一步延续。而且，因为一个已经使左右两派都受到冲击的新要素出现，公社还为革命神话注入了新的活力，那就是社会主义。

该词（如同其派生词“社会主义者”）从诞生伊始就包容了大量不同的概念。两词都首先流行于 1830 年前后的法国，用来形容反对基于市场原则运转社会、反对基于自由放任主义运作经济的理论或人士，他们认为富人是这种社会和经济的主要获益者。经济和社会平等是社会主义理念的基础，大部分社会主义者都能在这一点上达成共识。他们通常相信，一个良好的社会中不应存在利用财富占有来获取优势地位的压迫阶级。此外，所有社会主义者都同意，财产权是社会不公的支柱，毫无神圣性可言；有一部分以完全废除财产权为诉求， 759
也就是共产主义者。“财产即盗窃”① 这句口号曾获得极大的成功。

这类思想也许令布尔乔亚毛骨悚然，但并不十分新鲜。纵观历史，平等主义思想一直是人类为之神往的主题，欧洲基督教统治者曾毫不费力地通过一种宗教实践让一个财富分配反差巨大的社会达成安定，其最响亮的赞歌是颂扬上帝为穷者带来拯救、向富人关闭天堂的大门。19 世纪早期的不同之处在于此类思想突然变得更加危险，其新形态与革命理念彼此相连，也传播得更为广泛。其他历史发展也催

---

① 来自法国社会主义者、经济学家和无政府主义创始人皮埃尔-约瑟夫·普鲁东的主张。——译者注

生出对新思想的需求。其中之一是自由主义政治改革的成功，表明仅仅法律平等是不够的，这种平等会由于对经济强势者的依附而徒有其表，或是由于贫穷及相伴的愚昧而改变初衷。另一种是18世纪若干思想家早已有之的思想，他们将财富视为与世界极不兼容的非理性存在，因为他们认为应该且能够对社会加以规范、实现大多数人的最大福祉。法国大革命中的部分思想家和煽动者就已经提出了在后世看来属于社会主义思想范畴的激进主张。不过，只有当平等主义思想与新时代的经济社会变革所带来的问题发生冲突——首先的是工业化带来的问题，这份理念才会演变为现代意义上的社会主义。

这往往需要极为敏锐的洞察力，因为这些变化对英国和比利时（唯一一个工业化程度与英国相当的国家）以外地区的冲击来得非常缓慢。但或许是因为两国与传统社会的反差过于彻底，就连资本主义早期的金融和制造业的小规模集中也得到了人们的关注。这类集中化现象对社会组织具有极为重大的潜在意义，而法国贵族克洛德·圣西门（Claude Saint-Simon）是最早领悟到这一点的人之一。他考虑了技术和科技进步对于社会的影响，这对社会主义思想具有开创性的贡献。圣西门认为，这些进步不仅令计划经济成为必然，而且还预示着（更确切地说是强迫）传统统治阶级、贵族和地主被代表新型经济和知识势力的精英所取代。此类观点影响了很多在19世纪30年代提倡发扬平等主义的思想家（大部分是法国人）；他们意图表明，基于理
760 性和道德的双重立场，这些变化是值得期许的。在1848年，他们的主张造成了重大的反响，其思想流传甚广，足以令法国有产阶级恐慌，把六月起义看作一场“社会主义”革命。社会主义者大体上将自己定位为法国大革命传统的一部分，把实现革命理想视为下一阶段的目标，因此有产阶级的误判是可以理解的。

在决定历史进程走向的1848年出现了一本小册子，是社会主义

历史上最重要的文献。这就是《共产党宣言》（但出版时用了其他的标题）。本宣言大部分出自犹太血统（但本人曾受洗）的德国青年卡尔·马克思之手，以此为分水岭，社会主义的历史正式开启。马克思宣称要与他的前人，也就是他所谓的“乌托邦式社会主义”彻底决裂。乌托邦式社会主义者攻讦产业资本主义的理由是认为其中存在非正义，而马克思觉得这一点无关紧要。按他的观点，通过长篇大论使人们认同变革在道义上值得向往是绝无任何希望的。一切都取决于历史前进的方向，在这一方向下，工业社会将切实而不可避免地创造出一个崭新的工人阶级、在新的工业城市中形成无依无凭的雇佣劳动者，他将这类人统称为工业无产阶级。马克思认为，这一阶级必然会走向革命的道路。在历史的作用下，他们将产生革命的能力和意志。在历史所赋予的条件下，革命将成为唯一合乎逻辑的结果，而且必然能够成功。关键不在于资本主义在道德上站不住脚，而是它已然落后于时代，也就注定了灭亡的命运。马克思断言，任何社会都有某种特定的财产权和阶级关系体系，这些体系又形成了其特定的政治格局。政治必然是经济力量的反映。当社会组织在经济发展的影响下发生变化，政治也将随之而变，因此，就如资本主义彻底扫清封建主义一样，革命迟早会把资本主义社会及其形态横扫一空。

马克思的思想远不止如此，但上述言论所造成的震撼和启迪已经足以令他主导此后 20 年间兴起的国际社会主义运动。坚信历史站在他们一边对革命者是很大的鼓舞。不管投身革命的动机是匡扶正义还是出于嫉妒，革命者都能从注定胜利的前景中得到宽慰。不管作为一 761
种分析理论存在多少学术上的可能性，马克思主义首先还是一份大众传奇。基于一种历史观，主张人类受必然性的束缚，因为其社会体制取决于生产方式的演变，也基于一份信仰，坚信工人阶级是天选之民，将以胜利的凯旋结束在这个罪恶世界的朝圣苦旅，建立一个公正的社会，让必然性的铁则就此失效。社会革命者可以从其严谨而无法推翻的论证中获得信心，相信属于社会主义的新千年必将不可阻挡地到来，但与此同时，虽然此种理论似乎让积极开展革命变得并不必要了，他们仍然坚持积极地革命。马克思本人对于自己的理论采取了更为谨慎的态度，只用它来描述宽泛的、横扫一切的、个人无法阻挡的历史变革，而非历史展开的细节。也许并不算意外的是，就和很多开山鼻祖一样，他并不认同所有的门徒，后来还拒不承认自己是马克思主义者。

这种新信仰对工人阶级组织是一份鼓舞。在某些国家已经存在工会和合作社的基础上，第一个国际工人组织——国际工人协会成立于1863年。虽然组织内有很多不支持马克思观点的人（无政府主义者是其中之一），但他的影响力还是无可匹敌，并担任协会秘书。协会的名称吓坏了保守派，其中有些人将巴黎公社的诞生归咎于它。无论理由是否充分，他们的直觉是正确的。1848年后的数年间，自由主义的革命传统被社会主义所吸收，一份对工人阶级的历史使命的信念油然而生，而且这份在英格兰以外地区依然几乎不见端倪的信仰还与革命总体上必然正确的传统信念结合到一起。于是，法国大革命所孕育的政治思想形态嫁接到了其他社会，而事实证明这些思想与后者的兼容性将越来越差。马克思将巴黎公社波澜壮阔的进程和神话般的号召力嫁接到社会主义身上。他写了一本笔力千钧的小册子，将巴黎公社的一切并入自己的理论，然而事实上，这场革命是很多错综复杂、各不相同的势力相互作用的结果，表达的平等主义元素极少，更别提“科学的”社会主义。而且，爆发革命的城市虽然巨大，却并非他所预言的、能使无产阶级革命走向成熟的大型制造中心。恰恰相反，这些社会主义要素一直执拗地没有出现。事实上，公社是革命及巴黎激进主义传统最后也最伟大的实例。这是一场伟大的失败（社会主义也因其引发的镇压遭受挫折），然而马克思却让它成了社会主义神话的核心。

俄国似乎对困扰其他欧陆强国（只有波兰地区除外）的动荡免 762
疫。法国大革命，就和封建主义、文艺复兴或宗教改革等经历一样，对西欧的成型起到决定性的作用，然而却忽略了俄国的存在。尽管亚历山大一世这位1812年拿破仑入侵时的俄国沙皇曾沉迷于自由主义思想，甚至考虑过立宪，但这些事实并没有结出任何果实。俄国体制的解放直到19世纪60年代才正式开始，而且其源头也并不是革命带来的影响。诚然，在此之前，俄国也并不完全是自由主义和革命意识形态的处女地。亚历山大的统治起到了宛如开启潘多拉魔盒的效果，释放出各种观点，形成一小群视西欧为典范的政体批判者。随追击拿破仑的军队前往巴黎后，部分俄国军官的所见所闻使他们对祖国感到失望；这是俄国政治反对派的起源。在一个专制国家，反对必然意味着密谋。有的人参加秘密结社组织，企图利用1825年亚历山大死后局势未定的时期发动政变，史称“十二月党人”运动。虽然这场运动很快被粉碎，但至少令尼古拉一世惊出一身冷汗，这名沙皇对俄国的历史走向起到了决定性的负面影响，在一个至关重要的时刻无情地打压政治自由主义，一心想要置其于死地。部分考虑到是他令政治失去了活力，尼古拉一世的统治对俄国未来的影响超过了自彼得大帝以来的任何人。作为专制统治全心全意的信仰者，他巩固了俄国的威权主义官僚传统、对文化生活的管制和秘密警察制度，而其他保守阵营的大国无论多不情愿，当时都在向着相反的方向前进。当然，在已然令俄国专制统治有别于西欧君主制的历史传承的基础上，要改变现状确实需进行大量的工作。但面临当时的巨大挑战，尼古拉在统治期间毅然决然地采取单纯而古老的暴力专制手段作为应对措施。

俄罗斯帝国的民族、语言和地理差异性早就开始提出难题，这远远超出了莫斯科大公国时代继承下来的传统可以应付的难度。帝国人口本身在1770年后的40年间增加了不止一倍。这个社会始终朝着多样化的方向发展，但依旧极端落后；城市寥寥无几，在规模巨大的农村扩张中几乎可以忽略不计，且往往显得无足轻重、朝不保夕，更像是临时的大规模营区，而非长久的文明中心。规模最大的扩张位于南
763 部和东南部；那里的新贵们必须融入帝国体制，而强调正教的宗教纽带是最简单的融入途径之一。与拿破仑的冲突打破了法兰西光环在过去所享有的威望，使人们对该国所象征的启蒙思想产生了怀疑，在此基础上、在尼古拉统治下的俄罗斯帝国新的意识形态基础的演化进程中，宗教获得了一份新的重视。所谓的“正统理念”[①] 以亲斯拉夫和宗教至上为基本信念、以官僚主义为形式，力求为俄罗斯恢复自从跨出作为历史中心的莫斯科大公国后就一直缺失的意识形态上的统一。

从此以后，正统意识形态的重要性将成为俄罗斯和西欧的重大差别之一。直到20世纪最后十年，俄国政府才放弃了意识形态能有力地巩固统一的信念。但这并不意味着俄国在该世纪中期的日常生活（无论是开化阶级还是大批蒙昧民众的），与欧洲东部和中部的其他国家有很大的差别。俄国知识界则为俄国究竟是不是欧洲国家而争论不休，这也不足为奇；俄国有着与更靠西面的国家不一样的根。此外，尼古拉还导致了决定性的转折，在其统治初期的19世纪前半叶，其他王朝国家至少开始感受到变革的可能性，而在俄罗斯则被完全扼杀。那是一片特别擅长审查和维稳的土地。就长期而言，这必然会使一些现代化目标无法实现（但扎根于俄罗斯社会的其他障碍也同样重

---

① 即尼古拉一世大力推广的三位一体意识形态：“信仰正教、忠于专制、民族团结”(Orthodoxy, Autocracy and Nationality)。——译者注

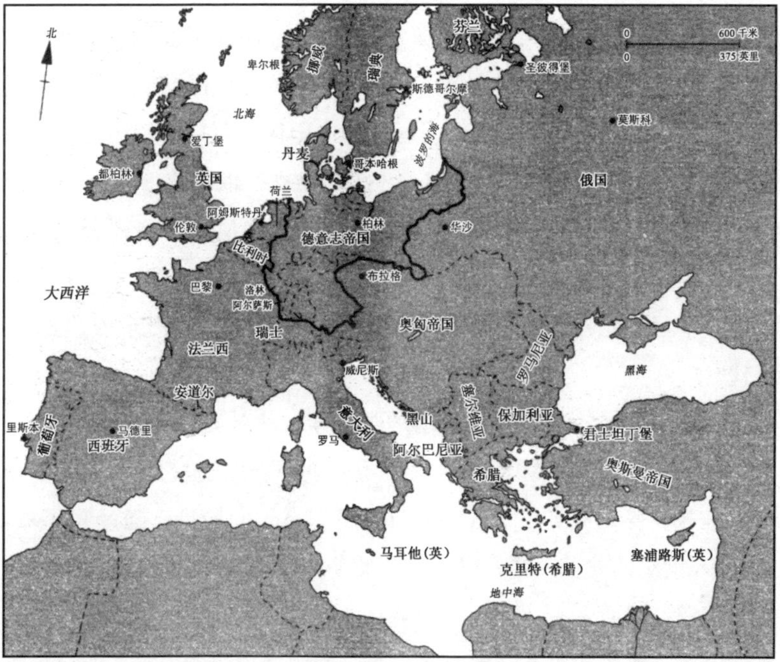

公元 1914 年的欧洲

要)，不过短期内维稳取得了极大的成功。整个 19 世纪期间，俄国未 764
曾经历一场革命；1830—1831 年和 1863—1864 年间的俄属波兰起义遭到无情镇压，由于波兰和俄国人彼此深恶痛绝对方的传统，镇压者更可以毫无顾忌地采取残酷的手段。

硬币的另一面是在一个野蛮而原始的农业社会，发生几乎毫无消停的暴力和骚乱，以及愈发嚣张和暴力的阴谋传统，这一切或许进一步摧残了俄罗斯的常规政治实践，以及这种实践所需要的共同思维。尼古拉的统治期获得了各种恶评，被形容为冰河时代、瘟疫区和监狱，但在国内维持严酷执拗的专制统治与保持强大的国际地位并没有发生冲突，而且这不是俄罗斯历史上最后一次证明这一点。其基础是俄国巨大的军事优势。当军队只能装备前装枪炮、不存在至关重要的武器差距时，俄军庞大的人数具有决定性的意义。如 1849 年所示，俄国军事实力是国际反革命保障体系的依靠。但俄国外交政策也取得了其他方面的成功，对中亚诸可汗国和中国保持着持续的压力。黑龙江左岸成为俄国领土，海参崴于 1860 年建立。俄国迫使波斯作出巨
765 大让步，并在 19 世纪期间吞并格鲁吉亚和亚美尼亚的一部分。他们甚至还一度决心向北美扩张并付诸行动，曾在阿拉斯加设立要塞，并于加利福尼亚北部建起一些定居点，这些设施一直保留到 19 世纪 40 年代。

不过，俄国外交的侧重点还是西南方，针对奥斯曼的欧洲部分。通过 1806—1812 年和 1828 年的两场战争，俄国边境越过比萨拉比亚，推进到普鲁特河与多瑙河河口一带。当时的局势已经一目了然，就如 18 世纪的波兰问题一样，瓜分奥斯曼帝国是 19 世纪欧洲外交的核心问题，但两者有一个重要的差异：奥斯曼问题牵扯到更多强国的利益，帝国臣民的民族情感也是一个令问题复杂化的因素，所以各方达成共识要困难得多。如后世所见，奥斯曼帝国苟延残喘的时段比人们预想的要长得多，东方问题依旧让政客们头疼不已。

其中有一些导致问题复杂化的因素引发了克里米亚战争，其开端是俄国对多瑙河下游一带奥斯曼省份的占领。这场战争对俄国内政的重要性超过了其他国家。因此战昭然若揭的事实是，这位 1815 年复活的军事巨人不再享有无可置疑的优势。在自己的领土上吃了败仗后，俄国被迫签订城下之盟，其后果之一是在可以预见的未来放弃了对称霸黑海地区这一传统目标的追求。幸运的是，尼古拉一世在战争期间驾崩，为继位者免去了不少麻烦。失败就意味着必须作出改变，如果俄国想再一次获得与其巨大潜力相称的实力，那么一些体制上的现代化措施是不可避免的，这些潜力在传统制度下已不可能兑现。当

克里米亚战争爆发时，俄罗斯依旧没有在莫斯科以南铺设任何铁路。俄国曾经为欧洲工业生产作出过重大贡献，但自1800年以来在这方面已显出颓势，此时远远落后于其他国家。其农业生产力依然处于全球最低下的区间，然而人口一直在稳步增长，对资源造成更加严峻的压力。正是在这样的环境之下，俄国最终走上激进变革的道路。虽然其过程不如欧洲其他国家的很多骚乱来得戏剧化，但事实上其革命性要胜过很多冠有革命之名的运动，因为这场变革最终动摇了俄国人生活中最根本的基础，即农奴制。

农奴制的延续是17世纪以后的俄国社会史显著的特征。就连尼古拉也承认农奴制是俄国社会罪恶的核心。在他统治期间，农奴起义、袭击地主、焚烧庄稼和摧残牲畜的事件变得越来越频繁。拒不履 766
行劳役几乎是民众抵抗农奴制的方式中最无关痛痒的一种。然而这种体制已经陷入骑虎难下的极端窘境。农奴占俄国人口的绝大多数，不可能单凭几道法令就一夜之间把他们转变成雇佣劳动者或小农，如果放弃采邑体系所发挥的功能，又没有可以取而代之的东西，国家也无法承担突如其来的行政重负。尼古拉不敢迈出这一步，而亚历山大二世做到了。对各种废除方式可能的优劣和相关证据进行几年的研究之后，这名沙皇于1861年颁发敕令，标志着俄国历史一个时代的开端，也为他赢得了“解放者沙皇”的名号。无可置疑的专制权威是俄国政府可以打出的一张牌，这一次也被用到了好的方面。

敕令授予农奴人身自由，终结了包身工制度，也为他们定量配给土地。但这一切都需要赎金，好让地主们接受变革。为了确保赎金的收取、抵消突然引入自由劳动市场所造成的风险，农民依旧在很大程度上从属于当地乡村的社区当局，由后者负责按家庭来分配土地配额。

没过多久，这一方案的缺陷就大受诟病。然而个中情形并非三言两语可以尽言，何况以回顾历史的眼光来看，这不啻是一桩巨大的成就。几年后，美国也将解放其黑奴。美国黑奴的数量远远少于俄国农奴，而且他们所在国家能提供的经济机会也大得多，然而直至一个多世纪后的今日，将这些黑奴抛给劳动力市场、让他们暴露在纯粹的放任主义之下所造成的影响及其最终的后果，依然是美国要努力克服的困难。在俄国，这一有史以来最大规模的社会改造项目没有造成与其规模相当的混乱，而且为地球上潜力最强大的国家之一打开了现代化的通道。要让农民走出农庄、寻找工业社会的就业机会，这是不可或缺的第一步。

农奴解放更直接的影响是开启了一个改革的时代；其他措施接踵而至，至 1870 年使俄国具备了地方政府组成的代议制体系，司法也得到改革。1871 年，俄国人借普法战争之机摆脱了 1856 年加诸其身的限制，恢复了在黑海地区的行动自由，这一行动给欧洲带来的警示几乎有图腾般的意味。解决了最大的难题、进入体制现代化的进程之
767 后，俄国再一次向世人宣告——它终究还是能处理好自己的家务事。进入现代史篇章后，俄国恢复其长期坚持追求的扩张政策只是一个时间问题。

第 4 章　政治变革：盎格鲁—撒克逊世界

至 19 世纪末，英国已在欧洲文明圈内创建起一个特色鲜明的小圈子，有着与欧洲大陆不同的历史走向。这个盎格鲁—撒克逊世界包括在加拿大、澳大利亚、新西兰和南非蓬勃发展的英国人群体（加拿大和南非也包含其他重要的民族群体），其核心是两个伟大的大西洋国家，它们分别称霸 19 世纪和 20 世纪。太多的人乐于不断指出两国的差别，从中所获颇丰，所以很容易忽视年轻的英国和美国在 19 世纪大部分时期有着多么丰富的相同点。尽管一个为君主制、另一个采取共和制，但两国都先后躲过了欧洲大陆出现的专制主义和革命浪潮。当然，盎格鲁—撒克逊世界在 19 世纪的政治变革与其他任何国家都同样激进。但它们既没有被改变了欧陆国家的政治力量所改变，也没有以和后者同样的方式改变。 768

不管彼此差别有多大，两国的共同点比它们通常所承认的更多，这是其相似性的部分来源。美国人依然可以称英格兰为母国而不觉荒唐，从中可见其微妙关系之一斑。英国文化和语言的遗产长期以来在美国占据至高无上的地位；来自欧洲其他国家的移民直到 19 世纪后半叶才开始铺天盖地地涌入北美。虽然到该世纪中期，很多美国人（也许是大多数）的身上已经流淌着其他欧洲民族的血脉，但社会基调依然长期由英国血统的人设定。直到 1837 年，美国才有了第一位不带英格兰、苏格兰或爱尔兰姓氏的总统（而下一名符合此标准的总统要到 1901 年才出现，迄今为止也只有四位）。

后殖民问题造成情感困扰，有时导致暴力，并始终令英美关系保

持复杂的状态，这种状况一直维持到很久以后，但其意义还远不止如
769 此。例如，这些问题与两国经济关系密不可分。分立后，两国的贸易往来不仅没有萎缩，反而节节高升。即便美国有些州政府曾拒不清偿债券，多次给他们留下了不愉快的经历，英国资本家依然觉得美国是投资的好去处。英国资本大量投入美国的铁路、银行和保险业。同时，两国统治层的精英既彼此神往，又相互排斥。一些英国人刻薄地评价美国式生活的低俗和粗鲁，但另一些人仿佛本能地从其活力、乐天和遍地的机遇中感到愉悦；美国人觉得君主制和世袭头衔难以认同，但又孜孜不倦地探究这些制度和头衔背后的英国文化和社会的奥妙和神奇。

从欧洲大陆的视角来看，英美两国的共性之多，比双方的巨大差异更令人震惊。归根结底，双方都成功实现了自由和民主政治，获取了令人侧目的财富和实力。虽然实现的环境大相径庭，但至少在孤立的状况这一点上是相同的：大不列颠与欧洲有海峡相隔，美国则有大西洋作为屏障。长期以来，地理上的偏远蒙蔽了欧洲人的双眼，使他们看不到这个年轻共和国的潜力和它在西部所面临的巨大机遇，对西部的开拓将成为美国民族主义最伟大的成就。1783 年的和约中，英国的划境方案保护了美国的利益，使美国必然迎来一段开拓扩张时期；当时不甚明了的只是这次扩张能走得多远，会牵涉到哪些其他势力。这部分缘于地理上的无知，没有人能肯定北美西部究竟有些什么。数十年间，仅东部山脉另一侧、紧挨山脉的巨大空间就可以为扩张提供足够的土地。在 1800 年，人们心目中的美国依然是个限于俄亥俄河流域的大西洋沿岸国家，其实际状况也基本吻合。

起初，由于政治意义上的边界定义不明，美国被迫与法国、西班牙和英国发生外交往来。尽管如此，假如边境争端可以达成解决方案，那么美国就能获得实质上的孤立状态，因为除了贸易、保护海外

同胞和外部事件对美国内政的影响之外，不存在任何能让美国人卷入别国事务的利益点。法国大革命在短期内成了外部事件影响美国内政的实例写照，导致一番争论，但在共和国的青年时代，美国外交的侧重点几乎一直是边境和贸易问题。而且，两者都能在国内政坛引发强大的声势，往往造成分歧或潜在的分歧局面。

美国人想要置身于外部世界之外的心思在 1793 年就已昭然若揭，当时，法国革命战争的乱局导致《中立宣言》的诞生，声明如果美国公民参与英法战争，无论支持哪一方都将被绳之以法。这份宣言所体现出的美国政策倾向性在 1796 年获得了经典的定型。在华盛顿的第二届总统任期行将结束、向“友人和公民同胞”发表的告别演说中，他选择了评述成功的共和国外交政策应采取何种目标和方法这一主题，其言辞对以后的美国政治家和民族心理均造成了深刻的影响。回顾历史，现在看来尤为惊人的是华盛顿的思想中压倒性的负面和悲观论调。“我们对其他国家和民族的行为”，以此为开场白，他说，“应遵循一条伟大的法则，即拓展双方的贸易关系，同时尽可能避免建立任何政治关联”。“欧洲有欧洲的根本利益”，他继续道，“但与我们的 770
关系非常遥远或根本没有……我们的地理位置偏远而与世隔绝，这使我们有机会和能力去追求一条不同的道路……与外部世界保持距离，不作任何永久性的结盟，这就是我们真正的政策所在”。不仅如此，华盛顿还警告同胞，不要妄想美国与其他任何国家或民族存在永恒或特别的敌对或友谊关系。从中丝毫看不出美国会成为世界强国的未来命运（华盛顿甚至都没有考虑与欧洲以外地区的关系问题；美国未来在亚太地区的地位在 1796 年是想都想不到的）。

总体上，华盛顿之后的各位总统确实为这个年轻的共和国采取了一种务实的、具体问题具体分析的外交政策。他们只与其他强国进行了一场战争，即 1812 年的英美战争。除了助长这一年轻共和国的民族主义情感之外，这场斗争还催生出山姆大叔这一卡通代表形象，以及后来成为美国国歌的“星条旗永不落”的谱写。更重要的是，此战是两国关系演变过程中的重大阶段性标志。战争正式的起因是英国为了对抗拿破仑的封锁而干涉对美贸易，但部分美国人希望能随着战争的进程征服加拿大。此目标具有更重要的意义，但最终没有达成，军事扩张的失败对于后来作出与英国和平协商边境问题的决定起到很大
771 作用。虽然战争的爆发让恐英主义在美国再次抬头，但战斗的进程（双方都有蒙羞之处）却让这种情绪烟消云散。在未来的边境争端中，英美双方达成心照不宣的谅解，除非遇到极端的挑衅，否则都不愿考虑动用战争手段。在这种背景下，美国北部边界的划定工作进展飞快，很快西至“石山”（落基山脉当时的名字），1845 年进一步抵达西海岸，关于缅因州边界的争议当时也已达成共识。

美国领土格局最重大的变化来自对路易斯安那的购买。“路易斯安那”大致相当于密西西比河与落基山脉之间的区域。1803 年，该地区多少有些有名无实地属于法国，是西班牙人在 1800 年割让给他们的。这一变动引起了美国人的关注；如果拿破仑的法兰西有意复兴法属美洲帝国，那么路易斯安那境内的新奥尔良就至关重要，因为该地控制着密西西比河河口，而该河则是美国贸易的命脉。美国开启协商的初衷是为了购买密西西比河的自由通行权，但最终买下了一整块比共和国原有面积更大的区域。在现代地图上，它包括路易斯安那州、阿肯色州、艾奥瓦州、内布拉斯加州、达科他州和明尼苏达州位于密西西比河以西部分、堪萨斯州大部分地区、俄克拉荷马州、蒙大拿州、怀俄明州和科罗拉多州的一大片区域。其购价为 1 125 万美元。

这是人类历史上最大规模的土地收购，也具有和规模相当的巨大影响，改变了美国历史的走向。向密西西比河对岸的西部地区进发的道路开启后，人口构成和政治平衡格局发生了变动，对年轻共和国的

政治产生了事关宏旨的革命性影响。在19世纪20年代，这一变化已经显出端倪，阿利根尼山以西的常住人口增加了一倍不止。向西班牙购得佛罗里达、完成所有收购后，1819年的美国对以如下地理坐标为边界的领土拥有主权：大西洋至墨西哥湾岸连线、缅因河至萨宾河连线、雷德河至阿肯色河连线、北美大陆分水岭和与英国协商划定的北纬49°平行线。

美国当时已经成为美洲最重要的国家。虽然欧洲人还控制着一些地盘，但就如英国人在战争中发现的那样，他们必须投入巨大的努力才能挑战这一现状。尽管如此，欧洲干涉拉美的可能性以及俄国在太平洋西北部的活动所引发的警惕心，令美国表明了该共和国要主宰这片西半球栖息地的决心。这就是1823年发表的“门罗主义”，声称今后不接受欧洲在西半球的一切殖民，欧洲势力对美国事务的干涉将被 772
视为不友好的举动。由于符合英国的利益，门罗主义的推行没有遇到多少困难。英国皇家海军以心照不宣的方式为门罗主义提供保障，如果要和英国海军为敌，任何欧洲势力都无法明目张胆地在美洲采取行动。

门罗主义作为美国西半球外交政策基石的地位一直延续至今。其后果之一是，其他美洲国家在美国面前捍卫自身独立时无法指望来自欧洲的支持。1860年前，这一状况最大的受害者是墨西哥。其境内的美国定居者发动叛乱，建起一个独立的得克萨斯共和国，后被美国吞并。墨西哥在随之而来的战争中一败涂地。因此，在1848年签订的和约中，墨西哥失去了大片土地，相当于未来的亚利桑那州大半、犹他州、内华达州和加利福尼亚州。经过这次兼并，再加上1853年从墨西哥购得的少量其他土地，现代美国的版图最终定型。

在《巴黎和约》签署的70年后，通过征服、购买和殖民，这个共和国占据了北美大陆的半壁江山。1790年时不足400万的人口，

773

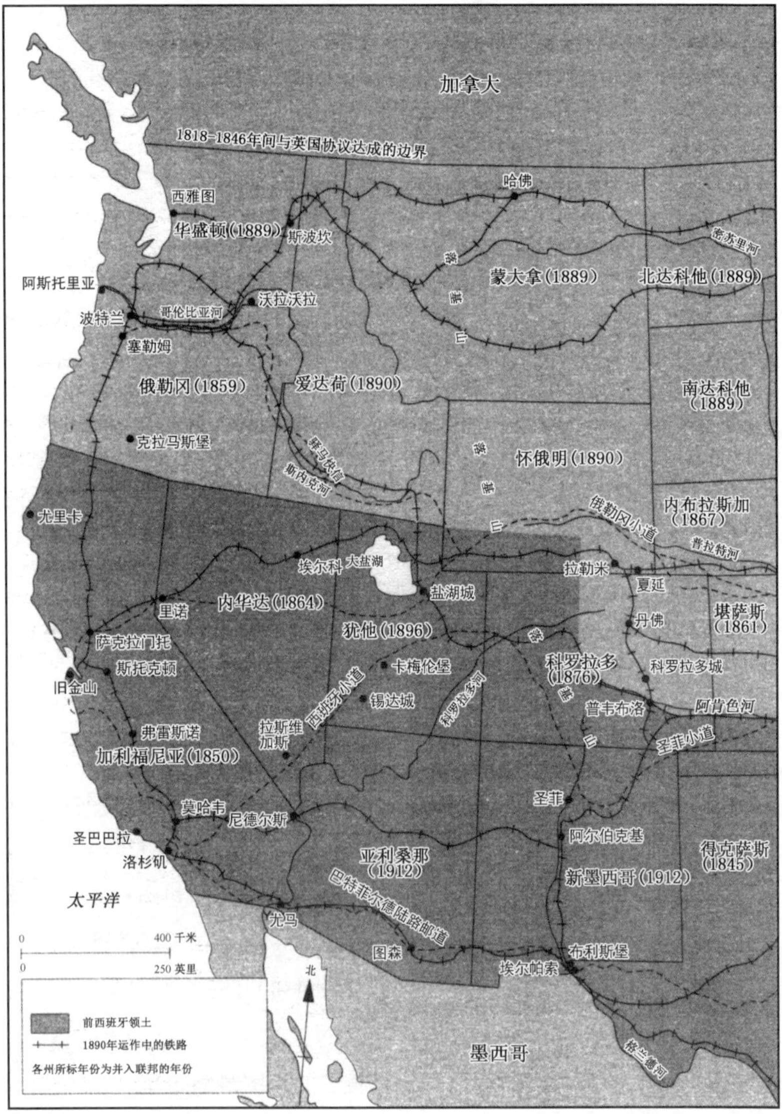

在西部赢得的土地

到 1850 年已增加到将近 2 400 万。诚然，其中大部分依然生活在密西西比河以东，也只有大西洋三大港口城市波士顿、纽约和费城的人口超过 10 万，然而，国家的重心正在向西部转移。在很长一段时期，东部沿海地区的政治、商业和文化精英将继续主导美国社会。但自从俄亥俄河流域出现定居点的那一刻，对西部的兴趣就一直存在；西部的重要性早在华盛顿的告别演说中就得到了承认。此后 70 年间，西部问题对美国政治的影响力越来越大，最终演变为一场美国历史上的最大危机，并决定了它成为世界强国的命运。

领土和经济两方面的扩张对美国历史所造成的深远影响，不亚于其政治体制的民主偏向性。而且这些扩张对政治体制本身的影响力也十分巨大，有时达到万众瞩目、令体制发生转型的程度。奴隶问题是一个突出的例子。华盛顿开始总统任期时，合众国领土上共有 70 万不到的黑奴。这是个不小的数目，但宪政体制的奠基人没有给予特别关注，除非涉及各州之间的政治平衡问题。最后，各方决定，在计算各州在国会中的代表人数时，一名奴隶应算作五分之三个自由民。

接下来的半个世纪中发生了三起令状况发生革命性变化的事件。第一是世界棉花消费飞速增长的驱动（英国的棉纺厂是最大的消费源）令奴隶制的规模极大扩张，导致美国农产量在 19 世纪 20 年代翻倍，此后十年间再次翻番：到 1860 年，美国出口总额的三分之二来自棉花。这一巨大增幅很大程度上来自开垦新地，而新的种植园则意 774
味着更多的劳力需求。1820 年的奴隶数量已达到 100 万，1860 年更增至 400 万左右。在南方各州，奴隶制已成为经济体系的基础。南方社会因此而更加特立独行，有别于更具商贾气息、更城市化的北方诸州，人们也一直意识到这一点，但当时，那套“独有的制度”（奴隶制的别称）开始被南方人视为当地独特文化不可或缺的核心。到 1860 年，有很多南方人以一国自居，过着一种被自己所理想化的生活，并相信这份生活正面临被外来暴政横加干涉的威胁。在他们眼里，国会对奴隶制日渐高涨的敌意就是干涉的表现和象征。

第二起改变美国人生活的事件是奴隶制成为一个政治话题。这是一场全方位政治演进的组成部分，也可以在其他方面找到明显例证。共和国早期政治反映出被后人称为“局部”利益的特征，华盛顿的告别演说本身也给人留下如此印象。概言之，这些局部利益产生了两类政治派别，一方反映商人和商业利益，希望建立强有力的联邦政府，进行保护主义立法；另一方反映农民和消费者利益，希望保障各州权利、提倡高发行低利率的货币政策。在当时那个阶段，奴隶制还算不上是政治话题，尽管随时间推移，政客们不时称之为必须遏制的罪恶（但没人清楚该怎么做）。这种默许状态逐渐发生改变，部分是美国制度内在趋向的结果，部分是社会变化的结果。司法解释极力突出宪法的国家和联邦属性。同时，由于国会获得了新的潜在立法权，法律制定者愈发成为美国民主的代言人；安德鲁·杰克逊的总统任期被公认为这一发展的关键时期。政治民主的成长是其他变化的反映；美国不受因失去土地而流落街头的城市无产阶级的困扰，因为自给自足的梦想在西部长期都有机会实现；作为一种社会理想，自给自足的小农生活可以维持美国传统的核心地位。购买路易斯安那为美国人打开了前往西部腹地的道路，这对决定美国政治形态的财富和人口分配具有革命性的意义，对于北方的工商业发展也同样重要。

而第三点最为关键：西进道路的开启使奴隶问题发生了转变。关于新领土并入合众国应遵循何种条款，存在极大范围的争议。通过路
775 易斯安那收购和墨西哥战争先后获得领土后，由于必须决定这些地区的组织形式，一个不光彩的问题就必然会摆上台面：新领土内是否允许奴隶制的存在？北方发起一场轰轰烈烈的反奴隶制运动，坚持不懈地提升奴隶问题在美国政治议程中的地位，直到一切其他事项都变得

次要。这场运动以终结奴隶贸易、最终解放奴隶为纲领，其根源在很大程度上和 18 世纪末追求同一目标的其他国家的动因是一致的。但美国废奴运动也有重大的区别。首先，它所面对的奴隶制处于发展壮大之中，而在欧化世界的其余地区，这一制度却正走向消亡，所以美国即便不至于倒行逆施，至少也阻碍了历史潮流所向。其次，其中牵涉一系列错综复杂的宪政问题，因为究竟能对私有财产干涉到何种程度尚存争议，不管是在有地方法律为干涉行为撑腰的各州，还是在尚未建州的领土内。不仅如此，废奴派政治家还提出一个关乎宪法灵魂、事实上关乎所有欧洲国家政治生活核心的问题：谁握有最终话语权？人民是主权的主体，这点毋庸置疑，但“人民”究竟是国会代表中的大多数，还是通过州立法采取行动、甚至违抗国会、宣称自身权利不可剥夺的各州州民？于是，该世纪中期涌现的奴隶问题，几乎与美国政治提出的所有问题都交织在了一起。

在南北实力基本旗鼓相当的情况下，这些争端还能得到遏制。虽然北方人口略占优势，但至关重要的议院实力对比还是保持均势（不论人口或面积，每个州都有两个议员席位）。至 1819 年，合众国以蓄奴州和自由州交替的方式接纳新的州加入，当时两派各有 11 个州。第一场危机随之出现，事关密苏里州的准入事宜。在收购路易斯安那之前，法国和西班牙法律允许该地实行奴隶制，州民希望此政策能得到延续。但一名北方的国会议员提出在这个新州的宪法中限制奴隶制的议案，令该州民众和南方各州的代表一齐愤慨。公众为之哗然，就地方特权问题展开激辩；有一些南方人的情绪十分激烈，甚至扬言退出联邦。但其中的道德争议最终偃旗息鼓。双方仍然可以通过“密苏里妥协”对一个政治问题作出政治解答，允许该州保留奴隶制，同时也让缅因地区作为自由州加入联邦，以保持席位的平衡，并禁止奴隶制在北纬 36°30′线以北的美国领土内进一步扩张。该方案确认了一条 776

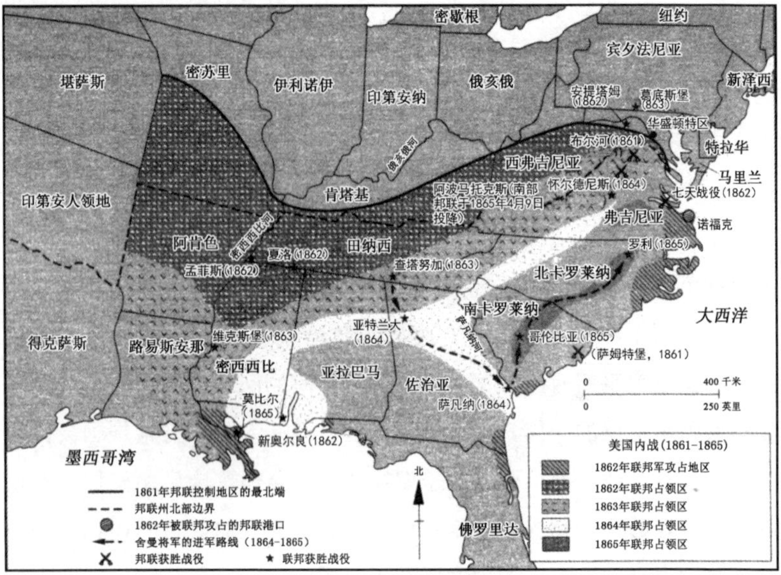

美国内战（1861—1865）

原则，即国会有权选择是否允许奴隶制进入新并入的领土，但当时没有理由相信此类问题会在短期内重新出现。这一预期也得到了一代人的证实。但有些人已经预见到了未来：起草《独立宣言》的前总统托马斯·杰弗逊写道，他“立即意识到这敲响了合众国的丧钟”，还有一名未来的总统在日记中写道，密苏里问题“仅仅是序章——是一部宏大悲剧的扉页”。

但这场悲剧又过了40年才拉开帷幕。部分原因是，美国人有很多其他问题要考虑——首先是领土扩张，部分原因是19世纪40年代以前没有适合种植棉花、从而需要奴隶劳力的新领土要并入，也就不存在此类问题。但是能够煽起民意的力量很快出现，只要公众愿意聆听，就将现出威力。1831年，波士顿创办了一份报纸，提倡无条件解放黑人奴隶。这就是“废奴主义”运动的开端，其宣传的愤怒情绪不断升级，在北方造成越来越大的竞选压力，鼓动人们为逃跑的奴隶提供协助，即使法庭要求他们把奴隶交还给主人也拒不执行。在废奴运动的大背景之下，一场对抗于19世纪40年代爆发，其焦点是应以什么条件将墨西哥战争中赢得的领土并入联邦。1850年的一份新协 777
定终结了争端，但效力并不长久。从那时起，遭到迫害和牺牲的感受在南方领导层当中日益滋长，他们捍卫本州人民生活方式的姿态也越来越强硬，政局因此走向紧张局面。全国性政党的支持率已经受到奴隶问题的影响，民主党就把达成1850年协定作为政绩宣扬。

此后十年，局势每况愈下，最终演变为一场灾难。在堪萨斯地区建州的需求打破了双方在1850年协定下和平共存的局面，废奴主义者一心想以威吓手段迫使亲蓄奴派的堪萨斯州接受他们的观点，从而导致了第一起流血事件。有人提出，堪萨斯是采取蓄奴制还是自由制，应由该地区的居民决定，共和党就诞生于反对这一提案的过程：因为堪萨斯位于36°30′以北。法律对奴隶主的任何支持都会引来废奴主义者更高涨的怒火——最高法院在1857年作出的一次著名判决（“德雷德·史考特案”）、最终将一名奴隶交还给其主人就是一例。而另一方面，在南方，此类呼吁被视为对黑人的离间和煽动，也是决心利用选举制度侵犯南方人自由的表现——这一观点当然不无道理，因为废奴主义者至少并不是愿意妥协的人，尽管他们得不到共和党的支持。在1860年的总统竞选活动中，仅就奴隶问题的范畴而言，共和党候选人宣扬的未来目标只有一个，那就是从美国所有领土上完全消灭奴隶制。

这已经远远超出了一些南方人能承受的底线。虽然民主党内部存在分化，但1860年的全国投票结果与地方主义立场的分布情况丝毫不差；在北方各州及太平洋沿岸的两个州的支持下，共和党候选人亚伯拉罕·林肯当选总统，历史将证明他是美国最伟大的总统。对很多南方人而言，这不啻是末日临头。南卡罗莱纳州正式退出联邦，以抗议本次选举。1861 年 2 月，另外六个州步其后尘，并成立美利坚邦联，其临时政府和总统的就位比林肯于华盛顿宣誓就职还早了一个月。

双方均谴责对方的革命企图和行为，也很难驳斥其中的任何一方。如林肯所见，北方的核心立场是民主至高无上，这一诉求无疑具有无限的潜在革命可能。到最后，北方也确实在南方实现了一场社会革命。另一方面，南方在 1861 年（战争第一枪打响后又有三个州加
778 入其阵营）所坚持的，是他们有权按自己的方式生活，这份主张和欧洲的波兰或意大利革命者一脉相承。一个不幸的真相是，民族主义主张和自由主义体制之间的一致性从不彻底、很少到位，甚至大多算不上接近，但捍卫奴隶制确实可以和捍卫自决权画上等号。同时，尽管这类重大的原则问题无疑面临挑战，但它们的表现是具体的、个人的和地方的，因此，要在这场由共和国历史和自我认同的重大危机所导致的分裂中，清晰精准地划出各派之间的界线非常困难。这些界线割裂了家族、城镇、乡村、宗教，同时也把不同肤色的人团结到一起。如此内战，也就必然会有如此悲剧。

一旦打响，战争本身就具有革命的潜在力量。在这场双方分别称为“叛乱”和“联邦与邦联两国之战”的战争中，所造成的冲击超出了斗争所必需的范畴。联邦耗时四年才打败邦联，在此期间，林肯的目标发生了重大变化。战争之初，他只谈及恢复正当秩序：他告诉民众，南方各州发生了一些状况，“事态过大，无法通过一般司法程序平息”，需要采取军事手段。维护联邦统一和完整的理念是这一立场升级为战争的本质，并得到不断重申；林肯的作战目标是将组成联邦的各州重新捏合到一起。有很长一段时期，这意味着他并没有满足那些希望通过战争来废除奴隶制的人，但他最终还是改变了主意。在

1862年的一封公开信中，他依然表达了无所谓废奴与否的论调：“如果不用解放一名奴隶就能拯救合众国，我就会这么做；如果解放所有的奴隶可以拯救合众国，我也会这么做；如果只解放部分奴隶才能拯救合众国，我还是会这么做。”但在那一刻，他已经下定决心要向叛乱各州发表解放奴隶宣言。1863年元旦，他把这一决心付诸行动；南方政治家的噩梦终于成真，尽管他们发起的战争才是噩梦的源头。虽然一开始并不非常明显，但这使斗争的性质发生了改变。1865年，一项在美国全境禁止奴隶制的宪法修正案得以通过，迈出了废奴运动的最后一步。此时，邦联已经战败，林肯遇刺身亡，他以不朽名言“民有、民治、民享”所概括的事业已经获得保障。

在战胜之后的余波中，绝非所有美国人都认为这项事业明显具备高贵或正义的秉性，但其胜利不仅为美国、也为人类孕育出重大的意义。这是该世纪唯一的、意义之深远不亚于工业革命的政治事件。这 779
场战争确定了大陆的未来：一个超级大国将继续主宰美洲，开拓这片人类已知的、资源最丰富的未开发领地。这一事实随着历史的进程决定了两场世界大战的最终结果，从而决定了世界历史的走向。联邦军的胜利还使民主体制主宰美国政治成为定局；虽然或许和林肯所指的民主并不总是完全一致，但从根本上保证多数人统治的政治体制此后确实没有遇到直接的挑战。此外还有无心插柳的效果，使美国人总是将民主和物质福利紧密联想到一起；后来，当美国工业资本主义遭遇危机，这份坚定的信念成了重要的力量源泉。

这场胜利还在美国国内造成了其他影响，最明显的一例是形成新的种族问题。就某种意义而言，奴隶制存在时，种族问题并不存在。仆役的身份是横亘在绝大多数黑人（其中总有少数自由民）与白人之间的屏障，并得到法律的认可。解放运动肃清了法定的尊卑体系，代之以民主化的平等体制——或神话，而当时做好了准备、能够接受这一神话变成社会现实的美国人寥寥无几。南方的数百万黑人突然获得自由。而且其中大多数人都未受过教育，除了下地的劳工之外，大部分没有受过培训，也缺乏本民族的领导者。有一小段时间，南方各州的黑人学会通过支持联邦占领军获得好处；可当这些靠山被撤走，他们也从南方各州的立法和公共职位上消失，能够觊觎这些职务的短暂时光也戛然而止。在某些地区，投票点也不再有黑人出现。法律地位的缺失被社会和人身强制力所取代，有时比过去的奴隶制更加残酷。奴隶至少是一份投资，对主人尚有价值，就像其他财产那样得到保护，通常能获得最低限度的保障和生计。当南方大片地区的经济处于荒芜状态、穷困的白人也为生活而挣扎，自由劳动力市场的竞争对黑人而言就是一场灾难。到该世纪末，黑人已被那些对人生失败和奴隶解放满怀恨意的穷苦白人驱逐到了社会下层，处于经济上一无所有的状态。这就是 20 世纪前往北方的移民潮和新出现的种族问题的根源。

美国保留两党制是战争造成的另一结果。直至今日，总统职位一
780 直被共和党或民主党把持，甚少遇到第三党派的威胁。这种局面在 1861 年前没有任何实现基础，在那之前有很多党派兴起又消亡，反映着美国社会的各种趋势。战争使民主党和南方的事业牢牢绑在一起，而且起初令该党大受拖累，让它背上了不忠的污名（1885 年以前的总统都不是民主党成员）。相应地，战争为共和党赢得了北方诸州的忠诚和激进主义者的寄托，他们将共和党视为合众国和民主的救世主、视为奴隶的解放者。在这种模式化定义的缺陷大白天下之前，两党已在相应阵营的各州深深扎根，占据不可动摇的地位，生存更是不在话下。20 世纪的美国政治将随着两大政党内部转型的进程而展开，这一进程长期反映着双方最初的起源。

1865 年的共和党可谓一时间予取予求。如果林肯还在世，或许他们能找出一条与南方和解的途径。然而木已成舟，他们对吞下败

局、满目疮痍的南方所采取的政策令“重建”时期成为一段苦涩的年月。很多共和党人怀着诚意运用手中的权力竭力保障黑人的民主权利，从而也保障了民主党未来在南方的主导权。但他们干得并不算太坏。随着因战争暂时被打断的大拓荒重新恢复活力，经济趋势很快就变得对他们有利起来。

这场拓荒运动已经持续了 70 年，也已经取得了令人惊叹的成果。其最惊人的表现最初在领土方面，但即将转向经济。令美国人均收入成为世界第一的发展阶段始于 19 世纪 70 年代。在信心和期望空前高涨的乐观氛围下，所有政治问题仿佛都得到了一时的解决。在共和党的执政下，美国人开始确信，美国应该办的正事不是政治辩论，而是生意。而这种思维转变并非最后一次发生。南方依然大体上游离于新兴的繁荣局面之外，与北方的差距进一步拉大；在一项令民主党能够从其他地区赢得支持的议题出现以前，南方没有任何政治上的有力手段。

而北方和西部则可以满怀自信地回顾过去 70 年间的惊人变化，相信更好的日子就在前方。别国人士也能感受到这一点；因此前往美国的外国人越来越多——仅 19 世纪 50 年代就达 50 万。这些变化养活了数量激增的人口——从 1800 年的 520 多万增长到 1870 年的 4000 万。其中大约半数生活在阿利根尼山以西，而且绝大多数是农村人 781
口。铁路建设为此前尚未展开的大平原定居和拓荒打通道路。1869 年，标志着第一条大陆铁路完工的金道钉[①]被打入铁轨。在新开辟的西部，美国实现了其历史上最伟大的农业扩张；得益于战争年代经历的劳动力短缺，已经有不少机械投入使用，使美国向新形态的规模化

① 是 1869 年 5 月 10 日完工、连接中央太平洋铁路和联合太平洋铁路的第一条大陆铁路上的最后一枚道钉。——译者注

农业发展，通向世界农业革命的新阶段，将令北美成为欧洲的谷仓（未来还将成为亚洲的谷仓）。战争结束时，仅使用中的收割机就有20多万台。工业也将迎来一段辉煌的岁月；美国当时尚非能和大不列颠相提并论的工业国（1870年，受雇于制造业的美国人依然不足200万），但其基础工作已经完成。依托规模庞大、日渐富裕的国内市场，美国的工业前景一片光明。

历史上最昂首挺胸的成功时代近在眼前，美国人并没有对败者抱以伪善的关注。可以理解，在美国体系运转良好的普遍心态下，他们发觉这不难做到。南方的黑人和穷苦白人如今成了两个半世纪以来一直处于失败者地位的印第安人的同类，成为被遗忘的失败者。在横向对比之下，日渐扩大的北方城市中新出现的穷人也许不能算作失败者，他们的生活至少不比安达卢西亚或那不勒斯的穷人糟糕，可能还更好。后两座城市的穷人愿意前往美国，这表明美国已经具备了强大的吸引力。而且这股吸引力也不仅仅是物质上的。除了“不幸的渣滓”，那里还有“渴望呼吸自由的芸芸众生”。[①] 1870年的美国依然是其他地区的政治激进主义者精神力量的源泉，不过其政治实践和形式对大不列颠的影响也许要大于对欧洲大陆的影响——英国人把民主和英国政治的“美国化”联系在一起，支持者和反对者皆然。

这类跨大西洋的影响和联系是两个盎格鲁—撒克逊国家之间的关系在某些层面的表现，这份令人好奇不已的关系时淡时浓，但始终不曾割裂。双方都经历了革命性的变化，但方式完全不同。然而，大不列颠在19世纪早期的成就或许比美国转型的成功更了不起。在一场史无前例的、具有潜在颠覆力的社会骚乱中，大不列颠用不到一代人

① 这两句都引自埃玛·拉扎勒斯的诗作《新的巨像》（*The New Colossus*），现刻在一块青铜牌匾上，陈列于自由女神像底座内部的博物馆内。——译者注

的时间转型为第一个现代工业化和城市化社会，同时却得以保持惊人的宪政和政治延续性。此外，英国具有美国尚未染指的世界及欧洲强国的地位，统治着一个伟大的帝国。在此背景下，英国人可以在进行 782
体制民主化的同时保留个人自由的大部分保障。

在社会层面，1870 年的英国远不如美国来得民主（但要把黑人排除在外，当作特例看待）。英国社会依靠一整套上下尊卑制度分级（地位来自身世和地产，若不然，也往往能来自金钱）；英国统治阶级那种仿佛为统治而生般理所当然的自信令每一位观察者感到震惊。英国没有像美国西部那样的地区，可以用边境式民主的新风来淡化深入人心的、遵从传统的氛围；加拿大和澳大利亚吸引了不安分的移民者，但如此一来也消除了他们改变英国社会基调的可能性。另一方面，政治民主的发展比社会民主更快，尽管美国早就实现的男性普选权直到 1918 年才在英国出现，但英国政治的民主化进程在 1870 年就已经无法回头。

这场宏伟的变化是在数十年内发生的。虽然在制度上有深刻的自由主义痕迹——法律平等、卓有实效的个人自由、代议制体系——但 1800 年的英国宪政并不以民主原则为基础。其基础是特定个人和历史继承地位在社会中的代表权以及国王在议会中的最高地位。利用这些元素，过去的偶然性创造出一个以当时欧洲标准来看算是大规模的选民团体，但晚至 1832 年，“民主”一词还是贬义的，很少有人觉得那是值得向往的目标。大部分英国人觉得民主就相当于法国大革命和军事暴政。不过，在那个世纪的英国政治史中，朝着民主所迈出的最重要一步发生于 1832 年，这就是《改革法案》的通过。事实上，法案本身并不民主，而且很多支持者希望它能成为民主的障碍。法案对代议制体系大加修正，消除了体制中的异象（例如实质上被资助者控制的微型选区），让选区分布更好地契合这个工业化城市日益壮大的国家的需要，而最重要的作用是让投票制度更加有序。原本，选举权的分配方式杂乱无章，在不同地区各不相同；现在，选民的主体一目了然，一是农村的自由农，二是拥有或租用地产的城市中产阶级。设想中的标准选民是与国家有一份共同利益的人；但关于获得选举权的确切标准依然有一些未能争出头绪的死角。其直接产物是大约 65 万人的选民团体和一个与其前身没有太大不同的下议院。然而，纵使下
783 议院依然被贵族把持，这还是标志着英国政治在此后近百年彻底走向民主化的开端，因为一旦宪政朝此方向改变，那么同样的改变就可以再度发生，下议院也会获得越来越多的权利，发出他们应当发出的呼声。1867 年，另一项法案使选民人数达到 200 万左右，随后，1872 年又达成了投票应采取不记名方式的决定，这是伟大的一步。

这一进程要到 20 世纪才大功告成，但很快就使英国政治的本质产生了其他变化。传统政治阶级开始缓慢且不乏怨恨地着手应付组建政党的需要，其组织依据不仅仅是裙带关系，也不仅仅是议会中的朋党派系。一个相当庞大的选民团体在 1867 年出现后，这一点表现得尤为明显。但在此之前，人们就领会到了其中的意义——公众舆论比有地阶级更有讨好的价值。19 世纪所有最伟大的英国议院领袖人物的成功都离不开一项基本能力：不仅聆听下议院的呼声，也能捕捉议院以外的、部分重要社会领域的诉求。最早或许也最显赫的例子是英国保守主义之父罗伯特·皮尔爵士。他接纳公众舆论的决定，从而赋予保守派一定的弹性，正是这种弹性，总能避免保守主义陷入死不妥协的泥淖，而很多欧洲国家的右派都误入此途。

关于是否废止《谷物法》的政治大争论就体现了这一点。问题的焦点不仅是经济政策，也关乎谁才是国家的统治者，而且在某种意义上，也与 1832 年以前争取议院改革的斗争彼此呼应。19 世纪 30 年代中期，保守派已在皮尔的带领下接受了 1832 年法案的结果，到 1846

年，他堪堪得以让其成员接受保护主义的《谷物法》被废除的事实，法案的撤销表明有地阶级不再享有最终话语权。出于愤怒，其党派旋即与皮尔反目并将他开除。这个由乡绅阶层所组成的强大团体视农业利益为英格兰的化身，也自视为农业利益的守护者。他们正确地预见到，皮尔的政策就整体倾向性而言会导致自由贸易主义的胜利，在他们看来，自由贸易是制造业中产阶级的追求。由于他们的决定，该党发生分裂，陷入长达 20 年的瘫痪状态，但事实上，皮尔为他们清除了一个可怕的魔魇。他让恢复统一后的保守党得以放下包袱，不必仅仅捍卫一个经济团体的利益，从而在争取选民支持的竞争中获得更大的自由。

在该世纪中段的三十余年间，英国政治朝着改革和自由化的方向进行了全面调整，关税和财务政策向自由贸易倾斜的重新定位只是这 784
一过程的一个方面，但在某种程度上是最显著的一面。在此期间，地方政府改革迈出了第一步（在城镇尤其明显，但乡村的主宰者依然是有地利益群体），一部《济贫法》及其他工厂和矿业法案得以通过，也开始得到有效的监督和贯彻，司法体系经历重建，不信新教者、罗马天主教徒和犹太人的合法权利得到恢复，自盎格鲁—撒克逊时代的教会体制对婚姻法的垄断走到了尽头，一套邮政体系建立起来，并成为其他国家所效仿的模型，英国甚至还开始着手处理过去被严重忽视的公共教育问题。与这一切相伴的是史无前例的财富增长，其自信心的标志是 1851 年万国博览会召开，在伦敦展示了来自全球的奇珍异宝，由女王本人出资、王夫亲自督办。如果说英国人有着如维多利亚中期所表现出的那种自大倾向，那么也可以说他们有自大的资本。看起来，英国的体制和经济都从未比那时更蓬勃向上。

但并非人人都感到高兴。一些人哀叹经济特权的丧失：事实上，英国依然表现出极端的贫富差距，不亚于任何其他国家。对中央化大行其道的恐惧如今也多少有了更多的实质性理由。议院的最高立法权令官僚主义侵入越来越多过去在实践中不受政府干涉的领域。19世纪英格兰政府机构的中央集权力远远没有达到如今在所有国家司空见惯的程度。然而有些人担心国家会走上法兰西的道路，成为行政体制高度中央化的国家，而这种中央化被视为法国在实现平等的同时未能建立自由体制的充分原因。为了遏制这一趋势，维多利亚地方政府改革的作用至关重要，其中部分措施直到该世纪最后20年才执行，但推动政府朝着民主的方向更进一步。

有些外国人为之仰慕，大部分人则感到惊讶——工业城镇的环境如此面目可憎，英国怎么还能控制住大众骚乱的激流？其他国家的经历证明，这股乱流对有序的政府是致命的威胁。当革命的危险在别国历历在目，英国有意识地对体制进行大规模重建，并实现了安全崛起，不仅国力和财富大增，自由主义在政治舞台上甚至还变得更加醒
785 目。英国政治家和历史学者用一句名言一再自豪地强调，国家生活的本质是自由："每一个先例都是对前一个先例的拓宽。"① 英国人狂热地相信此道，但没有从自由走向放纵。该国没有美国所享受的偏远位置和几乎无限的土地所带来的地理优势——可就连美国也经历过一场包含革命元素的、人类历史上最血腥的战争。那么，大不列颠是如何做到这一点的呢？

这是一个具有诱导性的问题，但也是历史学者们不时提出的问题——他们没有考虑到，此问题本身就暗示着革命的发生需要某些条件，而当时的英国社会也满足这些条件。也许，我们无需认同任何此类观点。也许，这一急速变化的社会从未存在任何潜在的革命威胁。

---

① 这句话原本是描述普通法中可援引为先例的判决，这里是指自由只能拓宽、不能逆转。——译者注

毕竟，法国大革命带给欧洲的很多基础变化在大不列颠已经存在了几百年。无论覆盖着多少斑斑锈迹或带来麻烦的历史沉积物，英国的基本体制具有很大的可能性。哪怕在尚未改革的年代，下议院和上议院也不是很多欧洲国家司空见惯的那种封闭的团体机构。不到 1832 年，两院就表现出满足新需求的能力，哪怕显得缓慢且姗姗来迟；第一部《工厂法案》（其效果诚然不算很好）早在 1801 年就得以通过。1832 年过后，人们更是有理由相信，只要受到足够的外部压力，议院就会执行所需要的一切改革。议院的此类能力不受任何法律限制。就连被压迫阶级和愤愤不平者似乎也看到了这一点。19 世纪三四十年代（这对穷人是尤其艰难的时期）发生了很多起走投无路者的暴力事件和革命运动，但当时最引人注目也最重要的人民运动是聚集了各形各色抗议者的“宪章运动”，其纲领《人民宪章》中提出的要求不是议院的废除，而是让议院对公众需求负起更大的责任。

然而，议院不太可能在人们的呼吁下就采取改革措施，除非受到了其他因素的作用。也许不无重要意义的亮点在于，维多利亚时代，英格兰的重大改革对中产阶级和大众同样有利，但针对工厂的立法可能除外。英国中产阶级比欧洲大陆的同类阶级更早分享到政治权力，因此能够运用这份力量促成改变；他们没有被诱惑成为革命——走投无路的绝望之徒最后的手段——的盟友。但不管怎么看，英国大众本身也不算非常革命。总而言之，他们未能采取革命行动，这使得后世 786
的左翼历史学者大感沮丧。究竟是因为大众的苦难太深抑或不够深，还是因为工人阶级不同组成部分之间存在太多差异？这一直是饱受争论的话题。但不管是对我们还是对当时的国外人士而言，至少值得一提的是，英格兰传统行为模式不会轻易消亡；这套模式长期令英国人保持尊敬上等社会和人士的习惯，对外国人造成了强烈的震撼——尤其是美国人。更何况，英国还有工人阶级组织，革命并非唯一的选择。这些组织往往具有“维多利亚式”特色，强调自救、审慎、克己、得体等值得敬佩的美德。在伟大的英国工人运动的构成元素中，只有冠以工运之名的政党是1840年以后才出现的；其余元素到19世纪60年代已经相当成熟。为不幸者提供保障的“友谊协会”、互助组织以及作用最突出的工会，都为个人参与改善工人阶级生活的事业提供了有效的渠道，虽然一开始数量不多，见效也较慢。这一早熟凸显了英国社会主义的内在矛盾性，因为它后来依靠的是一场非常保守和欠缺革命意识的、有很长一段时期在世界上规模无出其右的工会运动。

19世纪40年代刚刚结束，经济趋势就朝着有利于缓和不满的方向发展了。不管怎么说，工人阶级的领袖们经常谈及此事，其心态几乎算得上遗憾；他们至少也认为，生活条件的改善不利于英格兰的革命势头。随着国际经济在19世纪50年代的升温，英国这座世界工厂的工业化城市及商人、银行家和保险业者都迎来了好时光。随着就业好转和工资上涨，宪章运动所聚起的人气逐渐消散，很快就成了一段回忆中的往事。

如此之多的变化包容在一个不变的形式之中，其象征则是王国的中央体制：议院和国王。威斯敏斯特宫被大火烧毁后，人们在重建时选择了仿中世纪的式样，以突出这座后来被称为“议院之母”的建筑的古典气息。于是，英国历史中最具革命色彩的时代所带来的剧烈变迁依然有一层习俗和传统的外衣笼罩。毕竟，君主制依然在延续。早在维多利亚登基的1837年，论历史之悠久，英国国王就已是仅次于教皇的欧洲政治存在；但纵然如此，其现实面依然发生了很大的变化。作为最昏聩的英国国王，乔治三世的继位者使君主在公众心目中的地位一落千丈，其继承人也没有带来很大改观。维多利亚和王夫则令君主权威的消弭成为无可置疑的事实，只有极少数共和主义者不那
787 么认为。这并不完全符合女王的本意；当王室淡出政治斗争舞台，她

没有装出一副对政治中立甘之如饴的态度，尽管这种中立适合立宪君主的身份。尽管如此，在世人眼中，王室是在她的在位期间远离政治的。她还使王室变得更平易近人；自年轻的乔治三世以来，“王室家族”第一次成了活生生的、可以眼见为实的真实存在。这是她的德国夫君阿尔伯特（Albert）亲王给予她帮助的诸多方面之一，虽然不领情的英国公众几乎没有为此表示丝毫的谢意。

只有爱尔兰人能够带来富于想象力的、总是令不列颠人始料未及的变化，使他们面临一场货真价实的革命威胁，不得不镇压该地1798年的一场叛乱。局势到19世纪五六十年代又平静下来，但缓和的原因在很大程度上是一场骇人的灾难。于19世纪40年代中期在爱尔兰爆发的马铃薯疫病，导致饥荒和疾病的蔓延，从而以残忍的马尔萨斯所预言的方式解决了爱尔兰的人口过剩问题。当时，要求废除1801年将爱尔兰并入大不列颠王国的《合并法案》的呼声已经噤默，以天主教为主的爱尔兰人对拥护新教的外来者的厌恶感一时蛰伏。这个对远方的、盘剥佃农和劳力的英国地主（或是位于本地但同样贪婪且数量更多的爱尔兰地主）毫无忠诚感的农村社会，也没有发生严重的骚乱。然而问题依然存在，1868年上台的自由派政府开始着手处理其中的一部分；这导致的唯一严重后果是一场新的爱尔兰民族主义 788
运动的兴起。该运动以信奉罗马天主教的农民为基础，提出“家园自治”的要求。关于这一主张可能带来什么——更别提应该带来什么，政客们争论不休，成为英国政坛挥之不去的阴云，阻碍了各党派的联合，使解决爱尔兰问题的尝试遭受了一个多世纪的挫折。就短期而言，它促进了分别位于南北两地的爱尔兰革命运动，也与自由主义在英国的凋零不无关系。于是，时隔千年之后，爱尔兰又一次成为世界史中显眼的标志，当然，该民族已经在同一世纪早期通过向美国输出大量移民，印下了另一条略微黯淡的足迹。

第 5 章　欧洲称霸世界

789 到 1900 年，欧洲人和海外的欧洲后裔已成为全世界的主宰。他们获取主宰权的方式有很多，一些直截了当，一些手法含蓄，不过事实存在比定性更重要。世界上大部分地区都对欧洲亦步亦趋，朝着欧洲化的方向不断前进。这是世界史中一段独一无二的时期。有史以来第一次，一个文明使自己成为世界的领导者。作为其微不足道的后果之一，本书余下部分将越来越关注于一份单一的、全球的历史；实际上，世界在 1914 年已经达到了后世所称的“全球化”的第一次高潮。

重点在于，不能仅仅考虑欧洲（有人更倾向于用“西方”一词，但如此挑剔并不必要——美洲和大洋洲及周边岛屿的主导文化源自欧洲而非亚洲或非洲；何况“西方”也容易误导，因为该词如今有着狭义的政治内涵）国家对世界上大部分土地的直接正式统治，此外还要考虑其经济和文化霸权。而且欧洲的支配地位不光表现为公然的控制力，也经常表现为影响力。其重点差别在于，欧洲势力具有侵略性、控制欲和塑造世界的能力，而原生文化及民族则是这些力量的受体，往往无法进行有效的抵抗。对于非欧世界来说，这一状况并不一定是不利的代名词，但他们几乎总是处于劣势的一方，不得不为了适应欧洲世界而作出改变。有时，他们无法抵挡欧洲进步思想的吸引力，或无法抵御欧洲人的教诲及范例以最不可言传的方式所唤醒的期望，并自发自愿地作出相应的改变。

把 1900 年的欧洲世界想象成一系列同心圆是理解其格局的方法之一。最内层是古老的欧洲本身，得益于先后掌控自身及世界的资源，已经延续了三个世纪的财富和人口增长。欧洲人获取和消费的商品在全世界商品中所占份额不断增加，也在掌控环境的过程中表现出相当的能量和技巧，从而在其他文明面前愈发显得鹤立鸡群。欧洲在 790
19 世纪就已经是一个富饶的文明体，并且一直在变得更加富庶。工业化确保了他们开发和创造新资源的自给能力，不仅如此，凭借新的财富所带来的实力，他们还能染指世界其余地区的财富。刚果的橡胶、缅甸的柚木或波斯的石油所产生的利润将长期再投入其产出国。欧美的穷人从原材料的低价中获益，死亡率的下降说明工业文明有可能给民众带来更富足的生活。就连欧洲农民也能买到工业化生产的廉价衣物和工具，而同一时代的非洲及印度农民依然生活在石器时代。

作为欧洲霸权世界的第二层，移植到海外的欧洲文明得以分享这笔财富。美国是最显著的例子；加拿大、澳大利亚、新西兰、南非和南美国家也位居其中。这些地区对旧世界的立场并非全都一致，但有时会和欧洲一并被称为“西方世界”，这种表述对理解没什么帮助，因为它们分散于全球各地。然而它意图表达一个重要的事实：类似的思想和制度是这些地区共同的源头。当然，这不是构成其面貌的全部因素。各地区都有其独特的边境区，都遭遇过特殊的环境挑战和独一无二的历史条件，但他们以同样的方式来应对这些挑战。不同的边境开拓区以不同的方式重组，但采用的体制是相同的。他们在形式上都是基督徒——在 20 世纪以前，没有一名殖民者怀着无神论思想前往新大陆——他们都用欧洲法律体系规范自己的事务，都可以获取欧洲的伟大文化，也共享同样的语言。

1900 年的世界有时被称为“开化世界”。采用这种称呼是因为那个世界有共同的标准；使用这一短语的人自信满满，无法轻易看出世上还有很多其他事物也配得上文明的头衔。当他们放眼世界，眼里只有异教的、落后的、未开化的民族或若干努力想要加入文明世界的民族。这是欧洲人取得如此成功的原因之一；那些被视为欧洲思想和价值观内在优越性证明的事物给他们带来勇气，鼓舞他们向世界发起一波又一波新的攻击，占据一片又一片新的土地。18 世纪的价值观进步提供了证明其优越性的新论据，强化了那些原本来自宗教的优越感。到 1800 年，欧洲人过去对其他文明所秉持的敬意已经消磨大半。
791 他们自身的社会实践似乎明显优于在世界别处发现的、不可理喻的野蛮人。个人权利、出版自由、全民选举权、保护妇孺儿童（甚至还有动物）免受压迫，欧美人在其他大陆对这些观念的推崇和追求一直延续至今，往往完全没有意识到可能水土不服。博爱主义者和进步人士长期保持自信，哪怕一边谴责其他方面的欧洲优越论，也一边相信欧洲文明的价值观应该像其医学和卫生习惯那样普遍推行。科学在他们眼中也往往指向同一方向，可以打破迷信、通过合理开发资源造福大众、提供正规教育、制约愚昧落后的社会风俗。当时有一种几乎通行无阻的看法，认为欧洲文明的价值观要好于本土文明（显然，事实往往确实如此），对于欧洲价值观的一切颠覆性效果则基本上视而不见。

欧洲人以为，对于那些“阴沉的黑暗依然笼罩”（引自一首维多利亚赞美诗）的土地上的人民而言，在 1900 年往往能直接受欧洲人或欧洲后裔的统治是一桩幸事：这些臣民构成了第三层同心圆，也使欧洲文明进一步向外辐射。在很多殖民地，具有启蒙思想的行政官为了建设铁路、开展西式教育、设立医院、确立法律和秩序辛勤工作，造福那些显然无法从自身体制中获得福祉的民众（他们在更优越的文明所带来的挑战和竞争面前无力抵抗的事实被视为其自身体制存在缺陷的证明）。哪怕本地体制获得保护、得以存续，保护者也是站在殖民势力的文化具有优越性的立场之上。

此类优越感如今不再得到人们的赞赏或认可，即便是私下的想法。然而，在某一方面，这份优越感终结了一种罪恶，哪怕是批判殖民主义最彻底的人、哪怕怀疑其背后的动机，也依然认为这是一件好事。这份被终结的罪恶就是欧洲世界的奴隶制，他们甚至还动用武力和外交手段在不受其控制的地区与奴隶制斗争。废奴运动在1807年和1834年迈出了关键的两步，首先是英国议院废除奴隶贸易，然后是奴隶制度本身在英帝国范围内销声匿迹。这一行动投入了大量海军、帝国和贸易力量，具有决定性的效力；其他欧洲国家很快实行了类似的措施，美国也于1865年终结了奴隶制。1888年巴西奴隶的解放也许可以视作这一进程的终点，当时，殖民政府和皇家海军对非洲大陆和印度洋上的阿拉伯奴隶贩子施加了很大的压力。知识界、宗教界、经济界和政治界的很多势力参与了这项伟大的成就，关于各方究 792
竟起到多大的作用，争论仍在持续。或许，值得在此指出的是，虽然大规模奴隶贸易延续了三百多年方得废除，但欧洲也是有史以来唯一一个主动根除自身内部奴隶制的文明。尽管在20世纪，奴隶制曾短暂地在欧洲复辟，但必须靠武力才能维持，也不敢公开承认自身的奴役性质。虽然无法给不幸的受害者带来多少慰藉，但当今时代，强制劳动营的经营者必须付出良心的代价、成为一个伪善者——不管是否认劳动营的存在，还是将奴隶伪装成再教育或司法处罚的对象。

在这三层领土以外，其余地区都不受欧洲人的直接控制。但其人民的塑造也受欧洲的影响。有时，他们的道德观和体制因双方的接触而受侵蚀——例如中国和奥斯曼帝国的情形——这也许会导致间接的欧洲政治干涉，或是本地传统权威的弱化。有时，他们受此类接触的刺激并加以利用，只有一个具有重要地位的民族在这方面取得了成功，那就是日本。而与欧洲绝缘则是完全办不到的事情。单凭忙忙碌碌、熙熙攘攘的欧洲商人，就足以让这一点得到保证。事实上，正是这些不被欧洲人直接统治的地区成了欧洲霸权最有力的注脚。抱负和妒忌心是一对强有力的翅膀，载着欧洲价值观乘风破浪。地理位置的偏远几乎是唯一能抵御他们的屏障（但就连中国西藏也在 1904 年被英国人入侵）。埃塞俄比亚是偏安一隅、保持独立的成功范例，没有在英国人和意大利人 19 世纪的入侵中沦陷，当然，他们自称为基督教国家的道义立场对生存相当有利，只是该国不属于西方世界，这一千四百多年来对基督教的信仰也是时断时续。

不管是谁开启了这扇大门，整个文明都有可能沿着其脚步鱼贯而入，但在将欧洲文明传往世界各地的媒介中，基督教始终是最重要的之一，因为它对人类行为的所有层面都抱有无止境的兴趣。有组织的教会势力范围扩张和正式教徒数量的增长使 19 世纪成为自使徒时代以来基督教最辉煌的扩张时期。这在很大程度上是新兴传教浪潮的结果；天主教会办起新的修道会，新教国家则涌现出支持海外传教事业的社团和学会。然而这一状况导致了有悖于初衷的结果，本应不分种族、类别和条件地属于全人类的信仰却附上了越来越浓郁的欧洲气
793 息。在大部分被动接受基督教的国家，基督教长期以来仅仅被视为欧洲文明的一部分，而非也能用本地方言来表述的灵魂启迪。一个琐碎但有趣的例子就是传教士往往很在意穿着。17 世纪前往中国的耶稣会教士出于审慎的考虑在服装上入乡随俗，而他们 19 世纪的后辈则狂热地将欧洲服装硬套在班图和所罗门群岛的居民身上，不顾这些服饰与当地人往往很不相宜的事实。这是基督教传教士传递宗教以外信息的方式之一。此外，他们常常带去重要的物质和技术福利：饥荒时期的粮食、农业技术、医院和学校，有一些还具备颠覆当地社会的力量。欧洲作为一个进步文明会产生何种心态，从中不难想象。

哪怕退一万步，欧洲人观念上的自信还有一份最后的依靠，不管是传教士还是其余人等，他们都知道别国无法阻挡他们的脚步，即便没有被殖民的国家也一样。只要有意，欧洲人仿佛可以凭借武力成为世界任何地区的主人。19 世纪的武器发展给欧洲人带来比葡萄牙人

的舷炮在卡利卡特首次轰响时更大的相对优势。即使其他民族也拥有先进的装备，他们也很少能有效加以运用。1898 年，在苏丹的恩图曼（Omdurman）之战中，一支英军用当时英国部队标准列装的弹匣式步枪向 2 000 码外的敌人开火。没过多久，榴霰弹和机关枪弹也倾泻而出，将马赫迪派武装撕成碎片，英军的阵线没有受到丝毫冲击。战斗结束后，英埃军队只损失 48 名士兵，而马赫迪派有一万人阵亡。不过，这并非如某位英国人所说的那样，单纯由于

> 不管发生什么，我们有
> 马克沁机枪，而他们没有

因为哈里发的军火库中也有机枪。他还能使用电报装置与部队联络，也有可以炸翻尼罗河上的英国炮艇的电发水雷。但这一切都没有得到恰当的运用，非欧文明若想师夷长技以制夷，不仅需要技术转型，也需要转变思维方式。

此外，在另一种更仁慈和温和的意义上，欧洲文明也离不开武力。因为不列颠统治下的和平延续整个 19 世纪，使欧洲各国无法为争夺非欧世界的主导权而大打出手。尽管现代最大规模的直接殖民统 794
治扩张就此上演，但 19 世纪毕竟没有重演 17 至 18 世纪的殖民战争。所有国家的商人都能在海上畅行无碍。英国海上霸权是欧洲文明非正式扩张的先决条件。

这份霸权的首要作用是保障了 1900 年那个以欧洲为中心的国际贸易体系。从 17 世纪起，古代那种少数商人和敢想敢做的船长在边境地带从事交易的模式逐步被整体性的相互依存关系所取代，这种关系的基础是工业国和非工业国之间广泛的职能差异；成为原料生产国是后者的大势所趋，用来满足前者城市化程度越来越高的人口的需

求。但这种粗放的区分方式还需要大量细化。有很多国家不符合该定义；例如美国，在1914年既是原料出产大国，又是世界领先的制造业国家，出口值相当于英法德三国的总和。这一区别也不是欧洲和非欧文明之间严格意义上的分水岭。在1914年，日本和俄国的工业化速度都快于中国或印度，但俄国尽管是一个信奉基督教的欧洲帝国主义国家，却无疑不能算作发达国家；而大部分日本人（就像大部分俄罗斯人一样）依然是农民。欧洲的巴尔干地区也没有任何发达的经济体。唯一可以肯定的是，1914年存在一个由发达国家组成的核心，其社会和经济结构与传统社会差异很大，围绕这一核心的是一个不断向世界主要生产者和消费者的角色迈进的大西洋国家群体。

世界经济的焦点高度集中于伦敦，这里是维持国际贸易流动性的金融服务的中心。全球贸易中的巨大份额是通过英镑汇票完成交易的；而英镑的基础又是国际金本位体系，通过确保主要货币之间维持高度稳定的汇率关系来保持人们的信心。所有大国都有金币，只要持有一袋亨利七世金币、五美元金币、金法郎或任何其他大国发行的交易媒介，就可以通行世界任何地区，不用担心金币的通用性。

在另一层意义上，伦敦也是世界经济的中心，因为尽管到了1914年，英国若干重要领域的总产值已被美国和德国超越，但它依然是最大贸易国。世界船运贸易大多被英国掌控。作为主要进出口大
795 国，英国也是唯一一个向非欧国家出口工业产品多于欧洲国家的国家。大不列颠还是最大的资本输出国，通过海外投资赢得巨额收入，特别是在美国和南美。以其特殊地位为轴心，国际交换体系大致可以视为三边模式。英国一方面用自身的工业制成品、现金及海外所得作为支付手段，从欧洲购入制成或非制成商品；另一方面，它向世界其余地区出口制成品、资本和服务，收取粮食、原材料和现金作为回报。这一复杂体系表明欧洲和世界其余地区完全不是单纯的制成品和

原材料交换关系。当然，美国这个独特的个例一直存在，该国几乎不从事出口，但在国内制成品市场的份额逐步加大，不过依然是一个资本输入国。

1914年时，大部分英国经济学家都相信，这一体系的繁荣和所带来的财富增长展现了自由贸易主义的正确性。在该思想的鼎盛时期，英国的繁荣局面也发展得最为迅猛。亚当·斯密曾预言，如果抛弃封闭的、将贸易保留给母国的帝国主义体系，一帆风顺的经济状况就将持续下去，而在美国的例子中，这一理论很快得到证实，因为1783年缔结和平后不过数年，英美贸易马上迎来大爆发式的增长。至1800年，英国的大部分出口已经走出欧洲，而且在印度和东亚的最大规模的贸易扩张远未到来。英国的帝国主义政策更针对打开贸易封闭地区的大门，而非可能骑虎难下的占领新殖民地，因为贸易才是国家兴盛的源头。1839至1842年间的鸦片战争是其中丑陋的一例。战争的结果是五个中国口岸对欧洲开放贸易，以及香港被租让给大不列颠，作为贸易管理所不可或缺的司法实践基地。

19世纪中期的二十来年间，自由贸易思想声势浩大，愿意以此为基础采取行动的政府数量超过了古往今来的任何时期。在此阶段，关税壁垒被废除，英国的相对优势——首先在贸易国当中，然后在工业制造国当中——得以延续。但这一自由贸易的大好时代在19世纪七八十年代走向终点。一场世界范围的经济萧条和价格走跌使得1900年除大不列颠以外的所有大国再次祭出关税保护的手段，甚至在英国，由于来自德国的竞争日趋激烈，人们也感到不安，历史悠久的自由贸易铁则也开始遭受质疑。

不过，以回顾历史的视角来看，1914年的经济世界依然展现出 796
惊人的经济自由和信心。欧洲漫长的和平提供了让贸易关系得以成熟的土壤。货币的稳定性使全球价格体系的极大灵活性得到保障；外汇管制完全不存在，俄国和中国也已和其他国家一样完全融入了这一市场。货运和保险费用不断走低，粮食价格呈长期下跌走势，工资则长时间保持上涨。利率和税率都不高。资本主义天堂仿佛并非可望而不可即。

随着这一体系的不断壮大，亚非也被涵盖在内，于是该体系也成了一种传播源自欧洲的思想和技术的工具，但这些思想和技术很快就适应了新的土壤。通过侵略和模仿，合资企业、银行、商品和证券交易传遍世界，开始取代传统的贸易结构。在部分地区，堪称世界贸易基础设施的码头和铁路建设以及工业雇佣兴起，开始将农民转变为工人。有时，这对地方经济的效果是负面的；例如，当德国和英国制造出合成染料，印度的靛蓝种植业多多少少遭受到了毁灭性的打击。英国人引入的橡胶树改变了东南亚的经济史和战略价值，也在无意之中毁掉了巴西的橡胶种植业。世界各地孤立的状态首先被探险家、传教士和士兵动摇，接着被电报和铁路的问世打破；到 20 世纪还将被汽车进一步征服。转变也发生在更深的层次；1869 年苏伊士运河的开通不仅决定了英国贸易和战略态势，还赋予地中海过去所不具备的重要地位——不再是某个特定文明世界的中心，而是一条文明的通道。

经济一体化和体制变化与文化接触密不可分。正式的传教机构、教育机构和政府政策只占其中微不足道的篇幅。例如，欧洲官方语言将欧洲理念一同带到非欧国家，使那些地区受过教育的精英群体得以接触到欧洲文化的宝贵财富，不仅包括基督教文明，也包括去宗教化和“启蒙化”的欧洲文明。传教士所传播的不单是教义或医疗及教育服务，也唤起针对殖民政体本身的批判精神，因为其所作所为和其文化所标榜的内容之间存在落差。

从 20 世纪的视角回顾，在欧洲对世界造成的冲击中，最持久也
797 最重要的部分大多可以从这类无意造成的、一言难尽的影响中寻得踪

迹。毕竟，模仿这种单纯的冲动始终是存在的，无论是表现为生搬欧洲服饰这种荒唐的做法，或是很多力求抵制欧洲霸权的人所得出的结论——为了达成目的就需要借鉴欧洲的模式，而后者的意义当然重要得多。提倡欧化的激进派和改革家几乎无处不在。1776 年、1789 年和 1848 年革命的思想至今仍对亚非具有实际影响力，关于世界未来走向的辩论也依然在以欧化的术语进行。

这一非同一般的结果频频遭人忽视。在该进程逐渐明朗化的过程中，1900 年只是一个制高点，而非故事的终点。日本是一个具有天赋的民族，继承了精妙的艺术传统，然而他们不仅借鉴了西方工业化主张（这完全可以理解），还采纳了西方艺术范式，更让西方服饰获得比本民族服装更流行的地位。现在，日本人觉得威士忌和干红都属于时尚。马克思是中国正式尊崇的伟人，而这位德国哲学家所构造出的思想体系以 19 世纪德国唯心论和英国社会及经济事实为根源，他甚少谈及亚洲，一辈子都没有去过普鲁士以东。这说明了另一个发人深思的事实：文化影响力的资产负债表上显出压倒性的一面倒态势。世界偶尔能回馈给欧洲一些时尚元素，但给不了可以在效果上与欧洲给予世界的那些相提并论的思想或体制。马克思的学说在整个 20 世纪一直有力地影响着亚洲；而最后一名在欧洲具有同等程度的话语权威性的非欧人士却是耶稣。

文化在实体层面传输的实现途径之一是欧洲人向其他大洲的移民。除美国以外，最大的两个海外欧洲社群是（如今依然如故）在南美和前英国殖民地定居的白人，虽然在 19 世纪大部分时期名义上隶属伦敦当局的直接统治，但他们事实上早就成为一批特殊的混血民族，所在地区也不算真正的殖民地。像美国一样，两个群体都在 19 世纪得到大批散居各地的欧洲人的补充，其数量十分惊人，也印证了后来从人口学角度赋予这一时期的名称：大迁移。1800 年以前，除了英伦三岛之外，欧洲很少有移民前往海外。此后，大约 6 000 万欧洲人远渡重洋，移民潮从 19 世纪 30 年代高涨起来。19 世纪的大部分移民都去了北美，其次是拉美（尤以阿根廷和巴西为多）、澳大利亚和南非。同一时期还有一波涌入俄罗斯帝国的欧洲移民暗流，这个帝
798 国占据全世界六分之一的土地，拥有西伯利亚这片吸引移民的广袤空间。欧洲海外移民潮在第一次世界大战前夕达到高峰，1913 年有 150 多万人离开欧洲，其中意大利人占三分之一以上，还有将近 40 万英国人和 20 万西班牙人。而回到 50 年前，意大利人只占一小部分，德意志和斯堪的纳维亚人才是移民的主力。在任何时期，英伦三岛都贡献了稳定的移民人数；1880 至 1910 年间，有 850 万英国本土居民前往海外，而同一时期的意大利移民只有 600 万出头。

前往美国的英国移民占总量的比重最大（1815 至 1900 年间占到 65%左右），但也有很多人前往自治殖民地；两者的比率自 1900 年开始发生变化，到 1914 年，后者已经成为主流。意大利和西班牙人也大批前往南美，意大利人还会到美国寻求机会。美国始终是所有其他国家民众最大的收容地，从 1820 到 1950 年总共吸纳了超过 2 300 万欧洲人，并且从中获益。

要给如此惊人的人口变迁找出解释并不困难。有时政治起了推波助澜的作用，例如 1848 年以后的情况。欧洲人口的膨胀始终对经济构成压力，“失业”现象的产生就表明了这一点。同样的，19 世纪后期的几十年是移民人数增长最快的时期，也是欧洲农民受海外竞争压力最大的时期。归根结底，移民的关键动力在于，人类历史上第一次可以在其他大陆找到显而易见的机会、找到劳力的需求，而且前往其他大陆的交通也一下子便利和廉价起来。蒸汽船和铁路使人口构成史发生翻天覆地的变化，两者最大的效力都产生于 1880 年后。地方流动性因此而提升，于是劳动力的临时迁移和大陆内部交通都方便了许

多。大不列颠输出爱尔兰农民、威尔士矿工和铁匠以及英国农夫；反过来也在 19 世纪末期吸纳了一批东欧的犹太群体，他们此后一直是英国社会中的醒目元素。在一直堪称边境地区（如法国南部）特色的季节性劳动力迁移之外，如今又增加了长期的人口运动，波兰人前往法国的煤矿打工，意大利招待和冰激凌小贩成了英国的百姓。当政局变迁，北非海岸不再无法触及，该地也被来自欧洲的短途移民所改变；意大利人、西班牙人和法国人被吸引到北非的沿海城市定居或从事贸易，从而创造出新的社会，不管是和移民者的母国社会相比、还 799
是和新社群附近的当地社会相比，都存在引人入胜的差异性。

出行方式的简化不光给欧洲移民带来便利。北美洲太平洋沿岸的中国人和日本人定居点到 1900 年时已形成气候。中国移民还进入东南亚，日本人则前往拉美；澳大利亚人对移民如潮的场面感到恐慌，遂以种族为标准限制移民，力图保留一个“白种人的澳大利亚”。英帝国提供了一个尺度巨大的框架，印度人群体在此框架下分布于世界各地。这些变动固然意义重大，但也不如欧洲各民族的最后一场大迁移来得显著，就和过去的蛮族入侵一样，这波 19 世纪的移民潮对未来具有决定性的影响。

在吸引的移民以意大利和西班牙裔为主的“拉丁美洲”（该术语是 19 世纪中期发明的），南欧人可以找到很多熟悉的景象。那里有天主教所打造的文化和社会生活格局，也有拉丁语种和社会风俗。其政治和法律框架也透射出往日帝国的余韵，在 19 世纪初那段彻底终结西班牙和葡萄牙人对拉美大陆殖民统治的政治动荡时期，部分机构一直屹立不倒。这场动乱的爆发是缘于欧洲事态所导致的危机，令旧帝国的弱点放大为死穴。

这倒并不是因为缺乏努力，至少西班牙人并非不作为。与北部的英国人相反，西班牙本土的政府曾在 18 世纪试图推行全面彻底的改革。1701 年，西班牙哈布斯堡王朝绝嗣，被波旁王朝所取代，西班牙帝国发展的新时代由此开启，不过要等数十年后才明朗化。变革首先带来重组，然后是“启蒙”改革。1700 年的双总督辖区制改为四个，另外两个位于新格拉纳达及拉普拉塔，前者覆盖巴拿马和厄瓜多尔、哥伦比亚及委内瑞拉所在区域，后者从横贯大陆的拉普拉塔河入口一直延伸到秘鲁边境。完成使体制更合理化的结构重组后，西班牙对封闭的贸易体系进行松绑，起初是不情不愿的让步，尔后是推动繁荣发展的有意识措施。这些举措刺激了殖民地的经济，也打破了之前被塞维利亚港独享的殖民地贸易垄断，从而使西班牙其他地区（尤其是地中海沿岸）得益。

尽管如此，这些良好的趋势被那些改革无法触及的严重缺陷所抵
800 消。接二连三的暴动揭露了西班牙帝国根深蒂固的流弊。巴拉圭（1721—1735）、哥伦比亚（1781）和秘鲁（1780）的暴动都对殖民政府构成货真价实的威胁，尤以秘鲁最为严重，只有投入大量军力才能控制。由于这些威胁及其他原因的存在，征募殖民地本地武装成为一种需要，这是一柄双刃剑，因为获得军事训练的克里奥尔人（*Creoles*）有可能会对西班牙人反戈一击。西班牙殖民社会最深刻的隔阂在印第安人和西班牙裔殖民者之间，但克里奥尔人和半岛人（*peninsulares*）之间的分歧带来了更直接和迅速的政治效应。随着时间的流逝，双方的分歧不断扩大。由于被禁止担任高等职务，克里奥尔人心怀不满，并注意到北美的英国殖民者成功地动摇了帝国的统治。法国大革命起初也引发了他们的遐想，而非带来警示。

随着事态的发展，西班牙当局又在其他方面遇到了麻烦。1790 年，一场与英国的角力最终令西班牙放弃了由来已久的号称对南北美洲全境拥有的帝国统治权，在北美大陆禁止别国贸易或殖民的权利被废除，仅限在一处西班牙殖民地方圆 30 英里的范围内继续保留。战

801

萨尔瓦多，1838年
洪都拉斯，1838年
尼加拉瓜，1838年
莫斯基托海岸（1860年归属尼加拉瓜）
哥斯达黎加，1838年
加勒比海
巴拿马
巴拿马，1903年
加拉加斯
委内瑞拉，1830年
英属
乔治敦
荷属
法属
帕拉马里博
卡宴
圭亚那
波哥大
哥伦比亚，1831年（1861年采用此名）
基多
厄瓜多尔，1830年
亚马逊河
巴西，1822年（1889年以前为巴西帝国）
利马
秘鲁，1821年
拉巴斯
玻利维亚，1825年
巴西利亚
太平洋
里约热内卢
圣保罗
巴拉圭，1811年
亚松森
阿根廷，1810年（1853年以前为阿根廷联邦）
乌拉圭，1828年
布宜诺斯艾利斯
蒙得维的亚
拉普拉塔河
圣地亚哥
大西洋
智利，1818年
北
19世纪存在争议和在战争中易主的大块土地
欧洲领地
秘鲁和玻利维亚在1836-1839年间结成联邦
福克兰群岛（1833年归属英国）
0
1 600 千米
0
1 000 英里

独立后的南美

争接踵而至，首先对法国，随后对英国（两次），最后又与拿破仑入侵时期的法国开战。这些战争不仅令西班牙失去圣多明戈、特立尼达和路易斯安那，而且还终结了西班牙当时的王朝，国王本人于 1808 年在拿破仑的强迫之下逊位。而西班牙的海上霸权地位在特拉法尔加海战中就已经终结。当西班牙本土最终也被法国入侵吞并，帝国政府陷入混乱和疲弱的状况时，克里奥尔人决定打破桎梏。1810 年，新格拉纳达、拉普拉塔和新西班牙的起义点燃了拉美独立战争的烽火。他们起初并不成功，因为印第安人借机向所有白人开战，他们不得不在墨西哥应付一场种族战争。但西班牙政府既无力战而胜之，也无力聚集足够的实力粉碎进一步的叛乱势头。在英国海军实力的威慑下，欧洲保守势力无法介入协助西班牙，从而令门罗主义得到贯彻。于是，一批共和国在前西班牙帝国的残骸中成立，其中大部分由军人统治。

在葡萄牙统治的巴西，事态的走向有所不同，虽然法国 1807 年入侵葡萄牙引发了一场新的分裂运动，但这与西班牙帝国的分崩离析并不一样。葡萄牙摄政王本人从里斯本迁到里约热内卢，使该地成为葡萄牙帝国实质上的首都。虽然他于 1820 年以国王的身份重返葡萄牙，但将儿子留在了巴西，后者领导了一场抵抗运动，反对葡萄牙政府重获巴西支配权的企图，并且相对轻松地在 1822 年成为独立后的巴西帝国的皇帝。

现代南美地图能一目了然地揭示出北美和南美革命的诸多重大差
802 异中最明显的一项：南美的独立战争没有诞生出像美国那样的国家。虽然伟大的英雄和领袖人物西蒙·玻利瓦尔（Simón Bolívar）对各个新成立的美洲国家于 1826 年在巴拿马召开的大会寄予了很大的希望，但此次会议还是一无所成。其原因不难理解。虽然十三个英国殖民地之间存在种种棘手的差异性，但在打败英国人之后，各地区的海上交通相对而言还是比较便利，也没有无法逾越的陆路障碍。而且，早在帝国统治时期，各殖民地就有一定的合作经验，也具备了自我治理的手段。纵然拥有这些优势，各地的分歧依然严重，使宪法赋予联邦政府的权力非常有限。所以毫不为奇的是，虽然大部分南方共和国都有相同的西班牙统治背景，这一优势也不足以让它们完成大陆的统一。

缺乏统一要素也许未必是一种不利，因为拉美在19世纪早期并没有面临迫切需要统一的危险或机遇。不同于美国的是，他们有大不列颠的保护。国内的后殖民时代问题比预想中要严重得多，也不太可能通过人为制造的统一得到更好的缓解。正如一个半世纪后非洲的情形一样，殖民统治留下的弊端之一是地理和社群单元并不总是与旧行政体制所划分的政治单元重合。由于曾为独立运动指引方向的城市少数群体无法控制同胞，这些幅员辽阔、人丁稀少、通过独立战争而成立的国家不断面临分崩离析的危险，有一些也确实因此解体。此外还有种族问题；独立并没有消除由此产生的社会不公。关于这些问题，各个国家的情况并非完全一致。例如，阿根廷的印第安人相对较少，几乎被军队灭绝殆尽。在19世纪末，该国还因欧洲血统在其人口中的主导地位堪比欧洲本土而获得赞誉。作为另一个极端，黑人是巴西人口的主体，有很多在独立时依然是奴隶。异族结合是当地的一种传统，因此，在当今世界，那里也许是种族混血带来麻烦最少的地方。最后，一套与外部世界的经济关系是南美殖民时代的一份重要遗产，其改变相当缓慢。这种关系后来将引发对南美大陆经济“依赖性”的批判。但这份遗产也有其另外一面，因为南美的大量财富是殖民的产物。巴西种植园内生长的每一种动植物都是欧洲人从海外带来的—— 803
蔗糖、咖啡、可可、牛、小麦。

在大量问题面前，新成立的拉美国家没有任何可以依赖的传统自我管治手段，因为殖民地行政属于专制式，没有建立代议制机构。为了寻找能够适用的政治原则，共和国的领袖们主要以法国大革命为借鉴对象，但这些思想过于先进，而在那些国家中，就连规模极小的精英集团内部都无法就接纳何种实践达成共识；他们无法构建相互容忍共存的体制框架。更糟的是，革命思潮很快把教会卷入政治，鉴于教会作为地主和民意引导者的巨大力量，这一结局从长远来看也许无法避免，但不幸的是，反宗教至上运动对当时的这片大陆而言是雪上加霜。在这些状况之下，该世纪大部分时期，每个共和国都很容易受考迪罗（caudillos）的摆布是毫不为奇的，在更强大的对手出现以前，这些军事冒险家连同其党羽所控制的武装力量足以呼风唤雨。

新成立的国家彼此开战，也爆发内战——有几场非常血腥——形成了 1900 年至今仍没有多大变化的版图。前西班牙殖民地中最靠北的墨西哥将北方的大片土地割给了美国。四个共和国在美洲大陆中部成立，还有多米尼加共和国及海地这两个岛国问世。古巴的独立已近在眼前。南方是南美十国，全都采取共和制，其中巴西在 1889 年放弃了君主制。虽然所有国家都经历过严重的国内动荡，但稳定程度和宪政性质都差别很大。一名印第安人于 19 世纪 50 年代当选墨西哥总统，造成了很大的反响，但印第安人、梅斯蒂索人（*mestizo*，即混血儿）和欧裔（1870 年后因移民潮爆发而声势大增）之间的社会分歧依然无处不在。拉美各国在 1800 年共有大约 1 900 万人口；一个世纪后达 6 300 万。

这在一定程度上解释了财富增长的原因。大部分拉美国家都拥有一种或多种重要的自然资源，有时为此你争我夺，因为随着欧洲和美国工业化程度的提高，这类优势的价值也水涨船高。阿根廷拥有广阔的空间和若干全球最优良的牧地，19 世纪 80 年代问世的冷藏船令该国成为英格兰的肉类供应商，随后又成为英国的谷物供应商。在 19 世纪末，该国在拉美各国中的富庶程度首屈一指。智利拥有硝石矿

（通过 1879 至 1883 年的“南美太平洋战争”从玻利瓦尔和秘鲁手中 804
夺得），委内瑞拉有石油；这两种资源的重要性都在 20 世纪有所提高。墨西哥也有石油。巴西实际上什么都不缺（石油除外），最丰产咖啡和蔗糖。这份列表还能继续延长，但也只是进一步确认上文所表明的状况，即拉美财富增长的首要推动力来自初级产品。开发资源的资本来自欧洲和美国，从而在这些欧洲海外国家和欧洲自身之间结成了新的纽带。

不过，这种财富增长方式带来了两方面的副作用。其一是无助于降低这些国家的贫富差距，甚至可能有所增加。因此，社会与种族的紧张局面依然得不到充分的缓解。一个明显欧洲化的城市精英群体过着一种完全脱离印第安和梅斯蒂索大众的生活。拉美对海外资本的依赖性使这一矛盾更加尖锐。海外投资者希望有一个稳定的投资环境，这也合情合理。他们绝非始终能够如愿，但会在这种倾向性的引导下支持既有的社会和政治当局，从而使后者更加富得流油。仅仅进入 20 世纪后数年，这些状况所导致的局面就使得墨西哥发生社会革命。

因这些混乱而无法收回债款的海外投资人在气愤和失望的双重作用下引发一些外交冲突，有时甚至导致武装干涉。在该世纪期间，欧洲各国政府多次发出强硬的声明并用武力兑现，但追债一事至少没有被看成是殖民主义的复辟。1902 年，英德意共同发起对委内瑞拉的海上封锁，意图为在委内瑞拉革命中受到损失的本国国民收回债款，美国对此作出了比门罗主义更进一步的回应。

从得州共和国时代起，美国与邻邦的关系就一直紧张，至今仍不安逸。使问题复杂化的因素实在太多。门罗主义表达了美国的根本利益，即避免欧洲干涉西半球。美国在 1889 年组织的第一届泛美国家大会是朝着这一方向迈出的另一步。但这再也无法阻止欧洲与西半球经济关系的强化，正如独立战争无法割裂美国与英国的往来（南美各国的投资人中也不乏北美人士，他们很快向政府提出了自身的特殊诉求）。况且，当世纪末来临，作为门罗主义背景的战略局势显然已发生变化。由于蒸汽船的问世和美国在远东及太平洋地区利益份额的提
805 升，美国变得大为敏感，尤其关注中美洲和加勒比海一带的局势发展，因为当地开凿巴拿马运河的可能性越来越高。

20 世纪早期，美国对邻邦的政策因此而变得更为拙劣乃至傲慢。经过一场与西班牙的短促战争后，美国帮助古巴赢得独立（还从西班牙人手中夺走波多黎各），在新建立的古巴宪政中设立了专门的限制措施，以确保古巴维持美国卫星国的地位。通过干涉哥伦比亚内政，美国又得到了巴拿马运河一带的领土。委内瑞拉债务风波之后，美国以更强硬的方式表达了自己的决心和实力——即所谓的门罗主义“推论”。这份声明表示（也几乎马上就用行动在古巴和多米尼加共和国兑现），如果任何西半球国家的内政处于混乱局面、可能引发欧洲的介入，美国将有权对其进行干涉。随后，一名美国总统以此为依据于 1912 年向尼加拉瓜派遣海军陆战队，另一任总统在 1914 年占领墨西哥港口韦拉克鲁斯，以此逼迫墨西哥政府就范。1915 年，美国与海地签署协议成为其保护国，协议效力将延续 40 年。

这并非美国与邻邦的不和睦关系史的全部，但对本书来讲已经完全足够。不管怎么说，这些历史是拉美各国与欧洲关系定义模糊所造成的症候，因此才显得重要。这些国家的文化以欧洲为根、经济与欧洲相连，然而却在政治上受限，无法与欧洲互通有无。当然，在欧洲文化圈内外的差异和界线越来越分明的情况下，这并不意味着拉美各国不属于白人的阵营，至少欧洲人是这样认为的。当欧洲人脑海中浮现出“拉美”一词，他们想到的是欧洲人的后裔、是少数受过教育的城市特权精英阶层，而非广大印第安人和黑人。

十三个殖民地反叛后不久，西班牙帝国即告垮台，这使很多人预

期英帝国的其他殖民地也会很快挣脱伦敦的统治。这一结果确实发生了，但方式与预想中完全不同。19 世纪末，英国杂志《笨拙》(*Punch*)[①] 刊印了一张爱国漫画，象征英国的狮子在图中心满意足地审视着一列荷枪实弹、制服披身、代表海外殖民地的狮崽。这幅图景相当合宜，因为当时英国在南非有一场至关重要的战争，而打仗的士 806
兵是来自帝国各地的志愿从军者。一个世纪前，没有人敢预言宗主国能够从殖民地得到哪怕一个士兵。1783 年所发生的一切在英国政治家的脑海中打下了深深的烙印。他们从中吸取教训，认为殖民地是棘手的东西，耗费财力、得益寥寥，让宗主国卷入与别国和土著民的毫无意义的争斗，到头来往往还被受施舍的对象反咬一口。此类观点产生了对投身殖民事业的怀疑态度，推动英帝国在 18 世纪末将利益着眼点转向亚洲贸易的可行性。远东没有欧洲殖民地，也就没有相应的复杂局面，而且东方的海域无需代价不菲的武力来保障，这是皇家海军无法轻易满足的要求。

总的来说，这将是英国官方在整个 19 世纪的主流态度。在这一方针的指导下，他们处理任何一块殖民地的复杂局面时总以经济利益和避免麻烦为首要追求。在幅员辽阔的加拿大和澳大利亚，这种方针疾风骤雨般地导致了各殖民地最终的统一，在联邦结构下享有各自独立的政府权责。1867 年，加拿大自治领成立，随后澳大利亚联邦于 1901 年问世。在两个国家统一之前，土著殖民地都建立了责任制政府，也都遇到过一些特有的困难。加拿大的突出问题之一是魁北克省的法国社群，澳大利亚的一大问题是殖民者和流放犯人之间的利益冲突，其中最后一批犯人抵达于 1867 年。此外，两国都面积巨大而人

① 创办于 1841 年的幽默讽刺杂志，杂志名是指传统木偶戏《庞奇和朱迪》中的驼背丑角。——译者注

口稀薄，只能通过逐步的推动和聚合才能形成国家意识。两国的统一进程都相当缓慢：直到 1885 年，加拿大首条横跨大陆的铁路——加拿大太平洋铁路才打下最后一根道钉，澳大利亚的越洲铁路则因各州标准轨距不同而延误了很长的工期。到头来，对潜在外部威胁——来自美国的经济实力和亚洲移民——的关注度的提升，当然还有与英国的摩擦促成国家意识的成型。

新西兰也建立了责任制政府，但中央化程度更高，与其较小的面积相得益彰。欧洲人从 18 世纪 90 年代开始涉足该地，这些来客接触到当地的毛利土著民，并开始败坏他们发达而复杂的文化。传教士随
807 后抵达，尽全力阻止殖民者和商人上岛，但收效甚微。当一名法国产业家将新西兰纳入法国利益圈的可能性凸显，英政府终于勉强让步于传教士和部分殖民者的压力，于 1840 年宣布对该岛拥有主权。1856 年，该殖民地被赋予责任制政府，与毛利人作战是英军撤离推迟到 1870 年的唯一原因。此后，旧省份马上失去了其残余的立法权。该世纪余下的岁月中，新西兰政府展现了出众的独立性，为追求高社会福利政策投入大量精力，并在 1907 年实现完全的自我管理。

一年前在伦敦召开的殖民大会决定把“自治领”这一称谓授予将来所有实行自治的属地，实际上，自治属地就等同于白人定居的殖民地。1914 年以前，还有一片地区会取得这一地位，即 1910 年成立的南非联邦。这是一段漫长而不幸的篇章的终点——英帝国历史上最不幸的一章，而且这一章的终结仅仅换来非洲历史中的另一段不幸篇章的开始，有那么几十年比上一章显得更为凄惨。

1814 年，大不列颠出于战略考虑，保留了位于好望角的前荷兰殖民地，从此，英国殖民者才开始在南非定居。这片地区被称作“开普殖民地”，很快来了大约几千英国人定居，虽然人数上不及荷兰人，但该地引入英国的法律和行事方式，所以他们能得到英国政府的支

持。此后一段时期，布尔人的特权逐步被蚕食——所谓布尔人就是荷兰农民的叫法。特别是，一旦随心所欲地处置非洲土著的自由受到任何限制，他们就尤其感到不满和激动。当英帝国在所有领土全面废除奴隶制时，大约3.5万名属于布尔人名下的黑人获得自由，据说赔偿并不够数，从而引发一场别样的民愤。确信英国不会放弃这项偏袒非洲土著的政策后——鉴于英政府受到的压力，这是合乎逻辑的见解——布尔人于1835年大批离去。这场从北向南穿越奥兰治河的“大迁移”从根本上确立了南非白人的自我归属意识。一段漫长的时期就此开始，盎格鲁—撒克逊人和布尔人在争斗中时分时合，始终心存芥蒂，在此过程中，他们的决断也将第三方卷入这场关乎非洲黑人未来命运的对立。

英国很快把一个位于纳塔尔①（Natal）的布尔共和国纳为殖民地，用来保护非洲人免受压迫，防止一座荷兰港口的落成，以免将来某一天被敌对势力利用、威胁到英国与远东往来的航线。布尔人随即再次出走，这次远至瓦尔（Vaal）河以北。这是英国在南非的第一次 808
领土扩张，该模式将来还会被重复使用。虽然英国政府和当地的英国殖民者有人道主义的一面，但由于必须和非洲人建立良好关系，他们也感到恼火。否则（就如祖鲁族对待布尔人的方式所表明）非洲土著会成为挥之不去的安全隐患，与印第安人在上个世纪对美洲殖民地的威胁不无相似之处。该世纪中期，北方存在两个布尔人的共和国（奥兰治自由邦和德兰士瓦），开普殖民地和纳塔尔处于英国治下，拥有选举产生的议会，少数达到经济要求的黑人可以参与投票。此外还有受英国保护的土著邦国。在其中一个名叫巴苏陀兰（Basutoland）②

① 南非东南部旧省，1497年得名。——译者注

② 莱索托的旧称。——译者注

的国家，布尔人还得受黑人的司法管辖，这种受制于人的状况使他们尤为不快。

如此状况之下，双方不太可能保持融洽的关系，而且不管怎样，英国政府常常与开普的殖民者意见相左，后者自 1872 年开始也有了自己的责任制政府。此外还有新的因素出现。钻石的发现使英国又吞并了一块领土，由于该地与奥兰治自治领的北部接壤，故而惹怒了布尔人。英国人向败给布尔人的巴苏陀兰人提供支持，使他们的怒气有增无减。开普殖民地政府又吞并德兰士瓦，这一愚行成了最后一根稻草。在布尔人发动一场成功的起义、英军遭遇一场惨败之后，英国政府识时务地选择放弃，于 1881 年恢复了共和国的独立，但从此以后，布尔人对英国南非政策的不信任感也许再也无法抹除。

不到 20 年，这份不信任感就导致了战争，其主要原因是两起出人意料的变化和发展。一是德兰士瓦发生了一场小规模工业革命。该国于 1886 年发现金矿，从而导致海量矿工和投机者涌入，并吸引外部金融利益集团涉足南非，给这个南非白人国家提供了有可能摆脱英国宗主控制的财政资源，而这种从属地位他们原本就不愿接受。约翰内斯堡是此后事态发展的指标，在数年之内，该城就发展为赞比西河以南唯一人口达到 10 万的非洲城市。第二场变化是非洲其他地区在 19 世纪八九十年代被其他欧洲国家吞并，英国政府以更强硬的姿态和决心作为应对，确保其开普势力范围绝不动摇，他们认为该地是控制东方航路必不可少的要冲，并愈发依赖从往来德兰士瓦的贸易中得到的收入。总的来说，这一立场的结果就是英国政府容不得德兰士瓦获得印度洋独立入海口，哪怕一点可能性都不行。于是，英政府成了
809 一个组合怪异的群体口诛笔伐的对象，其中有不切实际的帝国主义者、开普的政客、英国的煽动家和用心不良的金融家。在他们的鼓动下，布尔人于 1899 年发难，最终，德兰士瓦总统保罗·克鲁格（Paul

Kruger）发布最后通牒，布尔战争就此爆发。克鲁格童年时曾亲身经历前往北方的大迁移，对英国人的厌恶根深蒂固。

维多利亚时代众所周知的英军传统在这场女王统治期的最后之战中依然显露无遗，不管是若干高级指挥官和行政官僚的无能和拙劣，还是步兵团官兵面对勇敢且武装精良的敌人、在所受训练不足以战而胜之的情况下所表现出的英勇气概。但战争的结果毫无疑问；女王本人也以比若干臣子更高明的战略眼光评价道，失败的可能并不存在。南非战场被英国海上力量封锁，布尔人无法得到任何其他欧洲国家的帮助，被占压倒性优势的人数和资源拖垮只是时间问题。英国人付出的代价十分高昂——超过 25 万士兵被送往南非，国内政坛频频发生尖锐的争执；而且在别国心目中的形象也算不得十分光彩。布尔人被视为受压迫民族；话虽不假，但 19 世纪自由派思想对民族主义的迷恋蒙蔽了观察者的双眼，就和其他事件中的情形一样，使他们看不到民族主义掩盖下的真相。所幸英国政府充分恢复理智，拿出英明决断，在 1902 年以条款优厚的和约同已经败北的布尔人停战。

布尔共和国就此消失。但英国方面迅速作出让步；1906 年，德兰士瓦已拥有自己的责任制政府，虽然矿业给当地带来大量非布尔人口，但布尔人还是通过次年的选举胜利控制了政府。甫一掌权，布尔人几乎马不停蹄地着手立法限制亚洲移民，尤以印度人为主（当时只有年轻的印度律师莫汉迪斯·甘地打入南非政界，担当同胞们的守护者）。1909 年，为南非联盟起草的宪章得到各方认同，宪章的首要意义是为政府提供了经选举产生的议会，所依据的选举条例由各省敲定，此外也确定了荷兰语和英语的平等地位。在布尔人的省份，选举权仅限白人享有。

这一安置方案在当时引来大量评议。那时人们所谈论的南非“种族问题”是指英国人和布尔人的关系问题，让双方达成和解看起来是

最为迫切的需求。此方案的缺陷要经过一段时间才显山露水。问题之
810 所以最终暴露，不仅是因为南非白人的历史观不像人们希望的那样容易变通，而且也因为始于兰德（Rand）① 工业化的南非社会转型无法停止，将给非洲黑人问题带来不可阻挡的冲力。

在这一方面，南非的未来，就像所有其他英国白人属地的未来一样，已经受到世界经济整体趋势的决定性影响。和美国一样，在平原上建成铁路之后，加拿大已成为欧洲的一大谷仓。澳大利亚和新西兰首先利用辽阔的牧场资源生产羊毛，越来越多的欧洲工厂成为其买家；随后，他们又在冷藏技术发明后将其用于肉类，新西兰还将之用于奶制品。以这种方式，这些新兴国家找到了维持经济的支柱产业，与 17 世纪种植园的烟草和靛蓝相比，这些产品能够支撑起的经济规模要大得多。南非的情形有所不同，因为其矿产国的形象是逐步显露出来的（和很久以后的澳大利亚一样）。钻石产业是其开端，但令矿产业突飞猛进的是 19 世纪 80 年代发现的兰德金矿。该金矿的开采活动吸引到资金和专业人才，为最终开发其他矿产打下了基础。南非给予的回报不仅是欧洲公司和股东所获得的利润，还有全球黄金供应量的扩大，这与 1849 年加利福尼亚金矿的发现一样大大刺激了欧洲的贸易活动。

由于英国人道主义和传教意识的增强，以及帝国殖民局怀疑殖民者要求这一由来已久的传统，英国人比在大平原上扫荡印第安人的美国人更难以无视白人统治区的土著民。然而在若干英国殖民地，受现代化冲击的不仅是古代文明——类似印度和南美的那些，而且还包括土著社会——若干土著群落文明程度极低，只达到旧石器或新时期时

① 威特沃特斯兰德（Witwatersrand）的简称，又译作金山，于 1886 年发现丰富的金矿，随后引来大批移民。——译者注

代的水平，也相应地非常脆弱。加拿大的印第安人和爱斯基摩人数量相对稀少，对西部和西北部的开拓所造成的阻碍不像为保护狩猎场而抗争的大平原印第安人那般严重。澳大利亚的历程则血腥得多。殖民活动惊扰了采集狩猎型社会中的原住民，无法理解当地部落的澳大利亚白人引发了这些部落的对抗和暴力行为，新型外来疾病又令他们人数锐减。每个澳大利亚殖民地的早期历史都染上了被屠杀原住民的鲜血；此后的历史也因对幸存者的无视、欺凌和压榨而恶名昭著。

也许，在前英帝国领土中，没有任何其他民族像他们一样遭受了 811
与北美印第安人如此相似的悲惨命运。首批抵达新西兰的白人给毛利人带来枪炮，他们起先用这些武器彼此交战，对自身社会造成了颠覆性的后果。后来，毛利人和殖民政府多次开战，战争的根本起因在于殖民者要将他们驱逐出属于毛利人的土地。硝烟散尽后，政府采取措施保护部落领地以免再遭剥夺，但英国个人所有制观念的引入令部落财产分崩瓦解，到该世纪末已使他们的土地受到实质上的损失。毛利人的数量也有所减少，但不像澳大利亚原住民那样剧烈和不可逆转。如今的毛利人比 1900 年时多得多，其人口增长也快于欧裔的新西兰人。

南非的情况则存在两面性。在英国的保护下，部分土著民得以在祖先的土地上存续到 20 世纪，生活方式的变化相当缓慢。另一些民族则被驱逐或灭绝。但无论何种情况下，南非与任何地区同然，问题的症结在于土著居民从来都不能掌握自己的命运。他们的生存取决于政府的利益和慈悲心肠、殖民者的需要和传统、经济机遇和危机在当地角力的结果。虽然从短期来看，他们有时会构成严峻的军事威胁（例如塞奇瓦约［Cetewayo］①率领的祖鲁人或毛利人的游击战），但

① 祖鲁族末代国王，1872—1879 年在位，有一支纪律严明的军队，被视为英国殖民统治的威胁。——译者注

最终还是无法依靠自身的资源找到比阿兹特克人对付科尔特斯更有效的抵抗方式。非欧民族想要抵抗欧洲人入侵，就不得不接受欧化。在海外建立新欧洲国家的代价始终要由土著居民承担，还往往高到他们几乎不能承受的地步。

但我们的讲述不应就此为止，因为还有一个谜团未解：欧洲人亲眼见证这一切发生而没有加以阻止，他们该如何为此辩白？以他们都是贪婪的恶徒作为解释太过简单化（不管怎么说，其中也有作出不少善举的人道主义者，所以这一最黑暗的判断是站不住脚的）。答案一定隐藏在欧洲人的心理状态之中。有一部分原因是见识的浅薄或单纯的无知。有很多欧洲人能够意识到原住民受了伤害——哪怕白人与他们的接触是出于善意。但我们无法指望他们能理解欧洲文化对既有体制的侵蚀作用，这需要对人类学的了解和深刻领悟，而欧洲人尚未达到这一层次。令问题雪上加霜的是，很多土著文明看起来显然只是蛮
812 族，欧洲人又有强烈的宗教自信。他们认定自己属于进步和改良的阵营，也很有可能相信上帝站在自己的一边。这份自信遍布欧洲扩张的方方面面，无论是在白人定居的殖民地、欧洲直接统治地区，还是在与依附国和“被保护”社会达成的安置方案之中。这份隶属于更高等文明的自信成了一把尚方宝剑，不仅令欧洲人养成与过去的基督徒相似的劫掠习气，也让他们油然而生一股在很多情况下和十字军相似的无耻豪情。正是由于认定给当地居民带去某些改良的心态一再蒙蔽了欧洲人，让他们无视于确凿发生的真实后果，看不到他们的所作所为不过是让个人产权替代部落权益，将一无身外之物的猎人和采集者转变为雇佣劳力。

第 6 章　欧洲帝国主义和帝国统治

欧洲对异族人民和土地的统治是他们掌握世界最突出的证明。对 813
于帝国主义过去和现在的定义，争论一直都没有停止，但姑且用“直接且正式的最高统治权”这一简单的概念作为开篇应不无可取之处，尽管这一定义模糊了非欧世界可能存在的其他欧洲权力形式之间的界线。关于人们投注了大量时间和精力进行著述和思考的帝国主义成因或动机，该定义既没有提出问题，也没有解答问题。从一开始，就有各种不断变化的成因在发挥作用，而且并非所有的动机都是见不得人或自欺欺人的。帝国主义所展现的不仅仅是一个时代，因为它纵贯历史的始终；帝国主义也不仅仅局限于欧洲和非欧世界的关系，因为这种统治形式遍布大洲大洋，欧洲国家也曾被其他欧洲或非欧国家所统治。然而，在 19 和 20 世纪，这一术语特指欧洲扩张及欧洲人对世界其余地区的直接主宰，当时，这一趋势比以往都要明显得多。虽然美国独立战争暗示着此前三个世纪中建立起来的欧洲帝国正在走向衰亡，但接下来的一百年间，欧洲帝国主义还将大踏步前进，取得前所未有的成功。其过程可以分为两个泾渭分明的阶段，第一阶段显然是到 1870 年左右为止。当时，部分古老的帝国主义势力依然在大张旗鼓地扩张；例如俄国、法国和大不列颠。另一些帝国止步不前或今不如昔；荷兰、西班牙和葡萄牙属于这一集团。

乍看之下，俄罗斯的扩张与美国蚕食北美大陆、压倒弱小邻邦以及英国在印度的经历都有些相似之处，但它实际上属于相当特别的个例。俄国的西面是成熟且站稳脚跟的欧洲各国，从那里夺取土地的希

814 望十分渺茫。对多瑙河流域的土耳其领地进行扩张的前景也好不了多少，因为其他国家始终有可能因涉及自身利益而介入，最终阻止俄国的脚步。该国在南部和东部的行动则要自由得多，并在19世纪的头七十多年取得巨大收获。打赢波斯人（1826—1828）令俄国人建立起里海的海上力量，也获得了亚美尼亚的领土。他们在中亚的扩张脚步几乎一刻不停，深入突厥斯坦、杀向亚洲中部的布哈拉和希瓦，并以1881年吞并整个外里海（Transcaspia）作为收尾。在塞尔维亚地区进行咄咄逼人的扩张之后，俄国又从中国手中攫取南抵海岸线的黑龙江左岸土地，在1860年建立远东首府海参崴。很快，俄国人将阿拉斯加卖给美国以甩掉在美洲的包袱，这或许表明他们有意称雄亚太，但无意染指美洲。

作为这一时期另两个活跃的帝国主义国家，英法在海外进行扩张。但英国的很多获利以法国的损失为代价，就此而言，历史表明，大革命和拿破仑战争是英法之间这场始于18世纪的旷世殖民对抗的最终回合。就和1714年和1763年的情形一样，英国通过1815年的城下之盟所取得的大量权益以强化其海上实力为意图。它保留马耳他、圣卢西亚、爱奥尼亚群岛、好望角、毛里求斯和亭可马里的所有权都是出于这一理由。不久之后，蒸汽船开始在皇家海军中服役，煤炭供应成为基地网络组建所必须考虑的问题，于是导致了新的占领行动。1839年，英国人借奥斯曼帝国内乱之机夺取亚丁这座在印度航线中具有重要战略价值的基地，其他兼并也随之而来。特拉法尔加战役之后，没有一个国家有成功对抗此类行动的能力。究其原因，并非是别国没有足够的资源——如果能动员起来，也可以夺走大不列颠的海上霸权。但这需要很大的投入。其他国家拥有的船只和海港都不够多，并不值得为此挑战这位海上巨人。对其他国家而言，有世界上最大的商业国负责海上治安是一个皆大欢喜的局面。

在制海权的保护下，英国各殖民地参与到当时飞速发展的贸易体系之中。美国独立战争之前，英国的政策就比西班牙或法国更鼓励商业冒险活动。所以，殖民地在早期就积累了财富和成功，使后来的自治领从中得益。另一方面，美国独立战争以后，伦敦当局对定居型殖民丧失兴趣，主要将它们视为麻烦和开支的源头。然而大不列颠却是 815
19 世纪早期唯一向既有殖民地遣送新居民的欧洲国家，那些殖民地有时还吸引母国进一步扩大对异国的领土统治。

在部分新领土（尤其是南非），人们对于亚非两地的交通和战略状况产生了一种新的不安。建立帝国是一桩复杂的工作。美国独立和门罗主义无疑减少了西半球对帝国扩张的吸引力，但英国利益关注点向东转移的源头始见于 1783 年以前，即南太平洋航路打通和亚洲贸易见长的时候。与当时依附于法国的荷兰所发生的战争又使英国获得了马来亚和印尼的新基业。最重要的是，英国在印度的活动一直处于持续深化状态。到 1800 年，印度贸易的重要性已经成为英国贸易和殖民思维中不言自明的核心。1850 年已有人力陈，帝国大片领土的取得完全要归功于来自印度的战略推动力。当时，英国对印度次大陆本身也已经实现完全的控制。该地区将一直是英帝国的核心部分。

这完全不是期望的产物，甚至难以预见。1784 年设立“双头控制”体系的同时，英政府还决定制止印度领土的扩大化；美洲叛乱的经历强化了他们要避免背上新包袱的观念。然而有一个问题挥之不去，因为东印度公司的收益管理活动使该公司不可避免地卷入当地的行政和政治事务之中。于是，避免公司成员私自作出越界之举——例如那些过去的私人贸易时代可以容忍的行为——变得更加重要；议会逐步达成共识，认为控制印度政府符合英国利益，不仅因为这可以带来很多生意，也因为伦敦政府有责任为印度人提供良好的政府管治。

于是从中开始酝酿出一种托管的概念。不用感到吃惊的是，经过一个世纪，政府应为被管治民众带来福利的观念在欧洲不断深入人心，或早或晚，殖民地统治也将会援用这一原则。自德拉斯卡萨斯的时代以来，压迫原住民的行径已遭受过猛烈的口诛笔伐。18 世纪中期，一本雷纳尔神父（Abbé Raynal）① 所著畅销书（在 20 年内付印 30 版并出现大量语种的译本）用世俗化的启蒙人道主义立场表达了教会人士的批判。以这一深厚的历史积淀为背景，埃德蒙·伯克在 1783 年的
816 一场关于印度问题的下议院辩论中指出，“在行使所有高于人民的政治权力时……应当想方设法使人民成为最终的受益者”。

所以，印度问题的背景是不断变化的。经过两个世纪，第一批抵达印度次大陆的商人对莫卧儿王朝的敬畏和惊奇迅速被鄙夷所取代，因为他们近距离观察和熟悉之后所看到的是落后、迷信和拙劣。但另一种变化的迹象已经出现。普拉西之战的胜利者克莱夫一生从未把任何印度方言学到流利的程度，而首任印度总督瓦伦·黑斯廷斯（Warren Hastings）却竭力说服牛津大学设立一个波斯文化教授职位，促成第一家印刷媒体落户印度，并制作了第一套通俗语（孟加拉语）活字。印度文化的复杂性和多样性获得了更多的欣赏。1789 年，第一份东方研究学刊《亚洲研究》（*Asiatick Researches*）在加尔各答出版。同时，在更务实的政府层面，东印度公司的法官已受命在涉及穆斯林的家族案例中遵循伊斯兰律法，马德拉斯财政当局也对印度教庙宇和节日进行规范和资助。1806 年起，东印度公司的黑利伯里（Haileybury）学院开始教授印度语。

因此，东印度公司特许状的定期更新以英印关系的影响和前提不

① 全名纪尧姆·托马斯·雷纳尔（Guillaume Thomas Raynal），其著述皆出版于 1747—1762 年间，故无法确定究竟为哪一部。——译者注

断变化的局面为背景。同时，政府责任亦有所增加。1813 年，伦敦当局进一步强化管控，废除该公司对印度贸易的垄断。当时，英国已经随着对法战争的进程将势力扩张到印度南部，其手段是吞并和与当地统治者达成的条约——旨在控制这些地方统治者的外交政策。当公司特许状于 1833 年再度更新时，只有西北部的地区不受公司直接或间接统治，成为领土上唯一的显著空白。随后，旁遮普和信德于 19 世纪 40 年代并入帝国版图，加上已在克什米尔确立的最高裁断权，英国人实质上控制了整片次大陆。

当时，东印度公司已经不再是商业机构，而是一家政府。1833 年特许状取消了公司的贸易功能（不光是与印度的贸易，还包括对中国贸易的垄断权），将其职能限定在行政范畴之内；亚洲贸易从此实现自由化，这也切合当时的思想潮流。一条道路由此开启，使印度终于在众多现实和象征性的层面彻底告别过去，也让次大陆最终融入世界、融入现代化进程。作为一种象征，莫卧儿皇帝的名讳从钱币上消失，而档案及司法工作不再将波斯语作为正式法律语种使用则不仅仅具有象征性的意义。该举措不仅标志着英语一跃成为印度的官方语言（英语教育 817
也随之成为官方教育语种），而且还搅乱了印度各社群之间的势力平衡。事实证明，英化的印度人将比进取心较弱的穆斯林过得更好。在一片如此多元、多元化方式又如此纷杂的次大陆，把英语设为行政语种的规定还伴随着一个重要的决策，即初级教育原则上应使用英语讲课，尽管接受教育的印度人寥寥无几。

同一时期，接连几任总督实施的启蒙专制开始为印度带来物质和体制改善。公路和运河纷纷建成，随后第一条铁路也在 1853 年问世。各类法典开始生效。为公司效力的英国官员开始到为此目的而设立的学院接受专门培训。印度最早的三所大学成立于 1857 年。另外也有其他教育机构；早在 1791 年，一名苏格兰人就于贝拿勒斯兴办了一所梵文学院，令该地成为印度教徒心目中的卢尔德（Lourdes）。[①] 在印度逐步经历的转型当中，有很多并非直接来自政府的工作，而是来自越来越大的自由，让上述及其他机构得以放手发挥。传教士从1813年开始进入印度（此前一直被东印度公司禁止踏足），并逐步在英国国内培养出另一批与印度事态存在利益关系的支持者——其立场往往令印度官方为难。在实际层面，有两种教会哲学为控制政府行动而展开积极竞争。一是实用主义，意在促进民众福祉；二是福音主义，旨在让人们得到灵魂的拯救。双方都自大地认定他们知道对印度最好的选择是什么。随着时光推移，两者都潜移默化地改变了英国人对印度的态度。

蒸汽船的出现也有其影响，令印度与英国靠得更近。更多的英国人和苏格兰人开始前往印度生活和开展职业生涯，使英国本身的面貌逐渐转变。18世纪东印度公司数量相对较少的官员满足于流放海外的生活，通过商业机会寻求回报，在用来放松身心的社会生活中，他们有时与印度人关系十分密切。他们的生活往往与印度绅士极为相似，有的改吃印度食物、改穿印度服装，有的还娶了印度妻妾。而具有改革精神、旨在根除落后野蛮的当地习俗——就杀女婴和萨蒂（*suttee*）这类习俗而言，他们的想法很有道理——的官员，传播某种教义、对印度教或穆斯林社会的完整体系造成破坏的传教士，还有跟随在印度工作的丈夫前来安家的英国妇女——尤以她们最为突出，往往并不认同约翰勋爵[②]时代的公司成员那老一套的行事方式。他们改
818 变了英国群体的脾性，与当地人愈发疏远，对自身的道德优越性愈发

① 位于法国西南部、比利牛斯山中部的城镇。1858年，一名少女宣称在城镇附近洞穴中多次幻见圣母马利亚，1862年教皇宣布此事可信，从而使该地成为天主教圣地。——译者注

② 17世纪的大商人和东印度公司总督约翰·班克斯勋爵，这里是指英国人充分融入印度社会的时代。——译者注

确信，由此认定有资格去统治文化和道德水准都较为低下的印度人。统治者有意识地与被统治者拉开距离。其中一人赞许有加地称自己的同胞为“好斗文明”的代表，将他们的使命定义为“把欧洲文明的精华带给一个人口稠密的国家，这些人极度无知，堕入偶像崇拜式迷信的深渊，慵懒无为、相信宿命，对大部分我们视为邪恶的生活场景视而不见，宁愿向这些罪恶屈服，也不愿去承受正视和消除罪恶的负担”。这份坚定的信念显得比上个世纪的英国人更有抱负，那些前辈在印度只顾一心一意地赚钱，没有任何其他想法。现在，虽然新的法律引起地方利益群体的强烈反对，英国人与印度人的社会接触却越来越少；他们逐步将受过教育的印度人所能担当的行政职位限制在较低级别，自己则隐入一个封闭的世界，过着充满特权的生活。早期的征服者或多或少地被印度社会所同化；而维多利亚时代的英国人得益于现代科技，能够不断保持与祖国的联系，也保持智力和宗教上的优越感，不仅不受印度化的影响，而且还愈发高高在上，这是任何过去的征服者都无法做到的。英语中很多来自印度殖民时代的遗产，英式早茶和餐桌至今仍能证明，他们并不能完全超脱于印度社会之外，但创造了一种并非纯英式的文明，而且能够直面印度、视之为一种挑战；“英印”一词在 19 世纪不仅适用于混血儿，也适用于在印度工作的英国人，还蕴含一种独特的文化和社会气息。

1857 年一场被称为印度军队哗变（Indian Mutiny）的骚乱对英国人的信心造成严重打击，从而令英印社会与印度社会形成彻头彻尾的隔绝状态。本质上，这是一系列暴动的连锁反应，导火索是一群印度士兵害怕一种要采用动物油脂上油的新型子弹会玷污他们的信仰，于是发动哗变。骚乱的细节能说明很多问题。大部分叛乱行为是传统社会对创新和现代化的自发反应，是反对进步的。当地统治者的怨气也是强化叛乱的因素，其中既有穆斯林也有印度教势力，他们对丧失的特权无法释怀，认为恢复独立的机会或许已经到来；毕竟英国人的数量极为稀少。而那些寥寥无几的英国人以迅速而无情的方式作出了回应。他们在忠于自己的印度士兵的帮助下粉碎了叛乱，尽管英国俘虏还是遭到了几次屠杀，一支英军曾在叛军控制区内的勒克瑙（Lucknow）被围困了数月。

819 这场叛乱以及镇压行动对英属印度来说是灾难性的，但还不算是彻底的灾难。莫卧儿帝国被英国人正式终结的最后结果没有受到太大影响（德里的叛军曾将其末代皇帝推为领袖）。这也并不像后来的印度民族主义者所提出的那样是一场被彻底粉碎、其结局对印度而言堪称悲剧的民族解放运动。就像各民族史话中的很多重要篇章一样，这场叛变将作为一篇神话和启迪人心的传说而具备重大的意义；它在后世心目中的面貌比其真实面貌——蜂拥而上、本质上反动的抗议行为——要来得重要。其真正灾难性的重要影响是对英国人的善意和自信所造成的创伤。无论英国政策表现出何种意图，从那时起，在印英国人的心态就将被这段回忆所折磨，因为印度人的背信几乎造成致命的后果。这场叛变的意义犹如传说一般在印度英裔和本地人当中随着
820 岁月流逝而滋长。叛乱者实际犯下的暴行确实相当令人发指，但还有一些实际上未曾发生的罪名也被按在他们头上，作为实行压迫和排挤政策的依据。印度叛变也立即成为一个时代的体制性标志，因为它终结了东印度公司的统治。公司总督成了女王的总督，对一名英国内阁大臣负责。作为英属印度的体制框架，这一格局延续了 90 年。

这场叛乱由此改变了印度的历史，但只是推动它更坚定地朝着已经设好的方向前进。另一桩对印度具有同等革命效力的事实则是逐步发挥作用的。那就是与大不列颠的经济关系在 19 世纪的兴旺发展。贸易是英国次大陆势力的根基，也一如既往地决定着该国的命运。印度成为对华贸易不可或缺的基地是英印经济关系中的第一个重大发展。

其最大的规模扩张发生在19世纪三四十年代，当时由于一系列原因，进入中国变得容易了很多。大约同一时期，英国对印度的出口经历了第一次急速增长，尤其是纺织业，因此，叛乱发生之时，印度关系到重大的商业利益，相比过去的东印度公司，牵涉其中的英国人和英国商行要多得多。

此时，英印贸易的历程已与英国制造业霸权及世界贸易的整体扩张紧密契合在一起。苏伊士运河的开通使前往亚洲的货运成本得到巨额削减。到该世纪末，英印贸易额已翻了四倍不止，两国都能感受到贸易扩大化的效应，但对印度的影响是决定性的，因为倘若没有英国竞争所构成的障碍，他们的工业化进程也许会走得更为迅猛。因此颇为矛盾的是，贸易的增长反而拖延了印度现代化和告别过去的进程。但也有其他因素在推动印度的现代化。至该世纪末，在英属印度帝国所提供的体制框架和因此而得以实现的文化影响力的促进之下，现代化已成为印度存续不可或缺的条件。

19世纪早期，没有任何其他国家像英国那样将自己的帝国扩张得如此庞大，但法国人也在1815年余下的帝国基业的基础上收获颇丰。此后半个世纪，法国在其他地区的权益（例如西非和南太平洋）依然值得一提，但法兰西帝国复兴的首个明显标志出现在阿尔及利亚。奥斯曼苏丹在该地统治力的衰微令整个北非对欧洲帝国主义侵略者的扩张都不设防。在地中海东南沿岸一带，有人还提出了把土耳其人的国家解体的可能性。法国在该地区的利益点其来有自，可追溯至 821
该国18世纪在黎凡特的大规模贸易扩张。但更精确的界标应该是1798年在波拿巴率领下对埃及的远征，这是奥斯曼欧洲以外领土继承问题的开端。

1830年可以视为征服阿尔及利亚的起点，但并不确凿。此后发生了一连串的战争，直到1870年该国大体屈服为止，法国的敌人既

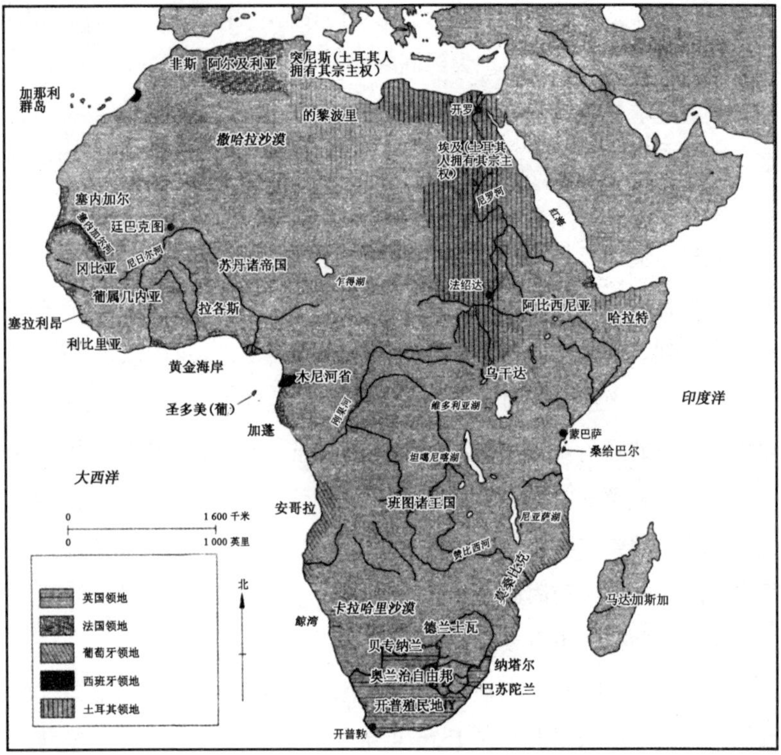

1880 年的非洲

有土著民，也有摩洛哥的苏丹。而这事实上开启了新一轮的扩张，因为突尼斯于 1881 年承认为法国的受保护国，从而成了法国人关注的目标。从此，欧洲移民开始涌入这些时而依附于奥斯曼的地区，规模
822 一直相当稳定，他们不仅来自法国，也来自意大利，后来还包括西班牙移民。这些移民在若干城市形成了数目可观的定居人口，使得法国统治的史话更为复杂和曲折。非洲裔阿尔及利亚人可能像阿兹特克人、美洲印第安人或澳大利亚原住民那样被灭绝或濒临灭绝的时代已经过去。不管怎么说，其社会更具韧性，经受过那个一度与基督教世界棋逢对手的伊斯兰文明的熔炼。但法国统治依然使他们承受苦痛，

特别是新土地法的引入打破了传统的土地使用方式，将农民完全暴露在市场经济的威力之下，从而变得更加贫苦。

在非洲最东面的沿海一带，首位不属于欧洲世界的现代民族主义领袖和伟人从埃及的民族觉醒中诞生，他就是埃及帕夏穆罕默德·阿里（Mehemet Ali）。他仰慕欧洲，力图借鉴欧洲的观念和技术，同时确保苏丹的独立地位。当他被苏丹召去为平定希腊人的叛乱出力时，穆罕默德·阿里萌生了夺占叙利亚的想法。这一举动构成对奥斯曼帝国的威胁，在19世纪30年代引发一场国际危机，法国则站在穆罕默德的一边。他们的企图并不成功，但在黎凡特和叙利亚地区追求利益的政策被法国沿用下来，并最终于20世纪换得了昙花一现的成果，表现为法国在该地区短暂的存在。

眼看英法两国趁着19世纪初期的大好机会收获颇丰，无疑是其他国家在1870年以后试图如法炮制的原因之一。但嫉妒心的刺激并不能完全解释各国在19世纪晚期的所谓“帝国主义浪潮”中表现出的非同一般的突然性和活力。到1914年，除南极圈和北极圈以外，全世界只有不到五分之一的土地没有服膺于欧洲或欧洲殖民国家的旗帜之下；在这些为数不多的地区中，只有日本、埃塞俄比亚和暹罗享有真正的自主地位。

世人对其原因进行了大量的争论。纯粹的实力积累显然是欧洲帝国主义的一方面。欧洲霸权以自身的实力为基础，因此越来越难以抗拒。帝国主义理论和意识形态只不过是欧洲世界对自身拥有的巨大力量突然醒悟的产物，是合乎逻辑的结果。例如，从实际角度出发，当医学界能够控制热带传染病、蒸汽船提供了更迅捷的交通，在非洲建立永久据点并深入内陆就变得更容易了；这片黑暗大陆长久以来一直是欧洲人感兴趣的对象，但探索活动直到19世纪70年代才开始具有可行性。由于这类技术发展，扩张能够促进和保护贸易投资的欧洲统治范围成为可能和诱人的事业。因为这类可能性而燃起的希望往往缺乏依据，结果也通常令人失望。不管非洲的“未开发地产”（一名英国政客出于想象的误导之辞）或是千百万一文不名的中国大众所构成的假想中的巨大消费品市场看起来多么诱人，各工业国最好的顾客和贸易伙伴依然是其他工业国家。曾经的或尚存的殖民地能比新占到的
823 领土吸引到更多的海外投资。在当时，英国资本大多流向美国和南美，法国投资者对俄国的喜好大于非洲，德国资本多流向土耳其。

另一方面，有很多人为经济前景感到激动。因为他们的缘故，帝国扩张总是存在一份随机因素，从而难以概括。不管是有心还是无意，探险者、商人和冒险家的行动多次导致政府获取更多地盘。他们往往是受人欢迎的英雄，因为这段欧洲帝国主义最活跃的时期也恰好是民众参与公共事务的程度提高最显著的时期。通过购买报纸、投票或在街头欢呼等形式，大众的政治参与度越来越高，而政治则把帝国主义竞争视为一种重要的民族竞争手段。新生的廉价媒体常常投其所好，给探险和殖民战争抹上戏剧化的色彩。有人还考虑，让国旗在更多新领土上空飘扬的遐想能够缓和社会不满，尽管相关人士明知这么做除了增加开支以外将一无所获。

但消极主义和利益驱动同样不是当时帝国主义的全貌。激励着部分帝国主义者的理想主义精神无疑使很多人的良心得到安慰。如果认为自己拥有真正的文明，就必然会觉得为了其他民族的福祉而实行统治是一份责任。吉卜林（Kipling）① 就曾用一首著名的诗篇敦促美国人挑起白人的责任而非战利品。

因此，以 1870 年以后不断变化的国际关系为背景，有多种各不

---

① 获得诺贝尔文学奖的英国小说家和诗人，此诗名为《白人的责任》（*The White Man's Burden*）。——译者注

相同的元素彼此交融，以自身的逻辑对殖民事务施加影响。其细节无需赘述，但有两个长期存在的突出主题。一是大不列颠——作为唯一货真价实的全球帝国，领地无处不在——与其他国家针对殖民问题所发生的争执是最多的。印度越来越上升为英国的关注焦点；他们为确保开普海角的航路和夺取新开通的苏伊士运河的控制权而占据非洲领地，而且频频对印度西北部和西部开阔地所面临的威胁感到紧张，这都表明了英国人对印度的关注。1870 至 1914 年间，除了俄国涉足阿富汗以及法国试图在尼罗河上游立足之外，没有任何可能令大不列颠与其他列强开战的危机是属于欧洲以外地区的。此外，英国官方也非常关注法国在西非和印度支那的扩张以及俄国在波斯地区的影响力。

这些事实点明了第二个延续不间断的主题。虽然欧洲各国为海外局势彼此争吵了四十多年、虽然美国与其中之一（西班牙）开启战端，但列强对非欧世界的瓜分是在令人吃惊的和平态势下完成的。824
1914 年伟大战争爆发时，三个彼此为帝国霸业争斗得最激烈的国家大不列颠、俄国和法国都站在同一阵营，海外殖民地争夺并不是冲突的起因。1900 年后，唯一一场由于两个欧洲大国对非欧地区的领土争议而导致的战争危机发生在摩洛哥，这也并非货真价实的殖民地争端，而是德国能否威慑住法国、是否惧怕后者得到别国支持的问题。1914 年以前，对非欧问题的争议实际上或许是好事，让欧洲人无暇顾及更为危险的欧洲本土对抗，反倒有利于维护欧洲的和平。

帝国主义对立有源于其自身的动力。当一个强国占得新的领土或殖民地，这几乎总会刺激别国去寻找更好的猎物。帝国主义浪潮以这种方式产生自激力。到 1914 年，其最令人震惊的结果可以在非洲看到。19 世纪早期，探险家、传教士和反奴隶制倡议者的活动已经培育出一种信念，认为欧洲人的统治向“黑暗大陆”的扩张应带来启蒙精神和人道主义的传播——也就是文明的福音。非洲沿海数百年的贸易历史已经表明，其内陆存在让欧洲人感兴趣的产品。开普殖民地的白人已经在朝内陆深处推进（他们往往是憎恨英国统治的布尔人）。这类事实构成了一种暗流汹涌的混沌状态，并在1881年爆发，一支英军被遣到埃及，以确保该国政府能够镇压一场民族主义革命，（英国人害怕）革命的成功可能威胁到苏伊士运河的安全。于是，欧洲文化的侵蚀力量——因为这是埃及民族主义的理念源泉——不仅让奥斯曼帝国的衰亡以轰轰烈烈的方式迈入下一阶段（当时埃及还是该帝国的一部分)，而且还开启了所谓“掠夺非洲”的进程。

英国人原本希望能马上把士兵撤出埃及，可到1914年他们还陷在那里。当时，埃及行政实质上由英国官员控制，英埃两国的统治范围已经向南深入到苏丹一带。同时，位于利比亚和的黎波里的土耳其西部省份已被意大利人占取（突尼斯为法属领地，他们无法染指那片地区，并为此耿耿于怀)，法国人则拥有阿尔及利亚，还能在摩洛哥予取予求，只有西班牙人立足的地方例外。摩洛哥以南至好望角一带的沿海地区几乎完全被英、法、德、西、葡、比所瓜分，只有孤零零的黑人共和国利比里亚是唯一的例外。空无一人的撒哈拉沙漠、塞内
825 加尔盆地和刚果以北大片土地都属于法国。刚果余下地区被比利时人占领，并很快勘探出非洲最丰产的几片矿区。再东面是英国领地，从开普往北一直延伸到罗得西亚和刚果边境。在东海岸，英国人的入海口被德属坦噶尼喀和葡属东非所阻断。一条带状的英国领地从肯尼亚港口蒙巴萨开始一路往北，穿过乌干达，直抵苏丹边境和尼罗河上游。被索马里和厄立特里亚（英、意、法三国统治）包围的是除利比里亚之外唯一依然保持独立的非洲国家埃塞俄比亚。他们的皇帝领导着这个信奉基督教的古老国家于1896年在阿杜瓦歼灭一支意大利军队，成为19世纪唯一一位能够凭借军事上的胜利避免殖民威胁的非欧洲统治者。其他非洲国家则无力抵挡，无论是法国人镇压阿尔及利

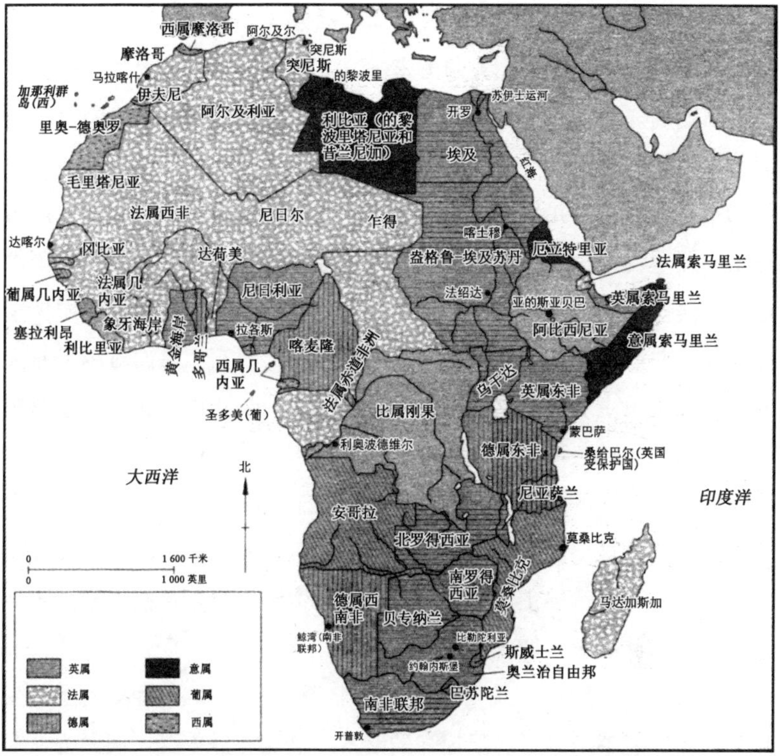

瓜分非洲：1914 年的欧洲统治区域（在埃及成为英国受保护国之后）

亚人 1871 年的起义、葡萄牙人（不无困难地）平定安哥拉在 1902 年和 1907 年两度爆发的叛乱，还是最令人发指的、德国人 1907 年在非洲西南部的埃雷罗角的屠杀行径，都无不表明了这一点。

这场欧洲势力的巨大扩张主要发生在 1881 年以后，非洲历史由 826
此转型。这是自伊斯兰教进入该大陆后最为重大的改变。欧洲使者的讨价还价、意外的发现和便利的殖民管理最终决定了现代化降临到非洲的方式。由于平息了部落间的战争，以及采用了哪怕只是初级的医护手段，部分地区的人口增长潜力得到释放。就如数百年前的美洲，新农作物的引入得以养活更多的非洲人口。然而，不同殖民体制造成了不同的文化和经济影响。殖民者离去后许久，各国——例如法国行政或英国司法实践已然扎根的国家——之间依然存在巨大的差异。整片大陆上的非洲人都找到了获取生计的新模式，通过殖民体制下的欧洲学校或福利学到了一些欧洲人的行事方式，他们的生活开始被白人的那一套所左右，并从中见识到可敬或可恨的别样事物。即使殖民者开始大加重视通过当地机构实行统治的方针之后——例如某些英国领地——这些影响力在新的背景下依然发挥着作用。部落和地方团体坚持自我，并成为非洲独立后的宝贵精神遗产，但它们要面对越来越大的、来自殖民主义下新体制的阻力。基督教的一夫一妻制、进取精神、新知识（在各种文化移植中，欧洲语言的移植最为重要，并开辟了非洲获取新知的渠道），都有助于新的自我认同意识和更显著的个人主义精神的最终成型。20 世纪的新一代非洲精英就是在这类环境下崛起的。不管帝国主义是好是坏，没有帝国主义，这些因素就永远无法施加如此有效、如此迅速的影响力。

相比之下，欧洲人几乎没有因在非洲的冒险事业而发生丝毫变化。欧洲人能够染指更易于掠夺的财富，这点诚然重要，但因为从非洲所得到的资源而使国家的未来发生改变的，也许只有比利时一例。有时，对非洲的剥削也会引发欧洲国家之间的政治对立；其影响力是 19 世纪后期某些征服者和冒险家的所作所为无法比拟的。比利时国王利奥波德对刚果的统治手段，以及葡萄牙属非洲的强制劳役都是声名狼藉的范例，但除此之外，欧洲人还借帝国权威之利疯狂剥削及掠夺其他非洲地区的丰富自然资源——包括人和物两方面，这种行径很快导致一场反殖民主义运动的爆发。部分国家征募非洲士兵，但没有送到欧洲服役，只有法国人例外，因为他们需要抵消德国人数量上的
827 优势。部分国家希望利用非洲吸纳移民以缓解社会问题，但非洲为欧洲人提供的定居环境非常复杂。南部有两片大型白人聚居区，英国人

后来又打开肯尼亚和罗得西亚的国门，两地都适合白人农民生息。除此之外，法属北非的城市中有欧洲人，安哥拉的葡萄牙种植园主也形成一个不断壮大的社群。而另一方面，意大利人将非洲作为移民安置地的希望遭到破灭，德国移民数量也微乎其微，而且几乎都属于暂居性质。部分欧洲国家——俄国、奥地利、匈牙利和斯堪的纳维亚诸国——则根本没有一人前往非洲定居。

当然，除了非洲之外，19世纪帝国主义史话中还有大量其他元素。太平洋的瓜分过程更平淡一些，但最终没有给这片大洋上的岛民留下一个独立的政治实体。英法俄三国在亚洲的地盘也大大扩张。法国人控制印度支那，英国人则为了印度的安全及交通而占据马来亚和缅甸。英法两强认为双方的领地之间应该有所缓冲，因此暹罗依然保持独立。基于确保印度安全的类似考虑，英国还远征中国西藏，凸显自身的霸权。其中大部分区域，就像俄国人的大片陆上扩张区一样，之前都承认中国的统治权或宗主权。两国的这段经历是中华帝国衰亡史的一部分，与奥斯曼、摩洛哥和波斯等其他帝国的式微平行发展，都与欧洲的影响有关，但中国的没落对世界史有着更重大的意义。“掠夺非洲”的局面一度仿佛将要重演，使该国也遭受被瓜分的命运。这段历史更适合放在别处讨论。眼下不妨一提的是，因为美国的参与，中国及太平洋一带的帝国主义浪潮也和非洲有着重大的差异。

在美洲这片美国人长期认为是上帝赐予他们的大陆之外，他们对帝国主义冒险始终怀有不安和不信任的态度。即便在该国最为倨傲狂妄的时期，帝国主义思想也不得不采取在欧洲不必要的遮遮掩掩、欲露还藏的表达方式。美国本身的立国就是对帝国主义强国叛乱成功后的产物。其宪法不包括任何统治殖民领地的条款，也始终很难想见有任何领土可以被该宪法所接纳，除非以设立一个具有充分权限的州为最终目标，更不用提让非美国人受美国人的统治。而另一方面，美国

19 世纪的领土扩张有大量与帝国主义几乎别无二致的元素，尽管当
828 时美国人也许不会承认这点，而将其笼统地定义为“昭彰天命”。[①]
1812 年的英美战争和该世纪中期的美墨战争是其中最明目张胆的例证。但他们抢夺印第安人家园的行径和门罗主义的称霸姿态也不能忽视。

美国的陆地扩张完成于 19 世纪最后十年。政府宣布过去一直存在的边境居住区已成为历史。此时，由于经济的不断增长，商业利益对美国政府具有重大的影响力，有时表现为经济民族主义和高关税保护政策。一些商业利益将美国公众的注意力导向海外，特别是亚洲。有些人认为美国面临着被欧洲各国排除在贸易之外的风险。美国与东方有着为时不短的渊源（第一支美国远东船队始发于 19 世纪 20 年代），如今这份联系正面临断绝的危险，一个新时代已经开启，随着加利福尼亚州人口的急速增长，对太平洋地区的关注也与日俱增。人们对于一条横贯南北美洲之间的运河津津乐道了半个世纪，这一设想于该世纪末得以实现，也引起了部分战略家的兴趣，他们秉持这样一种主张，认为美国可能需要建立海上缓冲带才能贯彻门罗主义的方针。

这一切趋势汇成一股对外扩张的洪流，至今依然是美国对外帝国主义扩张史中独一无二的范例，因为它一度抛弃了对于获取海外新领土的传统限制。其开端是 19 世纪五六十年代中日两国对美国贸易的日益开放，以及美英德三国对萨摩亚的共管（美国在 1878 年建立了海军基地并一直保有控制权）。随后的 20 年间，美国对夏威夷王国的干涉不断升级，始于 19 世纪 40 年代的保护权限日益扩大。大量美国

① Manifest Destiny，19 世纪时流行美国的政治警句，后来成为一个历史名词，指美国有神授天命，必然要对外扩张、散播民主自由的信念。——译者注

商人和传教士在那里扎根。于是，到 19 世纪最后十年，原本保护夏威夷人的善意被策划吞并该国的阴谋所取代。当时华盛顿已经在把珍珠港当作海军基地使用，但一场叛乱进一步导致海军陆战队的登岛。政府最终只能让步于美国岛民所掀起的声势，于 1898 年将短命的夏威夷共和国兼并为美国领土。

同年的哈瓦那港，一场神秘的爆炸案使美国巡洋舰缅因号沉毁，成了美国与西班牙开战的口实。这场战争有两方面的背景，一是西班牙长期无法平定古巴的叛乱，而美国人在那里拥有显著的商业利益，于是群情激愤；二是他们越来越意识到控制加勒比入海口的重要性，829
因为将来那里会有一条连通地峡的运河。在亚洲，美国人则协助菲律宾的另一场反抗西班牙人的起义。当美国取代西班牙、成为马尼拉的统治者，叛军把枪口转向过去的盟友，一场游击战就此爆发。这是美国摆脱其第一个亚洲殖民地的漫长而艰难的历程中的第一阶段。当时，鉴于中华帝国存在覆亡的可能，坚守不退看起来是华盛顿当局最好的选择。在加勒比海，西班牙美洲帝国的漫长历史终于走向终点。波多黎各转入美国之手，古巴以接受美国的控制为代价取得独立。1906 至 1909 年间以及 1917 年，美方势力两度以此条款为依据占领该岛。

这是美国帝国主义扩张的最后一波大潮的序曲。人们从 19 世纪中期就产生了兴建地峡运河的向往，苏伊士运河的完工更是增添了他们的信心。美国利用外交手段排除了英国人可能插手的障碍，一切看起来都顺风顺水，但 1903 年出了岔子，哥伦比亚人拒绝了一份为了获取运河区而向他们开出的协议。在将要成为运河通行区的巴拿马，一场革命正在酝酿。由于美国人的阻挠，哥伦比亚政府未能平息叛乱，全新的巴拿马共和国就此诞生，并投桃报李地向美国赠予他们需要的领地以及维持巴拿马秩序的干涉权。于是，运河的挖掘工作得以从 1914 年开始。能够迅速在两大洋之间调配船只的便利给美国的战略带来极大的不同。此外，这也是罗斯福总统提出的门罗主义“推论”所依赖的背景；当运河区成为西半球海上防御的关键，确保其政府稳定性和美国在加勒比海的主导权变得前所未有地重要。美国也很快就明显加大了对这些地区干涉的力度。

尽管动机和手法存在差异——例如，美国的新领土上根本没有永久性的美国定居点——但美国的行为可以被视为欧洲民族最后一波领土占领大潮中的组成部分。除了南美，几乎所有欧洲或欧裔国家都参与其中，就连昆士兰也曾试图吞并新几内亚。到 1914 年，英俄两国的国旗插满了世界三分之一的土地和海洋（当然，究竟有多少俄国领
830 土可算作殖民地并没有定论）。把俄国排除在外的话，1914 年的英国在本国领土以外统治着 4 亿臣民，法国有 5 000 多万，德国和意大利各有1 400 万左右；这种正式对外统治的规模是史无前例的。

不过，当时已经出现迹象，表明帝国主义在海外已成无源之水。虽然德国和大不列颠讨论过瓜分看似要步西班牙后尘的葡萄牙殖民帝国的可能性，但结果表明中国的现实状况令人失望，也没什么值得掠夺的对象。最有可能供欧洲帝国主义势力进一步扩张的对象是摇摇欲坠的奥斯曼帝国，1912 年，意大利人夺取的黎波里，次年，为反土而结成的巴尔干同盟又占领了该帝国几乎所有余下的欧洲部分，其灭亡看来已近在眼前。瓜分非洲没有引发大国之间的冲突，但奥斯曼问题的前景看来并不会如此风平浪静；毕竟对他们来说，此事牵扯到的重大利益问题要多得多。

第 7 章　亚洲对欧化世界的回应

眼光锐利的中国人也许能从耶稣会士在康熙宫廷所做的不合宜行 831
止中看出一些端倪，正是这些起初令人甘之如饴的行为，最终导致了他们的危机。一个多世纪间，这些才干出众的人士明智而审慎地努力取悦着东道主。起初他们只满足于学习中国的语言，甚至都不谈宗教。他们还穿起中式服装，据说给当地人留下了很好的印象。这些做法换来了极大的成果，然而传教工作也顿时失去了效力，他们接受中国的礼仪和信仰、传播中国化的基督教，导致教皇两度向中国派遣使节，意图阻止这种不成体统的变通。如果当时的人无法看出，至少历史学者能够发现，这表明欧洲人和其他入侵民族不同，或许不会最终屈服于中国的文化同化力量。

其中有一份传递给所有亚洲民族的讯息，揭露了欧洲文化的强硬态度。亚洲将要发生的一切（而且也已经成为现在时）甚至比这些新来者所具备的科学技术更为重要。这无疑比东方各帝国任何暂时或特别的弱点（例如中国本身的历史所展现的那些）更具决定性的效力。在康熙之后几位皇帝的统治下，清帝国已经开始走下坡；考虑到中国以往各王朝兴衰循环的模式，其缓慢而最终致命的衰亡本身并不令人惊讶。令清朝的命运与过往朝代不同的是，该王朝存续时间够长，足以确立统治的权威，然而又要面临一个比中华传统更强势的文化所带来的新威胁。经历近两千年的一成不变后，中国社会必须作出改变，而且并非缘于新一波蛮族征服者所强加的异族文化，这是破天荒的头一回。中国的革命即将开始。

任何18世纪的中国官僚都不可能预料到这一点。1793年，当马嘎尔尼勋爵[1]（Lord Macartney）提出平等外交和自由贸易的要求时，
832 中华上下数千年文明积淀而成的自信完全没有动摇。西方世界的第一次试探和侵入被成功地加以排斥或限制。英王乔治三世的使者[2]仅仅带回了礼貌但强硬的回绝，中国皇帝并不介意称他为“远在重洋”的“咨尔国王”。[3] 此外还嘉许乔治“特遣使恭赍表章，航海来廷”，并鼓励他“永矢恭顺”，这当然不会让敕谕的措辞显得更合人心意。

受过教育的中国人自然会产生文化和道德上的优越感，就像下个世纪的欧美传教士和博爱家，无意识地对想要服务的对象拿出了屈尊俯就的姿态。这体现了中国人的世界观，一切民族和国家都要向奉天承运的皇帝瞻觐朝贡，并理所当然地以为中国已经拥有一切最高等文明所需的物产和技术，只能容许在广州和欧洲人（在1800年可能有1 000人左右）开展有限的贸易，除此以外的任何关系发展只是一种浪费时间精力、迁就欧洲的做法。这种想法也并不十分荒诞。经过将近三个世纪的贸易往来后，只有机械玩具和钟表令中国人啧啧称奇，其他欧洲制造业产品没有赢得任何需求。欧洲对华贸易依赖于向中国出口白银或其他亚洲物产。如某位英国商人在18世纪中期一针见血地指出的那样：“东印度贸易……消耗了我们的金银，输出的产品或制造业产能却微乎其微，反而输入了做工精湛的商品，阻碍了我们自己生产的产品的消费。”

但以回顾历史的眼光来看，不管中国朝廷对自身内部体制和文化优越性拥有多么巨大的自信，当时依然存在某些预示着未来困境的征兆。秘密结社和密教崇拜一直在煽动排外式的民族仇恨，并且依然有

---

① 英国派往清朝的第一名使节。——译者注
② 即前文提到的马嘎尔尼勋爵。——译者注
③ 引自乾隆《奉天承运皇帝敕谕英咭利国王》。——译者注

其生命力，甚至更为茁壮。无法抑制的人口激增给这些组织带来了新的支持者；人口在一个世纪间翻了一倍不止，于 1850 年达到 4.3 亿左右。因为能够增加的土地极为有限，耕地压力显著激增，年景每况愈下，大量农民的生计变得越来越悲惨。18 世纪七八十年代出现过危险的信号，就和过去那些屡屡标志着王朝衰落的暴动一样，大规模起义打破了此前一个世纪的国内和平状态。下个世纪早期，暴乱变得更加频繁、更具破坏力。雪上加霜的是，经济状况的恶化也伴随而来，银价飞涨，而赋税又必须用白银缴纳。大多数日常交易（包括工 833
钱的支付）都使用铜钱，所以给本就困苦不堪的穷人增添了难以承受的重负。但这似乎并不算致命的问题，也许只有对朝廷除外。一切都没有脱离中国传统的历史循环模式。朝廷只需要地主乡绅依旧保持忠诚，即使不然，虽然清朝或许将被推翻，但没有理由怀疑另一个朝代不会按部就班地取而代之，重新获取他们的效忠，并保留中国那一成不变的帝制格局。然而这一次，因为 19 世纪西方蛮夷的威胁带来了驱动和能量，历史的进程将有所不同。

银价飞涨本身就是与外部世界的关系发生变化的结果，不到几十年，马嘎尔尼所得到的回复便成了一纸空文。1800 年前，除了白银之外，西方拿不出任何中国所需要的东西，但这一局面在 19 世纪接下来的 30 年间成为过去式，其原因很大程度上在于英国商人终于发现了一种中国人想要而印度可以供应的商品：鸦片。向中国销售这类毒品（尽管起初受到一定限制）的大门是远征舰队轰开的，但奠定中西方关系根本变化的是始于 1839 年的“鸦片战争”在 1842 年终战时的一纸条文。广州的贸易垄断和外国人的朝贡身份一同被取消。一俟英国人踢开了对中国开展贸易的门户，其他国家也纷纷拾阶而入。

无意之间，维多利亚女王政府掀起了中国的革命。19 世纪 40 年代是长达百年的乱世的开端。这场革命将慢慢展现出两方面的排斥力，不仅针对外国人，也针对中国往日的大量传统。前一种抵制日益表现为属于进步阵营的欧式民族主义模式和论调。由于传统体制框架无法包容这类意识形态的力量，当中国人力求排除现代化和奋发图强的阻碍时，它们最终将敲响体制的丧钟。鸦片战争结束一个多世纪之后，中国革命最终永久地埋葬了一套数千年来构成其生活基础的社会体系。但旧中国的大量元素在当时已经不复存在，而且，中国的困境在当时也已经成为一场波及范围更广的动荡、一场亚洲与西方的百年之战的组成部分，而20世纪早期正是这场战争的转折点。

但这些效果只是慢慢成形的。起初，西方对中国的蚕食通常只造
834 成单纯的、排外的敌意，就连这种情绪也不是无所不在的。毕竟，在一段较长的时期内，只有极少数中国人对异邦人的出现感到直接或明显的担忧。有些人（尤其是参与对外贸易的广州商人）甚至还努力地迎合他们。城镇暴民和农村地主的反英情绪是敌意的来源。一开始，官僚们并没有把它当成一场全方位的危机：这只是帝国黎民百姓对某种毒品上瘾的问题。尤其使他们蒙羞的是该问题揭示出的本国国民及行政体系中的弱点；鸦片贸易涉及大量贪赃枉法、丑恶腐败的勾当。他们起先没有看到未来将要面对更深刻的问题——即整个社会的体制将遭受质疑，也没有感受到文化上的威胁——中国过去也经历过失败，但其文化一直毫发未伤地存续至今。

19世纪40年代，清朝政府不得不承认传教活动的合法性，这是更深刻的危机到来的第一个征兆。尽管依然受到限制，但传教的合法化显然有损于传统的维护。有些受儒家思想浸淫的官僚感觉到其中的危险，在民间激起反对传教的情绪——传教士成为易受攻击的对象——令19世纪五六十年代发生大量反教骚乱。这种表达情绪的方式往往使情况变得更糟。有时外国领事也会被卷入，偶尔还有炮舰被派去平乱。中国政府为此外递歉书、内惩罪人，在民众心目中的威望

屡屡受损。同时，传教士们传扬着中国传统所陌生的个人主义和平等 835
主义，提供使人们趋之若鹜的经济和社会利益，以更直接和循循善诱的方式不断蚕食着传统社会的根基。清朝政府无法肃清基督教，这种无能有力地表明了其力量的局限。

中国的衰亡过程也受军事和海上力量的直接推动，被武力进一步强加妥协。但中国的回应也愈发显得意义不明。官府对夷人的到来并不总是持抵制态度。这些外国士兵对朝廷未必没有价值，首先有此想法的是洋人周边地区的地主乡绅，随后北京政府也意识到这一点。社会动乱正在不断滋生，中国正步入一个周期性的、整个人类史上最为壮大的农民起义阶段。把这股力量的矛头完全引到洋人身上是不可能的，它总会威胁到现有体制。该世纪中期，流寇、邪教等耳熟能详的症候在各地大量涌现。19 世纪 50 年代的“红巾军”虽被镇压，但让官府付出了沉重的代价。此类麻烦令当局坐卧不安、四处救火，无力抵挡西方世界步步进逼的獠牙。对土地的渴求是这些声势浩大的暴乱最根本的起因，其中最重要和具有决定性的是从 1850 年延续到 1864 年的太平天国起义，但称之为一场革命更为合宜。

这场浩劫夺走的人命比第一次世界大战的全球总和更多，其核心是传统的农民起义。歉收和一系列自然灾害对其爆发起到了推波助澜的作用。对土地的渴求、对苛捐杂税的憎恨、对上流社会的妒忌和对满人的民族憎恨（尽管几乎看不出有何实际意义，因为从事帝国行政工作的大部分官僚当然都是汉人）共同构成了起义的动机。这场动乱还具有地方色彩，源于南部，但发起者是一小批来自北方、被孤立的定居者。起义的背后存在一些新的特征，其中之一是叛军领袖洪秀全对基督教的美国新教分支相当熟稔，虽然不乏迷信色彩，但依然使人侧目，这令中国人和欧洲人都无法给动乱的本质作出定义。因此，他不仅以孝道和虔敬为新的关注点重新编写了摩西十诫，而且还谴责对其他神灵的崇拜、打破偶像、宣称要在地上建立上帝的王国，另外还推行其他与基督教有关的举措。他曾在出身寒门的中国人获取功名的科举考试中名落孙山，因此觉得自己被所属的文化抛弃。这是一场旧
836 中国并不陌生的周期性农民暴动，并没有脱离那个熟悉的框架，但其中有一份新的意识形态在发生作用，并表现出对传统文化和国体的颠覆力。太平天国的部分对手立刻察觉到这一点，不仅把这场运动视为社会层面的挑战，也视为意识形态上的挑战。因此，可以把太平天国起义看作西方打乱中国传统秩序的过程中的一场划时代的事件。

太平军起初取得了一系列辉煌的胜利。1853 年，他们已占领南京，洪秀全自封为“天王”，并在此开国立朝。北方朝野为之惊动，然而这就是他们所取得的最大成果。1856 年后，革命军开始转入守势。尽管如此，太平天国还是颁布了重要的社会变革方案（并得到后世的中国共产党人的赞扬），而且，尽管完全不清楚这些政策的有效范围乃至受欢迎范围究竟有多广，但的确对意识形态观念造成了实实在在的颠覆效果。太平天国社会的基本原则不是私人财产制，而是满足一般需求的集体供应制。土地理论上应分成小块分配，按品质分级，向众人提供公平的份额。更为革命的是，太平天国还宣布女性也拥有社会和教育平等。传统的裹脚习俗被禁止，某种程度的禁欲风气也体现了该运动的追求（尽管“天王”本人并不收敛）。这一切都体现出宗教和社会元素的混合，是太平教的根本所在，也对传统构成威胁。

起初，清朝军队因为败在欧洲人手里而士气低下，中国的中央政府对偏远地区又往往鞭长莫及，两者都使太平天国运动从中得益。随着时间的推移，清军得到了更得力的将领（有时是欧洲人），太平军的弓箭长矛就不足以对抗了。洋人也开始觉得这场运动是一种威胁，但在与太平军对阵的同时一直保持着对朝廷的压力。大不列颠与中国

签下条约后，法美也如法炮制，使基督教传教活动得到容许，并开始争取由领事和混合法庭负责审理洋人案件的领事裁判权。太平天国运动的威胁令清政府作出更多让步，开放更多中国口岸供外国贸易之用，让洋人掌管中国的海关，给鸦片销售赋予合法地位并向俄国割让后来海参崴落成所在的省份。因此，中国人在 1861 年决定成立一个全新的外交事务部门也就完全不足为奇了。那个全世界都认可“奉天承运”的皇帝、应该向中华帝国的宫廷进贡的老朽神话也就此破灭。

最后，外国势力加入反对太平天国的阵营。很难说终结这场动乱 837
是否离不开他们的帮助，因为当时太平天国运动无疑已经在走下坡路。1864 年，洪秀全亡故，随后南京很快被清军攻占。这是属于中国传统的胜利：封建地主官僚的统治再一次顶住来自下层的威胁，得以延续其生命。尽管如此，历史已经走过了一个重大的转折点。这场动乱指出了一条革命的方向、宣告了一种新的威胁的诞生：对尊崇孔教的中国传统具有严重颠覆力的外来意识形态也许能令农民起义这一推翻统治的古老手段如虎添翼。太平天国动乱的终结也没有带来国内的和平；从 19 世纪 50 年代中期开始、直到 70 年代后期，西北和西南地区一直有规模浩大的回民起义运动，其他叛乱也层出不穷。

突然之间，中国在西方蛮夷面前变得更为弱不禁风。大片土地在战火中荒芜；军阀在很多地方坐大，对官僚机构的掌控力构成威胁。就算人口的极大损失多少有助于减少土地所承受的压力，这一效应可能也被朝廷权威和声望的跌落所抵消。由于受这些不利状况的压迫，清朝早就别无选择地对西方列强作出让步；1856 至 1860 年间，英法势力每年都与中国发生摩擦。1861 年，两国与清朝签订条约，向西方商人开放的“通商口岸”增加到 19 个，常驻英国使馆也在北京设立。同时，俄国借英法得势之机获得了整条中俄边境的贸易开放权。此后还会有更多的让步。显然，曾经拔掉游牧族入侵者獠牙的方法不太可能对自信满满的欧洲人起效，其意识形态保障和不断拉大的科技优势能够保护他们免受中华文明的诱惑。罗马天主教传教士获得购置土地和兴建楼宇的权利后，基督教与经济渗透发生了联系；没过多久，保护皈依者的愿望使他们插手干涉有关公共秩序和治安的内政事务。中国主权缓慢但不间断的沦丧是不可能遏制的。虽然从未正式成为殖民地，但中国开始沦入某种程度的被殖民状态。

此后，中国国土在该世纪余下岁月中逐步沦丧。俄国人在 19 世纪 70 年代夺取伊犁河流域（但后来又归还其中的很大一部分），此后十年间，法国人在安南扶植起一个傀儡政权。中国对周边国家松散但历史悠久的宗主权被横扫一空；法国人开始侵吞印度支那，英国人于 1886 年兼并缅甸。最沉重的打击来自另一个亚洲国家。在 1894 至
838 1895 年的战争中，日本人夺走台湾和钓鱼岛，而且中国不得不承认自 17 世纪以来一直纳贡的朝鲜取得独立。日本人的成功引来了其他列强的进一步蚕食，俄国人率先发难，夺占旅顺口。英法德都在该世纪末强迫清政府签下若干港口的长期租约。在此之前，比其他欧洲人来得更早的葡萄牙人已经将他们对澳门的租借变成了赤裸裸的占领。就连意大利人也来分一杯羹，尽管没有得到任何实质性的利益。早在这一切发生之前，西方列强已经强迫清政府作出妥协、提供借款、签订协议，以此保护和促进其自身的经济和财政利益。所以毫不奇怪的是，该世纪末的一名英国首相会把国家分为两类，即“生存的和死去的”，中国被视作后者的突出范例。政客们开始谋划瓜分中国的方案。

19 世纪临近尾声时，很多中国知识分子和官僚开始明白，传统秩序能够产生的能量不足以抵抗这些新来的蛮夷。因循古法的尝试以失败告终，新的潮流开始涌现。清朝政府内出现一批“洋务派”，认为西方思想和发明也许不无裨益。其领导者以彼得大帝及同时代的日本改革家所取得的成就为依据，后者的例证更具说服力，因为日本在

1895 年的战争中显现出相对中国的优越性。虽然这些未来的改革家有意为儒家学说加以净化、注入活力，但依然不希望动摇孔教的根基。他们是地主阶级的成员，并赢得了皇帝的认可，得以在传统体制框架和权力机制下开展工作，在无损于中国文化和意识形态基础的前提下推行行政和科技革新。

不幸的是，这意味着 1898 年的百日维新（这一短暂的改革所得到的称号）几乎从一开始就陷入宫廷政治的漩涡，卷入皇帝和慈禧太后之间的对抗，更不用提汉人与满人的敌对关系。虽然颁布了一系列带有改革性质的圣旨，但很快就被太后发动的政变所推翻，皇帝本人也被软禁。改革失败的根本原因在于改革者的政治手段相当幼稚，从而激起了反对派的行动。然而，尽管遭受失败，他们毕竟迈出了重要的第一步。这必将成为极大的刺激，促使中国人对国家和民族的未来进行更广泛、更深刻的思考。

不过在当时，中国似乎又走回了老路，以更老套的手段来应对外部威胁，作为一段夸张的插曲，“义和团”运动就表明了这一点。这 839
场运动本质上是故步自封、盲目排外的民众暴乱，但被慈禧太后加以利用，得到了官府的鼓励。拳民杀害传教士和信徒，刺杀德国大使，还围攻北京的外国公使馆；他们的行为再次揭示了中国存在随时可资利用的、对洋人的恨意。然而，他们的行为也表明旧制度完全指望不上，因为该运动由组织中最保守的势力主导，而非寥寥无几的改革派成员。义和团运动最终被外来军事干涉力量所镇压，成为有史以来第一次所有列强在同一指挥体系（统帅是一名德国人）下联合行动的范例，也令中国蒙受了又一次外交上的耻辱；清廷被迫向洋人交出海关控制权，用来支付这场动乱的巨额赔偿金。

义和团运动的终结令中国陷入更为动荡的境地。改革已经在 1898 年失败，反动势力控制着国家的未来。也许革命是唯一的出路。

经历过整编、接受过西方军事培训的部分军官开始思考这一问题。流亡中的学子也早就开始会面和探讨国家的未来，这类活动在东京最为活跃。日本乐于支持有利于削弱邻国的颠覆运动；1898 年，他们创立“东亚同文会”，打出“亚人治亚”的口号。在中国青年激进派眼里，日本人极富威望，作为亚洲人，他们挣脱了传统的桎梏，没有像印度那样被落后的传统拖入深渊，而中国当时也快要被吞噬，日本却能够以平等的立场面对西方。另一些学子在别处寻求支持，还有一些求助于历史悠久的秘密社团。其中有一位名叫孙中山的青年。尽管他的成就往往被后人所夸大，但毕竟发起了整整十次革命尝试。19 世纪 90 年代，他和同仁们的要求仅仅是成立立宪君主制政府，但在当时，这是一项非常激进的主张。

不满的流亡分子得到海外华商的支持，他们的数量不少，因为华人一直非常擅长做生意。1905 年，在这些商人的帮助下，孙中山在日本成立了名为兴中会的革命团体，以驱除鞑虏、恢复中华、创立民国和平均地权为目标。兴中会打算与洋人和解，在当时的局势下，这是明智的举措。其纲领体现出受西方思想家影响的痕迹（尤其是英国激进主义者约翰·穆勒［John Stuart Mill］和美国经济改革家亨利·乔治［Henry George］）。西方再次为一场中国的改革运动提供了激励和部分理念武装，中华民国的执政党最终将从这场运动中崛起。

840 不过，兴中会成立的意义也许不如同年的另一事件来得重要：传统科举制度的废除。科举制度的选拔方式为官僚体制提供了内部的一致性和凝聚力，比任何其他制度都更有力地承载着中国文明的传统。其消亡是一个缓慢的过程，但中国大众和特权统治阶级之间的差异终于不复存在。同时，留洋归来的学子不满于他们的所见所闻，而且无须参加科举考试就能进入政府，不必为环境改变自己，从而造成了颠覆性的深远影响。他们大大加快了中国社会受西方思想影响的速度，再加上一支现代化军队中的士兵，越来越多的人认为革命就是前方的出路。

慈禧太后和傀儡皇帝相继死于 1908 年，此前已经发生过多起革命。时局的发展带来了新的希望，但清政府的改革步伐依然迟滞不决。清廷作出了重大的原则性让步，支持更多的学生出洋深造，但也无法与过去彻底决裂，又不能放弃任何属于满族人的帝国特权。也许对清朝政府是无法提出更多的要求了。到 1911 年，局势已经变得相当恶劣。地主阶级显露出失去凝聚力的迹象：面对颠覆势力，他们不再像过去那样支持官府。朝廷内部存在几乎僵持不下的派系斗争，清王朝只能有效控制一部分中国领土。汉口的革命指挥部在 10 月因意外暴露，于是匆忙发动起义。当年早些时候，革命派已经发起过几次暴动，但都遭到不同程度的镇压，而这一仓促之举却取得了成功。当时身处美国的孙中山也吃了一惊，他的名号曾被之前的起义者所借用。

政府军事领导人的倒戈决定了革命的进程。其中最重大的事件是袁世凯的倒戈，当他掉转枪口，清朝的失败就已经注定。“奉天承运”不复存在，1912 年 2 月 12 日，时年 6 岁的清朝末代皇帝被废。以孙中山为临时总统的共和国当时已经宣告成立，一个崭新的民族主义政党很快在他身后成型。3 月，他将总统职位让予袁世凯，以此承认新共和国权力的真正归属，并开启了中国政治的新篇章——位于北京的中央政府支持宪政，但各地军阀才是中国实质上的控制者，双方的对抗成为中国政治一下阶段的主题。在成为现代意义上的民族国家之前，中国依然有很长的路要走。不过，这个国家已经迈上了长达半个 841
世纪的征程，最终将恢复 19 世纪丧于洋人之手的独立地位。

对于一名眼力不深的观察者而言，面对来自西方的挑战，19 世纪初的日本不比中国更有成功的把握。该国所显示出的一切都带有根深蒂固的保守痕迹。然而，自从幕府成立以来，很多状况都发生了改变，而且更深刻、更迅速的变化即将来临的征兆也已经出现。矛盾的是，德川幕府本身所取得的成功是造成变化的一部分原因。这一时代为日本带来了和平，其明显后果之一是令日本的军事体制变得过时而低效。武士们显然属于寄生阶级；作为战士，他们只能无所事事地聚集在所属大名的城堡内，空事消费而不事生产，造成社会和经济上的难题。漫长的和平时期还导致生产力的激增，对德川幕府时代造成了极为深远的影响。日本当时已经是具有一定发展水平的多样型社会，具备货币经济，其农业萌发了对旧有封建关系造成冲击的准资本主义体制萌芽，而且城市人口也在增长之中。幕府末年，日本最繁华的商业中心大阪有三四十万居民，东京人口可能已突破 100 万。自 17 世纪以来，金融和贸易格局的规模和复杂程度都获得极大增长，为这些大型消费中心提供了存在的保障。这些地方欣欣向荣的景象对商贩低人一等的陈旧观念发出了无声的嘲笑。甚至连他们的营销技巧也是现代式的；早在 18 世纪，三井家族（两个世纪后依然是日本资本主义经济的一大支柱）就向因下雨困在店内的顾客赠送饰有自家商标的雨伞。

有很多此类变化为新财富的创造奠定契机，而幕府并没有从中获益，很大程度上是因为其需求的增长依然保持着原有的步调，无法从改变中获得好处。幕府的主要财政收入来自各大名上缴的米税，其税率一直固定不变，按 17 世纪的生产水平估算制定。因此，耕种和土地开垦水平的提升带来了新的财富，但增加的财富没有表现为税率的提升，而是保留在富农和村长手里，从而加大了农村的贫富差距。贫农经常被迫进入城镇的劳力市场，这是封建社会解体的又一个标志。幕府大量铸币，令城市的通货膨胀更加严重，只有商人能活得滋润。
842 最后一次经济改革的尝试在 19 世纪 40 年代遭受失败。大名的财力日渐窘迫，使手下失去信心；德川幕府末期，部分武士开始涉足他们所不擅长的贸易领域。大名的税收所得依然和 17 世纪的前辈一样，一文不名、对时局不满的浪人随处可见——还有一些名门家道中落，只能回忆往昔与德川家族平起平坐的时光。

由于对西方思想的封闭早已不是铁板一块，可能引发社会动荡的暗流变得更为凶险。一些书籍通过对荷兰开放的一小片通商口岸进入日本，使若干博学之士产生兴趣。在技术的接受能力上，日本与中国有着很大的差别。“日本人才思敏锐，对所见到的一切都能迅速加以学习。”一名 16 世纪的荷兰人如是说。他们很快掌握并利用欧洲火器的优势——而中国人从未这么做，并开始自行大批量生产。他们仿制欧洲钟表，而中国人则视之为玩具。他们渴求来自欧洲的知识，没有被自己的传统所局限，而中国人却深陷其中不能自拔。大名的采邑内设有显赫的学府或“荷兰学术”研究中心。幕府本身也批准翻译外文书籍，对于日本这个文化普及率如此之高的社会，这是意义重大的举措，因为幕府时代的教育实在太过成功：就连年轻武士也开始探求西方的思想。这个岛国相对较小，交通状况也不错，便于新思想的流传。所以，当突然面对前所未有的、来自西方的新挑战时，日本的境况就不像中国那般糟糕。

西方与日本接触的第一阶段终于 17 世纪，只有少数荷兰人被允许在长崎岛上从事贸易。欧洲人还无法对这一结果发起挑战。19 世纪 40 年代，中国的命运表明这种状况不会一直持续下去，部分日本统治者看在眼里，危机感不断提升。欧洲和北美人都对打开亚洲贸易的大门产生了新的兴趣，也具备了无法抵抗的新力量。荷兰国王警告幕府将军，闭关锁国的政策将不再现实。但关于抵抗和妥协究竟何为上策，日本大名之间并没有达成一致意见。最后，美国总统在 1851 年派海军准将佩里去打开日本的国门。第一支驶入日本海域的外国船队在他的率领下于 1853 年抵达江户湾。次年，佩里再次来袭，并让幕府破天荒地与外国列强签下一系列条约。

843 以儒家的眼光来看，佩里的到来是幕府末日将临的征兆。毫无疑问，有些日本人也是这么看待的。但幕府并没有马上灭亡，面对入侵者的威胁，他们在若干年内的反应显得混乱而不统一。日本统治者没有直截了当地推行彻头彻尾的妥协政策（也没有驱逐国外势力的进一步尝试），这个岛国未来的方向直到 19 世纪 60 年代中后期才确定。不过，在数年之内，西方还是取得了以一系列所谓“不平等条约”为体现和象征的成果。贸易特权、西方居住者的治外法权、常驻外交代表和限制日本鸦片出口是美、英、法、俄和尼德兰从日本赢得的主要让步。此后，幕府很快走到了穷途末路；无力抵抗蛮夷是促成其倒台的因素之一，另一因素是两大封建势力的严重扩张威胁，他们借鉴西方军事技术，力图用一套亲手控制、更有效和中央化的体制来取代德川幕府。德川幕府和敌对派之间爆发冲突，但随之而来的并不是向混乱和无政府状态的倒退，而是天皇权力的复归和新政体的建立，即始于 1868 年的明治维新。

天皇在当了数百年有名无实的装饰品之后重掌实权，随后，民众广泛接受改革自新的革命主张，其中最大的动力来自一批最有学识的日本学者，他们热切地渴望逃离相对西方“可耻的低人一等”的状态，这种状态可能令他们落入与中国和印度相同的命运。19 世纪 60 年代，幕府和若干藩属已经向欧洲派出好几批使节。攘夷的骚动平息下来，以便向西方学习其强大的秘密。其中存在一种悖论，就和一些欧洲国家的情况一样，根植于保守主义社会观的民族主义将会为捍卫传统而发展自我，到头来却使传统大量消亡。

皇宫迁至江户，作为开启明治“维新”和日本重生的象征；而废除封建制是第一步，也是不可或缺的第一阶段。四大藩自愿归顺天皇、交出领地，令这一原本困难而血腥的工作得以轻易完成，并在一篇交给天皇的呈文中表明了自己的动机。呈文中说，他们是将本就属于天皇的东西交还，“以利政行一统，方可与举世之国同侪”。这是一种爱国道德观的朴素体现，正是这份道德观激励着此后半个世纪的日本政府，也在这个文化高度普及的国家广为传播，使地方政府可以让 844
民众对举国目标的接受程度达到别国不可能达到的高度。诚然，这类表现在其他国家也并不罕见。日本所特有的，是看到中国的命运所带来的紧迫感、日本社会与道德传统对该理念感情上的支持，以及天皇本人可以成为现有体制合乎道义的、不仅仅执着于守成的权威这一事实。这些条件促成了一场日本式的光荣革命：由保守派发起的革命开启了激进变革的道路。

日本以极快的速度借鉴了西方政府和社会的大量体制元素。县级行政结构、邮政、日报、教育部、征兵制、第一条铁路、宗教宽容和改换阳历都在明治维新的前五年实现。地方政府的代议制体系在1879年设立，十年后，一个两院制的帝国议会在新宪法下成立（并已为上议院的组织准备了一批贵族）。事实上，鉴于宪法行文中强烈的权力主义倾向，这套体制并不如表面上看来那般革命。大约同一时期，创新的激情也开始显露端倪；对西方事物的狂热期已过，这种热情直到20世纪后半才在日本重现。1890年，帝国政府发布《教育敕语》，被日本辉煌时代的几代学子所诵读，向他们注入了传统儒家式的忠孝意识、服从精神和必要时为国家牺牲自我的觉悟。

旧日本的大部分元素——也许是最重要的部分——都在明治维新中保留了下来，而且仍然有非常明显的存在感；这是现代日本成功的秘密之一。不复存在的部分也很多。尽管政府以公债的形式为大名提供了慷慨的补偿，但封建制度再也无法复辟。该国走上新道路的另一个突出表现是旧阶级体系的废除。可以看出，明治政府为取消武士特权下了不少功夫，部分武士可以从他们所获得的新机遇中得到补偿，例如新的官僚体制、从事生意——不再是下贱的行当——以及现代陆军和海军。在创建这些机构时，日本借鉴了国外的制度，因为他们希望使用经实践证明的优秀体制。普法战争后，他们逐渐抛弃法国的军事顾问，开始沿袭德制；英国人则为他们的海军出谋划策。日本青年被派往海外求学，了解西方的卓越和咄咄逼人的强大背后的其他秘密。在这批青年及其长辈中，有很多人展现出了令人难以不为之动容
845 的热忱，他们的成就也使人无法不为之侧目，远远超越了日本当时的水平。部分最具热情和决心的改革活动家被称为维新志士，并激励了印度、中国等亚洲各地的后世民族主义领导人。直到 20 世纪 30 年代，他们的精神依然鼓舞着当时的日本年轻军官，掀起最后的、最具破坏力的帝国主义侵略浪潮。

作为衡量改革家成果的指标，经济成就是最粗略的一种，但确实非常震撼。他们比在幕府时代的和平所造就的经济基础上有进一步提高。这不光包括借鉴西方科技和经验、确保日本释放出一波没有任何其他非西方国家能成就的增长高潮。该国还幸运地拥有大量将利益动机视为天经地义的企业家，也无疑比中国等其他亚洲国家更富裕。另外，抑制通货膨胀、解除令日本难以发挥全部潜力的封建桎梏也是实现这一伟大迈进的部分原因。农业生产力的进一步提升是变化来临的第一个标志，不过从中获益的农民少之又少，他们在 1868 年占总人口的五分之四。通过扩大水稻用耕地和提高土地的耕作密集度，日本得以养活了 19 世纪不断增加的人口。虽然其他财政来源所占份额的提升令政府对土地税的依赖有所降低，但农民依旧是这个重获新生的国家中负担最重的那部分人。直到 1941 年，日本农民依然没有从现代化中得到多少收获。他们落后于其他阶级，仅仅一个世纪前，其祖先在预期寿命和收入上还与英国农民大体持平，但才到 1900 年，这

种描述就远远不能反映事实了。日本的非农业资源很少。节节升高的土地税成为国家产业投资的来源。消费水平一直不高，虽然还没到斯大林时代的苏联工业化时期那般痛苦的地步。较高的储蓄率（1900年为12%）令日本不用依赖外国贷款，但同样抑制了消费。扩张政策的好处一目了然：到1914年，日本已具备现代化的基础设施、国产化的军工、在外国投资者眼中通常较高的信用等级，并完成棉纺及其他纺织业的大幅扩张。但上文也表现出了该政策不利的一面。

到头来，日本不得不为这些成果付出沉重的精神代价。他们甚至在学习西方的同时也依然保持排外。儒家学说的“外来”宗教影响，乃至最早的佛教都遭到日本国教神道教教徒的攻击，早在幕府时期，他们就开始强调天皇作为神祇化身的地位。忠于天皇成为大 846
和民族关注的焦点，取代了新宪法所体现的原则主张，如果不是那样的文化背景，日本宪政原本是可能朝着自由主义的方向发展的。该政体的特征更多表现为帝国警察的镇压行动，而非自由化的制度。然而，鉴于明治维新时代的政治家所面临的两项重大使命，事实上很难找出不倚重权力主义的办法。经济现代化并不是指现代意义上的经济规划，而是政府的强力措施和严厉的财政政策。另一个问题是秩序。曾因无力抵抗来自边境的威胁而一度失势的皇室现在又遇到了新的危机，因为并非所有保守派都能说服自己接受新的国家模式。麻烦的源头之一是心怀不满的浪人——即没有主人可依附的武士。另一源头是农民的悲惨境地；明治时代头十年发生的农民起义达将近两百起。[①] 在1877年的萨摩藩叛乱中，政府的新式征兵制军队展现出了高出保守派一筹的实力。这是最后几场反维新叛乱

① 原文意为“好几打”，不合中文语境，经查证为190余起，故如此改动。——译者注

之一，也是保守派的最后一次大规模反扑。

武士中的不满分子逐渐把精力投入到新政府的工作当中，但这对日本来说只能算是喜忧参半。他们在特定领域的国民生活中强化了刚硬的民族主义精神，最终使日本走上对外侵略的道路。在第一时间，这份精神不仅倾向于表现为对西方的憎恨，也会表现为直接针对毗邻亚洲大陆的侵略野心。明治维新之后，日本国内的现代化进程和对外的军事冒险往往彼此掣肘，但从长期来看，两者的方向是一致的，即帝国主义。群众和民主运动尤其能感受到帝国主义的压制。

中国最终成为日本帝国主义侵略的受害者，相比于西方各国所施加的苦痛，其亚洲同胞带来的折磨要严重得多。起初，日本只构成间接的威胁。欧洲人动摇了中国对周边藩属国的统治地位，势力范围覆盖缅甸、印度支那等，日本也采取了同样的行动，进犯长久以来一直向北京纳贡的古国朝鲜，从那里对中国本土发起威胁。日本对该地的利益诉求由来已久。其部分理由属于战略层面；在对马海峡，日本到亚洲大陆的距离是最短的。但日本也对俄国可能存在的远东扩张野心有所顾虑，尤其是中国东北一带，并担心中国无力抵挡。他们于1876年对朝鲜公然采取行动；在陆海军联合进逼（就像欧洲对中国、佩里对日本所发动的行动一样）的威胁之下，朝鲜同意对日本开放三个港口并互派外交代表。这是对中国的挑衅，日本对待朝鲜的方式与对待独立国家无贰，并直接与其谈判，将宣称对朝鲜握有主权的清廷视为无物。有些日本人甚至想得到更多。他们还记得日本过去对朝鲜的入侵和在沿海成功开展海盗活动的历史，并觊觎该国的矿产和自然资源。维新政治家没有立刻屈服于这种压力，但在某种意义上，他们只能延缓而不能终止这股势头。19世纪最后十年间，日本更进一步，以中国为对手发动了明治维新以来的第一场大规模战争。他们赢得了完全的胜利，但随之而来的却是一场国耻，1895年，西方列强集团强迫日本接受一份和约，其条款对日本而言远远不如中国已被迫接受的那份（其中包括公开承认朝鲜的独立地位）来得优厚。

事态发展到这一步，日本对西方的憎恨与侵占亚洲的扩张野心融合到了一起。过去的“不平等条约”就已经令民众的不满情绪甚嚣尘上，1895 年调停结果所带来的失望更是使民意沸腾到顶点。日本政府本就打着自己的算盘支持中国的革命运动，现在更为后者打出一条 848
“亚人治亚”的口号。另外，西方列强也开始看清，与日本打交道和欺凌中国完全是两回事。日本逐步被认可为“开化”国家，不会受到和其他非欧国家同样的对待。变化来临的象征之一是治外法权的废除，1899 年，这个代表欧洲强权的屈辱标志终于不复存在。随后是 1902 年的英日同盟，日本以十分明确的方式被接纳为西方的一员。按当时的说法，日本成了欧洲的同伴。

当时，俄国是远东最强大的欧洲势力。该国在 1895 年的远东拥有举足轻重的地位；此后的势力推进更让日本人看清，如果不抓紧行动，觊觎已久的朝鲜就可能成为别人的盘中餐。中国东北的铁路建设、海参崴的开发、俄国人在朝鲜——亲俄派和亲日派的斗争就是该国政治的全部——的商业活动都使他们产生警觉。最严峻的威胁在于，俄罗斯人已经从孱弱的中国政府手中拿到了旅顺港的租用权。1904 年，日本向俄国的远东势力开战，双方在中国东北交战一年，以俄国遭受屈辱性的失败作结。沙皇对朝鲜和“南满洲”的野心就此灰飞烟灭，日本的影响力开始占据主导地位，其他地区也被日本所控制，并持续到 1945 年。但这场战争的意义不仅仅是日本的获胜，这是自中世纪以来，非欧洲势力第一次在一场大型战争中打败欧洲强国，其反响和震荡十分巨大。

1910 年，日本正式吞并朝鲜，次年，中国革命爆发，清朝统治灭亡，从现在来看，这两起事件可以看作一个里程碑、也是一个转折点，是亚洲回应西方挑战的第一阶段的收尾。亚洲各民族的反应有着很大的差异。作为该世纪后半将成为亚洲强国的两个国家之一，日本通过接种现代化的病毒使自己免疫于西方的威胁。而另一个国家中国则长期竭力避免现代化的戕害。

不论对哪一方，西方都提供了直接或间接的刺激，导致两国的混乱，不过只有一个国家成功地控制住乱局。而且，不论是哪个国家，决定这两个亚洲未来强国命运的都不仅仅是其各自的回应方式，还有西方列强之间的关系。他们争先恐后地瓜分中国，对日本造成了莫大的警示和诱惑。在英日同盟的保障下，日本可以安心攻击其大敌俄国，不必担心后者得到援手。若干年后，日中都成为一战参战国，在形式上与其
849 他列强平等。同时，日本为其他亚洲国家树立了典范，战胜俄国更是无与伦比的激励，是各国开始思索被欧洲统治的命运是否必然的最大缘由。1905 年的美国学者已然会把日本称为“西方人的同道”；而他们所做到的一切——用欧洲的技术和思想来对抗欧洲，难道其他亚洲民族就做不到吗？

亚洲各地的欧洲代理人无不推行或协助变革，而这些变化却加速了欧洲政治霸权的衰退。他们带来了民族主义和人道主义的理念，通过基督教传教活动颠覆了当地社会习俗和信仰，开辟出一片不被传统见容的新天地；这一切都有助于点燃政治、经济和社会变革的火种。印度军队哗变或义和团运动等近乎盲目的本能反应是这些影响最早、最明显的结果，但此后还有其他意义重要得多的发展，而这句话尤其准确地描述了最大也最举足轻重的殖民地印度的情况。

1877 年，议会授予维多利亚女王“印度女皇”的头衔，嘲笑的英国人有之，失望的英国人有之，但认为此事意义重大的英国人并不多。大部分人理所当然地认为英国的霸权地位是永久或近乎永久性的，所以并不十分在意名号。他们会认同某位同胞的言论“我们不是

为了取悦自己才来到印度”，[1] 并相信只有强硬而坚定的政府才能保证避免又一场叛乱。还有一些英国人则会同意英国驻印度总督[2]在 20 世纪初的宣言“只要统治着印度，我们就是世上最强大的国家。如果失去印度，我们就会径直沦为三流”。有两大事实是这番论断的依据。其一，印度纳税人为英帝国提供了大量防卫开支；从马耳他到中国，卫戍帝国领土的士兵中都有印度人的身影，而且次大陆本身始终是一个战略储备区。第二点在于印度的关税政策受英国控制，服从其贸易和工业的实际需求。

这都是严酷无情的事实，其分量也越来越难以忽视，但并没有囊括英属印度的全貌。这个统治着全人类五分之一人口的政府不仅仅是恐惧、贪婪、怀疑或权力欲的化身。如果没有某种神话作为凭依，就难以让人们保持一致的追求；在印度的英国人也一样。有的人受古典式教育的熏陶，尊崇罗马人，并自视为以斯多亚式的坚韧忍受着异乡离土的孤寂生活、为战乱之地带去和平、为无法可靠的人民送去法律的罗马人后裔。还有的人把基督教看作一份弥足珍贵的礼物，决心以 850
此为武器捣毁偶像、涤净邪恶的习俗。另一些人从未形成如此明确的观念，只是单纯地相信他们所带来的比他们所见到的更好，因此其所作所为属于善举。这一切观念的基础是一份对自身优越性的确信，而这也不足为奇；如此自信总是一些帝国主义者动力的源泉。但到了 19 世纪后期，当时蔚为风尚的种族主义观念，以及物竞天择、适者生存的生物学理论所带来的纷纷扰扰的思想尤其强化了这份自信。此类观念成了另一种理性依据，在印度叛变的震荡之后，让英国人与当地印度人的社会隔阂大大增加。尽管不乏少数印度地主和当地领导人

---

① 引自爱德华·摩根·福斯特（Edward Morgan Forster）的《印度之旅》。——译者注

② 寇松（Curzon）勋爵。——译者注

通过引荐进入政府的立法部门，但直到该世纪临近尾声，才有印度人通过选举获得同样的位置。不仅如此，虽然印度人可以竞争公职岗位，但在现实层面上，他们通往决策层的仕途却存在重重障碍。军队里，印度人也被排除在高级军官的行列之外。

为了确保叛乱不再发生，英国在印度的驻军始终是规模最大的，忠诚可靠，也是印度地区唯一配备火炮的武装力量，而且印度步兵团都由欧洲人担任军官。不管怎么说，铁路、电报和更先进的武器的问世都有利于印度政府，就像任何欧洲国家的情况一样。但英国人对其统治地位的自信不能用武力来解释，正如不能用种族优越感来解释一样。按 1901 年普查报告的记载，印度人口已将近 3 亿。他们的管理者是 900 来个担任公职的白人。通常情况下，英国士兵对印度人的比例是1∶4 000。正如一名英国人绘声绘色的描述，如果所有印度人同时吐口水，其当地同胞就会被统统淹死。

英国对印度的统治也有赖于细致谨慎的行政政策。叛变事件之后，英国人认为印度社会所受干涉应越少越好，这是推行慎重政策的依据之一。杀害女婴属于谋杀行为，因此被禁止，但英政府没有任何禁止一夫多妻制或童婚现象的尝试（不过 1891 年后，法律禁止与 12 岁以下的妻子行房）。法律不插足印度教所认可的行为。这种保守主义还体现在对待印度当地统治者的新态度上。叛乱事件表明他们普遍是忠诚的；反抗政府的那部分是出于国土被英国吞并的仇恨。因此，
851 叛乱平息后，他们的权利得到了无微不至的关照；国王们独立统治着自己的王国，实际上不对英国政府承担任何责任，只有对客居其宫廷的英国政治家的敬畏才能使他们有所忌惮。这些土著国家有全印度五分之一的人口。在这些放任无为的政策之余，英国人也与本地贵族和地主结交。这是寻求印度关键势力团体支持的尝试之一，但常常使英国人倒向那些统治权力被社会变革所削弱的派系。然而，让英国人付

出代价但有利于农民的启蒙专制（就像该世纪早期那样）已经不复存在。这些都是印度叛变事件所导致的不良后果。

然而，论及永久性地防止变革的门道，英属印度帝国并不比任何其他帝国政府更为擅长。其本身的成功就不利于避免变化的形成。和平有利于人口增长——其后果之一是更为频繁的饥荒。但是，由于印度在通往工业化的道路中面临障碍，创造农业以外的谋生手段（这是有可能缓解农村人口过剩问题的）存在很大的困难。很大程度上，其原因是以英国制造业利益为根本的关税政策。因此，缓步崛起的印度实业阶级对政府并无好感、敌意愈盛。越来越多的印度人接受英式教育，从而对印度英国社群的实际行为与书本中的理念之间的差异感到愤怒，因此也对政府产生疏离感。还有一些人到英国的牛津、剑桥或律师学院求学，他们对所见到的反差尤其义愤填膺：19 世纪晚期，英国的印度人甚至能加入议会，而与此同时，毕业于本国的印度人则要忍受英国大兵的轻侮。19 世纪 80 年代，有位总督希望消除一种“使人深恶痛绝的区别对待”，即不让欧洲人接受印度法官的审理，这在印度的英国居民当中掀起了轩然大波。也有一些人就着导师开出的阅读书目沉思起来；于是，约翰·斯图亚特·米尔和马志尼在印度形成巨大的影响力，并通过该国的领袖人物传播到亚洲其他地区。

作为印度首都加尔各答所在地，孟加拉邦是英国势力的传统中心，那里的印度人对殖民者的恨意特别突出。1905 年，该邦被一分为二。这次分治给英属印度带来了严重的冲突，以及某种 1857 年以前所不存在的元素，即一场印度的民族主义运动。

民族主义情感的成长是缓慢、不连贯和缺乏整体性的。这是印度
现代政治成型的一系列复杂进程中的组成部分，但在不同地区和众多 852
层面都不是最重要的部分。不仅如此，在其成长的每一阶段，民族主
义情感本身都受到非印度势力的强烈影响。英国的东方学者在 19 世

纪初重新发掘出印度古典文化的价值，这对印度民族主义的自尊和克服次大陆内部的巨大多样性都是不可或缺的。在欧洲人的指导下，印度学者开始解读被遗忘的梵语镌文，使其中的文化和宗教内容重见天日；他们通过这些工作所描绘出的印度教，与普遍流行的那种内容丰富、天马行空但充满迷信色彩的印度教大相径庭。到 19 世纪末，这一关于雅利安与吠陀文明的发现成果——伊斯兰控制下的印度被彻底忽视——已经发展到足以让印度人自信地直面基督教传教士的指责，并从文化角度加以反击的程度；1893 年，一位前往芝加哥参与“世界宗教议会”的印度教使节以个人表现赢得了莫大的尊敬，他的宣言——印度教是一种能够为其他文化的精神生活注入新生的伟大宗教——也得到严肃的对待，不仅如此，他还成功地赢得了人们的皈依。

有很长一段时期，只有少数印度人拥有民族意识，也只有少数印度人从事被这份意识所强化的政治活动。他们提出让印地语成为印度的官方语言，这非常不切实际，在被数百种语言和方言割裂得支离破碎的印度社会中，印地语只会对少数力图强化次大陆向心力的精英产生吸引力。精英身份的定义取决于教育更胜于财富：其主干是那些满腹经纶，却无法获得管理印度的应有机会，对此尤其感到失望的印度人，他们往往来自孟加拉地区；到 1887 年，只有十来个印度人通过选拔性考核进入印度公职部门。英属印度政府似乎铁了心要维持欧洲人的种族统治地位、以王公贵族和地主等保守势力为依靠，从而将巴布（*babu*）——即受过教育的印度城市中产阶级——排除在外，甚至没有给予尊重，而不尊重造成的后果可能也更为严重。

印度人形成了一份源于文化的新自尊，因受到藐视、得不到应得的回报所产生的不满情绪也不断滋长，这构成印度国民大会党建党的背景。让法庭平等对待印度人和欧洲人的政府提案遭到失败，引来民众一片哗然，成为该党诞生前夕的序曲。在失望情绪的推引下，一名曾担任公职的英国人采取行动，促成了 1885 年 12 月印度国民大会党第一次会议在孟买的召开。对此，总督府的举措也发挥了一定的作用。该党管理层长期被欧洲人把持，他们在伦敦的保护和建议下为该党提供支持的时间则要更久。部分印度代表身穿欧式服装出席会议，853
虽然不太可能穿戴在本国环境下特别乖张而格格不入的晨礼服和高帽，但至少穿着属于其统治者的正装。关于欧洲人对印度的深刻影响所具备的复杂性，这是一个恰到好处的象征。

国民大会党很快发布纲领，宣称将致力于民族团结和重生：就和日本已经实现的、中国和诸多其他国家将要实现的那样，这是欧洲思想冲击下的经典产物。但起先这一纲领并没有以自治为目标。该党的追求更偏向于提供一种向总督府传达印度人想法的途径，并公开表达了对英王“毫不动摇的忠诚”。直到 20 年后，当大大极端化的民族主义观点赢得部分印度人的追随后，该党才考虑国家独立的可能性。这段时期内，英国居民宣称国民大会党不具备代表资格，并批评政府偏向于采用传统和保守的社会势力开展工作，成了印度民族主义观念的守护者。如此抨击使该党的态度逐步乖戾和强硬起来，极端主义者更加一意孤行。1904 年，日本战胜俄国的消息鼓舞了整个亚洲。于是，1905 年的孟加拉分治事件便成了冲突的导火索。

分治孟加拉的目的是双重的：一方面，分治后的行政工作会更为便利；另一方面，制造一个以印度人为主体的西孟加拉和一个以穆斯林为主体的东孟加拉可以削弱该地区的民族主义势头。长期紧张局势下积蓄已久的压力被此事件引爆，造成轩然大波。国大党内部旋即发生一场权力斗争。起初，以独立自治（*swaraj*）为目标的共识避免了党派内部的分裂，这一术语在实践中意味着白人辖区所享有的那种独立自治权，这些白人辖区是颇具启发性的范例。反对分治孟加拉的暴动使极端主义者大受鼓舞。印度人向英国祭出了商品抵制这一新武器，并希望能扩展为其他非暴力不合作的抵抗形式，例如拒绝缴税和士兵抗命。到 1908 年，极端主义者被国大党排除在外。此时，分治事件的第二个后果也已经浮出水面：极端主义正在滋生恐怖主义。对此，国外的榜样又一次发挥了重要作用。俄国的恐怖主义革命理论如今有了新的同伴——马志尼的著述和意大利独立运动英雄人物、游击队领袖加里波第的自传，两者共同影响了印度建国的形态。极端主义者主张，政治谋杀并不是普通的谋杀。因为暗杀和炸弹袭击会遭到有针对性的镇压。

分治的第三个后果或许是最严重的。穆斯林和印度教徒由此走向公开的分裂。印度叛变事件之前，阿拉伯瓦哈比（Wahhabi）教派[1]
854 发动的伊斯兰改革运动对印度的穆斯林社群进行了净化，由于这一原因，在这一百年间，印度的穆斯林越来越感受到自己与印度教徒的不同。1857 年，该教派试图复辟莫卧儿帝国，从而失去英国人的信赖，因此其教徒很少担任政府官员或法官。对于英属印度政府提供的教育机会，印度教徒表现得比穆斯林更为渴求；他们在商界的地位比穆斯林更高，对政府的影响力也更大。但穆斯林也得到英国人的帮助，成立了一所新的穆斯林学府，提供与印度教徒竞争所需的英语教育，并建立起穆斯林的政治组织。部分英国官员抓住这一潜在的机会，试图制衡印度人对英属印度政府所造成的压力。印度教徒相应加大了宗教活动的力度，例如护牛运动，但除了加深两个群体的隔阂之外不太可能取得任何成果。

不过，直到 1905 年，这条裂痕才成为次大陆政治的根本问题并一直延续下去。反分治派发起活动，声嘶力竭地打出印度教的象征和

---

① 18 世纪创立的伊斯兰教派一支，主张恪守《古兰经》和圣训。——译者注

标语。东孟加拉的英国省长支持穆斯林反对印度教，努力使他们成为新省份的既得利益群体。他随后被解职，但种子已经种下，孟加拉的穆斯林为他的离去而愤愤不平。盎格鲁和穆斯林看起来正在达成某种相互谅解，这进一步激怒了印度恐怖分子。火上浇油的是，这一切都发生在 1906 至 1910 年间，而这五年是印度叛变之后物价上涨最快的时期。

一场意义重大的政治改革在 1909 年宣告失败，除了略微改变政坛的运作形式之外毫无成果，这一形式此后一直主导着印度历史，直到将近 40 年后英国对印度的统治结束为止。印度人第一次跻身议会，能够向对印度负责的英国大臣提出建议，而且更重要的是，立法会为印度人提供了更多可通过选举进入的席位。但选举必须以社区为基础进行，也就是说，印度的印度教徒和穆斯林之间的分裂被体制化了。

1911 年，当时的英国国王造访印度，此事堪称空前绝后。一场盛大的加冕礼①（durbar）在过去的莫卧儿统治中心德里举行，同 855
时，英属印度首府也从加尔各答迁至此地。各路印度王储前来朝觐；国大党对君主的责任心也没有动摇。是年，乔治五世的登基还带来了种种实质及象征意义上的好处，其中最令人瞩目、政治意义最为重大的就是孟加拉的重新整合。如果英属印度曾有过最辉煌的顶峰，那就是这一时刻。

但印度的局势还远未平复，恐怖主义和颠覆煽动依然在持续。偏袒穆斯林的政策令印度教徒更加愤恨，而穆斯林则开始觉得政府收回了之前与他们达成的谅解、打算放弃分治孟加拉的方案。他们害怕卷

① 源自莫卧儿帝国所用的波斯语，意指国王的宫廷，后成为英国国王或女王在印度加冕的仪式的称法，在德里的加冕公园举行，历史上一共举行过三次，分别是 1877 年、1903 年和 1911 年。——译者注

土重来的印度教将控制该省。另一方面，印度教徒将此让步看作抵抗行动生效的证明，开始进一步施压，要求废除按社区划分选区这一穆斯林所看重的制度。于是，英国人一方面使穆斯林大为疏远，另一方面导致了新一轮的压力。本来支持与英国人合作的印度穆斯林精英所遭受的压力与日俱增，这些压力来自穆斯林中产阶级，其中越来越多的人被这场泛伊斯兰教运动所表现出的暴力气息感染。泛伊斯兰教主义者可以指出英国人对孟加拉的穆斯林弃之不顾的事实，但也提到基
856 督教国家曾在 1912 年、1913 年的巴尔干和的黎波里（曾在 1911 年遭到意大利人的进犯）侵略土耳其，那是哈里发的王座，是伊斯兰教精神领导力的体制化身；而不容置疑的是，大不列颠也是一个基督教国家。印度下层穆斯林极易被各种外部影响所左右，他们的激亢情绪已经发展到离谱的地步，就连波及清真寺的街道整修方案也会被视为蓄意针对伊斯兰教的阴谋。1914 年，土耳其决定与英国开战，虽然穆斯林联盟①依然忠于英国，但部分印度的穆斯林得出哈里发才是最高统治者的结论，开始准备反抗英国统治者的革命。他们的人数寥寥无几。对未来意义更加重要的是，到那一年，决定印度政局的势力从两股变成三股：英国、印度教和穆斯林。这是次大陆经历空前绝后的全面政治统一之后走向未来分裂的起源，就和统一本身一样，分裂也是印度和非印度势力共同作用下的结果。

印度是亚洲最大的由欧洲人统治的非欧洲人口及领土聚集体，但在属于印度文化圈的东南亚和印尼还有一片英帝国的领地。对这片如此巨大、包容民族和宗教如此之多的区域进行概括相当困难，但该地区有一个不利的事实是显见的：1914 年以前，欧洲各国在亚洲的其他领地都没有发生像印度那样的转型，尽管现代化进程已经开始侵蚀

① 可能指 1906 年成立的政党——全印度穆斯林联盟。——译者注

所有领地的当地传统。这种侵蚀力的源头是那些已经在其他地区发挥效力的元素：欧洲的侵略、日本的表率和欧洲文化的传播。但 1914 857
年以前，东南亚和印尼受其中第一和第三点作用的时间要短于中国和印度。1880 年，东南亚大陆的大部分地区依然被土著国王统治，尽管他们不得不以“不平等条约”的形式对欧洲列强作出让步，但依然是独立的统治者。随后的十年间，英国兼并缅甸，法国进一步向印度支那扩张，使这一状况迅速发生改变。马来亚的诸位苏丹允许英国人客居宫廷，通过地方行政体系指导政策，“海峡殖民地”则直接受英国的殖民统治。到 1900 年，该地区只剩下暹罗依然是独立王国，印度支那的国家都已在法国的帝国主义侵略下屈服。

柬埔寨和老挝受到印度宗教和艺术的深刻影响，但有一个印度支那国家在文化上和中国的联系要密切得多，那就是越南。该国分为三部分：北部的东京（Tonkin）、中部的安南（Annam）和南部的科钦（Cochin）。越南有着长期的民族意识传统，也有一部所谓对抗外来统治的民族斗争史。因此，该国对欧洲化的抵抗最为突出也就不足为奇了。欧洲与印度支那的联系始于 17 世纪的法国基督教传教士（其中一员设计了第一套越南语的罗马化方案），19 世纪 50 年代，法国以基督徒遭到迫害为借口发动远征（得到西班牙军队的短暂协助），与中国的外交冲突随之而来，因为中国宣称是越南的宗主国。1863 年，安南皇帝被迫将科钦的部分地区割让给法国，柬埔寨也接受了成为法国保护领地的命运。此后，法国的进一步扩张激起了印度支那各国的抵抗。法国人于 19 世纪 70 年代占领红河三角洲，又旋即与当地最强大的势力中国发生了另一些摩擦，从而开启战端，后者最终承认了法国对印度支那的控制权。1887 年，法国人建立印度支那联盟，其背后的实质是保护领体系下的中央集权化政体。虽然土著（安南皇帝、柬埔寨国王和老挝国王）统治者因此得以保留，但同化始终是法国殖民政策的目标所在。新的法国臣民将被灌输法国文化，其中的精英将被高卢化，这被视为促进现代化和开化的最佳手段。

法国当局的中央集权化倾向很快表明当地自治只是徒有其表。无意之中，法国人使当地行政体制成为空壳，又没有用其他能赢得民心的机构取而代之。这是一种危险的趋势。法国人的出现也带来
858 了其他重大的副作用，例如减缓当地工业化进程的法国关税政策。印支一带的商人最终像印度同行那样开始怀疑，他们的国家究竟为谁的利益服务。更甚于此的是，印度支那属于法国、该地居民的身份要转换为法国臣民的构想也造成了麻烦。法国当局陷入一种左右为难的境地，因为向当地人灌输法国教育就必然会让他们思考第三共和国政府建筑和文件上的座右铭：“自由、平等、友爱”。法国的法律和财产观念最终打破乡村土地所有结构，让放贷人和地主阶级得势。随着稻米种植区人口的不断增长，这将给未来的革命性变化打下潜在的基础。

中日两国的境遇成为印度支那人民不满情绪的催化剂，这份情绪在这些事实中得以体现，人们也很快就感受到越南民族主义传统的成型。看到日本战胜俄国，一些越南青年前往东京，并结识了孙中山和“亚人治亚”的日本支持者。1911 年中国爆发革命后，这些青年中的一人组织起一个以成立越南共和国为宗旨的社团。1914 年以前，这一切都没有给法国人造成太多麻烦，他们对于控制此类反抗行为驾轻就熟，但越南儒家学者群体也在同时发出来自保守派的反对声浪，这是一个值得玩味的巧合。他们在 1907 年开办了一所大学，但因为害怕知识分子爆发骚动，法国人不得不几乎立即将其关闭，直到 1918 年才重开。为期数十年的法国统治已经深刻改变了越南人观念中的一些重要组成部分。

在更南面的印尼，法国统治史也已经造成了间接的影响。19世纪末的印尼人有大约6 000万；未来将爆发的人口压力还没有涌现，但这是除印度以外欧洲人统治下最大的非欧群体。他们的祖先在荷属东印度公司的统治下度过了两百年，其中不乏苦涩的时光，直到法国大革命引发联合行省王国的介入，1795年在该地成立一个革命性质的共和国。荷属东印度公司也同时解体，此后不久，英国人占领了爪哇。英国人对财政收入体系作出重大改动，在印尼掀起波澜，但也有其他因素促成了当地的骚乱。虽然起初属于印度文明的分支，但该地也是伊斯兰世界的一部分，有大量居民至少在名义上是穆斯林，与阿拉伯也有贸易往来。19世纪早期，这一现实拥有了新的重大意义。 859
前往麦加的印尼朝圣者中有一部分随后来到埃及和土耳其，其中不乏地位和出身相当高贵的人物。他们在那里直面接触到源自西方的改革思潮。

荷兰人返回爪哇后，局势的不稳定昭然若揭，1825年，他们与一名政见相左的封建君主①开战，打了一场为期五年的“爪哇战争”。战争破坏了岛国的财政，迫使荷兰人进一步求变。由此产生了一套强迫农民为政府耕种的农业体系。该体系对农民构成严重剥削，在19世纪后期的荷兰人当中引发忧虑，怀疑其殖民政府的行为是否正当。这种情绪汇聚为观念的大幅度转折；1901年，政府颁布一套新的“道德政策”，表明去中央化和通过建立村级政府来改善现状的方针。但该方案在实施过程中往往体现出家长式和干涉主义的作风，所以有时也会引发敌意。这一点被首批印尼民族主义者所利用，他们当中有一些人是受了印度人的感召。1908年，这些民族主义者形成一个组织，倡导本民族化的教育。三年后，一个伊斯兰教团体问世，其早期

① 名为蒂博·尼哥罗，此战又称蒂博·尼哥罗起义。——译者注

活动不仅将矛头对准荷兰人，也同样针对中国的商人。到 1916 年，该团体已经提出了在依旧隶属于尼德兰联合王国的基础上获取自治权的要求。但此前，一个真正的独立派政党已在 1912 年成立。该党自诩为一切种族的印尼本地人的代表，反对荷兰当局；其三位奠基人之一是荷兰人，也赢得了别人的追随。1916 年，荷兰朝着满足这些团体要求的方向迈出了第一步，批准成立议会，让印尼获得有限的权力。

20 世纪早期，虽然欧洲的民族主义思想几乎在所有亚洲国家生根发芽，但根据各地所蕴藏的不同可能性，该思想也表现为不同的形式。各地殖民当局的表现不一而足。英国人对缅甸的民族主义运动持鼓励态度；美国人在菲律宾坚持不懈地奉行基于善意的家长式统治方针，但此前也镇压过起初针对其前任——西班牙的暴动。这同一批西班牙人，就像亚洲其他地方的葡萄牙人一样，曾积极推进基督教传教事业，而英属印度政府则对干涉本地宗教持非常慎重的态度。形形色色的欧洲政体带来各不相同的传统积淀，所以这段历史也决定了亚洲殖民地的未来。从日本和中国的经历中，可以看出历史可能性和惯性的力量，而欧洲影响所带来的效果也十分惊人，完全不亚于在他们直接统治的印度和越南所显现出的能量。不论在哪个例子中，欧洲影响
860 力发生作用的大环境都是决定未来的根本因素；当欧洲人在亚洲从事了数百年的活动、其亚洲活动史临近尾声的时候，这一大环境依然大体如故。约定俗成的思想和行为模式依然有巨量的残余保持原样。亚洲有着太多、太厚重的历史，单凭欧洲扩张本身不足以解释其 20 世纪的模样。不过，正是这场扩张带来了催化和解放的力量，推动亚洲迈向现代纪元。

检